GALIZIEN
Hotin
Mohilev
Cernăuti
BUKOVINA
UKRAINE
BESSARABIEN
MOLDAWIEN
Dniester
Yassy
Chisinău
Bender
Prut
Mures
Târgu Mures
ANSILVANIEN
Sighisoară
Qituz-Paß
Sibiu
Agnită
Făgăras
Brasov
Roter-Turm-Paß
Buzău-Paß
BUDJAK
STEPPE
Galatz
Brailă
Tulcea
ANISCHE ALPEN
Olt
WALACHEI
DOBRUDJA
Bukarest
BARAGAN
STEPPE
Constantza
SCHWARZES MEER
Donau
Giurgiu
Rustschuk
Nicopolis
ULGARIEN

PATRICK LEIGH FERMOR

ZWISCHEN WÄLDERN UND WASSER

Zu Fuß nach Konstantinopel: Von der mittleren Donau bis zum Eisernen Tor

DER REISE ZWEITER TEIL

Aus dem Englischen von Manfred Allié
und Gabriele Kempf-Allié

DÖRLEMANN

Die englische Originalausgabe erschien 1986 unter dem Titel
»Between the Woods and the Water. On Foot to Constantinople:
the Middle Danube to the Iron Gates«
by John Murray Publishers in London.

Deutsche Erstausgabe
Erfolgsausgabe 2019

Umschlaggestaltung: Mike Bierwolf
Satz: Dörlemann Satz, Lemförde
Druck und Bindung: CPI – Clausen & Bosse, Leck
ISBN 978-3-908777-00-7
www.doerlemann.com

Patrick Leigh Fermor

Inhalt

Völker verrauschen,
Namen verklingen,
Finstre Vergessenheit
Breitet die dunkelnachtenden Schwingen
Über ganzen Geschlechtern aus

Friedrich Schiller, Die Braut von Messina

Ours is a great wild country:
If you climb to our castle's top,
I don't see where your eye can stop;
For when you've passed the corn-field country,
Where vine-yards leave off, flocks are packed,
And sheep-range leads to cattle-tract,
And cattle-tract to open-chase,
And open-chase to the very base
Of the mountain where, at a funeral pace,
Round about, solemn and slow,
One by one, row after row,
Up and up the pine-trees go,
So, like black priests up, and so
Down the other side again
To another greater, wilder country.

Wir leben in einem großen Land:
Steigst du hinauf zu der Berge Rand,
Geht dein Blick hinaus in die Ferne gebannt;
Denn hin über Kornfelder wandert er dann,
Wo die Weingärten enden, fangen Felder an,
Und Schafweiden führen zu Wiesen heran,
Wiesen zum Wald für den Jägersmann,
Den sein Weg hinaufführt, bis der Berg ihn bannt,
Wo Kiefern stehen an steiniger Wand,
Sich in Reih und Glied strecken galant,
Eine um die andere wie Hand in Hand,
Als hielt' sie zusammen ein unsichtbar Band,
Still und starr, Priester in schwarzem Gewand,
Und jenseits vom Kamm zu Tale wieder ins Land,
Zu einem größeren, wilderen Land.

Robert Browning, The Flight of the Duchess

Zur Einführung:
Ein Brief an Xan Fielding

Lieber Xan,

der erste Teil dieses Berichtes, *Die Zeit der Gaben*, endete auf einer Donaubrücke zwischen der Slowakei und Ungarn, und da der Wechsel hoch über dem Wasser nicht ganz unkompliziert ist, will ich den zweiten Band genau wie den ersten mit einem Brief an Dich beginnen. Und es soll nicht der letzte sein: Ein dritter Band wird folgen, der uns bis ans Ende der Reise und darüber hinaus bringt.

Als ich 1934 in Holland aufbrach, sollte niemand außer Zufallsbekanntschaften und anderen Wanderern mich begleiten, doch fast unmerklich wurde, nun wo ich nach Ungarn und Transsilvanien kam, meine Reise um einiges bequemer und angenehmer, als ich sie ursprünglich geplant hatte: Ich zog auf dem Rücken großzügig überlassener Pferde dahin, von einem Herrenhaus zum nächsten, und blieb oft Wochen oder sogar Monate unter dem Dach geduldiger und bisweilen wohl auch insgeheim leidender Gastgeber. In mancherlei Hinsicht war dieser Teil der Reise ganz anders als die anderen. Es war eine Zeit, die ich genossen habe; alles schien uralt und zugleich auch nagelneu und ganz und gar fremd, und da ich so lange auf den Stationen meiner Reise verweilte, ergab sich manch lebenslange Freundschaft daraus.

Bisweilen plagten mich Gewissensbisse, weil ich meinem ursprünglichen Plan so untreu geworden war, doch wenn ich nun, wo ich die Chronik jener Monate niedergeschrieben habe, zurückblicke, schwinden die Bedenken. Das folgende Jahrzehnt fegte diese ferne, ländliche Welt hinweg, und heute weiß ich, was für ein Glück es war, daß ich sie in solcher Muße kennenlernen, ja sogar für eine Weile meinen Anteil daran haben durfte. Es war beinahe, als steuerte ein unterschwelliges Wissen diesen Teil der Reise, und als er südlich der Donau zu seinem Ende kam und ich in meinem alten, rascheren Tempo über die Balkanpässe stieg, da begriff ich, wie außerordentlich die Gegenden waren, durch die ich gekommen war: Schon da hatten sie den magischen Schimmer angenommen, den das letzte halbe Jahrhundert nur umso kräftiger zum Strahlen gebracht hat.

Das Notizbuch zu diesem Teil der Reise, zu Beginn des Krieges in Moldawien verlorengegangen und vor einigen Jahren durch ein Wunder zurückgekehrt, war mir eine große Hilfe, aber nicht immer die verläßliche Stütze, die es eigentlich sein sollte. Während meiner langen Ruhepausen hatte ich auch das Schreiben eingestellt – es war ja ein Reisetagebuch, und ich lebte im falschen Glauben, wenn ich nicht reiste, gebe es auch nichts aufzuzeichnen. Und wenn ich weiterzog, dauerte es oft eine Weile, bis ich das Schreiben wieder aufnahm, und auch da waren es nur hingeworfene Notizen, keine zusammenhängende Erzählung. Als ich diesen zweiten Band begann, plagte mich die Sorge, daß manche Einzelheiten vielleicht nicht mehr in der richtigen Reihenfolge waren, und ich umgab diese Passagen mit einer ganzen Wolke aus Warnungen und Entschuldigungen. Aber dann sagte ich mir, daß ich schließlich keinen Reiseführer schrieb und daß solche Dinge keine Rolle spielten, und von da an ließ ich der Geschichte Raum ohne all die störenden *caveats*.

Bücher über diesen Teil Europas widmen sich hauptsächlich, oft sogar ausschließlich, der Politik, und da sie reichlich zu haben sind, muß mein schlechtes Gewissen, daß in meinem Bericht fast gar nicht davon die Rede ist, nicht allzu groß sein; hier kommen diese Dinge nur in den Blick, wenn sie unmittelbar mit meiner Reise zu tun haben. Ich mußte ein wenig ins Detail gehen bei der Frage, wie die Geschichte Transsilvaniens das Leben dort geprägt hat – die Spuren waren allgegenwärtig –, doch meine müßigen Gedanken biete ich mit gutem Grund in aller Bescheidenheit dar. Nichts könnte weniger professionell oder »europakundig« sein, und von meinem politischen Unverstand in jungen Jahren war in *Die Zeit der Gaben* ausführlich die Rede (S. 163–72). Aus der Welt draußen kamen ständig neue Nachrichten von grauenhaften Ereignissen, doch in der Stimmung dieser Berge und Täler lag etwas, das ihren Ansturm dämpfte. Sie waren Vorzeichen, und düstere dazu, doch es sollte noch drei weitere Jahre dauern, bevor sie deutlich genug vor dem warnten, was fünf Jahre später Schreckliches geschah.

Ortsnamen sind kein großes Thema, aber doch eines, das mich immer wieder quält. Bei bekannten Orten bin ich bei den Formen geblieben, die sich im Laufe langer Jahre durchgesetzt haben, bei kleineren nehme ich die Schreibungen, wie sie waren, als ich dort war. Die Moden der Politik haben viele verändert, weitere Änderungen folgten; in Rumänien wurde die Rechtschreibung reformiert, und selbst bei den kleinsten Weilern haben sich Namen durch wechselnde Herrschaft verändert. Ich habe mich bemüht, zuerst den offiziellen Namen zu nennen, dann die anderen, wo sie erforderlich sind. Ich weiß, daß es an manchen Stellen unklar ist, doch da das Buch kein Reiseführer ist, wird sich auch niemand deswegen verirren. Ich muß für diese Unzulänglichkeiten um Verzeihung bitten und hoffe nur, daß niemand politische Absichten darin sehen wird. In einigen Fällen, in denen ich es angebracht fand, habe ich Namen geändert, doch nur selten und nur bei Freunden, die noch unter uns wandeln, wo andere uns schon verlassen haben. »Von« gebe ich durchweg als »v.« wieder.

Der Dank, den der Verfasser eines solchen Buches schuldet, ist vielfältig, und vieles liegt lange zurück, und wenn ich nicht allen danke, dann heißt das weder, daß ich sie vergessen habe noch daß ich sie nicht für des Dankes wert hielte. Besonders verpflichtet bin ich meinem alten Freund Elemer v. Klobusiczky, der Familie Meran damals wie heute, Alexander Mourouzi und Constantine Soutzo. Danken möchte ich auch Steven Runciman für seine aufmunternden Worte nach dem ersten Band, Dimitri Obolensky für kluge Ratschläge beim Abfassen des vorliegenden sowie David Sylvester, Bruce Chatwin, Niko Vasilakis, Eva Bekássy v. Gescher und wie immer John Craxton. Außerdem großen verspäteten Dank an Balaşa Cantacuzène für Hilfe bei der Übersetzung von *Mioritza*, in Moldawien vor so langer Zeit. Was ich Rudolf Fischer verdanke, ist grenzenlos. Sein unermeßliches Wissen und seine Begeisterung mit genau dem richtigen Maß an Strenge waren mir während der Niederschrift dieses Bandes ein ständiger Ansporn und eine tägliche Freude; seine Aufmerksamkeit hat mich vor vielen Fehlern bewahrt, und ich könnte mir vorstellen, daß die verbliebenen genau diejenigen sind, bei denen ich nicht auf seinen Rat gehört habe.

Großen Dank Stella Gordon für die Geduld und die Kunst eines Champollion oder Ventris, mit der sie eine unleserliche Handschrift entzifferte.

Zuletzt ergebenen Dank für ein Refugium in der Zeit ruheloser literarischer Wanderungen an Barbara und Niko Ghika (denen ich diesen zweiten Band widme), für viele Wochen zwischen den Schwalben und Loggien von Korfu; an Janetta und Jaime Parladé für ihr andalusisches Asyl hoch oben in den Bergen von Tramores; an die Besitzer des Stake Parlour bei Bakewell für den Gleichmut, mit dem sie die hektischen Korrektursitzungen ertrugen, an meine Verleger Jock und Diana Murray für ihre Geduld und ein Dach über dem Kopf während der letzten Arbeitsphase und schließlich, lieber Xan, Dir und Magouche für schöpferische Tage in der klösterlichen Einsamkeit der Serrania de Ronda.

Kardamyli, 11. Februar 1986 *P.*

I
Auf der Brücke

Vielleicht hatte ich zu lange auf der Brücke innegehalten. Über dem slowakischen und dem ungarischen Ufer der Donau dunkelte es schon, rasch und bleich strömten die Wasser vorüber, umspülten die Kais der alten Stadt Esztergom, wo der steile Hügel die Basilika in die Abenddämmerung hob. Die große Kuppel auf ihrem Säulenring, die zwei palladianischen Glockentürme, deren Läuten nun verstummte, beherrschten das zunehmende Dunkel meilenweit. Mit einem Male waren die Uferpromenade und die steile Straße zum Erzbischofspalast menschenleer. Die Grenzstation lag am anderen Ende der Brücke, und so eilte ich mich, nach Ungarn zu kommen. Alle, die sich an diesem Ostersamstag am Fluß versammelt hatten, waren zum Kathedralplatz hinaufgestiegen, und dort sah ich sie von neuem; sie flanierten unter den Bäumen, standen erwartungsvoll in Grüppchen beieinander, unterhielten sich. Die Dächer zu ihren Füßen gingen steil in die Tiefe, dann erstrecken sich Wald und Fluß und Wiesen schon undeutlich bis weit ins letzte Abendlicht.

Ein Freund hatte an den Bürgermeister von Esztergom geschrieben: »Nehmen Sie sich freundlich dieses jungen Mannes an, der zu Fuß nach Konstantinopel will.« Ich hatte vor, mich am nächsten Tag bei ihm zu melden, und fragte jemanden nach dem Weg, und ehe ich mich versah, hatte er mich, zu meiner großen Verwirrung, zum Bürgermeister selbst geführt. Er war umgeben von jenen prächtig gekleideten Granden, die ich am Donauufer bewundert hatte. Ich versuchte ihm zu erklären, daß ich der Wanderer sei, den man ihm angekündigt habe, und er sah mich höflich, doch ratlos an; dann ging ihm auf, was ich meinte, und nach einer kurzen, allem Anschein nach lustigen Unterhaltung mit einer der prachtvollen Gestalten überließ er mich deren Obhut und eilte über den Platz davon zu wichtigeren Aufgaben. Mein Mentor nahm seinen Auftrag mit Gusto an – die Wahl war wohl auf ihn gefallen, weil er ein ausgezeichnetes Englisch sprach. Er trug schwarz schimmernde Prachtgewänder, den Krummsäbel lässig in die Armbeuge gelegt, und im linken Auge blitzte ein ungefaßtes Monokel.

Doch nun wandten sich aller Häupter zum Fuße des Platzes. Hufeklappern und Harnischglöckchen hatten den Bürgermeister zu den Stufen der Kathedrale gerufen, über die ein scharlachroter Läufer gebreitet war. Geistliche und kerzentragende Ministranten hatten sich feierlich versammelt, und als die Kutsche zum Halten gekommen war, erhob sich darin eine flammend rote Gestalt; der Kardinal, Monsignore Serédy, der Erzbischof von Esztergom und Fürstprimas von Ungarn, entstieg ihr gelassen, bot der Versammlung die beringte Hand, und alle knieten, wenn sie sie küßten. Sie folgten ihm in die große Kirche; dann führte ein Küster die Gesellschaft des Bürgermeisters zu den vorderen, mit Scharlach drapierten Bänken. Ich wollte mir einen bescheideneren Platz suchen, doch mein Mentor bestand darauf, daß ich mitkam: »Vorn sieht man viel besser.«

Der Ostersamstag hatte die gewaltige Kathedrale zur Hälfte gefüllt, und ich sah viele wieder, die mir schon am Fluß aufgefallen waren: die Bürger im Sonntagsstaat, die Bauern in Stiefeln und schwarzen Gewändern, die Mädchen mit ihren kunstvollen Frisuren, den bunten Röcken und den Blusen mit den bestickten Ärmeln, dieselben, die ich mit ihren Lilien- und Hahnenfuß- und Narzissensträußen auf der Brücke gesehen hatte. Ich sah schwarze und weiße Dominikaner, etliche Nonnen und hie und da eine Uniform, und nahe dem großen Portal standen ein paar Zigeuner an die Kirchenmauer gelehnt und redeten leise miteinander. Es hätte mich kaum gewundert, wäre einer ihrer Bären aufgetaucht, hätte eine Tatze in das große muschelförmige Weihwasserbecken getaucht und sich bekreuzigt.

Wie anders als die gespenstische Finstermette zwei Tage zuvor! Dort in der kleinen slowakischen Kirche war eine Kerze nach der anderen gelöscht worden, bis alles in Dunkelheit gehüllt war. Hier war der mächtige Bau ganz von Licht erfüllt, neue Kerzenkonstellationen standen in allen Kapellen am Himmel, im Chor brannte die Osterkerze, und reglos wie Sterne schwebten die Flammen über den langen Wachsstöcken, die sich wie Lanzen entlang des Hochaltars reihten. Vom Rot der ersten Bänke abgesehen, erstrahlten die Kathedrale, die Geistlichen, der Priester am Altar, die Diakone und die Meßdiener in Weiß. Der Erzbischof, nun in Weiß und Gold und gänzlich verwandelt von seiner früheren scharlachroten Erscheinung als Kardinal, saß auf seinem Thron unter flammendem Dach, zu seinen Füßen die Vertreter seines kleinen Hofstaats in Reihen auf den Treppenstufen. Derjenige, der zuunterst saß, hütete den schweren Krummstab, und hinter ihm stand ein weiterer Ministrant bereit, die hohe weiße Mitra zu heben und zu ersetzen, wenn der Augenblick in der Liturgie dafür gekommen war, und jedesmal zog er die Bänder auf den palliumgeschmückten Schultern glatt. In den vorderen Reihen des Kirchenraums setzte sich dies Bild mit der beinahe militärischen Ordnung der Würdenträger nach Kräften fort und paßte – die bunten Wämser aus Seide und Brokat und Pelz, die goldenen und silbernen Ketten, die Reitstiefel in Blau und Karminrot und Türkis, die vergoldeten Sporen, die Kalpaks aus Bärenfell mit ihren diamantbesetzten Schließen und die hohen Aigretten und die Adler- und Kranichfedern – zur ekklesiastischen Pracht ebenso vortrefflich wie der Zierat beim Begräbnis des Grafen Orgaz, und die schwarzen Kleider – wie die meines neuen Freundes und im Gemälde die Rüstungen der Ritter von Toledo – waren das Prächtigste daran. Die Krummsäbel, die sie an die Bänke gelehnt hatten, mit Einlegearbeiten in Gold und Elfenbein am Heft und mit prunkvoll edelsteinbesetzten Scheiden, waren doch gewiß Erbstücke aus der Zeit der Türkenkriege? Als ihre Besitzer sich unter Rasseln zum Credo erhoben, fiel eines der Schwerter klappernd zu Boden. Einst waren auf den Schlachtfeldern der Pußta unter den Hieben dieser Klingen die Türkenköpfe geflogen; Ungarnköpfe natürlich auch …

Bald kündete, nach einem Augenblick der Stille, Orgelbrausen vom auferstandenen Heiland. Ein vielstimmiger Chor hob auf der Empore zu singen an, das Halleluja hallte durch den Saal, Weihrauchwolken waberten um die steinernen Akanthusblätter, stiegen auf und verloren sich in den Schatten der Kuppel, und nun kam Bewegung in die Gesellschaft. Angeführt von einem Kreuz, war die Vorhut aus Priestern und Ministranten kerzenstarrend bereits halb den Gang hinuntergezogen. Als nächstes kam, unter einem Baldachin, die Monstranz mit der Hostie, dann der Erzbischof, der Bürgermeister, darauf schleppte sich der älteste, weißbärtigste unter den Magnaten, auf ein Malakkastöckchen gestützt, mühsam voran, dann folgte der Rest. Auf einen freundlichen Wink hin reihte ich mich ein, und bald, als hätten Rauch- und Musikschwaden uns zur Tür hinausgeweht, fanden wir uns alle vor dem Kirchenportal wieder.

Der Mond schien riesengroß, erst in der Nacht zuvor war Vollmond gewesen, und so war alles beinahe so hell erleuchtet wie am Tage. Inzwischen war die Prozession die Treppe heruntergekommen und begann ihren Zug durch die Stadt; doch als die Kapelle, die draußen bereitgestanden hatte, sich hinter uns einreihte und die ersten Takte eines langsamen Marsches anstimmte, gingen ihre Noten sogleich wieder unter. Räder ächzten über uns, ein Stöhnen im Gebälk, und das tosende, taumelnde Geläute schickte seinen Klang hinaus in die Nacht; und dann mischten sich andere Töne unter die bronzenen Schläge, etwas wie ein durchdringendes Klappern, und alle hoben den Blick. Ein oder zwei Stunden zuvor hatten sich zwei Störche, müde von ihrer Reise aus Afrika, in dem zerzausten Nest im Glokkenturm niedergelassen, und alle hatten ihnen dabei zugesehen. Nun hatte der Lärm sie aufgeschreckt, aufgeregt spreizten sie ihre Flügel, mit gerecktem Hals flogen sie wieder auf, die scharlachroten Beine lang nach hinten gestreckt. An den Enden der mächtigen weißen Schwingen zeigten sie schwarze Schwungfedern, als sie sich nun unter unseren Blicken mit gemächlichen, gleichmäßigen Schlägen über die Kronen der Kastanienbäume erhoben. »Die haben sich einen schönen Abend für den Einzug ausgesucht«, meinte mein Nachbar, als wir unsere Schritte wiederaufnahmen.

Kein einziges Licht brannte in der Stadt außer den Flammen von Tausenden von Kerzen auf den Fensterbänken und in den Händen der wartenden Menge. Die Männer standen barhäuptig, die Frauen in Kopftüchern, und der Schein von den Händen, mit denen sie die Flammen schützten, kehrte das Chiaroscuro des hellichten Tages um, faßte die Konturen von Kinn und Nase, ließ ihre Brauen Halbmondschatten werfen, und alles jenseits dieser erleuchteten Masken blieb im Dunkel. Stille flammengesäumte Straßen folgten eine auf die andere, und wo die Prozession anlangte, knieten alle nieder, und ein paar Sekunden darauf, wenn das Kruzifix sie passiert hatte, erhoben sie sich wieder. Schließlich kamen wir in eine schimmernde Pappelallee; von Zeit zu Zeit verstummte die feierliche Musik, und in diesen Pausen zwischen den Gesängen mischten sich das Kettenklirren des Weihrauchkessels und das Klicken des erzbischöflichen Hirtenstabs auf dem Pflaster mit dem Quaken von Millionen von Fröschen. Von Glocken und Gesängen geweckt, hatten sich die Störche der Stadt erhoben, schwebten hoch oben und blickten hinab auf unsere kleine Lichterkette, wie sie sich nun wieder bergaufwärts zur Basilika wandte. Die Intensität des Augenblicks, der Gesang, der Kerzenschein, der Weihrauch, die Frühlingsstimmung, die Vögel am Himmel, die Glocken, der Chor, der aus dem Schilf klang, die flüchtigen Schatten und der gespenstische Mond über den Wäldern – all das legte seinen Zauber über die Nacht, eine Nacht voller Zeichen und Wunder.

Als die Prozession vorüber war, versammelten sich wiederum alle auf der Kathedraltreppe. Die Kutsche wartete, und der Erzbischof, nun wieder in seinen Kardinalsgewändern und dem weiten Hermelinmantel zum Zeichen, daß er nicht nur Kirchen-, sondern auch weltlicher Fürst war, stieg gemächlich ein. Sein Leibgardist faltete, unter Mithilfe eines Kaplans mit Zwicker und vorstehendem Adamsapfel und eines Postillons in Husarenuniform, Elle um Elle seine Schleppe ein wie ein Fischernetz, bis die ganze Kutsche überquoll von geranienrotem Seidenmoiré. Der Kaplan folgte und setzte sich auf den Platz gegenüber, dann der Leibgardist, aufrecht, die schwarz behandschuhten Hände am Heft seines Krummschwerts. Der Postillon klappte den Tritt ein, ein kleiner livrierter Diener mit Pelzmütze schlug die mit dem Wappen unter quastenverziertem Hut bemalte Tür zu, und als beide hinten aufgesprungen waren, zog der Kutscher, ebenfalls einen Kalpak auf dem Kopf, leicht am Zügel, die Straußenfedern wippten, und die vier Grauen setzten sich in Bewegung. Als die Equipage den Hügel hinunterschaukelte, begann die Menschenmenge zu applaudieren, alle zogen den Hut, und am Kutschenfenster erschien eine Hand im roten Handschuh mit den Insignien des Hirtenamtes und winkte ihnen segnend zu.

Auf den mondbeglänzten Kirchenstufen umarmten sich alle, tauschten Ostergrüße und küßten sich auf Hände und

Wangen. Die Männer setzten die Pelzmützen wieder auf, zupften die Dolmane zurecht, und nach Stunden des Lateins erklangen nun wieder die munteren magyarischen Daktylen.

»Wir wollen nachsehen, wie es den Vögeln geht«, sagte mein Mentor und putzte sein Monokel mit einem seidenen Taschentuch. In aller Ruhe ging er ans Ende der Treppe, lehnte sich auf seinen Stock wie auf eine Jagdflinte und spähte hinauf in die Nacht. Die Schnäbel lugten Seite an Seite zwischen den Zweigen hervor, und im Dunkel waren die beiden schlafenden Vögel gerade noch auszumachen. »Gut!« sagte er. »Die ruhen sich ordentlich aus.«

Wir gesellten uns wieder zu den anderen, und er bot allen Zigaretten aus seinem Etui an, suchte sich selbst nach langem Überlegen eine aus und klopfte sie auf dem gemaserten Gold fest. Aus seinem Feuerzeug kamen drei Flammen, die kurz eine Pyramide bildeten, bevor sie sich wieder voneinander lösten. Er nahm einen tiefen Zug, hielt ihn ein paar Sekunden lang in der Lunge und blies dann mit einem langen Seufzer den Rauch langsam ins Mondlicht hinaus. »Darauf habe ich mich gefreut«, sagte er. »Meine erste seit Fastnachtsdienstag.«

Der Tag endete mit einer Abendgesellschaft beim Bürgermeister, mit Barack als Aperitif, Wein in Strömen die ganze Mahlzeit lang, zum Abschluß Tokaier, und am Ende nahm ich die prächtig gekleideten Gestalten nur noch wie durch einen Nebel wahr. Entschuldigend erklärte mir der Bürgermeister, in seinem Haus seien alle Zimmer belegt und er habe mich bei einem Nachbarn untergebracht. Und ich solle ja nicht glauben, ich müsse bezahlen! Am nächsten Morgen erschien wieder mein Freund, der Storchenliebhaber, jetzt im Tweedanzug und Rollkragenpullover, und holte mich in einem furchteinflößenden Bugatti ab, und nur das Krummschwert bei seinem Gepäck auf dem Rücksitz erinnerte noch an die vorabendliche Pracht. Wir sahen uns die Gemälde im erzbischöflichen Palast an; er fragte, warum ich nicht in seinem Wagen mitfahren wolle – wir könnten im Handumdrehen in Budapest sein. Aber ich blieb, wenn auch widerwillig, bei meinem Grundsatz – niemals per Anhalter außer bei schlechtestem Wetter –, und wir verabredeten ein Treffen in der Hauptstadt. Winkend und mit qualmenden Reifen fuhr er davon, und nachdem ich mich vom Bürgermeister verabschiedet hatte, holte ich meine Sachen und machte mich ebenfalls auf den Weg. Ich fragte mich, ob womöglich ganz Ungarn so war.

Von dem Pfad, der am Waldrand bergaufwärts stieg, schweifte der Blick zurück über Sümpfe und Bäume und eine endlose Landschaft aus hohen Binsen, und der mächtige Fluß teilte sich, umspülte eine Kette von Inseln und vereinigte sich wieder. Wasservögel schossen empor und tanzten wie Staubkörnchen im Licht und ließen auf der Lagune zahllose kleine Fontänen aufspritzen, wenn sie wieder niedergingen. Dann stieg ich höher, und das Bild verschwand zwischen den Bäumen. Auf der anderen Seite ragten die Gebirgsausläufer auf, niedrigere Hügel spielten flußabwärts ineinander, die verwobenen Baumwipfel wichen Klippen aus Kalkstein und Porphyr, und wo sich das Tal verengte, floß der grüne Fluß schnell und tief.

Stromabwärts erschien bald darauf ein Dorf, und Störche standen auf einem Bein in ihren alten Nestern auf Strohdach und Schornstein. Unter heftigem Flügelschlagen hoben sie sich in die Lüfte, und wenn sie bis auf die Tiefe der Baumwipfel hinabstießen und dann den Fluß in Richtung Slowakei kreuzten, glänzte die Oberfläche ihrer Flügel in der Sonne; dann gingen sie in Schräglage und kehrten nach Ungarn zurück, und kaum eine Feder rührte sich. Zweige im Schnabel, balancierten sie auf den Dächern, die schwarzen

Schwungfedern gespreizt wie die Finger der Hochseilartisten, wenn sie nach Gleichgewicht tasten. Stumm, wie sie sind, improvisierten sie einen seltsamen Werbegesang, indem sie in großem Tempo ihre scharlachroten Schnabelhälften wie flache Stäbe aneinanderschlugen, und ein Dutzend solcher Brautwerbungen in einem der Flußdörfer klang wie ein Orchester aus Kastagnetten. In plötzlicher Verzückung sprangen sie ein Stück in die Höhe und landeten unsicher, rutschten oft gefährlich die strohgedeckten Dächer hinunter. Am Abend zuvor hatte ihre wunderbare Prozession sich über den ganzen Himmel erstreckt; jetzt waren sie allgegenwärtig, und in all den folgenden Wochen habe ich nicht aufgehört, sie zu bestaunen – ihr seltsam anrührendes Klappern wurde zur Begleitmusik meiner Reise, und sie verzauberten die Gegenden, durch die ich kam, bis zum August und in die bulgarischen Berge hinein, wo ich ihnen nachsah, wie sie in Scharen am Horizont verschwanden, auf dem Weg zurück nach Afrika.

Es war der 1. April 1934, Ostersonntag; zwei Tage nach Vollmond, elf seit der Tagundnachtgleiche, siebenundvierzig seit meinem neunzehnten Geburtstag und hundertundelf seit meinem Aufbruch, jedoch nicht einmal vierundzwanzig Stunden, seit ich die Grenze überquert hatte. Das andere Ufer war nach wie vor slowakisches Gebiet, doch ein oder zwei Meilen vor mir wand sich ein Nebenfluß durch die nördlichen Hügel, und die Ziegeldächer und Kirchtürme eines Städtchens mit dem melancholischen Namen Szob markierten den Treffpunkt der beiden Gewässer. Hier wandte die Grenze sich nordwärts das Seitental hinauf, und zum erstenmal erstreckte sich auf beiden Seiten der Donau Ungarn.

Die meiste Zeit meiner Reise hatte die Landschaft unter Schnee gelegen, mit Eiszapfen bedeckt und oft von fallenden Flocken verborgen; doch in den letzten drei Wochen hatte sich das gründlich geändert. Vom Schnee blieben nur noch ein paar schmutzige Flecken, und das Eis auf der Donau war gebrochen. Wenn der Fluß ganz zugefroren ist, reißt es mit einem Geräusch wie Donnergrollen. Ich war außer Hörweite und weiter flußabwärts gewesen, als die großen Schollen sich lösten, doch mit einem Male war das Wasser erfüllt von rasenden, taumelnden Eisstücken. Zwecklos der Versuch, mit ihnen Schritt zu halten: Dreiecke, Polygone eilten vorüber, rieben sich, von Tag zu Tag glatter an den Kanten, stießen aneinander mit immer sanfteren Stößen, bis sie dünn waren wie Hostien, und schließlich, eines Morgens, waren sie verschwunden. Dies waren nur milde Vorzeichen. Wenn die Sonne ihre ganze Kraft entfaltet, mag zwar der ewige Schnee, mögen die Gletscher der Alpen und die steilen Gipfel der Karpaten aus der Ferne unverändert scheinen, doch aus der Nähe hat man den Eindruck, das ganze eisige Herz von Europa sei in Auflösung begriffen. Tausende von Rinnsalen erscheinen an den Bergflanken, die Bäche treten über die Ufer, die Donau selbst verwildert und überflutet die Wiesen, ersäuft Kühe und Schafe, zerstört Heuschober, entwurzelt Bäume und reißt sie mit, bis selbst die größten und stärksten Brücken entweder vom Treibgut verstopft sind oder mit ihm davongespült werden.

Der Frühling hatte wie auf einen Startschuß begonnen. Die Vögel sangen um die Wette, überall wurden fieberhaft Nester gebaut, Schwalben und Mauersegler schlugen ihre Haken am Himmel. Mehlschwalben besserten alte Bauten aus, Eidechsen huschten zwischen den Steinen, überall in den Binsen tauchten neue Nester auf, im Wasser wimmelten Fischschwärme, und die Frösche, die mit einem langen Sprung im Wasser verschwanden, wenn ein Fremder kam, waren sogleich wieder da, und es klang, als würde ihr Chor von Stunde zu Stunde um tausend neue Stimmen verstärkt;

sie sorgten dafür, daß die Nistplätze der Reiher verwaist lagen, bis das letzte Abendlicht schwand. Die Reiher selbst glitten über die Wasseroberfläche und wateten durch die Schwertlilien mit ruckhaften doch zielstrebigen Bewegungen oder taten, genauso raffiniert wie die Störche, auf einem Bein stehend, als seien sie Pflanzen. Lilien wuchsen in den Ufersümpfen, und dicke Stengel hoben riesige Sumpfdotterblumen in die Höhe, zwischen den Blättern der rosaweißen Seerosen, die ihre Blüten des Abends schlossen.

Zwischen den Ufern und den rötlich-malvenfarbenen Klippen standen schlank die Espen und Pappeln, ragten in die Höhe hinaus aus dem flimmernd milden Licht der Weiden, ließen ihre Wurzeln ins Wasser baumeln und neigten sich tief über den rasch fließenden Fluß. Nun, wo sein Bett eng geschnürt war, schwoll er zu einem Wirbel aus Kräuseln und Kaskaden an, und nach den Wochen, die ich nun schon an den Ufern der Donau verbracht hatte, erkannte ich diese gurgelnden Strudel auf Anhieb, wie sie sich drehten und drehten und verrieten, mit welcher Wucht sich das Wasser in der Mitte des Flusses wälzte.

Der Pfad stieg empor, die Hitze des Nachmittags ging vorüber, und es schien kaum zu glauben, daß das beinahe mythische Land Ungarn mich nun endlich auf allen Seiten umgab; auch wenn die Gegend, die Berge von Pilis, nicht entfernt dem entsprach, was ich mir vorgestellt hatte. Als ich schließlich so weit aufgestiegen war, daß die Donau unter mir verschwand, verlor sich der Pfad in Hügeln und Wäldern, und schräge Sonnenstrahlen drangen durch die Äste der jungen Eichen. Alles roch nach Farnkraut und Moos, die Hasel- und Birkenknospen brachen auf, und der Pfad, weich von zergangenen Blättern, wand sich zwischen großen flechtenbewachsenen Bäumen mit Hundsveilchen und Schlüsselblumen zwischen den Wurzeln. Wenn der Wald einmal für eine Meile oder zwei zurückwich, zogen sich an den steilen Flanken beiderseits Wiesen hinauf bis zum Bergwald am Kamm, und Bächlein, von Brunnenkresse gesäumt, eilten hurtig und klar den Tälern zu. Ich überquerte eben eines von ihnen auf ins Wasser gelegten Trittsteinen, als ich Glockenklirren und das Blöken von Schafen vernahm; dann kam Hundegebell, und die drei Furien, die mit gebleckten Zähnen auf mich zugestürmt kamen, wurden vom Schäfer zur Ordnung gerufen. Seine Schafe standen bis zum Bauch im margeritenübersäten Gras; die Lämmer mußten um die Weihnachtszeit gekommen sein, und manche waren sogar schon geschoren. Ich ging schon seit Tagen in kurzen Ärmeln, doch der Schäfer hatte einen knöchellangen Schaffellmantel über die Schultern geworfen; bis Bauern ihre Kleider ablegen, dauert es seine Zeit. Ich rief »Jó estét kivánok!« – ein Viertel meiner Ungarischkenntnisse –, und er antwortete mit demselben Abendgruß und lüpfte dazu feierlich seinen schwarzen Hut mit der schmalen Krempe. (Schon seit ich in der südlichen Slowakei den ersten Ungarn begegnet war, sehnte ich mich nach einer Kopfbedeckung, mit der ich den zeremoniellen Gruß erwidern konnte.) Seine Herde war noch in der Ferne zu erkennen, weiße Flecken und ein leises Glockenklingeln, als ich einer zweiten begegnete. Ein Rudel junger Damhirsche, noch ohne Geweih, äste am Waldrand des gegenüberliegenden Flußufers. In ihrem Rücken ging die Sonne unter und ließ ihre Körper riesige Schatten werfen; jetzt, wo in diesen stillen Gefilden meine Schritte ertönten, hoben sie alle im selben Moment die Köpfe und blickten mir nach, bis ich außer Sichtweite war.

Ich hatte überlegt, ob ich im Freien übernachten sollte, und als ich die geschorenen Lämmer sah, war die Entscheidung gefallen; der Wind hatte sich fast gelegt, und kaum ein Blatt rührte sich. Mein erster Versuch, zwei Nächte zuvor in der Slowakei, hatte zu meiner vorübergehenden Festnahme unter dem Verdacht der Schmuggelei geführt; doch hier in diesen Wäldern hoch über allen Gefahren der Grenze fühlte ich mich sicher.

Auf der Suche nach einer geschützten Ecke ließ ich den Blick schweifen und entdeckte im Dämmerlicht auf der anderen Seite einer Lichtung, wo Krähen lärmend schlafen gingen, ein Lagerfeuer. Im lichteren Teil des Waldes unter einer uralten Eiche war aus Pfählen und Ästen ein Pferch errichtet, ein Schweinehirte verschloß ihn eben mit einer Stange, die er zwischen zwei Weidenbüsche klemmte, und die lockigen, mattschwarzen Schweine rangelten drinnen lautstark um die besten Plätze. Die Hütte daneben war mit Binsen gedeckt, und als ich zu den zwei Hirten hinzutrat, blickten mich beide im Lichtschein des Feuers verwundert an: wer ich sei, wollten sie wissen, und von wo ich komme. Mit den Antworten – »Angol« und »Angolország« – konnten sie nicht viel anfangen, doch ihre Mienen hellten sich auf, als ich eine Flasche Barack hervorholte, das Abschiedsgeschenk meiner Freunde in Esztergom, und ein dritter Schemel fand sich für mich.

Sie waren in groben weißen Wollstoff gekleidet, steif wie Fries. Statt Stachelstock und Hirtenstab trugen sie dicke Knüttel, glatt vom langen Gebrauch, mit kleinen metallenen Klingen wie Äxten, und ihre Füße steckten in Mokassins, wie ich sie zuerst bei den Slowaken in Bratislava gesehen hatte: cremefarbene Kähne aus grobem Leder, an den Spitzen nach oben gebogen, einen rundum laufenden Riemen eingeflochten, der dann um den ledernen Schaft gewunden wurde bis auf halbe Höhe der Unterschenkel; so überstanden die Füße wohlig im weißen Fell den Winter bis zum ersten Kuckucksruf.

Der Jüngere von beiden war ein wilder Bursche mit flammenden Augen und wirrem Haar. Er konnte ungefähr zehn Worte Deutsch, von den »Schwobs« in Nachbardörfern gelernt (Schwaben, die dort siedelten, wie ich später erfuhr), und er hatte ein ansteckendes, geradezu irrsinniges Lachen. Sein weißhaariger Vater sprach nur Magyarisch, doch aus seinen Augen, tief zwischen Runzeln verborgen, schwand das Mißtrauen, je weiter sich die Flasche leerte. Immerhin verstand ich, daß die Hirsche, deren fehlendes Geweih er mit gespreizten Fingern anzeigte, dem *föherceg* gehörten, dem Erzherzog. Weiterhin in Zeichensprache meldete der Jüngere sich mit einem Grunzen zu Wort, knurrte gefährlich und deutete mit gebogenem Zeigefinger die Hauer der wilden Eber an, die hier im Unterholz lauerten; dann drehte er sie in Spiralen, was nur soviel wie Mufflons bedeuten konnte. Die Zeichen wurden noch unverblümter, als er übermütig vorführte, wie die wilden Eber in die Pferche einbrachen, die zahmen Sauen deckten und für eine Unzahl an halbblütigem Nachwuchs sorgten. Ich steuerte hartgekochte Eier zu dem schmackhaften Schinken bei, den es zum Abendessen gab; sie bestreuten ihn mit Paprika, und wir aßen ihn mit Schwarzbrot und Zwiebeln und einem schon beinahe versteinerten Stück Käse.

Die Schweinehirten hießen Bálint und Géza, und die Namen sind mir im Gedächtnis geblieben, weil der Klang mir damals noch so fremdartig vorkam. Im Licht des Feuers sahen sie aus wie Gestalten aus dem tiefsten Mittelalter, und eigentlich hätten wir ein Trinkhorn von Hand zu Hand reichen sollen statt meiner viel zu modernen Flasche. Als wir sie schließlich geleert hatten und da keine Sprache uns verband, schüttelte uns alle drei ein unbezähmbares Lachen. Eine urtümliche Form des Einverständnisses hatte alle Hürden überwunden, und der Alkohol und die unbekümmerte gute Laune des Jungen hatten wohl für den Rest gesorgt. Das Feuer war fast verloschen, und die Stimmung in der Lichtung änderte sich; der Mond, noch beinahe so voll wie in der Nacht zuvor, stieg zwischen den Zweigen auf.

Es war eng in ihrer Hütte, und als sie begriffen, daß ich lieber draußen schlafen wollte, streuten sie Reisig im Schatten eines Schobers aus. Der Alte legte seine Hand aufs Gras und berührte dann mit mitleidiger Miene die meine: Sie war feucht vom Tau. Mit Zeichen bedeutete er mir, ich solle alles anziehen, was ich dabeihätte, und dann gingen sie und legten sich auf ihr Lager.

Wir sagten gute Nacht, doch ich lag noch lange wach und blickte hinauf zum Mond. Die Schatten der Bäume überzogen die Lichtung mit einem Muster wie durchbrochenes Tuch. Ganz in der Nähe riefen Eulen, und aus dem Pferch kam bisweilen ein verschlafenes Grunzen, ein Zeichen von Träumen vielleicht oder von Magenbeschwerden, und manchmal hörte ich ein Schwein, vom nächtlichen Hunger geweckt, selig schmatzen.

Es war noch dunkel, als wir aufstanden, ich klamm von der Feuchtigkeit, wie die beiden es mir prophezeit hatten, und während wir uns mit Brot und Käse stärkten, öffnete Bálint, der Ältere, den Stall. Die Schweine stürmten in wilder Jagd ins Freie; dort machten sie sich, sichtlich gelassener, an ihr Tagwerk und wühlten nach Eicheln und Bucheckern, die in großer Zahl unter den Bäumen verstreut lagen. Damit ich auch den richtigen Weg einschlug, begleitete Géza mich durch den Wald; pfeifend stapfte er durch das Farnkraut, wirbelte seine lange Axt durch die Luft, schleuderte sie in die Höhe und fing sie wieder auf. Nachdem wir uns verabschiedet hatten, wanderte ich allein noch zwei Stunden bei Mondlicht weiter und erreichte mit Tagesanbruch die Ruine einer gewaltigen, ganz von Bäumen überwucherten Burg. Zu ihren Füßen fiel der bewaldete Abhang mehr als dreihundert Meter steil ab, und in der Tiefe sah man das Tal der Donau, das sich, gesäumt von baumbestandenen Hügeln, in östlicher Richtung stromaufwärts schlängelte. Der

Pfad führte unter Buchen und Haselsträuchern entlang einer Festungsmauer bergab bis zu einem großen Turm oben auf dem Hügel, und nach einer letzten Kletterpartie durch das nasse Unterholz stand ich in Visegrád.*

Ich hatte schon viel über diese Festung gehört.

Die Magyaren, die sich am Ende des neunten Jahrhunderts in Mitteleuropa niederließen, waren wilde, heidnische Eroberer. Vier Jahrhunderte später und seit gut dreien davon gesellschaftsfähig, hatten sie aus ihrem Land ein bedeutendes christliches Königreich gemacht, und das Haus der Arpaden, eine uralte Dynastie von Kriegerkönigen, Gesetzgebern, Kreuzfahrern und Heiligen, pflegte freundschaftliche Beziehungen zu den meisten großen Herrscherhäusern der christlichen Welt; König Béla IV., Bruder der heiligen Elisabeth, war der bedeutendste unter ihnen. Er lebte in bewegten Zeiten. In den Jahrzehnten zuvor hatten Dschingis Khan und seine Nachkommen Asien vom Gelben Meer bis zur Ukraine verwüstet, und im Frühjahr 1241 erreichte die Kunde von der drohenden Gefahr Ungarn: Nach der Zerstörung von Kiew war der Enkel des Khans, Batu, auf dem Weg zu den Pässen im Osten. Béla versuchte die Verteidigung des Landes zu organisieren, aber die Mongolen drangen so schnell durch die Karpaten vor, daß sie, als sie die trägen magyarischen Adligen erst einmal überrascht und vernichtend geschlagen hatten, das Ungarische Tiefland überrannten und den ganzen Sommer hindurch die Städte entvölkerten und niederbrannten. Sie versprachen den Bauern, sie zu schonen, wenn sie die Ernte einbrachten, und machten sie dann im Herbst, als alles

* Wäre ich den gleichen Weg einige Monate später gegangen, hätte ich zusehen können, wie die ersten Überreste des Palastes von König Matthias ausgegraben wurden. Ich bin seither wieder dort gewesen: Die eindrucksvollen Ruinen aus der Renaissance vermitteln einen Eindruck von der Größe des Königreichs Ungarn vor der Eroberung durch die Türken.

unter Dach und Fach war, doch noch nieder; am Weihnachtstag überquerten sie den zugefrorenen Fluß und überfielen die westlichen Landesteile. Einige wenige Städte hielten dem Ansturm dank Befestigungen oder sumpfiger Umgebung stand, doch Esztergom wurde niedergebrannt, und auch die meisten anderen lagen bald in Schutt und Asche, die Bewohner hingemetzelt oder als Sklaven verschleppt.

Plötzlich ließ der Ansturm nach. Im mongolischen Lager waren Boten mit der Nachricht eingetroffen, daß Ogodai, der Nachfolger des Dschingis Khan, im fünftausend Meilen entfernten Karakorum gestorben war; und allenthalben, in den sibirischen Sümpfen und jenseits der Chinesischen Mauer, in den verwüsteten Königreichen des Kalifats, zwischen den Trümmern von Krakau und Sandomir, in den mährischen Kiefernwäldern und den rauchenden magyarischen Städten wandten wilde, schlitzäugige Fürsten mit Jungengesichtern plötzlich den Blick nach Osten auf die chinesische Tartarei; der Wettlauf um die Nachfolge hatte begonnen, und bis zur Mitte des Monats März waren sie allesamt verschwunden. Als König Béla, der auf einer dalmatinischen Insel Zuflucht gefunden hatte, in sein Land zurückkehrte, fand er es zerstört. Tod und Verschleppung hatten die Bevölkerung halbiert, und die Überlebenden wagten sich nur zaghaft aus den Wäldern hervor. Béla mußte sein Reich neu gründen, und als erstes widmete er sich der Absicherung gegen die Mongolen. Daher die Burg in Visegrád, die ich nun durchstreifte. So entstand diese trutzige Festung, und viele andere folgten, und als die Mongolen das nächstemal einfielen, behauptete Ungarn sich.

Am erst halb erwachten Kai von Visegrád hörte man ebensoviel deutsche wie ungarische Stimmen, denn hier wohnten Gézas Schwaben. Nach der Vertreibung der Türken waren

Tausende von süddeutschen Bauernfamilien vom Oberlauf der Donau, vornehmlich aus der Gegend von Ulm, aufgebrochen und mit flachen Booten den Fluß hinuntergefahren und hatten sich an den entvölkerten Ufern niedergelassen. Wie es hieß, hatten sich ihre Sprache und ihre Festtagstrachten seit der Zeit Maria Theresias nicht verändert. Gewiß hatte es viele Heiraten zwischen ihnen und der einheimischen Bevölkerung gegeben, und doch glaubte ich, wenn ich Menschen mit flachsblonden oder rabenschwarzen Haaren sah – vielleicht zu Unrecht –, ich könne die typischen Deutschen von den typischen Magyaren unterscheiden.

Als der Weg entlang der Donau eine Biegung nach Osten machte, erstrahlte das Tal im hellen Morgenlicht. Wenig später teilte die Spitze einer langgezogenen Insel mit buschigen Weiden und einem Flickenteppich aus jungen Weizenfeldern den Fluß in zwei Arme. Netze spannten sich von Ast zu Ast, Fischerboote lagen an Espen, Pappeln und Weiden vertäut, und zinngraue Stämme breiteten einen silbrig schimmernden blaßgrünen Schleier vor das dunklere Laub der Uferwälder. Die Insel folgte fast zwanzig Meilen weit den Windungen des Flusses. Hin und wieder sorgte ein schmucker Dampfer für ein paar kräuselnde Wellen, und im Laufe des Tages wurde der spärliche Bootsverkehr dichter.

Aber nach ein bis zwei Stunden tat der Fluß etwas, was er seit unserer ersten Begegnung im verschneiten Ulm elf Wochen zuvor noch nie getan hatte. (Erst elf Wochen! Es kam mir vor wie ein halbes Leben!) Genauer gesagt, seit der Fluß im Schwarzwald zum erstenmal aus dem Untergrund hevorgesprudelt war, im Park des Fürsten von Fürstenberg. Denn nach zwei symmetrischen Bögen machte die Donau nun einen Knick nach Süden, und diese neue Richtung sollte sie einhundertachtzig Meilen lang beibehalten, durch ganz Ungarn – sozusagen vom oberen bis zum unteren Rand der Landkarte –, bis sie sich dann am Fuße der Stadtmauer von

Belgrad erneut nach Osten wandte. Es war ein erregender Augenblick.

Am späten Nachmittag, am anderen Ende der Insel, die mich den ganzen Tag über begleitet hatte, erreichte ich Szentendre, ein barockes Landstädtchen mit schmalen Gassen, Kopfsteinpflaster, Ziegeldächern und Zwiebeltürmen. Die Hügel ringsum waren nun nicht mehr so hoch, an die Stelle der schroffen Felsen und bewaldeten Steilhänge traten Weinberge und Obstgärten, und man spürte die Nähe einer großen Stadt. Die Einwohner waren Nachkommen von Serben, die drei Jahrhunderte zuvor vor den Türken geflohen waren; sie sprachen noch immer Serbisch und besuchten den Gottesdienst in der griechisch-orthodoxen Kathedrale, die ihre Vorfahren erbaut hatten. Als Anhänger der griechisch-orientalischen Glaubensrichtung unterscheiden sie sich von den weiter östlich ansässigen, griechisch-katholischen Uniaten, die, obwohl sie dem orthodoxen Ritus folgen, die Oberhoheit des Papstes anerkennen. Das wußte ich damals noch nicht, aber die Ikone, die anstelle eines Kreuzes meine Schlafzimmerwand zierte, hätte mich eigentlich auf die Fährte bringen müssen.

2
Budapest

Als einige Tage darauf ein Sonnenstrahl am späten Vormittag mich zwang, ein halbes Auge zu öffnen, hatte ich keine Ahnung, wo ich war. Unter der gewölbten Zimmerdecke schwebte der Duft von Kaffee und Croissants, die Möbel glänzten, von eifrigen Händen mit Bienenwachs poliert, Hunderte von Büchern bedeckten die Wände, und über der Lehne eines Sessels, bestickt mit einem blauen, aufrecht stehenden Löwen mit gegabeltem Schwanz und scharlachroter Zunge, lag ein nachlässig hingeworfenes Smokingjackett. Eine Abendkrawatte hing am Spiegel, die Schuhe lagen in verschiedenen Ecken, und auf dem Teppich, wie in hilfloser Geste verrenkt, der zerknitterte Torso eines gestärkten Hemds (damals trug man es noch mit einer schwarzen Krawatte) mit blitzenden, geborgten Manschettenknöpfen. Der Anblick dieses fremdartigen Gefieders, so anders als das von der Reise zerknitterte Häuflein, das ich sonst beim Erwachen erblickte, machte mich ratlos.

Dann kam die Erleuchtung. Ich war in Budapest.

An den Weg von Szentendre kann ich mich kaum noch entsinnen: verschwommene Bilder von Straßen mit Kopfsteinpflaster, den Endhaltestellen der Straßenbahn, von steilen Gassen und schönen Blicken über die Donau und ihre Brükken, eine vage Erinnerung an die Suche nach den Hügeln von Buda. Die Annehmlichkeiten, die mich dort erwarteten, verdankte ich, um ein oder zwei Ecken, meinen baltisch-russischen Freunden in München, deren Freundlichkeit mir in den Wochen meiner beschwerlichen Reise immer wieder solche Oasen beschert hatte.

Ich war wieder zu Gast bei Baronen, und diese lebten auf dem steilen Burgberg von Buda (dem Vár), auf dem der verwaiste königliche Palast hoch über dem rechten Ufer des Flusses thronte. Die Uri utca – Herrengasse –, eine Straße mit vorspringenden Giebelfenstern, ziegelgedeckten Dächern und wappenverzierten Torbögen, verlief in einem sanft geschwungenen Bogen auf der Kuppe dieser befestigten Anhöhe. Sie muß kurz nach 1686 angelegt worden sein, nach der Befreiung der Stadt von den Türken, und unter den Fundamenten zahlreicher Häuser befand sich noch ein Gewirr aus finsteren türkischen Gängen und Kellern. Hoch über Lärm und Getriebe der Hauptstadt umwehte dieses großbürgerliche Viertel etwas von der Stille eines Landstädtchens, und die Häuser, seit Generationen im Besitz der gleichen Familien, hießen Palais Soundso, so auch das bezaubernde Gebäude, in dem ich mich jetzt aufhielt. »Natürlich alles Quatsch«, sagte meine Gastgeberin; sie war fast ausschließlich in England aufgewachsen. »Hier in Ungarn wird gern übertrieben. Es ist ein ganz normales Stadthaus.«

Tibor und Berta waren Mitte vierzig. Entsprechend vorgewarnt, nahmen sie mich unter ihre Fittiche, und das so vorbehaltlos, wie ich es mir nach meinen Erfahrungen in Esztergom eigentlich hätte denken können; die ungarische Gastfreundschaft versetzte mich immer wieder in Erstaunen. Tibor war Hauptmann in einem Regiment der berittenen Artillerie, und sein niederer Rang, obwohl er den ganzen Krieg hindurch gedient hatte, erklärte sich durch die erzwungene Verkleinerung der ungarischen Armee nach dem Vertrag von Trianon. Berta mochten alle, sie war amüsant, oft sarkastisch und immer geradeheraus; sie hatte eine Vorliebe für Tweedkostüme, war hochgewachsen und gutaussehend, mit einer grauen Strähne im dunklen Haar. Ihr Vater, ein angesehener Graf – oder *gróf*, wie man auf ungarisch sagt –, war vor dem Krieg Gouverneur in Fiume gewesen, und wenn sie mit mir in ihrem kleinen Auto durch Budapest fuhr, erzählte sie faszinierende Geschichten über die versunkene Welt von Triest, Fiume, Pola und die Halbinsel Istrien. Wie viele andere auch war die Familie jetzt recht verarmt und hatte einen Teil des Hauses vermietet. Berta saß in zahllosen Komitees und war rund um die Uhr beschäftigt. Ich begleitete sie zu ihren Aktivitäten und unternahm mit ihr Einkaufs- und Besichtigungstouren. Wann immer sie glaubte, es könne mich interessieren oder unterhalten, nahm sie mich mit, und als nach einigen Tagen ein Ball in der Nachbarschaft stattfand, sorgte sie nicht nur dafür, daß ich eine Einladung bekam, sie durchstöberte auch zunächst Tibors Kleiderschrank und dann die Schränke von Nachbarn auf der Suche nach der passenden Abendgarderobe. Als ich fragte, ob sie auch mitkommen würde, lachte sie und sagte: »Bloß nicht! Aber es wird dir gefallen.« Und sie sollte recht behalten.

Der Ball erfüllte sämtliche Erwartungen, und er fand, wie sie ausdrücklich betont hatte, in einem echten Palast statt; auf der Treppe zum Ballsaal spürte ich eine leichte Berührung am Ellenbogen und entdeckte meinen Storchenliebhaber aus Esztergom, der prompt wieder in die Rolle des Mentors schlüpfte. Zum Abschluß des Balls stimmte die Kapelle feurige Zigeunerweisen an, und einige tanzten Csárdás. Ein junges Paar, die Hände des Mannes auf den Hüften seiner Partnerin und ihre auf seinen Schultern, wirbelte und stampfte besonders temperamentvoll über das Parkett, und ihre Haare flogen wie Pferdemähnen. Als der Ball vorüber war, zwängte ich mich mit ihnen, dem Storchenfreund, seiner ansehnlicher Freundin, einem Mädchen namens Annamaria, dem ich schöne Augen gemacht hatte, und noch etlichen anderen in eine Reihe von Automobilen, und in rasender Fahrt ging es bergabwärts und über die Kettenbrücke, und dann stürzten wir uns in die betörende Grotte des prachtvollsten Nachtclubs, den ich je gesehen hatte. Hatte das »Arizona«

wirklich einen Boden, der sich drehte? Es kam mir jedenfalls so vor. Schneeweiße Rösser galoppierten im einen Augenblick mit wippenden Federn – jemand sagte, er habe Kamele dort gesehen, Elefanten sogar. Schon im nächsten flogen Akrobaten durch das vom Zigarettenrauch schillernde Scheinwerferlicht, fingen sich in der Luft, schlugen Salti, drehten sich in Pirouetten um die eigene Achse, schwebten mit ausgestrecken Armen vom Trapez und griffen Ringe, die genau in der richtigen Sekunde aus dem Dunkel auftauchten; und schließlich errichteten sie, gestützt auf die Muskeln eines paillettenstarrenden Titanen, eine menschliche Pagode, kletterten behende einer über die Schultern des anderen in die Höhe, bis schließlich vom Gipfelpunkt schon fast unter der Decke ein schlankes, in Rüschen gekleidetes Mädchen mit einem Stern auf der Stirn Kußhände ins Publikum warf. Irgendwie kam mir diese blonde, strahlende Gesellschaft bekannt vor, und plötzlich wußte ich, wer sie waren: Es waren meine alten Freunde aus meiner Zeit als Porträtkünstler in Wien, die mir und Konrad, ohne es zu wissen, zu einem Dutzend Gläser Himbeergeist verholfen hatten, die Koschka-Brüder!* Da standen sie, eine große Pyramide, glitzernde Apotheose! (Das muntere Motiv ihrer Plakate – A CSODÁLATOS KOSCHKAK! – begleitete mich noch während meines ganzen Aufenthalts.) Später tranken wir weiter in einem Haus in der Werbözy utca, und als Annamaria mir den Weg zurück zur nahegelegenen Uri utca zeigte, konnten wir nicht sagen, ob es noch der Mond oder schon die Morgendämmerung war, wovon die Pflastersteine glänzten.

So war es also kein Wunder, daß die Sonnenstrahlen des Spätvormittags, als sie mir von der Rundung einer silbernen Kaffeekanne entgegenblitzten, detonierten wie lautlose Gra-

* Siehe *Die Zeit der Gaben*, Seite 271.

naten. Die Tür flog auf, und ein schwarzer Schäferhund namens Tim kam hereingestürmt und sprang auf mein Bett. Ihm folgte sein Besitzer Micky (Miklós), der Sohn des Hauses, ein reichlich ungezogener, doch sehr unterhaltsamer Vierzehn- oder Fünfzehnjähriger in Knickerbockern wie Tim aus *Tim und Struppi*. »Hier«, sagte er und reichte mir ein Glas Wasser mit der einen Hand und ein Röhrchen Alka-Seltzer mit der anderen, »Mutter sagt, die wirst du wahrscheinlich brauchen.«

Ich hatte mich mit einem nachtaktiven Völkchen eingelassen, und manchen Morgen in Budapest erwachte ich so. Das Leben schien vollkommen: freundliche, nachsichtige Gastgeber, verwegene, schneidige, gutaussehende neue Freunde, das alles vor dem Hintergrund einer faszinierenden Stadt, eine neue Sprache, die mich beschäftigte, neuartige und kräftige Getränke, Essen wie ein Freudenfeuer des Wohlgeschmacks und eine so kultivierte Atmosphäre, eine so blendende Laune, daß es unmöglich gewesen wäre, ihr zu widerstehen, selbst wenn mir der Sinn danach gestanden hätte. Ich war begeistert von den Sehenswürdigkeiten, besonders von bestimmten Flecken an den Hängen von Buda, wo spätabends ein halbes Dutzend Zigeuner die Gäste heimsuchte wie ein Schwarm lächelnder Krähen und alles mit dem eigentümlichen Klang ihrer Musik verzauberte. Schlecht gespielt kann sie klingen wie Kunsthonig mit Glasscherben, und es mag sein, daß die Melodien letzten Endes gar nicht ungarisch sind – Bartók und Kodály bestehen darauf, daß es Zigeunerweisen sind und folglich nicht-magyarisch –, aber sie hatten Liszt getäuscht, und sie begeisterten mich. In den langsamen Passagen schwebten die Hämmer des Zimbalons zögernd über den Saiten, und die Violinen verharrten matt und träge, doch dann sprang die Flamme mit einer abrupten Synkope wieder auf, Hämmer und Bögen verdoppelten das

Tempo, und der Hackbrettspieler schien genauso vom Wahnsinn geschüttelt wie der erste Geiger, dessen Finger wie in einem schwarzen Knoten über die Saiten huschten; er beugte sich zum Ohr eines Zuhörers hinunter, bis der Bogen es beinahe berührte, und das machte er mit einem nach dem anderen so und klammerte sich dabei an sein Instrument wie ein Mittelgewichtsboxer im Clinch – Darbietungen, von denen man sich vorstellte, daß sie nur in der Ekstase enden konnten oder in einem Ohnmachtsanfall. Himmelhohe Glissandi, ein Regen von Pengös: Augen wurden glasig, als Korken um Korken knallte. Wer bezahlte all das? Ich jedenfalls nicht – sobald ich Anstalten machte, meinen Beitrag zu leisten, wurde mein Ansinnen jovial beiseite gewischt, als sei es nicht wert, daß man überhaupt ein Wort darüber verlor. (Am Tag nach meiner Ankunft hatte ich mich ins Konsulat in der Zoltán utca begeben und einen eingeschriebenen Umschlag mit der unerhörten, seit Wien angesammelten Summe von sechs Pfund abgeholt.)

Sehr viele von diesen Leuten sprachen Englisch, und wenn nicht, versuchten sie es auf deutsch – manchmal, wohl aus historischen Gründen, ein wenig widerstrebend, doch es war die zweite Sprache, die alle sprachen. Zu meiner Überraschung redeten sich alle mit Du an, selbst Fremde, wenn sie die Freunde von Freunden waren. Jemanden zu siezen hieß offenbar, ihn ins tiefste Dunkel zu verbannen, und es war schon vorgekommen, daß Leute sich deswegen duellierten. (Damals waren Duelle in Ungarn noch an der Tagesordnung – nicht einfach nur Studentenrituale, sondern todernste Waffengänge mit Säbeln –, und ich machte mir ein Phantasiebild davon, etwas in der Art des *Gefangenen von Zenda*, das zweifellos nicht das geringste mit der Wirklichkeit zu tun hatte.) Genau wie in Österreich hatte dieser lockere Umgang miteinander einen Rahmen aus altmodischer Höflichkeit. (Ich mochte die Handküsse für die Frauen, aber die formellen

Handküsse, mit denen Diener und Bauern ihrem Herrn huldigten, fand ich merkwürdig. Es war überall in Osteuropa üblich, und nach einer Weile kam es mir nicht mehr unterwürfig, nur noch antiquiert vor, eine uralte Sitte, die sich wie das Lehnswesen aus mittelalterlichen Zeiten erhalten hatte – wie es ja auch tatsächlich war.) Die Ungarn in meiner Umgebung achteten sehr auf ihre Kleidung. Elegant bis zur Eitelkeit, hatten sie eine Schwäche für das, was man früher den englischen Stil nannte; andererseits nahmen sie nicht den geringsten Anstoß an meinem eigenen ärmlichen Aufzug. Das beste, was ich zustande brachte, waren Tweedjackett und graue Wollhose, was mit frischem Hemd und blauer Krawatte schon beinahe vorzeigbar war; nur die Schuhe verdarben es – entweder Turn- oder Tennisschuhe, je nachdem, welche von beiden gerade sauberer waren. Doch es machte niemandem etwas aus.

Nach einem ganzen Leben aus schlechten Zeugnissen und unfreiwilligen Schulabgängen hatte sich mein Schicksal anscheinend gewendet. Seit München waren die Briefe meiner baltisch-russischen Freunde ins Land gegangen,* und diejenigen, deren Freundlichkeit sie mich anempfahlen, hatten mich weitergereicht und schütteten ganze Füllhörner herzlicher und unerschöpflicher Gastfreundschaft über mich aus, wohin ich auch kam. Ich war meinen Wohltätern dankbar und liebte sie dafür, aber ich glaube, Gedanken, womit ich dieses Glück verdient hatte, machte ich mir nicht. Ich nehme an, wenn ihre Freunde sie gebeten hatten, konnten sie schlecht Nein sagen; doch wichtiger war eine tiefe Freundlichkeit gegenüber allen, die jung und arm waren. Meine Herkunft mag auch eine Rolle gespielt haben, denn damals hatten die Ungarn eine ausgesprochene Schwäche für England. Lebensfreude steckt an, und ich genoß all dies

* Siehe *Die Zeit der Gaben*, Seite 148.

mit der Miene eines Seehunds, der einen Hering zugeworfen bekommt. Was ich über die Reise zu erzählen hatte, amüsierte meine Gastgeber; manche sagten, sie wünschten, sie hätten selbst einmal so etwas getan, und auch die Tatsache, daß ich mich nur bei extrem schlechtem Wetter mitnehmen ließ, beeindruckte sie. Niemand unternahm damals solche Fußreisen, und so hatte meine Expedition den Reiz des Kuriosen – man mag es kaum glauben, doch nur ein einziges Mal auf meiner Wanderung traf ich eine verwandte Seele, die wie ich unterwegs war.

Ein paar Monate zuvor hatte ich auf der Straße zwischen Ulm und Augsburg in einem einsamen Gasthaus Zuflucht vor dem Schneegestöber gesucht, und der einzige andere, der sich dorthin geflüchtet hatte, war ein seltsam gekleideter junger Mann ungefähr meines Alters, in schwarzer Cordjacke und scharlachroter Weste mit Messingknöpfen und mit einem zerbeulten Zylinder, von dem er eben den Schnee wischte; als er ihn wieder aufsetzte, sah er ein wenig wie Sam Weller aus den *Pickwickiern* aus. Als wir unseren Schnaps kippten, erzählte er mir, daß er die traditionelle Tracht eines hamburgischen Schornsteinfegerlehrlings trage. Sie sei das Zeichen einer Bruderschaft, die über ganz Europa verbreitet sei, und sorge dafür, daß er überall unter Kollegen willkommen sei; seine runden Bürsten und der zerlegte Bambusstab waren unten an seinen Rucksack geschnürt, für alle Fälle. Er sei unterwegs nach Innsbruck, und von dort gehe es über den Brenner nach Italien. Er faltete seine Karte auf und zeigte mit dem Finger eine Linie über Bozen, Trient, die Etsch, den Gardasee, Verona, Mantua, Modena, Bologna und über die Apenninen nach Florenz, und als er die wunderbaren Namen aufzählte, warf er die Hand in die Luft, als läge ganz Italien gleich rechts und links von uns. »Kommst du nicht mit?«

Warum nicht? Die Versuchung war groß, und er war ein amüsanter Bursche. Dann dachte ich an den Einschreibebrief, der, hoffte ich, in München auf mich wartete, und an all die Geheimnisse Osteuropas, die dann unentdeckt blieben. »Schade«, sagte er. Noch von ein oder zwei weiteren Schnäpsen gewärmt, halfen wir uns gegenseitig, unsere Bündel wieder aufzuladen, und er machte sich auf nach Tirol und nach Rom, ins Land, wo die Zitronen blühn, und winkte noch mit dem Zylinder, als seine Gestalt im Schneegestöber verschwand. Wir riefen uns durch das Tosen des Winds unser Gute Reise zu, und dann stapfte ich weiter und fragte mich, ob ich das Richtige tat, die Wimpern vom Schnee verklebt, unterwegs nach Bayern und Konstantinopel.

Das Haus in der Uri utca war voll mit nützlichen Büchern. Vor allem gab es die *Encyclopaedia Britannica* und *Meyers Konversationslexikon*, beides treue Reisegefährten, und ich fand eine große Fensterbank, auf der ich sie ausbreiten konnte. Es war auch ein Ungarischlehrbuch da, und ich unternahm einige tastende Versuche, doch mein Vokabular kam nie über ungefähr hundert Wörter hinaus, die meisten davon Substantive.

Das Ungarische, von weither gekommen und ohne jede Verbindung zu den germanischen, romanischen und slawischen Sprachen, die es umgeben, hat sich bemerkenswert rein erhalten. Alles daran ist anders als in anderen Sprachen, nicht nur die Wörter selbst, sondern auch Wortbildung, Syntax und Grammatik und mehr als alles andere die Denkweise, die all das hervorgebracht hat. Ich wußte, daß das Magyar zu den finno-ugrischen Sprachen gehörte und Teil der ural-altaischen Familie war, »genauso«, erklärte einer meiner neuen Freunde mir, »wie das Englische zur indoeuropäischen gehört«. Dann sagte er, daß Finnisch die Sprache sei, die dem Ungarischen am nächsten verwandt sei.

»Wie nahe?«

»Oh, sehr!«

»Etwa wie Italienisch und Spanisch?«

»Nein, so nah auch wieder nicht …«

»Wie nahe dann?«

Nach einer nachdenklichen Pause antwortete er schließlich: »Etwa so wie Englisch und Persisch.«

Aber offenbar kann man noch einen Schritt näher kommen, über die Sprachen der Ostjaken und Wogulen. Diese freundlichen, in Leder und Fell gekleideten Gesellen, von denen es nur noch ein paar tausend gibt, leben in den Steppen und Tundren zwischen dem oberen Ural und dem Fluß Ob im Westen Sibiriens. Sie hausen in Hütten, die sie in Erdlöcher bauen, und Unterständen aus Birkenrinde, gehen, bis zur Hüfte im Schnee versunken, in den Wäldern auf Bärenjagd, obwohl sie die Bären verehren, Götter und Beute zugleich; und wenn das Eis schmilzt, fischen sie und stellen Fallen auf und lassen ihre Rentiere auf dem Moos der Tundra weiden und achten sehr darauf, daß ihre wenigen Tiere sich nicht mit denen ihrer Nachbarn und entfernten Verwandten vermischen, der Samojeden. Es half mir anfangs auch nicht, als ich erfuhr, daß das Magyarische, schnell, klar und präzise, wie es ist, eine agglutinierende Sprache ist – ich fand, das klang eher wie etwas, das undeutlich aus einem Mund voller Toffee hervorkommt. Der Ausdruck bedeutet, daß Worte nicht flektiert werden wie bei den anderen europäischen Sprachen, sondern daß Bedeutungsänderungen durch eine Folge von Silben gekennzeichnet sind, die an das eigentliche Wort angehängt werden; alle Vokale passen sich dabei dem Stammlaut an, und die immergleiche Hebung auf der ersten Silbe erzeugt eine Art daktylischen oder anapästischen Galopp, durch den für unvertraute Ohren das Magyarische etwas Wildes und ganz und gar Fremdartiges bekommt. Als ich auf dem Ball den Sätzen lauschte, die mein Freund, der Storchenliebhaber aus Esztergom, sprach, während er aus einer geschliffenen Karaffe Whisky nachgoß, und dann den Worten seiner wunderschönen Begleiterin – wie sie sinnlich und doch energisch eine Zigarette aus einem Etui aus Gold und Chagrinleder mit einem Smaragd als Schließe nahm und ihm durch den Rauch antwortete –, wäre es unmöglich gewesen sich nicht zu fragen, wie jene unvorstellbare Welt aus Marschland und Wüste und Wäldern ausgesehen haben mochte, in der das Magyarische sich schließlich aus dem urtümlichen ugrischen Magma befreite und diese Laute zum erstenmal erklangen.

Gedruckt gaben die gefährlich aussehenden Sätze keinerlei Aufschluß darüber, was in ihnen steckte. Dieser Irrgarten aus s und z! Wenn ich die lange Reihe von scheinbar willkürlichen Akzentzeichen betrachtete, den Sturm der *aigus*, alle in eine Richtung geneigt wie Korn im Wind, hatte ich meine Zweifel, ob ich jemals in der Lage sein würde, daraus schlau zu werden.

Mein erster Versuch machte mir nicht gerade Mut. Es gab ein gemütliches *kávéház*, ein Kaffeehaus (wäre doch alles Ungarische so einfach!), noch nicht einmal eine Minute entfernt am Dreifaltigkeitsplatz (das brachte meine Zunge gerade noch zustande, Szent Háromság tér), und einen regnerischen Vormittag verbrachte ich dort mit Büchern und Schreibzeug. Durch die Fenster des Kaffeehauses sah man alte Paläste und den hohen, neu aufgebauten gotischen Turm der Krönungskirche, und unmittelbar davor entsprang aus dem Pflaster eine Säule und stemmte dem Regen einen bronzenen Reiter namens Andreas Hadik entgegen; er war als Kommandant im Siebenjährigen Krieg durch die Linien Friedrichs des Großen geschlüpft, mit einem Trupp Husaren in Berlin eingefallen, hatte in Windeseile seine Beute gemacht und war wieder davongesprengt. Am Tisch nebenan las der einzige andere Gast des Cafés, ein weißhaariger Alter, die *Pesti Hirláp*. Mein Blick war auf die Schlagzeile geheftet, *O boldog Angolország!* Ich wußte, daß letzteres soviel wie England bedeutete, und der Rest war offensichtlich: Es konnte nur »O englische Buldogge« oder »O Bulldogge England« oder etwas in dieser Art heißen. Die Fotografie darunter zeigte den Prinzen von Wales in einem Sportpullover mit schreiendem Rautenmuster und einer Schlägermütze auf dem Kopf; doch der Hund, den er unter dem Arm hatte und der eindeutig besser als der Prinz aussah, war keine Bulldogge, sondern ein Foxterrier – sie hatten wohl die Rassen verwechselt. Ich konnte der Versuchung nicht widerstehen und fragte meinen Nachbarn auf deutsch, ob ich die Zeile richtig verstanden hätte. Er lachte und antwortete mir auf englisch. Nein, erklärte er, *boldog* habe nichts mit Hunden zu tun, es bedeute »glücklich«; »O glückliches England!« sei die Schlagzeile, und es gehe darum, wie glücklich England sich preisen könne, daß es einen so prachtvollen Thronfolger habe. Ungarn sei ja ebenfalls ein Königreich, fügte mein Nachbar wehmütig hinzu, doch von einem Regenten regiert. Es gab niemanden mehr, der die apostolische Krone trug.

Die apostolische Krone – ich hatte schon viel darüber gehört. Auf Bauwerken, Münzen, Fahnen, Kappen und Knöpfen war sie zu sehen und auf jeder öffentlichen Mitteilung. Die Krone selbst wurde im königlichen Palast aufbewahrt, bereit, ein neues Haupt zu krönen – doch wessen, wann? Über die Jahrhunderte waren durch geschickte Heiratspolitik die umliegenden Königtümer im Habsburgerreich aufgegangen, so schließlich auch Ungarn, und die letzten Herrscher waren König Karl und Königin Zita gewesen, natürlich zugleich auch letzter Kaiser und letzte Kaiserin von Österreich. Nach dem Verlust beider Throne am Ende des Weltkriegs und der kurzen, unhaltbaren Rückkehr nach Ungarn hatte die Dynastie ihre Hoffnungen begraben müssen, und nun war der König im Exil gestorben. Erzherzog Otto, den gegenwärtigen Thronanwärter, zeigten Fotografien meist als ungarischern Magnaten, doch diese Bilder hatte ich in seiner österreichischen Heimat häufiger gesehen als hier. Rechtlich gesehen war der Staat jedoch nach wie vor eine Monarchie und stand unter der Regentschaft von Admiral Horthy. Alle schwärmten nach wie vor für die schöne Elisabeth, ihre vorletzte Kaiserin, im Jahr 1898 in der Schweiz von einem Anarchisten ermordet. Gerahmt stand sie auf Tischen und Schreibtischen und Klavieren, im Krönungsornat des neunzehnten Jahrhunderts, lesend unter einem Baum, zu Pferde beim Sprung über ehrfurchtgebietende Zäune in Northamptonshire oder der irischen Grafschaft Meath oder versonnen, wie sie ihren riesigen Wolfshund Shadow streichelt. Sie hatte das Land und die Ungarn geliebt, hatte Magyarisch gelernt und hatte in allen Streitfragen stets auf der Seite Ungarns gestanden, und vor allem hatte sie geschickt und verwegen in sämtlichen Reitkünsten des Landes brilliert. Diese Liebe bekam sie doppelt und dreifach zurück, und selbst jetzt, sechsunddreißig Jahre nach ihrem Tod, schwärmten ihre Verehrer für sie mit derselben Inbrunst, mit der Burke seinerzeit für Marie-Antoinette schwärmte.

Nun war nur noch die Krone geblieben. Sie war das Allerheiligste in ganz Ungarn. Die Wechselfälle des Lebens hatten ihr zugesetzt, und was ihr an Irrfahrten und Abenteuern noch bevorstand, hätte keiner sich träumen lassen. Die goldenen Reifen angestoßen, das Kreuz auf ihrem Scheitel schief, war sie tatsächlich das Diadem, das Papst Sylvester II. dem heiligen Stephan übersandt hatte, als dieser im Jahre 1000 zum ersten König von Ungarn gekrönt worden war. Später waren emaillene Medaillons hinzugekommen, Goldketten und Gehänge, was ihr ein ausgesprochen byzantinisches Aussehen verlieh und eher zu einem Herrscher auf den Mosaiken vom Bosporus oder in Ravenna passen mochte als zu einem westlichen Monarchen unter seinem Baldachin. Kein Wunder: Der Gold- und Emaillekranz war das Geschenk eines byzantinischen Kaisers an einen späteren Herrscher, und dieser hatte ihn prompt über die päpstliche Gabe an seinen Vorfahren gestülpt; und die goldglänzende Mischung ist ein schönes Symbol für die gesamte frühe ungarische Monarchie, denn die Verlockungen des Ostens wie des Westens schimmerten von jeher über dem Großen Ungarischen Tiefland wie das Trugbild der Fata morgana.

Mit Ausnahme jener feuchten Keller am Vár fand man, wenn man durch die steilen, faszinierenden Straßen der Stadt schritt, kaum Zeichen der langen Türkenherrschaft. Ein paar osmanische Relikte, das Grab eines Derwischs auf dem Rosenhügel, die Kuppeln einiger Hammams, über die Stadt verteilt; später dann eine Moschee hie und da in den Provinzen. Zweieinhalb Jahrhunderte waren vergangen, in denen die Stadt sich erholt hatte; genug Zeit wohl, um das türkische Zwischenspiel mit der Aura des Romantischen zu umgeben und den Magyaren vor Augen zu führen, daß, wenn man weit genug in die asiatische Vorgeschichte zurückgeht, die Eroberer ja entfernte Verwandte waren. Aber es fiel mir nicht leicht, mir auf meinen Spaziergängen die Silhouette vorzustellen – das Gewimmel der Kuppeln, der Minarette, der wehenden Halbmonde –, die Karl von Lothringen und seine Kampfgenossen gesehen haben müssen, als sie 1686, entschlossen zur Rückeroberung, Buda belagerten.

Allerlei ausländische Soldaten zog es zu diesen Ungarnkriegen, darunter mehr als nur ein illegitimer Stuart, allen voran der sechzehnjährige Herzog von Berwick, der Sohn Jakobs II. mit Marlboroughs Schwester Arabella. Er verblüffte die Belagerungsarmee mit der Tapferkeit, mit der er auf Buda anstürmte; zwei Jahre später kämpfte sein Vetter St. Albans – der achtzehnjährige Sohn Karls II. mit Nell Gwynn – nicht minder verwegen beim Sturm auf Belgrad. In England kennt man die beiden kaum, doch diese abenteuerlichen Feldzüge in fernen Ländern zogen unweigerlich die

Exzentrischeren unter meinen Landsleuten an, die Abenteurer, Schwärmer, schottischen Clanshäuptlinge, bekennenden Katholiken, Jakobiten im Exil, Glücksritter – sie alle stürmten, die Pike im Anschlag, zum Banner mit dem Doppeladler, denn diese Kriege umgab der Glanz der Kreuzzüge. Sir Philip Sidney, der Ungarn als Botschafter bereiste, gehörte in eine andere Klasse, doch von ihm abgesehen war der älteste Besucher, den ich in den Quellen fand, Sir Richard Grenville, der schon ein Vierteljahrhundert vor der Rückeroberung gegen Süleiman den Prächtigen kämpfte. Der nächste war Thomas Arundell – ein Favorit Elisabeths, dem sie sogar sein Bekenntnis zum Katholizismus verzieh. Er errang große Ehre im kaiserlichen Dienst und bei der Erstürmung von Esztergom im Jahr 1595, wo er den Wasserturm eroberte und die feindliche Fahne mit eigener Hand erbeutete – wofür Rudolf II. ihn in den Stand eines Grafen des Heiligen Römischen Reiches erhob. Nach Hause zurückgekehrt, stellte er diesen Titel so eitel zur Schau, daß es den englischen Adel erboste; sein Vater, Sir Matthew, ein bloßer Ritter, war außer sich, und die Königin tobte (»meine Hunde tragen kein fremdes Halsband, nur mein eigenes«), und für eine Weile steckte sie ihn sogar ins Fleet-Gefängnis. Vielleicht machte Jakob I. ihn zum Lord Arundell of Wardour, damit er Ruhe vor all diesem ausländischen Unsinn hatte.*

* Generationen später tauchte dieser Adelstitel des Heiligen Römischen Reiches bei einer Nachfahrin noch einmal auf, der formidablen und ebenso couragierten Isabel Arundell, Gattin des Forschungsreisenden Sir Richard Burton, die in Triest Furore machte, als Burton dort Konsul war. Sie nannte sich – durchaus gemäß österreichischer Sitte, bei ihrem Rang als geborene Gräfin, und das war, da die Stadt ja damals noch österreichischer Besitz war, gewiß ein kluger Schachzug. Sie gründete eine Art Tierschutzverein, war eine große Schwimmerin, sie ritt und focht gemeinsam mit ihrem Mann. Ein Jammer, daß sie ihre Papiere verbrannte.

Später stieß ich in Rilkes *Weise von Liebe und Tod des Cornets Christoph Rilke* auf eine Beschreibung der Türkenkriege, die mit einem Mal all die alten Berichte zum Leben erweckte. Das Gedicht ist ein Loblied auf einen entfernten, vielleicht imaginären Vorfahren des Dichters, einen jungen Kornett oder Fähnrich in einem Reiterregiment des Jahres 1663. Für eine Nacht bezieht er Quartier in einer ungarischen Grenzstadt jenseits der Raab und erwacht vom ängstlichen Wiehern, von Trompeten, die verzweifelt zum Aufbruch blasen; rundum tost das Feuer. Der Feind hat sie eingekreist und die Burg in Brand gesteckt. Er reißt sich aus den Armen der jungen Burgherrin los, rettet mit Mühe und Not die schon schwelende Standarte und stürmt die steinernen Stufen hinunter; Flammen schlagen aus seiner Fahne, als er sich in die Reihen der Turbanträger stürzt, und unter dem Blitzen von sechzehn Säbeln entschwindet er unserem Blick.

Ich erforschte den Vár – den Burgberg von Buda – zusammen mit Micky und Tim, dem großen schwarzen Schäferhund, und bald entwickelte ich ein Gefühl für dieses Viertel in luftiger Höhe, die alten Häuser, die Gassen, die Kirchen, die steilen Straßen, die wie Gräben zwischen stillen Mauern verliefen, wo Zweige und Kletterpflanzen über die Kronen wucherten. Auf einem Busausflug, ein oder zwei Meilen nordwärts zum römischen Aquincum, leistete uns ein hübsches Mädchen namens Harry Gesellschaft, ungefähr vierzehn, teils kroatischer, teils polnisch-ungarischer Herkunft. Tim sprang munter zwischen Mauerresten und Sarkophagen und den Ruinen des Amphitheaters umher und grub im Tempel des Sol Invictus nach Knochen; und im Museum betrachteten wir eins jener geheimnisvollen Basreliefs von Mithras mit der phrygischen Mütze, wie er einem Stier seinen Dolch in den Hals stößt. (Der Gott zeigt stets einen Gesichtsausdruck unerträglicher Qual, als sei es sein eigener

Hals, den die Klinge trifft; ein Hund springt herbei, um das Blut zu trinken, und ganz am Rande reckt unbemerkt ein Skorpion unheilverkündend seinen Stachel.) Er war ein Lieblingsgott der Soldaten und hatte überall entlang der Grenze seine Verehrer, und es gab kaum ein Militärlager zwischen dem Hadrianswall und dem Schwarzen Meer, in dem kein Mithrasschrein stand.

Diese letzten Ausläufer der Alpen waren zugleich auch die letzte Bastion des römischen Pannonien, denn der Fluß war seinerzeit die Grenze des Reiches. Die iberische Reiterei, die hier stationiert war, muß argwöhnisch über das Wasser geblickt haben: Jenseits der unbestimmten Siedlungen von Kelten, Quaden und Sarmaten erstreckte die öde Ebene sich ins Unendliche. Gepiden, Wandalen und schließlich Hunnen traten ihre Nachfolge an, bis schließlich auch Rom verging und das finstere Mittelalter begann. Als nächstes kamen die Awaren. *Deserta Avorum!* Ihr Name hing unheilschwanger über den düsteren geschichtslosen Jahrhunderten, bis Karl der Große kam und sie in alle Winde zerstreute und damit, ohne es zu wissen, Raum für die westlichsten Siedlungen der Bulgaren schuf. Für einen kurzen Augenblick blühte der neue Staat in diesem Vakuum auf, bis – *endlich!* – die Stunde der Magyaren schlug. Nach Jahrhunderten in den Weiten Asiens schwärmten sie aus den Kulissen und ließen sich in der Mitte der Bühne nieder, wo sie bis heute geblieben sind.

Das moderne Pest entstand, mit Ausnahme des alten Viertels entlang des Flußufers, erst im vorigen Jahrhundert. Es erstreckt sich unersättlich in die Ebene, und ich sah große Boulevards in der Art der Oxford Street, die Andrássy út etwa oder die Rákoczi út, die ihre Schneisen in die pulsierende Stadt schlugen, ganz anders als die stille Zitadelle auf meiner Seite der Stadt, aus der das geschäftige Leben längst gewichen war. Lange waren Buda und Pest, die Orte wie die

Namen getrennt, nur über eine gefährliche Bootsfahrt oder, für kurze Zeit im Jahr, das Eis der Donau verbunden und erst in den 1840er Jahren wuchsen sie zusammen. Immer wieder erzählte man mir, daß die mächtige Széchényi-Brücke, die Kettenbrücke, von zwei Schotten errichtet war, den Brüdern Clark.

Von ein paar alten Straßen und Plätzen abgesehen, dem schmucken Dunapalota-Hotel und der quirligen, lebenslustigen Uferpromenade – und dort ganz besonders der Patisserie Gerbaud, einem mondänen Treffpunkt am Standbild des Dichters Vörösmarty, in der Art von Gunters in London –, mochte ich Pest längst nicht so sehr wie meine eigene Seite der Stadt, doch ich wurde nie müde, es von der Fischerbastei aus zu betrachten. Von diesem Aussichtspunkt an der Matthiaskirche öffnete sich der Blick auf steil bergabwärts gestaffelte, von dichten Baumreihen gesäumte Straßen, dann auf eine Schleife der Donau mit einem halben Dutzend Brücken darüber. Die Margareteninsel erstreckte sich stromaufwärts, und am anderen Ufer ragte das Parlamentsgebäude auf. Dieser Bau der Jahrhundertwende war übersät von Statuen, ein fantastisches, überbordendes Werk im Zuckerbäckerstil, ein gotisches Schiff mit steilem Dach, über weite Teile von mittelalterlichen Türmchen eskortiert, teils vergoldet und mit Krabben verziert; und gekrönt war es am Treffpunkt der beiden Schiffe von einer gerippten eiförmigen Kuppel, wie man sie eher über den Dächern einer Renaissancestadt in der Toskana erwartet hätte – nur daß sie hier ihrerseits in einem nadelspitzen gotischen Turm auslief. Mit mehr Panache konnte man kaum bauen.

Treppen mit Dächern und Bogengewölben wie schrägen Kreuzgängen führten im Zickzack von diesem Adlerhorst bergabwärts, und ich war stets außer Atem, entweder weil ich mich hinaufschleppte oder weil ich im vollen Tempo hinabhastete und von dort über die Kettenbrücke stürmte, zu spät zu einer Verabredung in Pest; in einem Falle zu einem Mittagessen in der Joszef tér Nummer 7, gleich gegenüber.

Die Gastgeberin in jenem Schloß in Unterösterreich, wo ich mich an meinem neunzehnten Geburtstag so zum Narren gemacht hatte,* stammte aus einer Triester Familie griechischer Herkunft. Sie hatte mich Freunden und Verwandten in Budapest weiterempfohlen. Einer von ihnen war der ehemalige Premierminister, Graf Paul Teleki, Sproß einer berühmten, recht romantischen transsilvanischen Familie. Ein entfernter Verwandter hatte vor nicht langer Zeit Äthiopien bereist und dort den Rudolfsee entdeckt, den er nach dem glücklosen Erzherzog benannte; und der Vulkan an seiner Südspitze hieß Mount Teleki (ich weiß nicht, ob er den Namen heute noch trägt). Auch mein Gastgeber – Graf Paul – war ein angesehener Geograph. Er hatte den gesamten japanischen Archipel kartiert, und beim Essen erzählte er uns Geschichten von seinen türkischen und arabischen Reisen, wo er bei der Festlegung der mesopotamischen Grenzen half. Er unterbrach die Erzählung mit Beschreibungen in glühenden Farben von Abdul Hamid und Slatin Pascha, dem kuriosen Anglo-Österreicher, der jahrelang Gefangener und Leibdiener des Mahdi war. Das Gesicht des Grafen, schmal und mit Hornbrille, hatte etwas stets Aufmerksames, und, beflügelt von Humor und Begeisterung, kam es mir beinahe chinesisch vor. Einen liebenswerteren Menschen könnte man sich kaum vorstellen. Als Chef der ungarischen Pfadfinder nahm er meine Reisepläne mit Begeisterung auf, breitete Landkarten aus, zeigte mir, wo die Bergpässe lagen, verfolgte Flüsse mit dem Finger, schlug alternative Routen vor, all das unter unzähligen Randbemer-

* Pottenbrunn, nicht weit von St. Pölten. Siehe *Die Zeit der Gaben*, Seite 246.

kungen und Anekdoten. Er war Außenminister gewesen und später ein knappes Jahr lang Premier, war aber zurückgetreten und hatte sich wieder seiner geographischen Arbeit gewidmet, als Horthy mit militärischer Gewalt die Rückkehr von König Karl verhinderte. Er lud mich noch mehrmals ein, und seine ganze Familie war außerordentlich freundlich zu mir, und als ich aufbrach, empfahl er mich seinen Verwandten in Siebenbürgen. Er gab mir sogar ein Schreiben an einen alten türkischen Pascha am asiatischen Ufer des Bosporus mit, wodurch das bisher so abstrakte Ziel meiner Reise plötzlich greifbar wurde.*

Da Annamaria, das hübsche Mädchen, mit dem ich mich auf dem Ball angefreundet hatte, Kunstgeschichte studierte, kannte sie jede Galerie der Stadt und jedes Museum, und angespornt von ihr, suchte ich sie alle auf. Sie muß es gewesen sein, die mir (aber wo?) das bemerkenswerte, doch untypische Bild eines Ringkampfs von Courbet zeigte, und sie war mein Sesam-öffne-dich zu einem Privathaus mit einem langgestreckten Raum, kahl bis auf ein halbes Dutzend unglaublicher El Grecos. Ich lernte eine Menge Leute kennen, und mein Leben wurde zusehends turbulenter. Eine meiner Expeditionen führte mich in den Salon einer einstmals gepriesenen Schönheit, ebenso berühmt für ihr Aussehen wie für ihre gesellschaftliche Stellung. Als mich Berta später fragte, was ich von ihr hielte, antwortete ich, sie sehe umwerfend aus, aber sei sie nicht ein wenig eingebildet? Berta lachte. »Als wir im Krieg als Krankenschwestern arbeiteten«, sagte

* In den letzten Tagen vor Kriegsbeginn wurde Graf Teleki noch einmal Premierminister, weil er sich Hoffnungen machte, doch noch etwas vom alten Ungarn zu retten. In seinem Herzen stand er eindeutig auf britischer Seite, doch die Umstände zwangen ihn zu einer Haltung, die er freiwillig niemals eingenommen hätte, und damit er nicht den deutschen Angriff auf Jugoslawien über ungarisches Territorium mittragen mußte, nachdem Ungarn einen Freundschaftspakt mit den Jugoslawen geschlossen hatte, nahm er sich im Frühjahr 1941 das Leben.

sie, »bestand Ella darauf, daß sie nur auf der Blindenstation eingesetzt würde. ›Ich kann nicht anders, versteht ihr! Die anderen würden sich alle in mich verlieben, und ich kann doch nicht zulassen, daß die armen Jungen noch mehr leiden.‹«

Tag für Tag fuhr Tibor zu militärischen Stallungen jenseits von Pest hinaus, um ein Pferd auszuführen, das ihm besonders am Herzen lag. Eines Morgens fragte er mich, ob ich mitkommen wolle; er hatte ein zweites aufgetrieben, und so trotteten und galoppierten wir über den Platz und machten ein paar einfache Sprünge; dann ritten wir zu einer Koppel, wo ich ihm zusah, wie er mit seinem Pferd die außerordentlichsten Übungen machte, in ebenso verzücktem Schweigen und mit ebenso vollkommener Geschicklichkeit wie die Künstler in der Spanischen Reitschule in Wien. Ich glaube, der Ausflug war eine Art Prüfung, und ich muß sie mit Ach und Krach bestanden haben, denn auf dem Rückweg erklärte er mir, sie könnten mir vielleicht für ein Stück meiner Reise ostwärts ein Pferd besorgen; ich käme am Besitz einer Freundin vorbei, die eine große Stallung habe – vielleicht würde sie mir eins für zwei oder drei Tage leihen. »Die beste Art, die Pußta anzusehen.« Ich war so begeistert, ich traute mich kaum zu antworten.

Triviale Dinge sind mitunter wie Zündschnüre, sie entfachen ein wahres Feuerwerk von Erinnerungen. Eine Blumenverkäuferin am Donaukai rief jedesmal, wenn ich vorbeikam: »Virágot! Szép virágot!« – »Blumen, schöne Blumen!« (*virágot* ist der Plural von *virág*, Blume). Zwei Jahre später, als ich zum erstenmal den *Ulysses* las, stieß ich auf die Worte »Nagyságos uram Lipóti Virág«, was auf ungarisch etwa soviel heißt wie »Herr Leopold Bloom«. In dem Buch war Bloom ein jüdischer Einwanderer aus Ungarn. *Virág* ist eine typische Magyarisierung des Namens Blum; und als es den Protagonisten des Romans nach Dublin verschlug, muß daraus »Bloom« geworden sein. Ich war sicher, daß Joyce, ebenso sprachbegabt wie Borrow, in seiner Zeit als Lehrer an der Berlitz-Schule ein wenig Ungarisch aufgeschnappt haben mußte. In der Zeit vor dem Krieg war Triest noch eine österreich-ungarische Stadt mit vielen ungarischen Bewohnern, von denen er es hätte lernen können. (Ein paar leben immer noch dort.) Bisweilen hieß es sogar – vielleicht fälschlicherweise –, er hätte dort dem Admiral Horthy Englischunterricht erteilt, als der spätere Reichsverweser noch Kommandant des k.u.k. Marinestützpunkts in Pola war, und wie ich vor kurzem gelernt habe, machte er zur selben Zeit auch große Fortschritte in seinen Studien des Neugriechischen.* Diese faszinierende Hafenstadt, die ich vor drei Jahren zum erstenmal besucht habe, taucht in seinen Notizbüchern immer wieder auf. Die Schatten literarischer Gestalten sind dort allgegenwärtig; nicht nur James Joyce und die Burtons, auch Italo Svevo. Vielleicht gleitet d'Annunzios Doppeldecker auf dem Weg nach Fiume lautlos darüber hinweg, Rilkes Geist schwebt die Adriaküste entlang gen Duino, wo die beiden eben noch Waring entschwinden sehen.

Ich konnte kaum glauben, daß ich nur zehn Tage in Budapest gewesen war. Nach einer Abschiedsparty mit meinen neuen Freunden erklomm ich lange nach Mitternacht in Begleitung von Annamaria die Stufen Budas; wir setzten uns auf eine Mauer und blickten hinab zu den Brücken, die sich wie funkelnde Diademe über die Donau spannten. Ich bat sie, mir noch einmal ein Lied vorzusingen, das mir seit dem Ball nicht mehr aus dem Kopf gegangen war. Für einen Außenstehenden klingt die ungarische Musik oft ebenso fremdartig wie die Sprache und ist ebenso schwer zu erler-

* Siehe hierzu seine Aufzeichnungen, veröffentlicht in Manto Aravantinous *Ta Ellinika tou James Joyce* (Hermes Press, Athen 1977).

nen. Ich konnte mir das Lied einfach nicht merken. Es erzählt von einer Schwalbe, die tief über ein reifes Weizenfeld fliegt.

»Érik a, érik a búza kalász«

hob sie an und sang es bis zum Ende. Aber es war zwecklos. Auch diesmal bekam ich die Melodie nicht ins Ohr und habe sie bis heute nicht gelernt.

3
Die Große Ungarische Tiefebene

Malek, ein schöner Brauner mit langer Mähne und wehendem Schweif, einer einzelnen weißen Fessel, einer Blesse und, der Kopfform nach zu urteilen, mehr als ein paar Tropfen Araberblut in den Adern, erwartete mich bei einem Akazienwäldchen an der Straße nach Cegléd. Der Bursche, der ihn gebracht hatte, erklärte Berta, er sei frisch beschlagen und werde mir keine Schwierigkeiten machen, nur auf einem kleinen Stück in der Nähe seines Stalls müsse ich aufpassen. Wir verstauten mein Gepäck in den Satteltaschen und verschnürten den zusammengerollten Mantel am Sattelknauf. Dann verfrachtete Berta Micky und Tim ins Auto und fuhr den Stallburschen nach Hause, doch ich war kaum eine halbe Stunde gemächlich die Straße entlanggeritten, als sie mich wieder einholten. Wir picknickten unter einer Eiche, dann trennten sich unsere Wege. Sie kehrten zurück nach Pest, ich ritt in Richtung Konstantinopel; den Blick zurückgewandt, winkte ich, bis ich sie ganz aus den Augen verlor.

Es war der 13. April. Die wenigen Wolken standen so reglos am klaren, weiten Himmel, als seien sie an ihren Schatten vertäut. Die Große Ungarische Tiefebene – Alföld auf magyarisch – ist die westlichste Steppe Europas, ein vorgeschobener Ausläufer des weiten Ödlands zwischen Schwarzem und Kaspischem Meer. Nach den Bildern der wilderen, hundert Meilen weiter östlich gelegenen Hortobágy war ich anfangs enttäuscht beim Anblick gepflügter Äcker, frischer grüner Weizenfelder und der hoch aufragenden Pflanzen mit spitzen blaßgrünen Blättern, die sich, als ich näherkam, als Mais entpuppten; es gab lange Reihen mit Tabakstauden, Obstgärten und von Bäumen umrahmte

Bauernhöfe, und die Ebene zwischen diesen bewirtschafteten Gebieten war gesprenkelt mit Vieh. Schafe, Schweine und Rinder grasten im Mittelgrund des Bildes, und alle paar Meilen kam ein Dorf. Das, vor dem der Stallbursche mich gewarnt hatte, hieß Alberti-Irsa;* hier würde ich meine Reitkünste brauchen. Malek wollte einen Weg einschlagen, der zu einem Tor mit Wirtschaftsgebäuden und Scheunen führte, dahinter ein halb von Bäumen verborgenes Schloß, denn da lockte sein Stall. Als ich darauf beharrte, weiter geradeaus zu reiten, blickte er wehmütig zurück; ich wußte, daß dort andere Pferde auf der Koppel standen, aber sein leidenschaftliches Wiehern blieb unbeantwortet – vielleicht hatte der Stallknecht sie außer Hörweite geschafft –, und nach einem kurzen Machtkampf zwischen uns beiden klapperten seine Hufe so munter wie zuvor.

Es waren deutlich mehr Ochsen- und Pferdefuhrwerke als Automobile unterwegs. Zigeuner holperten in ihren langen, schaukelnden Planwagen vorüber, und man hörte ihren Hausrat rasseln und klappern. Ich bog von der Straße ab auf kleinere Wege, wo Bauernhöfe und Katen bald dünner gesät waren. Ein paar von ihnen, mit Dächern aus Reet und Maisstroh, umgeben von Zäunen aus Astgeflecht, wirkten heruntergekommen, doch die meisten waren schmuck und adrett, die dicken Mauern frisch getüncht, vielleicht aus Anlaß des Osterfests, mit bunt bemalten Sockeln. Ein günstig plazierter Baum, an dessen tiefhängenden Ästen Töpfe und Pfannen baumelten, diente als eine Art urtümlicher Kü-

* Auf meiner modernen Landkarte kann ich nur einen Ort namens Irsa ausmachen, aber Namen ändern sich bisweilen, und dieser spezielle Teil meiner alten, zerfledderten, vom vielen Auf- und Zufalten zerrissenen Landkarte ist schon vor langer Zeit herausgefallen. Doch in meinen groben Tagebuchnotizen heißt das Dorf Alberti-Irsa, deshalb bleibe ich dabei, selbst auf die Gefahr hin, daß ich einen Fehler mache.

chenschrank, auf einem anderen hatte sich eine weiße Hühnerschar samt buntem Hahn niedergelassen. Die Häuser standen auf niedrigen Plattformen, darauf saßen die Frauen bei der Hausarbeit und hielten ein Schwätzchen. Auf einer dieser Plattformen stand ein Webstuhl mit einer Tuchbahn, deren kräftiges, rot-weißes Muster plötzlich in zwei Streifen auslief, und eine alte Frau mit Kopftuch jagte das Schiffchen durch die straffen Kettfäden; mit einem Tritt auf das Pedal veränderte sie deren Lage und schlug die neuen Schußfäden mit dem kammartigen Riet an das vorhandene Gewebe. Als ich sie grüßte, hielt sie inne, blickte auf und erwiderte den Gruß mit den Worten »Isten áldjs« (Gott segne dich). Als sie bemerkte, daß ich Ausländer war, fragte sie »Német?« (Deutscher?) Auf meine Antwort »Angol« erntete ich nur einen vage höflichen Blick: Unter einem Engländer konnte sie sich etwa soviel vorstellen wie ein Bewohner von Dartmoor unter einem Magyaren. Da von der Rückseite des Hauses lautes Muhen zu hören war, rief sie durch das Fenster etwas nach hinten, und eine Minute später erschien eine Enkeltochter mit einem Glas schäumender Milch; sie lächelten beide, als sie mir beim Trinken zusahen. Ich nippte behutsam und dachte bei mir: Dieses Glas trinke ich im Sattel eines Braunen auf der Großen Ungarischen Tiefebene.

In der Abenddämmerung war von der Hauptstadt und den Hügeln im Westen nichts mehr zu sehen. Wir befanden uns mitten in einem endlos leeren Raum, mit gelegentlichen Waldstücken, hie und da unterbrochen von den einsamen, anfangs rätselhaft anmutenden Ziehbrunnen. Diese urtümlichen Einrichtungen (in der ägyptischen Wüste heißen sie Schaduf) bestehen aus zwei senkrecht stehenden Pfosten mit einem Querbalken in knapp zwei Metern Höhe – oder einem Baumstamm, von dem nach der Entfernung aller Äste nur noch eine einzige Astgabel übrigbleibt; darauf ruht ein mehrere Meter langer Hebearm. Gewichte, in der Regel große Steine oder Felsbrocken, beschweren das kürzere Ende, so daß das längere Ende des Hebearms auf der anderen Seite des Auflagepunkts steil in die Höhe ragt; an dessen Spitze hängt eine Stange, wenn nötig auch zwei hintereinander – mit einem Eimer am Ende. Dieser wird von Hand in den Brunnenschacht hinabgezogen, wobei das beschwerte Ende des Balkens nach oben wandert. Sobald man die Stange losläßt, zieht das Gewicht den Eimer wieder heraus, und sein Inhalt kann in eine Viehtränke gegossen werden, die von der Form an ein Kanu oder einen Einbaum erinnert. Diese einsamen Holzgebilde verleihen der Ebene etwas Trostloses. Bei Tag erinnern sie an ausgediente Belagerungsmaschinen, in der Dämmerung verwandeln sie sich in Galgenbäume oder die von Wagenrädern gekrönten Pfähle auf Gemälden von Hieronymus Bosch, wo sich Geier um die Knochen der in luftiger Höhe hingerichteten Übeltäter streiten.

Der Abend war erfüllt vom knarrenden Auf und Ab der hölzernen Balken. An einem dieser Brunnen, neben einem verfallenen Bauernhaus mit Storchennest im Dachstuhl, arbeiteten zwei berittene Kuhhirten; sie waren aus dem Sattel gestiegen, und die weiten, weißen Leinenhosen, die lose über die schwarzen Schaftstiefel fielen, reichten ihnen bis halb über die Wade. Sie tränkten eine große Herde von auffällig bleichen Rindern mit nahezu geraden, weit ausladenden Hörnern, die die Luft mit ihrem Trampeln und Brüllen erbeben ließen und mächtige Staubwolken aufwirbelten. Als die Hirten mit dem Tränken fertig waren, saßen sie wieder auf, und ich winkte ihnen zu. Sie lüpften die schwarzen Hüte mit einer schwungvollen Geste, wendeten ihre Pferde, gaben ihnen die Sporen und umkreisten, unterstützt von struppigen weißen Hunden, teils im Trab, teils im leichten Galopp ihre Herde. Mit langen Stachelstöcken sorgten sie dafür, daß kein Tier sich von den anderen entfernte. Die sinkende Sonne ließ ihre Silhouetten deutlich hervortreten und zeichnete lange Schatten. Inmitten einer Staubwolke zogen sie unter heiseren Rufen, begleitet von Hundegebell und den Geräuschen von Kuhglocken und aneinanderstoßenden Hörnern, westwärts. Ein Storch gesellte sich zu seiner Gefährtin im Gebälk, vermutlich nachdem er an einem ruhigeren Ort einen letzten Frosch verspeist hatte, und ich ritt weiter in Richtung Osten, dem dunkleren Ende der Ebene entgegen. Die Wolken erstrahlten in einem atemberaubenden Rosa.

Doch das war nichts im Vergleich zu dem Himmel dahinter. Die flache Ebene des Alföld bietet eine ideale Bühne für Wolkenspiele bei Sonnenuntergang, und wer sie beschreiben will, begibt sich auf gefährliches Terrain: schwebende Armeen, gefangen im aussichtslosen Ringen, reiterlose Schwadronen, die im Zeitlupentempo auf glutrote und schwefelgelbe Lagunen zustreben, wo Wachtürme langsam einstürzen und Flotten brennender Triremen verglühen und versinken. Des dunkeln Abends Prachtgebilde ... je weniger man es in Worte zu fassen versucht, desto besser.

Sobald sich die Gelegenheit bot, verfiel Malek in einen leichten Kanter, und einmal entwickelte sich daraus ein ausgedehnter Galoppritt in der Abenddämmerung; vielleicht fand er, wir seien doch arg weit von zuhause und sollten uns sputen. Als wir wieder eine langsamere Gangart eingeschlagen hatten, ließ die hereinbrechende Dunkelheit die schmale Sichel des Mondes umso heller erstrahlen. Eine ferne Lichterkette, die Stadt Cegléd, wie ich wußte, lag hinter uns auf der rechten Seite, und als es dunkler wurde, konnte man hie und da die Lichter einsamer Bauernhäuser auf der weiten Ebene blitzen sehen, wie Schiffe auf dem Meer. Eigentlich hatte ich vorgehabt, in einem dieser Höfe um ein Nachtquartier zu bitten, doch mit einemmal war keiner mehr zu sehen; schließlich war es ganz dunkel geworden, und ich konnte nur noch einen einzigen Lichtschein ausmachen. Die Entfernung war schwer abzuschätzen, doch je näher wir kamen, desto weniger hatte es von einem Bauernhaus, wenn man einmal von dem halben Dutzend kläffender Hunde absah, die uns schließlich entgegengestürmt kamen.

Im Schein von drei Lagerfeuern, der zwischen den Bäumen hindurchschimmerte, erblickte ich eine Ansammlung von Zelten und die Umrisse von Menschen und Pferden. Eine Gruppe Zigeuner hatte neben einem Ziehbrunnen ihr Lager aufgeschlagen, und unsere Ankunft sorgte für einige Überraschung. Abgesehen von den Feuern war nirgendwo Licht zu sehen, und bei dem Gedanken, daß wir hier die Nacht verbringen sollten, befiel mich eine Mischung aus freudiger Erregung und Angst. Ich hatte in den vergangenen Wochen allerlei haarsträubende Geschichten über Zigeuner gehört, und meine Hauptsorge galt Malek. Als ich aus dem Sattel stieg, drängten sie sich um ihn, tätschelten und streichelten seinen Hals und seine Flanken und musterten ihn mit ihren schlauen, brombeerschwarzen Augen. Diese zerlumpten, abgerissenen Gestalten waren die dunkelhäutigsten Zigeuner, die ich je zu Gesicht bekommen hatte. Einige der Männer trugen die weiten ungarischen Hosen aus weißem Leinen, die anderen gewöhnliche Stadtkleidung und schwarze Hüte, alles völlig zerlumpt. Rotznäsige Dreikäsehochs und behende, pechschwarze Knirpse steckten in Hemden, die ihnen nur knapp bis zum Nabel reichten, manche waren sogar vollkommen nackt, bis auf die eine oder andere – viel zu große – Kopfbedeckung: abgelegte Filzhüte, die ihnen so lose auf dem Kopf saßen, daß sie bei jedem Schritt hin- und herrutschten. Schöne Mädchen mit schmuddligen Volantkleidern in Grün, Gelb und Lila musterten mich mit blitzenden Augen. Auf der anderen

Seite der Feuer lagen wiederkäuend die ausgeschirrten Ochsen; Pferde mit gefesselten Vorderbeinen grasten unter den Bäumen, und zwei Stuten mit staksigen Fohlen wanderten ungehindert im Lager umher. Hunde kläfften und knurrten, und die Hühner, befreit aus ihren Reisekäfigen, scharrten und pickten im Staub.

Schwarze und braune Zeltplanen waren über gekreuzte Stangen drapiert, und nichts an diesen wackligen Konstruktionen und dem überall umherliegenden Hausrat deutete darauf hin, daß diese Menschen seit ein oder zwei Jahrtausenden daran gewöhnt waren, ihre Zelte immer wieder an neuen Orten aufzuschlagen; abgesehen von dem Schilf und den Weidengerten und den halbfertigen Körben in geschäftigen braunen Händen, hätte die ganze Truppe ebensogut eine halbe Stunde zuvor aus einem brennenden Slum geflüchtet sein können. Ich malte mir aus, daß sie auf dem Weg zu den Ufern der Theiß waren, um neues Schilf zu schneiden.

Ich flüchtete vor dem allgemeinen Durcheinander und führte Malek zehn Minuten lang auf und ab, bevor ich ihn am Brunnen tränkte, wo mir ein Mann namens György mit dem Eimer zur Hand ging. Ich hatte überlegt, ob ich Malek an einen Baum binden sollte; ich hatte etwas Hafer und ein Kopfstück in der Satteltasche, aber das Halfter war so kurz, daß er nicht hätte weiden können. Am besten fesselte ich ihn, wie es die Zigeuner mit ihren Pferden getan hatten, aber ich wußte nicht, wie. György zeigte es mir: Er legte einen Strick in Form einer Acht um Maleks Vorderbeine. Ich war recht aufgeregt, denn für Malek war das sicher ungewohnt, aber er ließ es sich widerstandslos gefallen. Ich gab ihm eine Handvoll Hafer und etwas Heu von den Zigeunern, dann setzte ich mich mit dem Sattel und meinem Proviant zu den anderen ans Feuer.

Zum Glück hatten sie ihr kleines Abendessen bereits hinter sich! Abgesehen vom Igelbraten, der ja sehr schmackhaft sein soll, galt ihre Kost gemeinhin als ungenießbar, wenn nicht gar gefährlich. Von irgendwoher hörte ich ein metallisches Klappern: Ein Hund leckte am Feuer einen Kochtopf aus. Als sie meinen irritierten Blick bemerkte, warf ein zehnjähriges Mädchen, das sich gerade eine Zigarette von mir erbettelt hatte, zielsicher mit einem Stein nach dem Hund, und der trollte sich mit einem überraschten Winseln; anschließend schleuderte sie das Gefäß in die Höhe, so daß es an einem passenden Ast hängenblieb, hockte sich selig lächelnd wieder auf die Erde und blies den Rauch genüßlich aus den Nasenlöchern. Der wichtigste Bestandteil von Bertas Proviantpaket war eine Salami von fast einem Meter Länge mit einer Bauchbinde in den Nationalfarben. Ich gewann viele Sympathien, als ich ein Drittel davon absäbelte und weitergab; es war das Signal für ein kurzes, heftiges Gerangel. Dann sahen mir dreißig Augenpaare andächtig zu, wie ich ein Butterbrot und einen Apfel verspeiste, das Ganze untermalt von vielstimmigem leisen Flüstern. Ich nahm drei hastige Riesenschlucke aus meiner Weinflasche, bevor ich sie weiterreichte. Sie schienen teils fasziniert, teils beunruhigt durch meine Anwesenheit. Warum das so war, konnte ich mir nicht erklären; vielleicht galten alle Fremden, wenn sie nicht Opfer waren, als Unheilsboten. Anfangs konnten wir uns nicht verständigen; aber ich hatte schon die Ohren gespitzt bei den Worten, die der älteste Mann an György richtete, bevor er mir half, Malek zu tränken: Mir war, als endete der gemurmelte Satz mit dem Wort *pani*, dem Hindi-Wort für Wasser, wie jeder, der auch nur einmal entfernt mit Anglo-Indien zu tun hatte, sofort weiß. Als ich mit fragendem Blick auf den Wasserkrug deutete und wissen wollte, was darin sei, antworteten sie mit dem ungarischen Wort »Víz«; geschickt erwiderte ich: »Nem [nicht] víz! Pani.« Die Sensation war perfekt! Verblüffung und Staunen stand in den vom Feuer erhellten Gesichtern.* Als ich die Finger meiner Hand hochhielt und »Panch!« sagte – das Wort für »Fünf« in Hindi und Romani (auf ungarisch heißt es *öt*) –, wuchs das Erstaunen noch weiter. Ich versuchte mein Glück mit den einzigen anderen Wörtern, die mir aus der Lektüre von *Lavengro* im Gedächtnis geblieben waren. Ich zeigte auf meine Zunge und fragte »Lav?«; leider ohne Erfolg; ihr Wort dafür lautete *tchib*. Ein weiterer Mißerfolg war »penning dukkerin«, Borrows – genauer gesagt Mr. Petulengros – Wort für »Wahrsagerei«. Mehr Glück hatte ich mit dem Wort *petulengro* selbst, zumindest mit der ersten Hälfte. Das gesamte Wort (bei Borrow bedeutet es »Hufeisen-Meister«, also Hufschmied) löste keinerlei Reaktion aus, doch als ich es zu *petul* abkürzte und dabei auf den Amboß wies, verschwand ein kleiner Junge in der Dunkelheit und kehrte wenig später triumphierend mit einem Hufeisen in der Hand zurück.**

Als sie das Spiel einmal begriffen hatten, nannten sie, sobald ich auf einen Gegenstand zeigte, das entsprechende Wort in ihrer Sprache. Die meisten lachten, nur ein oder zwei schauten besorgt, als würden hier Stammesgeheimnisse preisgegeben. Auf meinen zum Himmel emporgereck-

* Noch erstaunlicher wird die Geschichte dadurch, daß ungarische und rumänische Zigeuner für »Wasser« das Wort *pai* benutzen; das »n« ist verschwunden. Und doch hatte ich es gehört. Ich frage mich, ob der verschwundene Buchstabe immer noch im Unterbewußtsein gespeichert ist, genau wie der Schatten des einstigen »s« hinter dem französischen *circonflexe*.

** Damals wußte ich noch nicht, daß *petáli* oder *pétalo* die neugriechische Bezeichnung für ein Hufeisen ist. Es könnte in den ein oder zwei Jahrhunderten, in denen die Zigeuner sich im byzantinischen Reichsgebiet aufhielten, Eingang ins Romani gefunden haben. Das griechische Wort heißt ursprünglich so viel wie »Blatt« und, davon abgeleitet, sowohl Blütenblatt als auch Hufeisen, denn in Griechenland und der gesamten Levante werden Esel noch immer mit einer blattdünnen Stahlplatte beschlagen. Die modernen halbmondförmigen Hufeisen für Pferde und Maultiere müssen eine spätere Entwicklung sein, aber der alte Name hat sich auch für sie gehalten.

ten Finger und die Frage »Isten?« (das ungarische Wort für »Gott«) kam, wie aus der Pistole geschossen, die Antwort »Devel!«, was im ersten Moment überrascht, weil es wie das englische Wort für den Teufel ist, bis man an das Hindi-Wort *Deva* und seine mutmaßliche Wurzel im Sanskrit denkt. Die dunkelhäutigen Gesichter strahlten vor Eifer. Glänzendes Haar, dunkle Augen, kastanienbraune Haut und, bei den Frauen, der wiegende Gang und die zerbrechlich zarten Hand- und Fußgelenke – all dies nährte die Vorstellung, daß sie sich im Grunde kaum verändert hatten, seit sie Belutschistan oder Sindh oder die Ufer des Indus verlassen hatten. Ich hatte kurz zuvor zwei gehässige Legenden gelesen oder gehört, die sich um ihr Geschick in der Metallbearbeitung rankten: Zigeuner hätten nicht nur das Goldene Kalb für die Israeliten gegossen, ein Zigeuner habe überdies die Nägel für die Kreuzigung geschmiedet, woraufhin ihm ein bekehrter Dämon einen ebensolchen Nagel ins Hinterteil geschlagen habe.

Malek graste unter dem Baum, wo ich ihn zurückgelassen hatte, etwa zehn Meter vom Feuer entfernt. Die Fußfessel war offenbar sicher und schien ihn nicht weiter zu stören. Den Kopf auf Sattel und Satteltasche gebettet, lag ich da und rauchte, aber ich konnte lange Zeit nicht einschlafen. Als mir endlich die Augen zufielen, war das behagliche Gefühl, das der hastig getrunkene Wein und das fröhliche Zusammensein am Feuer geweckt hatten, längst verflogen. Wie konnte ich bloß so verrückt sein und ein geborgtes Pferd solchen Gefahren aussetzen? Später im Halbschlaf hatte ich Albtraumvisionen davon, wie die Zigeuner sich mit meinem wunderschönen Braunen davonmachten; anschließend (so hieß es) würden sie ihn anders einfärben und an einen grausamen Fremden verkaufen; ihn womöglich kurzerhand schlachten und aufessen; oder, was noch schlimmer war, heimlich zu Salami verarbeiten – angeblich das Schicksal von altersschwachen Eseln –, nachdem sie Roß und Reiter um die Ecke gebracht hatten. Letzteres schien mir immer noch die beste Lösung: Wenn dem geliehenen Pferd etwas zustieß, wollte ich lieber tot sein als ein Leben lang eine solche Schmach ertragen. Als ich aus diesen schrecklichen Träumen erwachte, war die schmale Mondsichel untergegangen; aber Malek stand noch immer im Sternenlicht unter den Bäumen, und er war auch noch da, als die Morgendämmerung die nächtlichen Hirngespinste endgültig in die Flucht schlug. Die Sonne erhob sich wie eine blutrote Scheibe über der Wildnis, und als der Zigeunerhahn krähte, antworteten ihm seine Artgenossen in den unsichtbaren Bauernhöfen ringsumher, bis die ganze Ebene aus dem Schlaf erwachte.

Ich hatte einen großen Vorrat an Zuckerwürfeln eingepackt, und nachdem ich Malek erleichtert einige davon gegeben hatte, versorgte ich ihn mit nahrhafterem Futter und schlenderte auf und ab, um die Lage zu erkunden. Die langen Schatten in der Ebene wiesen jetzt in die entgegengesetzte Richtung; Rauchwölkchen stiegen zum Himmel, und fleißige Finger bogen und flochten und spleißten bereits die Vorräte an Schilfrohr. Abgesehen von dem farbenfrohen Aufzug der Mädchen, war mir die kleine Gesellschaft am Abend zuvor reichlich zahm vorgekommen. Keine Spur von einem Musikinstrument, keine einzige Note, keine gezupfte Saite, nicht einmal einen Tanzbären hatten sie. Doch da hatte ich mich getäuscht. Im Windschatten eines Wagens schlief ein gewaltiges Tier aus den Karpaten, den Kopf auf die Tatzen gebettet; und noch während ich ihn ansah, wachte er auf. Er setzte sich, gähnte ausgiebig mit weit aufgerissenem Maul, rieb sich die Augen, dann ließ er die Tatzen in den Schoß sinken und blickte sich gutmütig und schlaftrunken um, während sein Bärenführer das erloschene Feuer anfachte und für beide das Frühstück bereitete. Ich kehrte zu Malek zurück, und bei unserer gemeinsamen Morgenmahlzeit fiel mir auf, daß ich unter einem Baum saß, wie ich ihn noch nie zuvor gesehen hatte. Die Rinde war dunkel, ovale Blätter – die Farbe erinnerte an Grünspan – saßen in symmetrischen Paaren an langen Stielen, und dazwischen baumelten ledrige Schoten, die aussahen wie dunkle Bohnen. Es war ein Karobenbaum. (Kaut man seine schwärzlichen Früchte, deren eigentümlich muffiger Geschmack entfernt an uralte Schokolade erinnert, könnte man meinen, man hätte Teakholz im Mund. Ein paar Jahre später stillte ich damit meinen Hunger in den Bergen des südlichen Kreta und trat dabei, ohne es zu wissen, in die Fußstapfen des verlorenen Sohns: Die gleichen Schoten waren Nahrung für ihn und die Schweine, und sie dienen auch heute noch als Schweinefutter. Vielerorts kennt man sie unter dem Namen Johannisbrot, denn es gibt eine Legende, wonach es diese Früchte und wilder Honig waren, die Johannes den Täufer in der Wüste am Leben erhielten.)

Ich sattelte Malek und verabschiedete mich. Wir ritten in östlicher Richtung davon.

Es war an der Zeit, und vielleicht sollte ich das hier an dieser Stelle ebenfalls tun, daß ich mir ins Bewußtsein rief, wo wir waren, und einen Blick auf die Geschichte dieser außergewöhnlichen Region warf. Seit der Zeit, als die Grenze des Römischen Reiches entlang der Donau verlaufen war, folgte die naheliegendste Route von Buda – Strigonium, wie es damals hieß – in die Levante dem Strom in südlicher Richtung bis zur Einmündung der Save oder Sau, dorthin, wo in späteren Zeiten die bedeutende Festung von Belgrad entstehen sollte, dann über die Pässe auf dem Balkan, quer durch die späteren Königreiche Serbien und Bulgarien bis nach Adrianopel und von dort über Thrakien in die Kaiserstadt oder zum Hellespont, der Grenze zu Asien. Das war die Verbindung auf dem Landweg zwischen den ungarischen Königen und den byzantinischen Kaisern; es war der Weg, den Barbarossa mit seinen Kreuzfahrern bei dem Feldzug einschlug, der mit dem Tod des Kaisers in den eiskalten Fluten des Kalykadnos endete. Aber die vorletzte Kreuzfahrerarmee – König Sigismunds Ungarn samt seinen französischen, deutschen, burgundischen und walachischen Verbündeten und, wie es heißt, sogar ein paar tausend Engländern – folgte unerschrocken weiter dem Flußlauf, bis Sultan Bayazid mit dem Beinamen »der Blitz« sie bei Nikopolis vernichtend schlug. (Mehr davon später.) Ein letzter Kreuzzug in der nachfolgenden Generation scheiterte auf dem Schwarzen Meer, dann ging Konstantinopel selbst verloren. Auf der gleichen Route, nur in entgegengesetzter Richtung, gelangten die Türken Schritt für Schritt mitten ins Herz von Europa. Nachdem sie im späten Mittelalter den Balkan unterworfen hatten, drangen sie im sechzehnten Jahrhundert, in der Zeit, als in England das Haus Tudor herrschte, weiter stromaufwärts vor. Süleiman der Prächtige besiegte den ungarischen König Ludwig II.,* dann eroberte er Buda und brannte es nieder. Doch die Belagerung von Wien im Jahr 1529 bescherte nicht den erhofften Erfolg, und als der zweite Belagerungsversuch am Ende des folgenden Jahrhunderts ebenfalls scheiterte, wendete sich das Blatt für das Osmanische Reich. Karl von Lothringen und später Prinz Eugen stoppten den Vormarsch der Türken und trieben sie auf dem gleichen Weg, auf dem sie gekommen waren, stromabwärts. Des Kaisers Krieger kämpften kühn, und seine Bataillone belagerten bald Belgrad. Stadt und Festung fielen, und fortan folgten alle westlichen Reisenden dieser uralten Route, so auch ausländische Botschafter auf dem Weg zur Hohen Pforte. Wagenkonvois mit berittenen Eskorten und festlich geschmückte Hausboote mit zahlreichen Ruderern

* *Lajos* auf ungarisch, ausgesprochen etwa wie Lójosch.

zogen majestätisch stromabwärts. (Man muß sich Lady Mary Wortley-Montagu vorstellen, wie sie bei einer Rast, halb in Pelze gehüllt, halb in hauchdünner türkischer Tracht, im Schatten einer Pappel Popes Gedicht *Homer* liest.)

Im Jahrhundert darauf folgte Alexander Kinglake; leider gibt sein Bericht keine Aufschlüsse über Ungarn, denn er beginnt erst, als der Autor zur Erbauung des Paschas von Belgrad das Geräusch und die Arbeitsweise einer Dampfmaschine nachahmt; damals war die umkämpfte Zitadelle erneut in türkischer Hand. Die Eisenbahnlinie, die sie schließlich mit dem Westen und mit Konstantinopel verband, spielt in zahlreichen Spionage- und Abenteuerromanen eine große Rolle.

(Viele Jahre nach der Reise, von der ich hier schreibe, bin ich die ganze Route noch einmal abgefahren. Hatte der Fluß vor Esztergom einem Pariser Prachtboulevard geglichen, so ist der Anblick in diesem südlichen Abschnitt noch weit beeindruckender. Eine breite ockerfarbene Wasserstraße, beiderseits gesäumt von Weiden und Pappeln, wälzt sich quer durch die Ebene bis zum Horizont, und außer einem einsamen Reiher im Schilf oder dem gelegentlichen Fischerkanu, das wie die Boote auf chinesischen Bildern schwerelos im Dunst zu schweben scheint, ist weit und breit nichts zu sehen. Ich übernachtete in einer Herberge für Schiffer in Mohács, denn ich wollte das Schlachtfeld besuchen, wo Süleiman König Lajos besiegt hatte: einer der düstersten und unheilvollsten Wendepunkte der Geschichte, ein Unglücksort für die Ungarn wie das Amselfeld für die Serben und Konstantinopel für die Griechen.)

Soviel zu der Route entlang der Donau nach Süden; doch das war nicht der Weg, den ich gewählt hatte. Malek und ich hatten ihn verlassen und weniger ausgetretene Pfade eingeschlagen; unser Weg führte über die Ungarische Tiefebene südostwärts nach Transsilvanien, und wir entfernten uns stetig von dem mächtigen Strom. Später, als ich die Berichte anderer Reisender studierte, stellte ich fest, daß nur wenige dieser Route gefolgt waren.

Fast schon wie allegorische Figuren tauchen diese Fremden aus dem Nebel der Legenden und dem Staub alter Chroniken auf; ein wenig wie Giganten, ein wenig wie menschenverschlingende Ungeheuer, stehen sie gleich Goyas Koloß inmitten der immer neuen Heuschreckenschwärme, die nacheinander diese Wildnis heimsuchen und dann verschwinden. Die Geschichte kennt nicht genug Einzelheiten, um den Gepiden wirklich Leben einhauchen zu können: Sie waren Verwandte der Goten, die aus dem Ostseeraum zugewandert waren und sich in römischer Zeit in dieser Region niederließen. Auch die Langobarden nehmen erst in dem Augenblick Gestalt an, als sie nach Italien vorstoßen. Alle anderen Eindringlinge kamen aus dem Osten und folgten damit der furchteinflößenden Vorhut der Hunnen. Von der Ungarischen Tiefebene schwärmten sie aus, plünderten und versklavten halb Europa und versetzten das gesamte Römische Reich in Angst und Schrecken. Wie durch ein Wunder entging Paris der Katastrophe, und erst an der Marne wurde ihr Vormarsch gestoppt. Als der leichtsinnige Attila nach einem üppigen Bankett in der Hochzeitsnacht starb, irgendwo in der Nähe der Theiß, vielleicht nur wenige Meilen von meinem jetzigen Pfad entfernt, ritten die Hunnen im Galopp unablässig um sein Bestattungszelt, ein Wirbelsturm der Totenklage. Das Staatswesen zerbrach, und heutige Bauern träumen noch immer davon, daß sie eines Tages beim Pflügen auf seinen sagenumwobenen Schatz aus Juwelen, Goldbarren und vergoldeten Bögen stoßen. Die mysteriösen Gepiden blieben, bis die Awaren sie in alle Winde zerstreuten und sich selbst für fast drei Jahrhunderte in der Tiefebene niederließen. Wie die meisten dieser Eindringlinge waren auch sie mongolischer Herkunft und den Türken verwandt (sie waren allesamt Turanier), und es fehlte nicht viel, dann hätten diese Horden von langhaarigen Wilden mit ihren tyrannischen Khanen sogar Byzanz im Sturm genommen. Sie waren eine ständige Bedrohung für den Westen, und die neue Erfindung des Steigbügels machte sie noch angsteinflößender: Jetzt wo sie fest im Sattel saßen, verdrängte der Speer den Bogen als wichtigste Waffe des berittenen Kriegers, später folgte die Lanze, die ihrerseits den Weg für die schwer gepanzerten mittelalterlichen Ritter bereitete, die Urahnen des Schützenpanzers. Als Karl der Große die sagenhaften siebenfachen Verteidigungsringe der Awaren zerstörte und sie endgültig besiegte, ging ein erleichtertes Aufatmen durch ganz Europa. Mittlerweile waren die Slawen unaufhaltsam eingesickert, hatten sich langsam ostwärts und südwärts und auf dem Balkan ausgedehnt, und dabei war das unbedeutende Großmährische Reich entstanden. Dann griff der neugegründete Staat der Bulgaren mit begehrlichen Fingern nach dem Vakuum im Nordwesten, das nach der Niederlage der Awaren entstanden war. (Wer könnte uns fremder anmuten als Swatopluk, Kral des kleinen Mährischen Reiches? Und wer könnte abstoßender sein als Krum, der frühe Khan der Bulgaren? Er und seine Bojaren tranken mit Vorliebe aus dem gespaltenen, mit Silber ausgekleideten Schädel des ermordeten Kaisers Nikephoros.)

Schließlich kamen die Magyaren. Ursprünglich Sumpf- und Tundrabewohner, waren auch sie Verwandte der früheren und späteren Eindringlinge, aber sie hatten sich schon Jahrhunderte zuvor von ihren finno-ugrischen Stammesbrüdern getrennt. Auf ihren Wanderzügen müssen sie mit den Persern in Berührung gekommen sein; und mit großer Wahrscheinlichkeit verweilten sie ein oder zwei Jahrhunderte lang in den von Turkvölkern bewohnten Steppen im Norden des Schwarzen und des Kaspischen Meeres, wo das riesige, geheimnisumwitterte Reich der Chasaren lag. Nachdem sie erst den Fluß Ural, danach die Wolga, den Don und den Dnjepr überquert hatten, gelangten sie in das Donaudelta und ließen sich direkt nördlich davon in Bessarabien nieder. Dem byzantinischen Kaiser, dem die Bulgaren in dieser Zeit schwer zusetzten, waren die Magyaren hochwillkommen, und er überredete sie, über die Donau zu kommen und die Bulgaren anzugreifen. Im Gegenzug rief Simeon, der Anführer (und spätere Zar) der Bulgaren, die furchterregenden Petschenegen auf den Plan, die wildesten, grausamsten und hinterhältigsten aller Steppennomaden. Sie warteten bereits ungeduldig in der ins Stocken geratenen Reihe asiatischer Eindringlinge, unmittelbar hinter den Magyaren. Während letztere damit beschäftigt waren, die Bulgaren anzugreifen, unternahmen die Petschenegen einen Vorstoß in das vorübergehend von den Magyaren geräumte Bessarabien und besetzten es.

Damit begann eine schicksalhafte Kette von Ereignissen. Nach dem Verlust von Bessarabien marschierten die Magyaren in Richtung Westen; ein Teil zog in südwestlicher Richtung an der Donau entlang, durch das Eiserne Tor und wandte sich dort scharf nach rechts; die meisten aber wanderten nach Nordwesten über die Pässe der Karpaten und machten dann eine scharfe Linksbiegung, so daß sie am Ende alle auf der Großen Tiefebene versammelt waren, die fortan den Namen Ungarn trug. Sie lebten bereits in einer hierarchisch gegliederten Kriegergesellschaft; Arpád war von den anderen Häuptlingen auf den Schild erhoben worden, und seine Untertanen, allesamt erfahrene Reiter, Speerwerfer und Bogenschützen, konnten sich dank ihrer Sättel und Steigbügel im vollen Galopp um die eigene Achse drehen und nach allen Seiten zuschlagen und sich verteidigen. Ihr Siegeszug war nicht aufzuhalten. Sämtliche Rivalen wurden unterworfen oder aus der Tiefebene vertrieben; die Magyaren eroberten die Slowakei, besetzten Transsilvanien, machten das Großmährische Reich dem Erdboden gleich und unterbrachen ein für allemal die Verbindung zwischen Nord- und Südslawen.

Kein Wunder, daß ältere Chronisten die Magyaren nicht von den Hunnen unterscheiden konnten! Ihre Herkunft, ihre Eroberungszüge, ihr ganzes Verhalten in diesen frühen Jahrzehnten unterschieden sich durch nichts von dem ihrer Vorgänger. Wie die Hunnen versetzten sie Europa in Angst und Schrecken; sie feilschten mit dem römischen Kaiser unter den Mauern von Konstantinopel, ritten ohne Rücksicht auf Verluste durch ganz Italien bis nach Otranto, überquerten den Rhein und verwüsteten Lothringen und Burgund, bis Kaiser Otto I. ihnen schließlich auf dem Lechfeld bei Augsburg eine vernichtende Niederlage beibrachte; geschlagen kehrten sie zurück in ihre Heimat, in das riesige eroberte Gebiet an der Donau. Danach änderte sich alles. Wie wir gesehen haben, stand Arpáds Nachfahre Stephan wenige Jahrzehnte später an der Spitze eines bedeutenden christlichen Staates; er starb als Heiliger; und auch wenn sich Ungarn später noch das Königreich Kroatien einverleibte und ein oder zwei Jahrhunderte lang durch die eindringenden Türken zerschlagen wurde, blieben die Grenzen des Landes über neunhundert Jahre unverändert. Stephans Krönung in Esztergom im Jahr 1000 ist ein ebenso bahnbrechendes Ereignis wie die Krönung Karls des Großen im Petersdom am Weihnachtstag des Jahres 800: Sie ist eins der Schlüsselereignisse, die uns den Weg weisen in diesem Chaos.

Aber noch immer drängten neue Nomadenvölker nach Westen. Wir haben gesehen, was im Jahr 1241 mit den Mongolen geschah und wie König Bélas Königreich in Schutt und Asche versank. Um die verwüsteten Landstriche wieder zu besiedeln, rief er neue Reiter aus der Steppe ins Land, die

Kumanen,* die gar noch schlimmer wüteten als die Petschenegen. Sie ließen sich in großer Zahl in der Tiefebene nieder. In der Hoffnung, er könne sie damit im Zaum halten, verheiratete Béla seinen Sohn mit einer kumanischen Prinzessin, doch die Macht der Barbaren wuchs unaufhaltsam, bis das Land am Rand eines Rückfalls ins Heidentum stand; schließlich nahte der Niedergang der tapferen und klugen Dynastie der Arpáden. Als der letzte von ihnen 1301 starb, fiel die Krone an das Haus Anjou aus Neapel, ihre rechtmäßigen Erben, und unter einer Reihe von fähigen Herrschern aus dieser Dynastie – der bedeutendste unter ihnen war Ludwig, oder Lajos, der Große – begann der Wiederaufbau des Landes. Eine Zeitlang konnten Generationen von Schwalben Jahr für Jahr unter denselben Dächern nisten, und die Störche kehrten immer wieder zu ihren Schornsteinen zurück, ohne alles in Trümmern zu finden. Aber hinter der Bühne warteten bereits ungeduldig die Türken.

Als ich meine Karte unter dem Karobenbaum auseinandergefaltet hatte, lag die Theiß, die in südöstlicher Richtung der Donau zustrebt, geradewegs vor mir; ich war fasziniert von den Ortsnamen am östlichen Ufer: Kúncsorba, Kúnszentmartón, Kúnvegytöke und so weiter. Anscheinend bedeutete die erste Silbe soviel wie »kumanisch«, und die Gegend hieß noch immer Nagykunság oder Großkumanien. Auf meiner Seite des Flusses klangen die Namen der südlich gelegenen Dörfer etwas anders: Sie hießen Kiskúnhalas, Kiskúnfélegyháza, Kiskúndoroszma. »Kis« bedeutet »klein«: Sie gehörten zur Region Kiskunság oder Kleinkumanien.

* Am Ufer des Flusses Irtysch in ihrer sibirischen Heimat wurden sie als Kyptschaken bezeichtent, in Südrußland hießen sie Polowetzer, wonach die Polowetzer Tänze im *Fürst Igor* benannt sind.

Hier also waren die Kumanen schließlich gelandet! Und noch näher an meinem Weg entdeckte ich eine weitere merkwürdige Ansammlung von Ortsnamen. Jászboldogháza beispielsweise, nur wenige Meilen nördlich; und ein wenig weiter entfernt Jászladány, Jászapáti, Jászalsószentgyörgy, und dergleichen mehr. Hier erinnerte die erste Silbe an eine noch unerwartetere, noch viel ältere Gruppe von Siedlern. Im dritten Jahrhundert nach Christus tauchten die Jazygen, ein schon bei Herodot erwähnter iranischsprechender Zweig der Sarmaten, erstmals in Skythien in der Nähe des Asowschen Meeres auf, und einige von ihnen wanderten von dort weiter nach Westen. Sie waren Verbündete des Mithridates – Ovid erwähnt sie aus seiner Verbannung am Schwarzen Meer –, und zwischen Donau und Theiß, genau da, wo sich ihre Nachfahren schließlich niederließen, machten sie den Römern das Leben schwer. Wir kennen das Aussehen dieser Jazygen von der Mark-Aurel-Säule auf der Piazza Colonna. Auf diesem Flachrelief stecken die Krieger genau wie ihre Pferde von Kopf bis Fuß in einem Schuppenpanzer. Ohne ihre Lanzen und in der berühmten parthischen Manier nach rückwärts gewandt, galoppieren sie mit gespannten Bogen die Spirale empor.

Hatten sie womöglich noch andere Spuren in der Ebene hinterlassen? Einen halbvergessenen, rätselhaften Brauch, ein besonderes körperliches Merkmal, ein einzelnes Wort oder eine Redensart? Ein paar spärliche Erinnerungen an die Petschenegen und Kumanen finden sich noch auf dem Balkan; aber dieses Volk scheint wie vom Erdboden verschluckt, als sei es nichts als ein Trugbild – allein diese Ortsnamen erinnern daran, wo es zuletzt ansässig war. Dabei gab es einst eine Zeit, in der es auf der halben Erdkugel zu finden war, von den Ufern der Donau bis zu den Nebeln des Oxus und der lautlosen Wüste von Karakum.

Ich erfuhr erst Tage später, was es mit diesen wilden Völkerschaften auf sich hatte, aber ich kann der Versuchung nicht widerstehen, mein Wissen hier an dieser Stelle anzubringen, solange wir noch ihre Siedlungsgebiete durchwandern. Man erzählte mir auch, daß in Jászberény, einer alten Stadt weiter im Norden, wo sich vielleicht einst Attilas Hauptstadt befand, immer noch ein altes, aus einem Elefantenstoßzahn geschnitztes Horn aufbewahrt wurde. Obwohl es sich in Wirklichkeit um eine byzantinische Arbeit handelt, galt es lange Zeit als das Signalhorn von Lehel, einem der ersten Feldherrn der Magyaren; sein Horn ist in Ungarn ebenso berühmt wie Rolands Olifant im Westen. Von dem Sieg Karls des Großen über die Awaren hatte ich zu dem Zeitpunkt bereits gehört, und ich stellte mit einer gewissen Wehmut fest, daß diese Meilen auf dem Rücken meines Pferdes das letzte Stück Weges waren, das ich im Schatten des großen Kaisers zurücklegte. Mir war, als hätte er mich bisher auf meiner gesamten Reise begleitet. Ich verfluchte die Unwissenheit, mit der ich an Aachen vorbeigewandert war, weil ich nicht wußte, daß es Aix-la-Chapelle war! Obwohl er ohne Zweifel eine historische Gestalt war und obwohl alles genau überliefert ist: Alkuin von York und die Gelehrten der Hofschule, Daten, Kriege, Aussprüche, Gesetze, ja sogar seine merkwürdigen Monatsnamen – Hornung, Ostarmonath und so weiter –, ranken sich um diesen Herrscher so viele Geschichten, daß er ins Reich der Legende eingegangen ist. Sagen und geraunte Erzählungen am Feuer, die Lieder von Barden und Minnesängern haben ihn im Lauf der Jahrhunderte entrückt und irgendwo zwischen Alexander und König Arthur angesiedelt; da thront er nun, die Krone auf dem Haupt, riesengroß, mit üppigem Vollbart, umrankt von Efeu und Mistelzweigen, seine Herolde sind Adler und Rabe, sein Gefolge ein Rudel von Wolfshunden, geleitet von Engeln und wehenden Bannern, eskortiert von Mönchen, Prälaten und Paladinen; auf einer Stufe mit Odin und, wie Adonis, den Jahreszeiten verwandt, künden Erdbeben, Sonnen- und Mondfinsternisse von seiner Ankunft, Sternschnuppen und Blitze leuchten ihm zu Ehren, Hörner und Harfen erklingen zu seinem Ruhm und tragen die Kunde über die Ebenen, durch enge Schluchten und Wälder, hinauf auf steile Berggipfel, bis sein Glorienschein sich mit den sieben Sternen des Großen Wagens vereint.

Im Jahr 802 (so hatte ich vor kurzem gelernt) hatte Harun al-Raschid Karl dem Großen einen Elefanten geschenkt. Er hieß Abul Abbas, Vater des Tapferen, und der Kaiser hielt ihn in seinem Park in Aachen, bis er bei einer Schlacht gegen die Dänen ums Leben kam. Es wird nirgendwo erwähnt, auf welchem Weg er nach Aachen gelangte: War er womöglich der alten Route entlang der Donau gefolgt? Oder über Brindisi und die Via Appia? Über Venedig oder Grado bis zur Etsch, dann über den Brenner – viel weiter östlich als Hannibals Alpenüberquerung – und anschließend rheinaufwärts? *Oder hatte der Kalif ihn womöglich über den Hellespont oder den Bosporus transportieren lassen?* Denkbar war es schon, obwohl auf dem Balkan überall Gefahren lauerten: Krum und seine Bojaren hätten den Elefanten sehen und kurzerhand auffressen können. Aber die Große Tiefebene, damals noch weitgehend Sumpfland und Wald, acht Jahre zuvor aus der Hand der Awaren befreit, war ideales Elefantenterritorium. Er könnte von den Ausläufern des Himalaja gekommen sein oder aus den Sümpfen und Sal-Wäldern von Azufghur. Ich konnte mir gut ausmalen, wie Abul Abbas und sein Mahut samt Reitknechten und einer Truppe beduinischer Lanzenreiter über die Ebene zogen, und slawische Hinterwäldler und vielleicht der eine oder andere überlebende Daker in ihren primitiven Behausungen sahen fassungslos zu. Vielleicht hatte er ja sogar irgendwo auf meinem Weg gerastet, den

Rüssel in die Theiß getaucht und sich mit dem kühlen Wasser des schattigen, schilfbestandenen Ufers erfrischt.

Quellwolken, an der Unterseite wie abgeschnitten, zogen über das flache Land, Weizenfelder, Pappelreihen und Obstgärten sorgten für Abwechslung; einmal belebte in der Ferne eine Windmühle den Horizont, überall standen Ziehbrunnen, umgeben von weiten Grasflächen, auf denen Rinder weideten. Manche Viehhirten, die, auf ihre langen Beilstöcke gestützt, zwischen den Herden standen, trugen noch ihre verfilzten Fellmäntel, andere schon Gewänder aus einem filzartigen Wollstoff mit reich bestickter Passe über den Schultern. An den Eingängen von Bauernhöfen und Weilern kamen Gänse aus ihren Teichen gestürmt und liefen zischend über den Weg, und auf neugierig gereckte Hälse folgte stets ein feindseliges Flügelschlagen, wenn Malek sie erhobenen Hauptes passierte, und dann trippelten sie wieder zu ihren Teichen und tauchten platschend ein. Die Schürzen, Stickereien, Rüschen und Falten der Frauenkleider waren immer hübsch und immer wieder neu; das Haar verbargen sie unter Kopftüchern. Viele trugen bunte geflochtene Schärpen, in denen Spinnrocken steckten. Sie befeuchteten Daumen und Zeigefinger mit der Zunge, zogen Strähnen der groben Wolle, die an den Haken der Rocken hingen, hervor und verzwirnten sie, und mit der anderen Hand wickelten sie den Zwirn auf flache Spindeln. Diese hoben und senkten sich wie Jojos in Zeitlupe und wuchsen zu dickeren und immer dickeren Garnrollen; später entstanden daraus auf schmalen Webstühlen die dichten, steifen Stoffe für die Umhänge. Ein Mädchen, das auf einem Schemel zwischen den Stockrosen vor seiner Kate saß, trat in das Pedal eines Spinnrads und ließ die Spindel fliegen; es war ein wunderschönes Stück, poliert von Generationen von Händen, und das einzige, das ich je in Funktion gesehen habe.

Wenn ich an diese endlosen Gegenden denke – gar nicht die Wüste, die ich mir vorgestellt hatte –, dann denke ich an Tau und junges Gras und an Maleks Hufe, wie er durch Wälder und Auen trottet, und die aufsteigende Sonne schien so klar durch Blüten und Blätter, daß es war, als stünden sie in Flammen. Zwischen den Stämmen huschten Rotschwänzchen und Schwarzkehlchen mit ihren auffälligen Bäuchen, eben erst angekommen nach abenteuerlicher Reise, wo andere schon in ihren Nestern hockten, und im offenen Gelände flogen Haubenlerchen aus dem Gras auf, wenn wir uns näherten, und sangen hoch oben am Himmel, als hingen sie an unsichtbaren Fäden dort. Das Leben war vollkommen. Maleks Aufmerksamkeit und Gutmütigkeit, seine Unermüdlichkeit, das ganze Wohlgefühl, das von ihm ausging, sorgten dafür, daß wir uns gegenseitig mit unserer Stimmung ansteckten, wie es bei Pferd und Reiter oft geschieht.

Ich hatte im Dunkel einen zu nördlichen Weg eingeschlagen, und die Stadt Cegléd blieb ungesehen im Südwesten zurück. Wir vesperten im Schatten beim Fluß Zagyva. Später änderten sich die Früchte auf den Feldern, Bäume und Bachstelzen wurden häufiger; all das verriet mir, daß ein weiterer Fluß in der Nähe war, und bald kam er auch zwischen den Weiden und den gewaltigen Schirmen der Pappeln in Sicht: Die mächtige Theiß, der zweitgrößte ungarische Strom, floß gemächlich zwischen niedrigen, riedgrasbestandenen Ufern dahin. Ein paar grob gezimmerte Boote lagen unter den Bäumen auf die Böschung gezogen, ein Fischer mühte sich fast am anderen Ufer mit einem Wurfnetz, schleuderte es in die Strömung, holte es ins Boot und warf es von neuem aus wie kleine Wolken über dem Wasser.

Ich war mit meinen Gedanken beim Elefanten des Kalifen, als wir flußabwärts ritten; dann tauchte aus den Federbüschen des spanischen Rohrs mit einem Mal eine Vision auf, die nicht minder unerwartet war und beinahe ebenso faszinierend. Gerade noch über der Oberfläche eines Seitenarms sichtbar, erschien eine große schwarze, grobporige Schnauze, die geblähten Nüstern niedergezogen von einem schweren Ring. Aus einem Haarbüschel auf der Stirn ragten riesige, flache, gewundene Hörner. Dunkle feuchte Augen blickten mir dumpf und vorwurfsvoll direkt in die meinen. Ein Stück weiter stand eine zweite riesige, ungeschlachte Kreatur und schlug, schlammbedeckt, träge mit ihrem quastenbewehrten Schwanz. Auf der Straße war mir mancher Ochsenkarren begegnet, doch auf Wasserbüffel war ich nicht gefaßt, und es war eine atemberaubende Erscheinung. Später sah ich sie noch oft, vor allem in Transsilvanien, wie sie im Schlamm wühlten oder zu zweit unter einem Joch schwere Lasten zogen, unglaublich langsam und mürrisch.

Wir hielten an einer Brücke, die uns nach Törökszentmiklos geführt hätte – ein Name, der zur Abwechslung die Erinnerung an die Türken bewahrte und an den heiligen Michael dazu –, und folgten statt dessen dem rechten Ufer in Richtung Szolnok. Bald kamen uns Wagen und Vieh und ein Einspänner und Männer zu Pferde entgegen, alles Zeichen, daß ein Markttag zu Ende ging. Dann langten wir, schon in der Abenddämmerung, bei den ersten Häusern der Stadt an, und es dauerte nicht lange, bis ich dasjenige gefunden hatte, zu dem ich wollte.

Dr. Imre Hunyor, ein fröhlicher, rundlicher Mann, hatte schon Vorwarnung erhalten, was ihn erwartete. Er ging zugleich zu einem Nachbarn, der einen Stall hatte – der Tierarzt, wenn ich mich recht erinnere –, und überließ Malek seiner freundlichen Obhut. Als wir gingen, folgten zwei Setter uns mit begierigen Blicken. Ein Dackel gesellte sich zu ihnen. Zwei Schäferhunde kamen hinzu. Als eine ganze Geschwisterschar schon fast ausgewachsener täppischer Welpen herantollte, hielten der Doktor und ich inne und sahen uns verwundert an. Mittlerweile kamen mit freundlicher und aufmerksamer Miene zwei Promenadenmischungen die Straße entlanggetrottet, dann drei weitere, und alle blickten sie zu mir auf, als warteten sie auf ein Zeichen. »Ich frage mich«, sagte Dr. Hunyor, »ob es wohl *daran* liegt?« Er wies auf die Satteltaschen, die ich über dem Arm trug. Die Salami mit ihrer rot-weiß-grünen Banderole war nach wie vor so lang, daß sie herauslugte, den ganzen Tag über hatte die Sonne darauf geschienen, und die Abendluft wehte ihr Aroma nun so verlockend hinaus in die Pußta, daß es selbst mir, der ich nach und nach immun dagegen geworden war, auffiel. Die Hunde wedelten mit dem Schwanz; ein oder zwei sprangen mit einem ersten Bellen in die Höhe. Ich mußte mich mit dem Verlust abfinden und war schon im Begriff, ihnen die Wurst zuzuwerfen, als der Doktor mich am Arm faßte. »Nein, nein«, beschwor er mich. »Es würde einen Bürgerkrieg lancieren!« Also holte ich mein Messer hervor, schnitt sie in duftende Scheiben und warf sie in die Runde. Im Delirium entschwanden die Hunde in alle Richtungen, und schon im nächsten Augenblick war alles vorüber.

Im ersten Band meines Berichtes ist von einem dicken grünen Notizbuch die Rede, das ich in Bratislava kaufte und das mich als Tagebuch begleitete, bis ich es schließlich fünf Jahre später, bei Kriegsausbruch, im Landhaus von Freunden in Rumänien vergaß.* Vor ein paar Jahren bekam ich es, nachdem es Jahrzehnte verschollen war, durch ein Wunder zurück, der grüne Einband ein wenig verblaßt und zerschlissen, aber intakt. Die Bleistiftnotizen sind mir eine große Hilfe, aber nicht die verläßliche Stütze, die sie eigentlich sein sollten. Ich begann in der Slowakei mit einem langen Eintrag für jeden Tag; doch in Städten bleiben die Notizen vielfach aus,

* Das Haus war in Baleni, in der Moldauregion von Covurlui, nicht weit vom Prut.

was mit morgendlichem Brummschädel zu tun haben mag; und oft fing ich auch nicht gleich wieder mit dem Schreiben an, wenn ich die Wanderung wiederaufnahm. Das gilt auch für Budapest und die ersten Tage der Weiterreise. Von Szolnok zum Beispiel sind bloß die Namen der Stadt und des munteren Doktors vermerkt, bei dem ich unterkam; an die wunderbare, kochend heiße, scharlach- und orangerote Karpfensuppe, flammend vor Paprika, die es zum Abendessen gab, erinnere ich mich, aber im Buch steht nichts – und der Rest ist fort. Für den nächsten Tag finde ich »Baron Schoßberger« und »Pusztatenyö«, ein Dörflein etwa ein Dutzend Meilen südostwärts. Von Szolnok selbst bleibt nur noch eine vage Erinnerung. Ich weiß noch, daß wir die Theißbrücke überquerten, weil ich in der Mitte anhielt und einer Kolonne von Flößen zusah, wie sie stromabwärts zwischen den großen Pappeln trieben, die hier so dicht stehen, daß die Ufer wie ein bleicher, flirrender Wald wirken. Die Flöße tauchten unter die Brücke, dann kamen sie auf der anderen Seite wieder hervor und entschwanden mit der Strömung und ihrer Last aus Baumstämmen in Richtung Donau. Bald darauf erreichte ich ein flaches Landhaus (wo der freundliche Dr. Hunyor mich bereits telefonisch angemeldet hatte), und Malek kam zu Mittag auf eine Koppel. Das Anwesen gehörte einem Freund von Tibor v. Thuroczy, der wiederum ein Schwager von Pips Schey war, der mich in der Slowakei so freundlich aufgenommen hatte. Baron Schoßberger kam aus einer jüdischen Bankiersfamilie in Budapest; groß, energisch, mit durchdringenden Augen, war er mit Leib und Seele Bauer und tätschelte auf dem Weg zum Haus stolz eine neu eingetroffene Dreschmaschine.

Später galoppierten Malek und ich übermütig an einer verschlafenen Bahnstation namens Pusztapo vorüber, und hier werden die Erinnerungen ein wenig deutlicher; der Name ist mir im Gedächtnis geblieben, weil er so lustig klang. Solche Weiler waren kaum mehr als zwei Reihen strohgedeckter Häuser beiderseits der staubigen Straße. Manchmal hielt ich an und kaufte ein wenig Hafer. Wenn das Wort *kocsma* über der Tür oder in Weiß auf der Fensterscheibe eine Gastwirtschaft versprach, stieg ich ab und setzte mich auf eine Bank zwischen knospenden Stockrosen und trank ein Gläschen *seprü* – einen ländlichen Schnaps, der wie Feuer brannte. War er aus Kirschen gemacht, hieß er *cseresznye*. Manchmal saß ich mit einem Wagenführer oder zweien zusammen, und auch wenn wir uns nicht verständigen konnten, schlossen wir doch stets Freundschaft, denn alle waren Pferdeliebhaber. Maleks Äußeres ließ ihm sogleich aller Herzen zufliegen, und jeder wollte ihn streicheln. »Nagyon szép!« murmelten sie, »Sehr schön!«, oder »Az egy szép ló«, »Er ist ein schönes Pferd ...« (Improvisierte Vokabellisten finden sich an etlichen Stellen in meinem Tagebuch: *zab*, Hafer; *ló*, Pferd; *lovagolok*, ich reite; *lovagolni fogok*, ich werde reiten: *lovagolni fogok holnap Mezötúrra*, morgen werde ich nach Mezötúr reiten. Dann folgen *Gyönyörü!*, hervorragend oder ausgezeichnet, und *Rettenetes!*, furchtbar! und so weiter.) Als ich, die Zügel lose in der Hand, unter lichtdurchfluteten Akazien saß, fühlte ich mich wie ein einsamer Cowboy, der sich zu weithin unerforschten Volksstämmen vorwagt, und die Zigeuner und Schäfer mit ihren langstieligen Äxten waren dafür der lebende Beweis.

Kaum daß wir ein Dorf hinter uns gelassen hatten, waren wir wieder allein in der flachen, mittlerweile vertrauten Landschaft, halb Ödland, halb bestellte Äcker, mit den typischen Schafherden und Hirten, den einsamen Ziehbrunnen und den am Horizont aufgereihten Wolken. Am späten Nachmittag tasteten wir uns behutsam durch eine weitere riesige Rinderherde mit langen, geraden Hörnern. Wir gelangten zu einer losen Ansammlung von Zigeunerbehausungen, dann zu verstreuten Brennöfen und Schuppen, wo

Tausende von Ziegelsteinen zum Trocknen aufgeschichtet lagen, und einem weitläufigen, von Unkraut überwucherten Friedhof; nun wurde die Bebauung zusehends dichter, und die Häuser standen wie Soldaten in Reih und Glied: Wir waren am Rande einer größeren Stadt.

Mezötúr war zwar nicht so groß wie Szolnok, aber trotzdem keineswegs unbedeutend. (In der Hauptstraße entdeckte ich zwischen zwei Kaffeehäusern mit der unmißverständlichen Aufschrift *kávéház* ein Schaufenster voller Kosmetika und Tinkturen, dazwischen Bilder von Frauen mit gesenkten Lidern, die ihre zarte Haut befühlten, und darüber ein Ladenschild mit den rätselhaften Worten *Szépség Szálón.* Ein paar Sekunden lang arbeitete mein Hirn wie eine langsame Rechenmaschine, dann präsentierte es die Lösung: »Schönheitssalon« …) Viele von den Läden trugen jüdische Namen, Namen deutschen Ursprungs in ungarischer Schreibung. Andere Namen waren einfache ungarische Wörter – Kis, Nagy, Fehér, Fekete – vielleicht Übersetzungen von Klein, Groß, Weiß und Schwarz, vielleicht das Ergebnis einer Magyarisierungskampagne in der Vergangenheit.* Ein Kaufmann namens Csillag – Stern? – beschrieb mir den Weg zu einem Stall. Es waren viele Pferde unterwegs und viele Bauernfuhrwerke; klapprige vierrädrige Kutschen mit geöffnetem Verdeck warteten geduldig unter den Bäumen oder rollten gemächlich durch das staubige Abendlicht. In einer Seitenstraße in der Nähe des Stalls kam ich ins Gespräch mit einem ehemaligen Studenten namens Miklos Lederer. Er hatte vor kurzem eine Lehre bei einem Apotheker angefangen; nachdem ich Malek getränkt und gefüttert hatte, half er mir, mein Gepäck in ein Zimmer in dem Haus zu schaffen, wo er selbst logierte. Halb ungarischer und halb schwäbischer Abstammung, sprach er

* Mein Freund R. F. hat mich vor voreiligen Schlußfolgerungen in diesen Dingen gewarnt. Wie so vieles in Ungarn ist auch das weitaus komplizierter, als es auf den ersten Blick den Anschein hat.

auch Deutsch. Wie alle anderen um diese Tageszeit schlenderten wir durch die Stadt, von geschäftigen Schwalben umschwirrt; der ganze Ort hatte etwas undefinierbar Orientalisches. (Erst später fand ich heraus, daß südlich bestimmter Breitengrade der *corso* – der allgemeine Abendspaziergang – ein universales Phänomen ist, von Portugal bis zur Chinesischen Mauer.) Wir verspeisten ein Paprikahühnchen in einem Restaurant und tranken Kaffee unter freiem Himmel. Dann lockten uns Lärm und Musik in ein sehr viel einfacheres *vendéglö*, voll mit Schäfern und Rinderhirten. Es waren struppige, hartgesottene Burschen in hohen Schaftstiefeln oder rohledernen Mokassins mit verschnürten Wadenriemen; sie trugen kleine schwarze Hüte und rauchten seltsam anmutende Deckelpfeifen mit metallenen Köpfen und sechs Zoll langen Stielen aus Schilfrohr oder Bambus; die hochgeschlossenen Kragen der besser gekleideten unter ihnen waren auch ohne Krawatte so eng, daß sie kaum Luft bekamen. Die Zigeunerkapelle bestand aus einer Geige, einem Cello, einem Kontrabaß, einem Zimbalon und – zu meinem großen Erstaunen – einer reich verzierten Harfe, einem zerkratzten, goldfarbenen, etwa sechs Fuß hohen Instrument, das zwischen den Knien eines sehr dunkelhäutigen Harfenspielers ruhte. Seine Hände glitten über die Saiten und untermalten die trägen, sinnlichen Melodien und jähen Temperamentsausbrüche mit einem sanften Plätschern. Einige Gäste waren bereits betrunken: Allenthalben sah man verschütteten Schnaps, glasige Augen und selig lächelnde Gesichter. Wie alle Landbewohner, die sich in die Stadt wagen, waren die Neuankömmlinge zunächst schüchtern und unbeholfen, aber das änderte sich rasch. Ein Tisch mit einer besonders ausgelassenen Gesellschaft, die lautstark nach wilderer Musik und stärkerem Wein verlangte, schien dem Delirium nahe. »Gleich fangen sie an zu weinen«, sagte Miklos mit einem Lächeln, und er hatte recht. Aber es waren keine Tränen des Kummers; es war eine Art Verzückung, die diesen wettergegerbten Gesellen das Wasser in die Augen treten ließ. Damals hörte ich zum ersten Mal das Wort *mulatság* – es bezeichnet die Freude, die Ausgelassenheit und die Melancholie und manchmal auch die Zerstörungswut, die die Saiteninstrumente der Zigeuner, unterstützt durch geistige Getränke, hervorbringen können. Ich war auch begeistert von dieser verachteten Musik, und als wir uns nach ein paar Stunden erhoben und gingen, war auch ich erfüllt vom gleichen rührseligen Glücksgefühl. Eine beträchtliche Menge Weins war durch unsere Kehlen geflossen.

Wieviel kumanisches und jazygisches Blut, frage ich mich, floß wohl in den Adern all dieser fröhlichen Zecher?

Tags darauf ballten sich die Wolken, die sonst immer am Horizont vorüberzogen, zu einer geschlossenen Decke zusammen. Der Himmel verfinsterte sich bedrohlich, und ich spürte einen Tropfen im Nacken. Malek schauderte; seine Ohren zuckten forschend, und aus den dunklen Sternen, die sich überall im Staub bildeten, wurde rasch eine nasse, pockennarbige Schlammfläche, auf die der Regen niederprasselte. Doch es war nur ein kurzer Schauer. Dann brach die Sonne wieder durch die Wolken, und ein Regenbogen spannte sich über die Ebene. Die Wolkendecke riß auf, Maleks glänzendes Fell und mein Hemd trockneten schnell, und eine kühle feuchte Brise und die vom Regen blankgewaschenen Farben ließen Felder und Bäume in neuem Licht erstrahlen. Gern hätte ich die Fata Morgana erlebt, die in den Sommermonaten auf der Großen Tiefebene erscheint; doch außer den dünnen, wie Quecksilber wirkenden Linien, die das gleißende Sonnenlicht bisweilen in der Ferne zeichnet, war nichts zu sehen. Ich hatte schon viel über die Staubteufel des Alföld gehört und gelesen. Dabei bilden sich rotierende Luftwirbel, die Staub, Stroh und totes Laub mitreißen; sie können sehr hoch werden, und wenn sie mit großer Geschwindigkeit über die Ebene rasen, sehen sie aus wie Gespenster, die alles wegfegen und niedermähen; aber ihre Jahreszeit ist der Herbst, und ich sah sie erst sehr viel später, auf der Baragan-Ebene, jener einsamen Steppenlandschaft an der vorletzten Schleife der Donau, auf deren gegenüberliegender Seite sich die Dobrudscha erstreckt.

Wir näherten uns einem Wald, und plötzlich erscholl der Ruf eines Kuckucks in der Stille. Er wurde immer lauter und klarer, und das Pferd spitzte erneut die Ohren. Die merkwürdig flache Landschaft, der Regenbogen und der jähe Kukkucksruf – ein Klang, den jeder, wie den Gesang der Nachtigall, stets auf sich persönlich bezieht – bescherte mir einen unerwarteten Anfall von Heimweh. Warum durchstreifte ich diese schöne Landschaft statt der vertrauten Wälder und Hügel von England, tausend Meilen weiter westlich? Als wir in den Wald hineinritten, war es, als hätten die Bäume sich verschworen, diese Stimmung noch weiter zu nähren: Es sah wirklich aus wie ein englischer Wald. Auf einer Lichtung wuchsen Haselsträucher, Holunderbüsche, Heckenrosen und Wiesenkerbel, und auf den Blättern funkelten die Regentropfen. Es gab Waldreben und Tollkirschen und Brombeersträucher, die in wenigen Monaten Früchte tragen würden; eine Amsel pickte im Laub, flog auf und landete auf einem Baum, durch dessen Blätter schräg die Sonnenstrahlen lugten. Ich sah zwei Stieglitze, eine Drossel und eine Mönchsgrasmücke. Überwältigt setzte ich mich unter einen Baum, aß Brot und Käse, bestreut mit Paprika, und einen Apfel, rauchte Zigaretten, eine nach der anderen, und lauschte dabei dem Ruf des Kuckucks, dem Konzert der Amsel und den Zugaben der Drossel, und Malek graste friedlich dazu. Der Kuckuck übertönte alle anderen Vogelrufe; es klang, als sitze er direkt über mir, und ich hörte ihn auch noch, als wir den Wald längst hinter uns gelassen hatten.

Mohnblumen leuchteten auf den grünen Feldern, der Duft von Heu, Klee und Luzerne lag in der Luft, und auf den Weiden grasten Pferde mit goldbraunen Mähnen. Ich wünschte, die Reise würde niemals zu Ende gehen. Aber der nächste Ort, hinter einer weiteren Baumreihe verborgen, war die Endstation, und obwohl ich diese letzte Etappe meines Rittes so lang ausdehnte wie nur möglich, war sie viel zu schnell vorüber. Ich folgte einer Eisenbahnlinie und gelangte nach kurzer Zeit an eine Brücke über einen geschäftigen Fluß, die mich nach Gyoma führte. Der Verwalter von Maleks Besitzern hatte dort einen Freund, dem ich das Pferd übergeben sollte. Ich fürchtete, sein Rückweg zu dem schattigen Schloß in der Nähe von Budapest, das ich nur aus der Ferne gesehen hatte, würde beschwerlich, doch der Freund zerstreute meine Bedenken sogleich. Nichts leichter als das; er würde Malek jemandem mitgeben, der am nächsten Tag in die Hauptstadt fuhr – einem Wegweiser zufolge waren es nur 166 Kilometer –, und binnen Stunden sei er wieder im heimischen Stall. Ich reichte ihm schweren Herzens die Zügel.

Dr. vitéz Haviar Gyula war groß, dunkel und von leicht orientalischem Aussehen, mit schweren Lidern, einer Hakennase, hohen, schmalen Schläfen und einem recht wehmütigen Lächeln. Ich überlegte, ob er armenischer Abstammung sein konnte: Im Land verstreut lebten viele Armenier, wie kleine Tukankolonien, geachtet wegen ihrer schnellen Auffassungsgabe, verspottet wegen ihrer großen Nasen. Aber es war kein armenischer Name, allerdings auch kein ungarischer. Rumänische Namen, die sich von einer Berufsbezeichnung herleiteten – ähnlich wie »Potter« im Englischen, »Töpfer« im Deutschen – endeten manchmal auf die Silbe *-ar*, doch auch rumänischer Herkunft war er wohl nicht: Sein Wohnzimmer zierten wohlbekannte Darstellungen von Kossuth und Déak, und abgesehen von dem nicht allzu flüssigen Deutsch, in dem wir uns unterhielten, sprach er nur Ungarisch. Ich aß mit ihm und seiner Familie zu Abend, in einem Restaurant an der Hauptstraße; wir saßen bei Mondschein in einer Laube aus duftendem Flieder (*orgona* auf ungarisch; das Wort ist mir nach fast einem halben Jahrhundert plötzlich wieder eingefallen). Nach dem Regenschauer ging kein Lüftchen, und es war mit einemmal sehr warm geworden. Die kleine Stadt war voller Abendspaziergänger, und viele von ihnen blieben an unserem Tisch stehen und hielten ein kleines Schwätzchen; ich bekam eine Vorstellung davon, wie es in den Städten der Tiefebene im August aussehen mußte. Das Abendessen und anschließende Nachtquartier erschienen mir wie ein Akt göttlicher Vorsehung. Von Raben genährt wie Elias, war ich von diesen Dingen nicht mehr überrascht, aber ich empfand doch jedesmal aufs neue Freude und Dankbarkeit.

Am nächsten Tag leerte ich den Inhalt meiner Satteltaschen auf einen Stuhl und wollte gerade meinen Rucksack neu packen, als ein paar Skizzen herausfielen und Frau Haviar sie aufhob. Sie waren nicht allzu gut, aber sie bat mich dennoch um ein Porträt ihrer Tochter Erszi, eines hübschen Mädchens von etwa zehn Jahren. Ich hatte in Deutschland und Österreich oft Porträtzeichnungen gemacht, eine Art Dankeschön für meine Gastgeber – an ihrer dilettantischen Ausführung schien sich nie jemand zu stören –, und war gleich Feuer und Flamme; Erszi stürmte davon, um sich angemessen zu frisieren. Als sie nach zehn Minuten immer noch nicht zurück war, riefen ihre Eltern nach ihr, und sie erschien in einem umwerfenden Aufzug: Sie trug einen Topfhut ihrer Mutter, lange Ohrringe und eine Fuchsstola; das Gesicht war gepudert, und die Lippen waren zu einem klebrigen Schmollmund geschminkt. Sie setzte sich dekorativ in Positur, eine schmuckbehängte Hand elegant auf die Hüfte gestützt, wobei sie, ganz Vamp, in der anderen eine lange Zigarettenspitze hielt und die Asche mit aufreizender Trägheit abstreifte. Es war eine durchaus überzeugende und beinahe unheimliche Vorstellung, ganz Wolfspelz. »Ist sie nicht albern?« fragte ihre Mutter liebevoll. Ich glaube nicht, daß die Zeichnung ihr wirklich gerecht wurde.

Später schlüpfte sie wieder in ihre normalen Kleider und begleitete mich und ihren Vater zu Maleks Stall. Bewaffnet mit ein paar Zuckerstückchen, mühte ich mich um Gelassenheit, wie ein Araber, der Abschied von seinem stolzen Roß nehmen soll. Bei unserer Ankunft tollte Malek mit ein paar Ponys am hinteren Ende der Weide, doch als ich ihn rief, trabte er mit munter wehender Mähne und fliegendem Schweif heran, und ich streichelte ein letztesmal die Blesse auf seiner Stirn und den herrlich geschwungenen Nacken. Dann sagte ich Lebewohl und machte mich auf den Weg. Mein Modell, noch immer beschwingt von der Maskerade, hüpfte und winkte und rief »Viszontlátásra!«, bis ich außer Hörweite war.

Der Fluß, der mir den Tag über Gesellschaft leistete, war die Körös. Sie war zum Schutz gegen Überschwemmungen mit Dämmen versehen und überall von Bäumen gesäumt, so daß Pfad und Flußufer stets im Schatten lagen. Die Samen der Weidenröschen schwebten wie federleichte Schneeflocken über dem Wasser, und bei fast jedem Schritt hopsten aufgeschreckte Frösche in den Fluß. Im Dickicht aus Schilfrohr und Binsen nisteten Moorhuhnfamilien, und purpurne Libellen schwirrten zwischen den gelben Blüten der Schwertlilien. Als ich mich hinsetzte, um eine Zigarette zu rauchen, spürte ich eine plötzliche Bewegung und sah einen Otter; er blickte sich um, dann huschte er zu den Wurzeln eines Weidenbaums und glitt mit leisem Klatschen ins stehende Wasser, und nur die Wellenkreise blieben zurück. An Nahrung für ihn herrschte offensichtlich kein Mangel: Fische glitzerten in den glasklaren Fluten, und ein Stück flußaufwärts machten sich zwei Jungen mit langen Angelruten und Korkschwimmern zu schaffen. Ihr Fang baumelte an einer durch die Kiemen gefädelten Schnur in einem hohlen Baum, und wir hatten einander kaum begrüßt, als ich ein silbriges Blitzen gewahrte und ein weiterer Fisch aus der Strömung gezogen wurde. Auf mein begeistertes »Eljen!« – Bravo! – wollten die beiden Angler mir den Fisch schenken, doch ich lehnte ab, denn ich wollte an meinem nächsten Etappenziel nicht wie der biblische Tobias mit einem Fisch im Gepäck auftauchen. Die Rinder drängten sich unter den Bäumen und standen bis zu den Knien im Wasser, Schafe belegten jedes Fleckchen Schatten auf den Wiesen mit Beschlag und verharrten dort wie versteinert in der Mittagshitze.

Als ich unvermittelt auf eine Gruppe Zigeuner traf, hielt ich zwischen den Zelten und Karren Ausschau nach meinen Freunden aus der Gegend von Cegléd, aber sie waren nicht dabei. Männer mit Hakennasen balancierten lange, wippende Schilfbündel auf dem Kopf. Frauen wateten bis zu den Oberschenkeln im Wasser, wuschen und wrangen ihre zerlumpten Kleider und den fadenscheinigen Festtagsstaat und drapierten alles anschließend über Büsche und Bäume, wobei eine Horde Jungen von der Sorte, wie ich sie zu Ostern auf der slowakischen Seite beobachtet hatte, die Uferböschung nach den Unterschlüpfen von (nach ihren Maßstäben) eßbaren Tieren absuchte – Wühlmäusen, Wieseln, Wasserratten und dergleichen mehr. Die schwerere Arbeit überließen sie ihren kleinen Schwestern: Die trabten unermüdlich neben ihrer offenbar einzigen Aussicht auf Beute für diesen Tag her und riefen »Bácsi! Bácsi!«, denn die männlichen Opfer kleiner Zigeuner tragen samt und sonders den Ehrentitel »Onkel«; ihre schrillen Onkel-Onkel-Schreie verfolgten mich eine gute Achtelmeile lang. Als das drängende Diminuendo endlich verhallt war, war ich wieder allein;

nichts störte die Stille des schattigen Flußufers, nur die Schwalben segelten zwischen den Bäumen, und hie und da leuchtete das blaugrüne Gefieder eines Eisvogels.

Am frühen Nachmittag gelangte ich an eine Flußgabelung; ich folgte der Sebes Körös – der Schnellen Körös – flußaufwärts, bis ein rotgeschindelter Kirchturm das alte Dorf Köröskladány ankündigte.

Das ungarische Wort *kastély* – das seltsamerweise wie »koschtay« ausgesprochen wird – läßt an eine Burg oder ein befestigtes, zinnenbewehrtes Gebäude denken, aber die nächste englische Entsprechung für die meisten dieser *kastélys*, die ich in Ungarn und Transsilvanien zu sehen bekam, wäre wohl ein *manor house*, ein Herrenhaus, und genau dieses Wort kommt mir in den Sinn, wenn ich versuche, mir das in vielen Jahrzehnten ein wenig verblaßte Bild des *kastély* von Köröskladány zu vergegenwärtigen. Einstöckig wie eine Pferderanch, doch ohne deren Anbauten, war es ein langgestrecktes, ockerfarbenes Gebäude aus dem achtzehnten Jahrhundert mit runden, verschnörkelten Barockgiebeln über großen Portalen, ausgeblichenen Ziegeln, Schwalbennestern und offenen Klappläden, durch die das Spätnachmittagslicht ins Haus flutete. Ich stellte mein Gepäck unter den Jagdtrophäen in der Eingangshalle ab und wurde durch die offenen Türen einer längeren Zimmerflucht geführt, bis ich in der Mitte eines schattigen Durchgangs auf meine Gastgeberin traf. Sie war charmant und gutaussehend, mit glatten, kurz geschnittenen blonden Haaren – ich glaube, sie hatte einen Mittelscheitel, denn als ich ein paar Jahre später Iris Tree kennenlernte, erinnerte mich ihre Frisur gleich an sie. Sie trug ein weißes Leinenkleid und Stoffschuhe, in der Hand hielt sie ein Zigarettenetui und eine brennende Zigarette. »Das ist also unser Reisender«, sagte sie mit freundlicher, etwas rauchiger Stimme und trat mit mir durch eine Glastür in den Garten, wo der Rest der Familie, mit Ausnahme des Ehemanns, der erst am darauffolgenden Tag aus Budapest zurückerwartet wurde, am Teetisch versammelt war, unter hohen Kastanienbäumen, deren klebrige rosa und weiße Blütenkerzen sich eben zu öffnen begannen. Ich sehe es noch vor mir, wie ein zwangloses Familienbild von Copley oder Vuillard, ich weiß noch, wie sich ihre Gesichter im Porzellan und im Silber spiegelten. Versammelt waren neben der Gräfin Ilona Meran ein Sohn und eine Tochter mit Namen Hansi und Marcsi, etwa dreizehn und vierzehn Jahre alt, und ein sehr viel jüngeres Mädchen namens Helli, alle drei sehr hübsch, ausgesprochen wohlerzogen und ein wenig altklug. Außerdem gab es noch Christine Esterházy, eine Freundin – vielleicht auch Verwandte – mit Hornbrille, und eine österreichische Gouvernante. Bis auf letztere sprachen alle Englisch, aber ich erinnere mich an kein einziges Wort unserer Unterhaltung – nur an ihr Äußeres, an die Szene unter den ausladenden Kastanien und die verzauberte Atmosphäre. Wir saßen und plauderten, bis die Dunkelheit hereinbrach und im Inneren des Hauses die Lampen angezündet wurden; das Licht bildete kleine Seen unter den Lampen und durchströmte nach und nach alle lavendelduftenden Zimmer. Es erhellte Buchrücken, Bilder und Möbel; alles hatte genau das richtige Maß an leicht heruntergekommener Landhausromantik, die hundertmal gewaschenen Gardinen genauso wie die aufgeschlagenen Noten über den Tasten eines Flügels. Was für Noten? Ich weiß es nicht mehr; aber nach all den Jahren sehe ich plötzlich ein anderes Bild vor mir: Eine Vase mit üppigen weißen und roten Pfingstrosen steht auf dem Flügel, und ein paar Blütenblätter fallen schon auf das gebohnerte Parkett.

Als ich mich zum Abendessen umzog und später vor dem Zubettgehen betrachtete ich die Bilder in meinem Zimmer. Sie zeigten Schloß Glanegg hoch oben auf einem steilen Felsen, diverse Mitglieder der Familie Almásy – Verwandte von Gräfin Ilona – und allerlei Wenckheims in voller Montur, pelzverbrämt und mit Krummsäbeln bewaffnet. Daneben gab es einen kolorierten Stich aus dem frühen neunzehnten Jahrhundert, der mich sehr faszinierte. Man sah einen schneidigen Kavalier aus der Zeit nach 1820 – ich glaube, sein Name war Zichy – mit Bart und gezwirbeltem Schnurrbart, im blauen gemusterten Halstuch und scharlachroten englischen Jagdrock. Er war einer jener imposanten ungarischen Reitkünstler, die wegen ihrer draufgängerischen Art in England hohes Ansehen genossen. Auf den Darstellungen englischer Jagdszenen sind sie allgegenwärtig: Man sieht sie beim Aufbruch in Badminton, auf den Ackermannschen Drucken mit Darstellungen spektakulärer Sprünge über Zäune und Hindernisse, beim Aufstöbern des Wilds in Ranksborough, beim Satz über den Whissendine Brook, beim wilden Galopp über saftige Wiesen von Kirchturm zu Kirchturm, vor allem aber bei den abendlichen Gelagen an reich gedeckter Tafel, wo fesche rotberockte Lebemänner zwischen zerknüllten Servietten und Weinkühlern und leeren Flaschen übermütig das Glas erheben. In den Bildunterschriften tauchen zwischen all den Osbaldestones und den Assheton-Smiths nicht selten die Namen von ein oder zwei dieser Nimrods aus der Großen Tiefebene auf.*

Am nächsten Tag saß ich in der Bibliothek, während nebenan die Kinder unterrichtet wurden; ich las, was ich über das Alföld finden konnte, bis die Zeit für den Aufbruch zum Picknick gekommen war. Eine offene Kutsche fuhr mit blitzenden Speichen vor, und alle zwängten sich hinein. Ich war fasziniert von der Kopfbedeckung, die zu der schwarzen, tressenverzierten Livree des Kutschers gehörte. Er trug eine Art flache, runde Kappe aus schwarzem Filz – oder war

* Esterházy zum Beispiel oder Graf Sándor, der Vater von Pauline Metternich; später auch Kinsky, der – allerdings aus Böhmen stammende – Sieger im Grand National.

es Samt? – mit steil hochgeschlagener Krempe und einer schwarzen Straußenfeder, die sich im großen Bogen von vorn nach hinten wölbte, wo zudem zwei spitz zugeschnittene Bänder flatterten. War diese Mütze ein Vermächtnis der türkischen Spahis oder der Janitscharen, oder war sie gar ein Relikt aus der Zeit der frühen magyarischen Eroberer? (Das waren die Themen, die mich damals beschäftigten.) Unterwegs wurden immer wieder Hüte gezogen, und viele Passanten grüßten uns. Als wir nach rund einer halben Meile einen mit zittriger Stimme vom Wegesrand gerufenen Gruß hörten, ließ Ilona die Kutsche anhalten, sprang hinunter und fand sich unversehens in den Armen eines alten Mütterchens mit Kopftuch. Nach freudigen Rufen des Wiedererkennens und einer längeren, immer wieder von fröhlichem Lachen unterbrochenen Unterhaltung – auch ein paar Tränen und, glaube ich, weiteren Umarmungen – stieg sie wieder ein. Sie war sichtlich gerührt und winkte, bis die Alte am Horizont verschwunden war. Sie war die Mutter eines Dorfbewohners, die fünfzehn Jahre zuvor nach Amerika ausgewandert war und dort Heimweh bekommen hatte. Erst zwei Tage zuvor war sie in die Heimat zurückgekehrt.

Wir machten es uns unter Weiden am grasigen Ufer in einer Biegung der Körös bequem und speisten fürstlich, und die Pferde grasten ein Stück abseits im Schatten und ließen ihre Schweife fliegen. Ein Reiher glitt unter Zweigen hindurch und ließ sich auf einer Sandbank im Fluß zwischen den Schwertlilien nieder. Wir saßen am Rande eines weitläufigen Waldes. Er war voller Vögel, und in der schläfrigen Nachmittagsstunde, als die Unterhaltung verstummt war, stahlen sich drei junge Rehe, gerade mit den ersten Knospen eines Geweihs, zum Ufer. Auf der Rückfahrt sangen wir leise, angeregt von einem Lied, das wir von den Feldern hörten, österreichische, deutsche, englische und ungarische Weisen. Bei letzteren konnte ich nicht viel beisteuern, doch sie kannten *Érik a, érik a búza kalász*, mein Lieblingslied aus Budapest. Und es hätte nicht besser passen können: Wir fuhren an einem Weizenfeld entlang, wo die Schwalben ihre Sturzflüge über den grünen Ähren unternahmen, die bald gelb werden würden, ganz wie das Lied es beschrieb. Es war die Stunde der Abendglocken, des Muhens und Blökens, als die Herden, in der Abendsonne von goldflammenden Staubwolken umgeben, ins Dorf zurückkehrten, und unsere eigene Rückkehr zum *kástely* fiel mit der Ankunft von dessen Besitzer zusammen. Graf Johann – oder Hansi – Meran war ein äußerst groß gewachsener Mann, Haar und Schnurrbart dunkel, mit scharf geschnittenen Zügen, in denen jedoch eine große Freundlichkeit lag. Seine Kinder stürmten ihm entgegen, und als er sich wieder von ihnen befreit hatte, begrüßte er die anderen zuerst mit Hand-, dann mit Wangenküssen, in jener höflichen und doch herzlichen Art, wie ich sie zuerst in Oberösterreich kennengelernt hatte.

Wenn ich vom Charme dieses Ortes und seiner Bewohner schreibe, klingt es zu schön, um wahr zu sein. Das weiß ich, aber ich kann es nur so beschreiben, wie es mir damals vorkam. Außerdem hatte der Besuch dort eine weitere Dimension, eine unerwartete, die mit einem Mal große Teile der europäischen Geschichte des vergangenen Jahrhunderts lebendig werden ließ. Wieder einmal brachten Bilder in meinem Zimmer mich auf die Spur. Eines von ihnen zeigte Erzherzog Karl, wie er mit wehender Fahne durch das Riedgras von Aspern in den Kampf gegen die Armee Napoleons zieht. (Sein Standbild gegenüber Prinz Eugen auf dem Wiener Heldenplatz zeigt ihn im selben Augenblick, auf einem sich wild aufbäumenden Roß. Er hätte nicht schlecht gestaunt! Zu Lebzeiten hatte er sich alle öffentlichen Ehrungen verbeten.) Ich hatte nichts über ihn gewußt, bis ich nach meinem Aufbruch aus Wien an der Donau stand und über das Marchfeld blickte; dort, ein paar Meilen von Wagram, hatten die Alliierten nach erbittertem Kampf ihre erste Schlacht über Napoleon gewonnen. Der nächste Stich zeigte seinen Bruder, den Protagonisten jenes endlosen Lieds im tiefsten steirischen Dialekt, des Erzherzog-Johann-Jodlers: Zum erstenmal hatte ich es in einem Gasthaus gegenüber Pöchlarn gehört und seitdem noch viele Male. Die Brüder, zwei von vielen, waren Enkel Maria Theresias, Neffen Marie Antoinettes und Söhne Leopolds II., und ihr Bruder, der als Franz II. auf den Thron kam, war der letzte Kaiser des Heiligen Römischen Reichs Deutscher Nation. (Damit Napoleon nicht in Versuchung kam, diesen Thron zu usurpieren, gab er all die Ehre auf und wurde statt dessen Kaiser von Österreich, gerade tausend Jahre nach der Krönung Karls des Großen.)

Doch Erzherzog Johann war der Interessanteste von den dreien. Mit achtzehn Jahren führte er seine Armee mutig gegen Napoleon, später verwaltete er mit Umsicht und Gerechtigkeit Provinzen und wurde oft in Krisenzeiten in hohe Ämter berufen. Intelligent, willensstark, aufgewachsen mit den Lehren Rousseaus, war er ein lebenslanger Gegner des Grafen Metternich, und seine Leidenschaft für das einfache Leben in den Bergen machte ihn zum ungekrönten König der Alpen von Kroatien bis in die Schweiz. Auf dem romantischen Bild in meinem Zimmer, gemalt gegen 1830, stand er zwischen bewaldeten Gipfeln auf einen Bergstock gelehnt, eine Vogelflinte im Arm und den breitkrempigen Hut in den Nacken geschoben, so daß die Denkerstirn gut zur Geltung kam. Was für eine Erleichterung, von den guten Seiten dieser Habsburgerhelden zu schreiben! Mut, Weisheit, Einfallsreichtum, Weitblick und ein leidenschaftlicher Gerechtigkeitssinn führten sie auf Wege, die so ganz anders waren als die der unglücklichen Vertreter ihres Hauses, und der Erzherzog verlieh seiner Abscheu vor der Hauptstadt noch dadurch Ausdruck, daß er in morganatischer Ehe mit der Tochter eines steirischen Postmeisters lebte. Sie und ihre

Kinder bekamen ihren Titel nach der damals österreichischen, heute italienischen Stadt Meran in Südtirol.

»Ja«, bestätigte mir Gräfin Ilona, als ich mich erkundigte, »er war Hansis Urgroßvater. Und hier«, sagte sie und wies auf ein weiteres Bild, »haben wir die bezaubernde Anna. Sie war schrecklich stolz, als sie bei ihrem ersten Kind Anzeichen der Habsburgerlippe fand, das arme Ding!« (Bei ihrem Mann war davon nicht mehr viel zu sehen, und bei den Kindern schien sie ganz verschwunden.) Sie erzählte mir die ganze Geschichte mit Geduld und Humor, ab und zu mit einem Kommentar des Grafen, der in einem Lehnstuhl dabeisaß, rauchte und Zeitung las. »Weißt du«, fuhr sie mit einem Lachen fort, »als es vor ein paar Jahren all dieses Hin und Her und das ganze Gerede gab, wer jetzt König werden soll, da habe ich mir gedacht« – und hier wies sie mit dem Kinn in Richtung des Grafen –, »warum nicht *er*?« – »Also hör mal«, sagte ihr Mann tadelnd, doch nach ein paar Sekunden lachte er stillvergnügt und wandte sich wieder seiner Zeitung zu.

Als ich wieder aufbrach, wünschte ich halb, meine Pläne möchten mich in eine andere Richtung führen, denn zwei Tagesmärsche nordostwärts hätten mich in das Ödland von Hortobágy gebracht, mit seinen Wildpferdherden und den berühmten, nicht minder wilden Hirten. (Zu meiner Überraschung waren diese sporenbewehrten, peitschenknallenden Gauchos strenge Protestanten; Debrecen, ihre Steppenhauptstadt, war seit der Reformation eine Hochburg des Calvinismus.) Aber am Vortag hatte ich mich von den alten Landkarten in der Bibliothek umstimmen lassen, und auch die Südostroute, die ich nun einschlug, versprach genug Einsamkeit und Einöde. Noch hundert Jahre zuvor war dieser Teil des Alföld kaum mehr als ein großer Sumpf gewesen, durchbrochen nur von ein paar ein wenig höher liegenden

Inseln. Nur hie und da ein Weiler, und anders als das alte Dorf Körösladány waren viele davon Siedlungen aus dem neunzehnten Jahrhundert, erst entstanden, als die Marsch trokkengelegt wurde. Das Gefühl der Einöde verstärkte sich noch durch die hohen, katapultartigen Ziehbrunnen, die ihre Balken in das leere Land hoben. Im Südteil Kumaniens, der Gegend, die Petöfi in seinem Werk feierte – seltsam, wie in Gesprächen und Büchern immer wieder die Namen der ungarischen Dichter auftauchten! –, waren die Dörfer nach schwerem Regen oft auf ihren Hügeln von der Außenwelt abgeschlossen – Inselgruppen, die nur noch mit flachen Booten zu erreichen waren. Aber zum Ausgleich gab es Gegenden um Szeged, die im Juli und August zu glitzernden Salzwüsten verdorrten, und dem ahnungslosen Reisenden, schon trunken von Fata Morgana und Staubteufel, müssen diese Kristallflächen vollends den Verstand verwirrt haben. Es war schon vorgekommen, daß flache Seen vollständig austrockneten, dann füllten sie sich wieder, und binnen kurzem kehrten die Binsen zurück, Fische, Kaulquappen, schließlich quakten auch die Frösche wieder. Ganz anders als die unveränderlichen Seen des Südwestens, die vor Karpfen nur so wimmelten, und die überreiche Theiß; nicht zu vergessen die Fische, von denen die Jungs ganze Armevoll aus der Schnellen Körös geholt hatten. Als die einsamen Wälder, die mich nach allen Seiten umgaben, noch Niemandsland waren, trieben Betyaren dort ihr Unwesen: gutmütige Straßenräuber und Banditen, die Reisenden Lösegeld abknöpften, Schaf- und Rinderherden bestahlen und von Adeligen, die auf ihren Burgen festsaßen, Tribut forderten. Es war eine Gegend der Gefahren, der Legenden und der Heldentaten.

Der Weg war nicht weit. Standhaft schlug ich das Angebot aus, in einem Ponywagen mitzufahren, und schleppte mich weiter in Richtung Vesztö, wo ich am Nachmittag eintraf. Graf Lajos – Ludwig auf deutsch, obwohl ihn alle mit einem Spitznamen anredeten – war ein Vetter meiner Freunde in Körösladány. (Wenn man damals in Mitteleuropa einem Grafen begegnete, konnte man, sofern man seine Familie kennenlernte, sicher sein, daß bald ein ganzes Rudel von ihnen beisammen war. Mein gelehrter Freund aus der Wachau hatte mir viel Unterhaltsames über die Vermehrung der Titel erzählt, seinen eigenen eingeschlossen. »Ein Graf ist etwa dasselbe wie ein englischer Earl«, sagte er, »und wäre Tennysons Lady Clara Vere de Vere in der hiesigen Gegend zur Welt gekommen, dann hätte sie gut und gerne Großmutter von hundert Grafen sein können, statt nur Tochter von hundert – mit ein wenig Glück natürlich. Zehn Söhne, von jedem zehn Enkel. Da haben Sie Ihre hundert, statt nur einen wie in England.«)

Graf Lajos kam mir auf dem Weg zu seinem Haus schon entgegen. Er muß etwa fünfunddreißg gewesen sein. Er wirkte zerbrechlich, ein wenig zittrig und mit – nicht nur bei mir, wie ich zu meiner Erleichterung feststellte – einem gejagten Ausdruck, den jedoch ein melancholisches Lächeln aufhellte. Er war von Natur aus langsam in seiner Art, und diese Art hatte ein schwerer Autounfall, als er am Steuer seines Wagens eingeschlafen war, noch verstärkt. Es war etwas Rührendes, sehr Sympathisches an ihm, und ich betrachte, jetzt wo ich dies schreibe, ein paar Skizzen von ihm in meinem Notizbuch; sie sind nicht gut, aber ein wenig von seinem Wesen fangen sie doch ein.

Deutsch war das einzige, was er außer Ungarisch sprach. »Komm, sieh dir meine Trappen an!« Ich hatte keine Ahnung, was Trappen waren, aber wir schlenderten zur anderen Seite des Hauses, wo zwei riesengroße Vögel unter den Bäumen standen. Auf den ersten Blick wirkten sie wie eine Mischung aus Gans und Truthahn, aber sie waren größer, vornehmer und gewichtiger und sahen, als ich sie näher betrachtete, auch keinem von beiden ähnlich; der größere muß vom Schnabel bis zur Schwanzfeder fast einen Meter lang gewesen sein. Sein Hals war hellgrau mit dunkelbraunem Kragen, sein Rücken ein rötlich geflecktes Gelbbraun, und seltsame Federbüschel standen vom Schnabel nach hinten wie ein vom Fahrtwind gebauschter blonder Backenbart. Ihr Gang war stattlich; als sie bei unserer Ankunft zurückwichen, bat Lajos mich zu warten. Er näherte sich und streute Korn aus, und schließlich ließ sich der größere sogar am Kopf kraulen. Zu Lajos' Kummer hatte der Bauer, der sie im Monat zuvor gefunden hatte, ihnen die Flügel gestutzt, doch als der größere die seinen ausbreitete und dann einen prachtvollen Fächer in der Art eines Truthahns spreizte, wirkte er einen Augenblick lang vollkommen weiß; dann zog er sie ein und war sogleich wieder dunkel. Es waren Großtrappen, seltene, frei lebende Tiere, die Leute oft fälschlich für Verwandte der Straußen halten. Sie leben mit Vorliebe in einsamen Gegenden wie der Pußta, und Lajos wollte sie pflegen, bis die Federn nachgewachsen waren und sie von sich aus davonflogen. Er mochte Vögel und verstand sich auf sie, und die beiden folgten ihm mit gemessenen Schritten die Treppe hinauf, dann durch Wohnzimmer und Eingangshalle zur Haustür, und als er sie hinter ihnen schloß, konnten wir hören, wie sie von Zeit zu Zeit mit ihren Schnäbeln daranklopften.

Beim Abendessen erzählte er mir von den Frühjahrs- und Herbstzügen der Wildgänse und der Kraniche. Manchmal fliegen sie in Keilformation, andere Male in einer einzigen meilenlangen Reihe, anders als Störche, die, wie ich zwei Wochen zuvor gesehen hatte, in einer endlosen dichten Wolke fliegen, so ungeordnet wie die Nomaden des Mittelalters. Ich wußte, daß er ein guter Schütze war. Er hatte von Waldschnepfen gesprochen, und als ich dachte, der Vortrag sei zu Ende, fügte er noch bedächtig hinzu: »Auf lateinisch heißen sie *Scolopax.*« Es folgte eine lange Pause, dann sagte er: *»rusticola«*, und dann, nach einer noch längeren

Pause, fügte er ein zweites *»rusticola«* dazu, ein Nachgedanke wie in Trance.

Seine Frau war verreist, und beim Essen und danach, als wir im Lampenlicht beisammensaßen, fühlte das Haus sich leer und einsam an (das war wohl auch der Zeitpunkt, zu dem die Zeichnungen enstanden; die Schatten zeigen es), und als er mich fragte, ob ich nicht noch einen Tag oder zwei bleiben wolle, hatte ich den Eindruck, daß es mehr als bloße Höflichkeit war; aber ich mußte weiter.

Das Frühstück wurde in einem sonnigen Raum gleich neben seinem Zimmer aufgetragen. »Ich bin kein Frühaufsteher«, sagte er und hielt seine Tasse in die Höhe, um sich nachschenken zu lassen. Er war noch in Hausschuhen und in einem altmodischen Rüschennachthemd mit den Initialen W. L.* auf der Brust aufgestickt, darüber eine dezente neunperlige Krone, und als ich seinen geradezu traumwandlerischen Worten lauschte, war ich überzeugt, daß darunter auch ein freundliches Herz schlug. Nach dem Frühstück kamen und gingen Leute und erhielten ihre Order; manche von ihnen küßten ihm die Hand, und bald war der Raum erfüllt von Lachen und von bedächtig ausgetauschten Neuigkeiten. Die Stimmung dieser Stunde hatte etwas von Molière, ein Hauch *petit lever du roi*; und als der Graf nun aus den Händen eines Dieners, der mich an Jeeves in den Büchern von Wodehouse erinnerte, seine Kleider eins nach dem anderen entgegennahm und sich ankleidete, beantwortete er die Fragen seiner Besucher und Verwalter in langsamen Worten, in Zeitlupe geradezu, und schließlich stand er fertig in Knickerbockeranzug und frisch geputzten Halbschuhen da. Er steckte aus einem Korb im Flur ein paar Maiskörner in die Tasche, und dann gingen wir die Trappen besuchen.

* In Ungarn steht der Familienname vor dem Vornamen.

»Hast du denn keinen Spazierstock?« fragte Lajos mich, als ich im Flur stand und meinen Rucksack für den Weitermarsch umschnallte. Ich antwortete, ich hätte ihn verloren. Er suchte einen aus dem Ständer aus und überreichte ihn mir feierlich. »Hier! Ein Souvenir aus Vesztö. Mein alter Schäfer hat sie gemacht, aber der ist jetzt tot.« Es war ein sehr schöner Stock, wunderbar ausgewogen und rundum kunstvoll mit Schnitzereien in einem Blattmuster bedeckt, und darin eingewoben, ein wenig unterhalb des Griffes, das ungarische Wappen: Die Balken auf der rechten Seite standen für die Flüsse des Landes, drei Bergzacken auf der linken mit einem zweiarmigen Kreuz in der Mitte symbolisierten die Gebirge und die Verankerung im Glauben, und über allem schwebte die apostolische Krone mit ihrem schiefstehenden Kreuz. Ich war begeistert von diesem schönen Geschenk, zumal es mir sehr gelegen kam: Meinen alten Stock hatte ich eine Woche zuvor verloren. Ich hatte angehalten, um Maleks Steigbügel zu kürzen, und den Eschenstock in einen Busch gesteckt; dann war ich wieder aufgestiegen und hatte ihn vergessen. (Vielleicht ist er immer noch da. Der Ring war abgefallen; vielleicht hat er Wurzeln geschlagen und ist heute ein Dutzend Meter hoch.)

Ich war für den Abend, ein bequemer Tagesmarsch, bei einem weiteren Verwandten des Grafen angemeldet. »Ja«, sagte er, »von uns gibt es viele. Wir sind wie die Erdäpfel, der beste Teil unter der Erde« – und ich konnte nicht sagen, ob es eine wehmütige Bemerkung war oder nur ein Scherz. Wir verabschiedeten uns, und als ich mich noch einmal umdrehte, sah ich, wie er seine Körner ausstreute und die großen Vögel herankamen.

Im einen Augenblick schien es, als sei die Ebene meilenweit menschenleer, im nächsten Moment fand ich mich plötzlich zwischen Feldern und Wasserwiesen oder wanderte, als sei dieser urplötzlich aus der Pußta aufgetaucht, über einen Bauernhof im Moor, bevölkert von Enten und Perlhühnern. (In Wirklichkeit geschah bisweilen genau das Gegenteil: Es war, erzählte man mir, schon vorgekommen, daß große Gebäude fünf oder sechs Fuß tief im weichen Erdboden versunken waren.) Es war schon dunkel, als ich Doboz erreichte, wo mich Lajos' Vetter Lászlo überschwenglich begrüßte: Die Kunde von dem Verrückten, der sich im südöstlichen Alföld herumtrieb, war offenbar auch hierher gedrungen, und zum Glück werde ich nie erfahren, ob sie es mit einem Stoßseufzer oder eher mit Humor aufnahmen. Bei Graf (ungarisch: *gróf*) Lászlo war es gewiß das letztere, und kaum hatten wir es uns mit einem Gläschen bequem gemacht, mußte ich ihm und seiner blonden *grófnö* von meiner Reise erzählen. Er war rotwangig und fesch, sie – ich hatte es erzählt bekommen, aber wieder vergessen – stammte aus England, aus London sogar, »unverkennbar«, sagte sie gutgelaunt. Sie hatte auf der Bühne gestanden – »nichts Intellektuelles, wenn ich mich recht entsinne«, hatte es geheißen –, als Tänzerin oder Sängerin, und auch wenn sie keine Nymphe mehr war, sah man, daß sie einmal eine Schönheit gewesen war, und man spürte sofort ihre herzliche Art. Beide waren die Freundlichkeit selbst. In Deutschland und Österreich wurde ich, wenn ich meine Pläne erläutert hatte, stets als erstes gefragt, wo meine Mutter und mein Vater seien. Auf meine Antwort: »In Indien und England« folgte stets eine zweite Frage: »Und was hält Ihre Frau Mama davon? Sie muß Sie doch vermissen, wenn Sie so durch die Weltgeschichte wandern ...« Und so auch heute. Ich versicherte ihnen, daß alles in Ordnung sei und daß ich oft an sie schriebe.

Auch meine Absicht, die Grenze nach Rumänien zu überqueren, beunruhigte sie. Keiner von beiden war je dort gewesen, aber sie befürchteten das Schlimmste. »Ein schreckliches Land!« sagten sie. »Nichts als Räuber und Spitzbuben!

Denen ist nicht zu trauen. Sie werden dir alles wegnehmen, und außerdem« – fügten sie verschwörerisch flüsternd hinzu – »sind ganze Täler mit Geschlechtskrankheiten infiziert; sei bloß vorsichtig!« Ich sah an ihren besorgten Blikken, daß sie es wirklich ernst meinten, und spürte zum erstenmal zu meiner üblichen gespannten Erwartung ein leichtes Unbehagen. Die Tage am slowakischen Ufer der Donau, wo die Mehrzahl der Einwohner Ungarn waren, hatten mir einen ersten Eindruck von der Stärke des ungarischen Nationalstolzes vermittelt. Der Groll gegen die Slowaken saß tief, aber seit dem Verlust Transsilvaniens im Vertrag von Trianon brachte die schiere Erwähnung von Rumänien das ungarische Blut in Wallung, und ich glaube, diese siebenbürgische Amputation war der Quell von noch mehr Zorn und Bitterkeit als der Verlust der Slowakei oder die erzwungene Abtretung des südlichen Landesteils an Jugoslawien; ich werde später noch einmal auf diese quälende und unlösbare Frage zurückkommen müssen. Es war keineswegs das erstemal, daß dieses Thema zur Sprache kam, und ich wußte, wie heftig es die Gemüter erregte.

Plötzlich stürmte meine Gastgeberin nach oben und kehrte mit einem schmucken Lederetui zurück – für ein Kartenspiel ein wenig zu groß. »Du mußt unbedingt auf dich aufpassen, mein Lieber«, sagte sie. Gróf Lászlo nickte ernst. Ich war neugierig, was das Kästchen enthielt. Einen winzigen Augenblick lang schoß mir der Gedanke durch den Kopf, daß es womöglich ein Gegenzauber gegen die Gesundheitsrisiken jener Täler war. »Auf Reisen begegnet man den seltsamsten Gestalten! Die hier habe ich vor vielen Jahren von einem Verehrer bekommen«, fuhr sie fort. »Ich brauche sie nicht. Nimm du sie.« Als sie den ledernen Deckel aufklappte, sah ich eine winzige automatische Pistole, eine typische »Damenwaffe«; der Knauf war mit Perlmutt verziert, das Magazin enthielt Patronen von sehr kleinem Kaliber. Es war die Art von Waffe, die Frauen auf der Bühne aus dem Täschchen ziehen, wenn ihre Ehre bedroht ist. Ich war begeistert und sehr gerührt. Aber ihre – wie sich herausstellen sollte grundlose – Besorgnis war nicht gespielt.

Am folgenden Tag erwies sich die Körös als Hindernis auf meinem Weg. Es gab weit und breit keine Brücke, und so wanderte ich an dem von zahllosen Kaninchen bevölkerten Ufer entlang, bis ein alter Fischer – bleich wie ein Gespenst und ganz in Weiß – mich ans andere Ufer übersetzte. Die Leute im Gasthaus auf der anderen Seite sahen anders aus, und der Klang ihrer slawischen Sprache ließ mich die Ohren spitzen. Es waren Slowaken, die Jahrhunderte zuvor hierher gekommen waren, um sich, viele hundert Meilen von ihrer Heimat entfernt, nach der Vertreibung der Türken in der menschenleeren Region niederzulassen. Es waren Protestanten und, anders als die durchweg calvinistischen Protestanten von Debrecen, treue Anhänger des Augsburger Bekenntnisses.

Der Weg war weiter, als ich vermutet hatte. Nun wünschte ich mir doch sehnlich jemanden, der mich mitnahm; ich wollte nicht zu spät kommen, und kaum hatte der Wunsch Gestalt angenommen, erblickte ich eine Staubwolke auf dem Pfad und darin zwei Nonnen in einem leichten Zweisitzer, gelenkt von einem Kutscher mit Fellmütze. Mit einem Lächeln rückten die Nonnen unter Klappern ihrer Rosenkränze zusammen. Nach ein paar Meilen tauchte rechts vor uns in der Ferne die Stadt Békéscsaba auf; die beiden Türme der katholischen Kathedrale und die grüne Kuppel der protestantischen Kirche, wie ein großer Teewärmer, schimmerten durch die hohen Maispflanzen. Beide waren wieder verschwunden, als die Nonnen mich an meiner Abzweigung absetzten. Sie waren schwer beeindruckt, als sie hörten, wohin ich wollte, und als ich das Anwesen sah, verstand ich, warum.

Lászlos älterer Bruder Jószi (Josef), das Oberhaupt der weitverzweigten Familie, und seine Frau Denise waren die einzigen meiner vielen Wohltäter auf der Großen Tiefebene, die ich schon kannte; und zwar hatte ich sie bei einem großen, recht vornehmen Mittagessen in ihrem Haus auf dem Hügel von Buda kennengelernt. Als sie hörten, daß ich in den Südosten wollte, hatten sie mich eingeladen. Ein weiterer Bruder mit Namen Pál, ein Diplomat mit der weltläufigen, geschliffenen Ausstrahlung eines ungarischen Marquis de Norpois, sagte: »Das mußt du tun! Jószi ist ein hohes Tier in der Gegend. Das Haus ist kurios, aber wir mögen es sehr.«

Als ich das Tor durchschritten hatte, verschlug es mir einen Augenblick lang den Atem. Ich stand mitten in einem Wald aus riesigen exotischen Bäumen, dazwischen Eichen und Linden und Kastanien. Magnolien und Tulpenbäume standen kurz vor der Blüte, die tiefhängenden Äste biblischer Zedern bewegten sich wie Fächer im Wind, und alles war erfüllt vom Zwitschern der Amseln und Drosseln und von dem angenehm schläfrigen Gurren zahlloser Tauben, und das Haus selbst wurde, als die Bäume sich lichteten, mit jedem Schritt erstaunlicher. Es war ein massiger, ockerfarbener Bau, der dort wohl in den letzten Jahrzehnten des neunzehnten Jahrhunderts an der Stelle eines älteren Gebäudes errichtet worden war. Sofort kamen mir Blois, Amboise und Azay-les-Rideaux (das ich nur von Fotografien kannte) in den Sinn. Es gab spitze Türmchen, Ziergiebel, Karniese, Spitzbögen, Lanzettenfenster, steile Schieferdächer, Türme mit wehenden Fahnen und überdachte Treppen, die in Säulengänge mit abgeflachten Bögen mündeten. Große Seitenflügel rahmten einen Innenhof, und von einer Terrasse vor dem prachtvollen Portal führte eine balustradengesäumte zweiflügelige Freitreppe in großem Schwung auf den Vorplatz. Als ich diesen Paradeplatz überquerte, kamen gerade mehrere Personen die Stufen hinunter, und einer von ihnen war Graf Józsi. Da Lászlo ihn von meiner Ankunft unterrichtet hatte, erkannte er mich sofort. Er winkte zur Begrüßung und rief: »Du kommst wie gerufen! Komm mit!« Ich folgte ihm und den anderen über den Hof zu einem Schuppen. »Hast du schon einmal Fahrradpolo gespielt?« fragte er und faßte mich am Ellenbogen. Ich hatte etwas Ähnliches in der Schule gespielt, mit Spazierstöcken und einem Tennisball auf harten Tennisplätzen; damals galt es als stillos. Aber hier gab es echte Poloschläger in der passenden Größe und einen richtigen Poloball, und der Schuppen stand voll mit recht mitgenommenen, aber robusten Rädern. Józsi war mein Mannschaftskapitän, und ein Mann namens Bethlen, der unter echten Polospielern einen Ruf hatte, stand an der Spitze der gegnerischen Mannschaft; zwei weitere Gäste, zwei Bedienstete und ein Stallknecht waren die übrigen Spieler. Die Partie war schnell, waghalsig und reich an Zusammenstößen, doch es war ein großartiges Gefühl, wenn man den Ball traf, denn dann gab es ein lautes klackendes Geräusch, und man bekam eine Vorstellung davon, wie es beim echten Polospiel zuging. Es war mir ein Rätsel, warum am Ende nicht sämtliche Schienbeine bis auf die Knochen aufgeschürft waren; ebensowenig verstand ich, wie sämtliche Fensterscheiben heil bleiben konnten, obwohl eines der Tore in direkter Linie zum Haus aufgestellt war. Die andere Mannschaft gewann, aber wir erzielten vier Tore, und als die eisernen Ponys wieder im Stall standen, hinkten wir zurück zu der Treppe, wo Gräfin Denise und ihre Schwester Cecile und ein paar andere von der Balustrade aus zugesehen hatten wie Burgfräulein beim Turnier.

Was für ein Glück, daß die Nonnen mich mitgenommen hatten, dachte ich wenig später, als ich aus einem schweren Kristallglas meinen Whisky mit Soda nippte. Jemand führte mich durch einen hohen Flur zu meinem Zimmer, wo mich einer der beiden jungen polospielenden Diener in Empfang nahm, wieder makellos und adrett, wenn auch ein wenig ratlos angesichts meines Rucksacks, dessen Inhalt er in formvollendeter Weise auspacken und bereitlegen wollte. Wir wußten beide nicht recht, was wir sagen sollten, aber als ich lachte, folgte er meinem Beispiel: Wenn man sich gegenseitig vom Fahrrad gestoßen hat, verlieren Rangunterschiede ihre Bedeutung. Ich badete in einer riesigen Wanne.

Gräfin Denise und Graf Józsi waren Cousin und Cousine, und auch in früheren Generationen waren Ehen unter Verwandten keine Seltenheit gewesen. »Bei uns gibt es mehr Heiraten innerhalb der Familie als bei den Ptolemäern«, meinte die Gräfin zu mir beim Abendessen. »Eigentlich müßten wir alle schwachsinnig sein.« Genau wie Cecile hatte sie dunkles Haar, ein ebenmäßiges Gesicht und den gleichen melancholischen Ausdruck wie der Rest der Familie; aber wie bei den anderen wich er einer warmen Freundlichkeit, sobald sie lächelte. Unter dem aus der Stirn gekämmten graumelierten Haar wies das vornehme Gesicht ihres Gatten die gleichen Züge auf. (In einem Anfall von Melancholie hatte er sich in sehr jungen Jahren eine Kugel durch die Brust geschossen und nur knapp das Herz verfehlt.) Er sah ausgesprochen gut aus in seinem alten bordeauxroten Hausrock. Die Familie Dürers komme aus der benachbarten Stadt Gyula, erzählte die Gräfin. Als sich die Familie in Nürnberg niedergelassen und dort eine Goldschmiedewerkstatt eröffnet habe, sei der ungarische Name Ajtós – »Türhüter« – in das altdeutsche Thürer übersetzt worden, und daraus sei schließlich Dürer geworden.

Später im Salon brachte der Diener, mit dem ich mich angefreundet hatte, Graf Józsi eine erstaunliche Pfeife mit einem gut einen Meter langen Stiel aus Kirschholz und einem Bernsteinmundstück. Der Tabak in dem Pfeifenkopf aus Meerschaum glomm bereits; der Graf legte ihn sich bequem in die Fußbeuge und war bald darauf in eine dichte

Rauchwolke gehüllt. Als er sah, daß ein anderer Gast und ich ihn fasziniert beobachteten, orderte er zwei weitere solche Kalumets, und wenige Minuten später wurden sie hereingebracht, ebenfalls angezündet; bevor man sie uns anbot, wurden die Mundstücke in Wasser getaucht. Der köstliche Rauch erschien mir wie der Gipfel allen orientalischen Luxus, denn diese Pfeifen waren die direkten und einzigen Nachfahren der langen Tschibuks, von denen alle Levantereisenden berichten und die man auf allen alten Stichen sieht; die Türken des Osmanischen Reiches benutzten sie als Alternative zur Nargileh. (Diese komplizierte Apparatur, die türkische Variante der Wasserpfeife, war überall auf dem Balkan noch in Gebrauch, und bevor der Sommer zu Ende war, machte ich in so manchem bulgarischen Chan ausgiebig Bekanntschaft damit, halb Pascha, halb paffende Raupe aus Alices Wunderland. Aber Ungarn war das einzige Land auf der Welt, wo der Tschibuk noch verbreitet war. Wie ich im Winter feststellte, war er selbst in der Türkei vollkommen in Vergessenheit geraten, genau wie Khanjar und Jatagan.)

Ybl, der Architekt des Schlosses, hatte seiner Phantasie bei den heraldischen Details freien Lauf gelassen. Wappentiere waren ebenso allgegenwärtig wie Helme, Kronen und Helmdecken, und die Schwerter und Adlerschwingen des Familienwappens zierten Fahnen, Vorhänge und Bettüberwürfe. Es war, als schwebe der Geist von Sir Walter Scott oder Dante Gabriel Rossetti über diesem Ort, und da ich mit beiden von Kind auf bestens vertraut war und alles, was mit Burgen, Belagerungen, Wappenschilden, Turnieren und Kreuzzügen zu tun hatte, noch immer mein Herz höher schlagen ließ, war der überreiche Zierat des Schlosses ganz nach meinem Geschmack.

Park und Schloß waren umgeben von Weizenfeldern mit roten Mohntupfen, und als wir am nächsten Morgen von einem Ausritt über die Felder zurückkehrten, rief Cecile, die Schwester meiner Gastgeberin, mit einem Blick auf die Uhr erschrocken aus: »Ich komme zu spät nach Budapest!« Wir begleiteten sie zu einer Wiese, wo ein kleines Flugzeug auf sie wartete; sie kletterte hinein und winkte, der Pilot warf den Propeller an, die Grashalme wehten wie Haare im Luftstrom eines Föns, und die Maschine hob ab. Anschließend führte Szigi, der Sohn des Hauses, mich auf einen Turm, und unser Blick schweifte über endlose Felder, über die in heiterer Prozession die Wolkenschatten hinwegzogen. Er sollte in ein oder zwei Jahren Ampleforth College besuchen und wollte von mir wissen, wie es dort zugehe. Ich sagte, es sei eine sehr gute Schule und die Mönche trügen, wenn sie beim Sport als Schiedsrichter fungierten, weiße Kittel über den Kutten; diese kargen Auskünfte schienen ihm zu genügen. Später in der Bibliothek war ich fasziniert von einem verstaubten Regal voller Bücher mit Sitzungsprotokollen des ungarischen Reichstags aus dem frühen neunzehnten Jahrhundert; nicht wegen ihres Inhalts – es ging um langweilige Dinge wie Grundbesitz, Bewässerung, die Ausweitung oder Einschränkung des Wahlrechts und dergleichen –, sondern weil sie ausschließlich auf Latein geschrieben waren, und ich erfuhr zu meinem Erstaunen, daß im Parlament und sogar in den Landgerichten bis 1839 keine andere Sprache zugelassen war, weder in Wort noch in Schrift.

Die nachmittägliche Fahrradpolo-Partie war noch unerbittlicher als die des Vortags. Ein Chukka endete mit einem großen Sturz, und noch während wir uns aufrappelten, rief unsere Gastgeberin etwas von der Balustrade herüber.

Eine zweispännige Kutsche – der Kutscher trug eine Mütze mit Federschmuck und Bändern – war am Fuß der Treppe vorgefahren. Unser Gastgeber ließ seinen Schläger fallen, eilte hinüber, um dem Gast beim Aussteigen zu helfen, und verneigte sich anschließend. Der hochgewachsene, leicht gebeugt gehende Neuankömmling mit weißem Haar, einem Bart im Stil eines elisabethanischen oder edwardianischen Gentleman, grünem Trachtenhut und Lodenumhang war Erzherzog Joseph. Er lebte auf einem nahegelegenen Anwesen und gehörte zu einer ungarischen Nebenlinie der Habsburger. Während der Wirren nach der Niederlage im Weltkrieg und der ungarischen Revolution von 1918 war er vorübergehend Palatin des Königreichs gewesen – eine Art Regent –, bis die siegreichen Alliierten ihn seines Amtes enthoben. Unsere Gastgeberin war dem Erzherzog auf der Treppe entgegengegangen, und er stieg langsam die Stufen hinauf und rief mit zittriger Stimme: »Kezeit csójkólóm kedves Denise grófnö!« – »Küß die Hand, verehrte Gräfin Denise«. Als er sich vorbeugte, um seine Ankündigung in die Tat umzusetzen, machte sie einen Knicks, und beide sanken gleichzeitig etwa zwanzig Zentimeter der breiten Treppe entgegen, um sich anschließend wie in Zeitlupe wieder aufzurichten. Nachdem wir, schwitzend und zerzaust, wie wir waren, herbeigerufen und vorgestellt worden waren, sprangen wir wieder in den Sattel, traten in die Pedale und droschen auf den Ball ein, bis die Dunkelheit dem Spiel ein Ende setzte.

Für das anschließende Abendessen liehen meine Gastgeber mir etwas Präsentableres als meine Segeltuchhosen und Turnschuhe. Als danach die Tschibuks hereingebracht wurden, leistete der Erzherzog uns Gesellschaft, und die duftenden Rauchwolken umhüllen bis heute meine Erinnerung an diesen letzten Abend und meine letzte Station auf der Großen Tiefebene.

Jemand hatte gesagt (obwohl es, glaube ich, nicht stimmte), die rumänischen Behörden ließen niemanden zu Fuß über die Grenze – man könne nur per Zug einreisen. So verbrachte ich denn den ganzen nächsten Tag damit, mir im

Zickzack durch die Kornfelder einen Weg nach Lökösháza zu suchen, dem letzten Bahnhof vor der Grenze. Es war eine menschenleere Gegend mit wenigen Gehöften und unzähligen Lerchen, mit Feldern und Weiden im Wechsel. Ein Kompaß – ich hatte ganz vergessen, daß ich ihn im Rucksack hatte – sorgte dafür, daß ich über eine Folge von Feldwegen auf südöstlichem Kurs blieb. Es gab Eschenwälder und oft kleine Sümpfe, aus denen der Ruf des Brachvogels klang; Gänse- und Entenküken folgten auf den Dorfstraßen ihren Müttern. Die einzigen Gefährte waren Eselskarren und lange, hohe Leiterwagen mit Stoffverdeck. Flachshaarige Slowaken saßen auf der Kutschbank und hielten die Zügel fest in den Händen, und flinke, starke Pferde mit blonden Mähnen und blondem Schweif waren zu dreien nebeneinander angeschirrt wie bei einer Troika. Karminrote Quasten zierten ihre Harnische, und Füllen, beiderseits angebunden, liefen emsig, damit sie das Tempo mithalten konnten. Kuckucksrufe erschollen über die ganze Ebene.

Als die Dunkelheit kam, machte ich mir mein Nachtlager in einem Heuschober. Ein breiter Keil war bis auf zwei Drittel der Höhe herausgeschnitten, und die Leiter stand genau an der richtigen Stelle. Im Nu war ich oben und packte die Butterbrötchen aus, die ich im Gasthaus von O-Kigyos bekommen hatte, die Birnen und den Räucherschinken. Dann trank ich den Rest der Flasche Wein, die ich zum Mittag geöffnet hatte. Die plötzliche Einsamkeit und der Umstand, daß ich schon mit den Vögeln schlafen ging, stimmten mich ein wenig traurig nach dieser Woche voller fröhlicher Abende; doch das wurde wettgemacht durch die Freude an meiner vierten Nacht im Freien und die Spannung, daß ein neues Kapitel meiner Reise begann. In meinen Militärmantel gewickelt, den Kopf auf dem Rucksack, lag ich da und rauchte – vorsichtig, denn mein duftendes Nest konnte leicht Feuer fangen – und gab mich erhebenden Gedanken hin. Mir war zumute wie in meiner ersten Nacht in der Natur, damals an der Donau: wieder der berauschende Gedanke, daß kein Mensch wußte, wo ich war, diesmal nicht einmal ein Schweinehirte, und daß – auch wenn ich traurig war, daß ich Ungarn verließ – neue Abenteuer lockten. Nicht daß ich damit auch die letzten Ungarn gesehen hätte; zum Glück nicht – eine Kette von vereinbarten Quartieren zog sich durch die westlichen transsilvanischen Marschen –; doch eine leise Sorge, ein Hauch von Schuldbewußtsein lag in der Luft: Ich hatte wie ein Landstreicher oder Pilger oder fahrender Scholar leben wollen, in Gräben und auf Heuschobern schlafen und nur mit meinesgleichen zusammensein. Doch in letzter Zeit war ich nur noch von Schloß zu Schloß gezogen, hatte Tokajer aus kristallenen Pokalen getrunken, hatte in der Gesellschaft von Erzherzögen ellenlange Pfeifen geschmaucht, statt daß ich mir mit Landstreicherkollegen eine Zigarette teilte. Man konnte diese Zerstreuungen nicht einmal als Aufstieg bezeichnen: Das setzt die Würde der Arbeit voraus, und meinen unerwarteten Sprung in die vornehme Welt hatte ich mit der Leichtigkeit einer Ballonfahrt gemacht. Aber die Gewissensbisse hielten nicht lange. Schließlich hatten sich die fahrenden Scholaren in Aquitanien und der Provence oft genug in Schlössern herumgetrieben; und, sagte ich mir, ich tauchte ja zum Ausgleich auch fast immer wieder in die niederen Schichten der Gesellschaft ab.

Die goldgrünen mohnblumenübersäten Kornfelder verschwanden in der Dämmerung. Es war, als drücke die rote Sonne das eine Ende einer Waage unter den Horizont, und zugleich hebe sich der andere Arm mit dem orangefarbenen Mond. Er ging, nur noch zwei Tage bis Vollmond, über einem Wald auf, verlor zusehends seine Röte, als er emporschwebte, bis das Korn im Zwielicht wogte wie eine stachlige, metallene See.

Im Wald erwachte eine Eule, und kurz darauf holte mich ein Rascheln aus dem Halbschlaf zurück. Halme und Ähren säuselten, und dann kamen zwei Gestalten ins Freie, hoppelten über das Gras, dann saßen sie still und sahen einander verzückt an. Es waren zwei Hasen. Reglos, vom Mond verzaubert, sahen sie riesengroß aus, wie sie dort saßen, aufrecht, gespannt, die Ohren gereckt.

4
Die transsilvanischen Marschen

Als der Abendzug aus Budapest eintraf, hatte ich schon seit Mittag auf dem Bahnsteig von Lökösháza gewartet, und bis ich eingestiegen und die rot-weiß-grüne ungarische Fahne am Horizont verschwunden war, war es dunkel geworden.

Ich überquerte die meistgehaßte Grenze Europas, und nach meinen letzten Unterhaltungen in Ungarn hatte sie nun sogar einen Hauch von Bedrohlichkeit angenommen. Na, dachte ich, wenigstens habe ich nichts zu verzollen. Mit einem Ruck fuhr ich in meiner Ecke des leeren Waggons hoch: Was war mit der automatischen Pistole? Vor meinem geistigen Auge sah ich mich, wie ich zur Zelle abgeführt wurde; ich holte die kleine, ungewollte Waffe aus der Tiefe meines Rucksacks und zog die Lasche des Lederetuis auf; sie war so klein, so leicht, und mit dem Perlmuttgriff sah sie wie ein Spielzeug aus. Sollte ich mich von meiner kahlen Holzbank fortschleichen und sie zwischen den Polstern der ersten Klasse nebenan verstecken? Oder hinter dem Spülkasten der Zugtoilette? Oder sie einfach aus dem Fenster ins Niemandsland werfen? Am Ende versteckte ich sie in einer dicken Falte meines Militärmantels, fixierte sie dort mit drei Sicherheitsnadeln, legte das gefährliche Gewand auf die Gepäckablage und saß mit pochendem Herzen darunter, während der Zug im Mondlicht vorankroch.

Nach ein paar Meilen erreichten wir die Grenze und die blau-gelb-rote Fahne des rumänischen Postens. Über dem Schreibtisch im Büro hing eine Fotografie von König Karl in Helm mit weißer Feder, stählernem Brustharnisch und weißem Mantel mit einem Kreuz auf der Schulter. Ein zweites Bild zeigte den Prinzen Michael, einen gutmütig wirkenden jungen Mann mit großen, sanftmütigen Augen und dichtem, hübsch gebürstetem Haar. Er war ebenfalls König gewesen, in den drei Jahren, in denen man seinen Vater zur Abdankung gezwungen hatte. Ich war erleichtert, wenn auch ein wenig enttäuscht, als mir der Grenzbeamte gähnend seinen Stempel in den Paß drückte, ohne einen einzigen Blick auf mein Gepäck. Auf den abgegriffenen Seiten kann ich noch heute das Datum lesen: *Curtici 27. April 1934* – die sechste Grenze meiner Reise.

Ich hatte gedacht, ich sei der einzige Fahrgast im Zug, doch ein Grüppchen bärtiger, bebrillter Rabbis in langen schwarzen Mänteln und großen Hüten war aus dem letzten Wagen gestiegen; begleitet wurden sie von Schülern, denen Ringellocken die wachsbleichen Gesichter rahmten, und die schwarz gekleidete Gesellschaft sah im Mondlicht so seltsam wie eine Versammlung von Raben aus. Drei waren anders gekleidet als die übrigen; sie trugen russische Stiefel mit weichen Schäften, einen schwarzen Kaftan und einen flachen Biberhut, um den ein Fuchsschwanz gewunden war, der in einem Falle exakt die Bartfarbe des Trägers hatte – ich sah diese Tracht später noch mehrfach im nördlichen Moldawien und in der Bukowina und, Jahre später, bei Gottesmännern, die in Jerusalem die steilen Gassen zur Klagemauer hinabeilten. Sie sprachen Jiddisch miteinander, und irgendwie hörte ich heraus, daß diejenigen mit den Fuchsschwänzen Südpolen aus Krakau oder Przemysl waren, zelotische Chassidim vielleicht; und ich glaube, sie waren alle unterwegs zu einer wichtigen Versammlung in Bukarest. Nachdem sie wieder eingestiegen waren, fuhr der Zug in die Nacht davon, die Beamten verschwanden, und bald war ich der einzige auf den elenden Straßen von Decebal, benannt nach dem letzten König der Dacier, bevor die Römer das Land eroberten.

Nur Hunde waren unterwegs. Drei versperrten mir den Weg, knurrten, bellten, fletschen die Zähne, gefährlich wie

Dingos im strahlenden Licht des Monds, und ihre Schatten verbanden und durchmischten sich, als sie sich durch den Staub der Hauptstraße, alle Läden verschlossen, davonmachten.

Nach dem Grenzübertritt senkt sich über meine Erinnerung ein Nebel, und der Tagebucheintrag für den Abend hilft nicht viel: »*27. April, Pankota* – übernachtet bei Imre Engelhardt, Besitzer des Apollo-Kinos.« Ich habe es eben auf der Karte wiedergefunden – Pîncota heißt es auf rumänisch –, doch von dem Kino und seinem Besitzer bleibt nicht die kleinste Erinnerung. Er muß von Maria Theresias Siedlern aus Südwestdeutschland abgestammt haben, die man, wenn auch nicht immer korrekt, allesamt Schwaben nannte.

Als der Nebel sich wieder lichtet, breitet sich vor mir eine Landschaft aus, die nicht viel anders aussieht als die Große Tiefebene – ich hatte geglaubt, ich hätte sie hinter mir gelassen –; nur ganz in der Ferne zeigten sich bewaldete Hügel. Schokoladenbraunes, frisch gepflügtes Ackerland und langgestreckte Felder mit Gerste, Weizen, Hafer, Roggen und Mais bildeten ein geometrisches Muster miteinander, dazu Tabak und als plötzliche gelbe Enklave Ackersenf. Baumgruppen lockerten die Landschaft auf, und alle paar Meilen erhoben sich rostrote oder schwefelgelbe schindelgedeckte Kirchtürme. Jedes Dorf hatte eine einfache Barockkirche für die Katholiken und eine weitere für die Ostkirchler, und bisweilen, obwohl in dieser Gegend nicht allzuoft, kam noch eine dritte für Calvinisten oder Lutheraner hinzu; denn anders als in Österreich, wo die Gegenreformation sich ganz und gar durchgesetzt hatte, gab es in Ungarn und Transsilvanien eine vielfältige und lebendige protestantische Tradition. Äußerlich unterschieden die Gotteshäuser sich nicht, doch wenn man eintrat, verrieten Bilder des Kreuzwegs, ein ikonengeschmückter Lettner oder die Schlichtheit der zehn Gebote auf ungarisch über einem einfachen Altar sogleich die Zugehörigkeit. Ich sah Storchennester und Ziehbrunnen, Schaf- und Rinderherden; Zigeuner zogen vorüber. Die Büffel faszinierten mich von Mal zu Mal mehr; in den großen, feuchten Augen sah ich jetzt nicht mehr die Feindseligkeit, die ich an den Ufern der Theiß darin erblickt hatte, sondern sie schienen mir voller Tiefe und Tragik. Verändert hingegen waren die Menschen. Nach den runden ungarischen Gesichtern der letzten Wochen sah ich hier wieder schärfere Züge – oder waren es nur meine Phantasie und die Lektüre der jüngsten Tage, die sie mir mediterraner vorkommen ließen? Ich schloß mich einer Gesellschaft an, die Sicheln und Sensen trug, Kinder in Tüchern über den Rükken geschlungen. Ihre Kittel waren aus grobem weißen Stoff, mit Gürteln so schwer wie Sattelgurten, manchmal mit Eisennieten bewehrt, und wenn sie nicht barfuß gingen, trugen sie an den Füßen die vertrauten kanuförmigen Mokassins mit den rohledernen Riemen. Ihre stinkenden Schaffelljacken hatten sie mit der glatten Seite nach außen übergestülpt, und ihre Kopfbedeckungen – knollige Kegel aus schwarzem oder weißem Fell, gut eine Elle hoch – gaben ihnen etwas Verwegenes. Sie verstanden meine wenigen, mühsam erworbenen Brocken Magyarisch, doch ich merkte bald, daß die Sprache, in der sie miteinander sprachen, weit leichter zu erlernen sein würde. Das Wort für Mann war *om*, eine Frau hieß *femie*, und *ochi, nas, mâna* und *foaie* waren Augen, Nase, Hand und Blatt. Anfangs fanden sie es merkwürdig, daß ich immerzu auf Dinge zeigte und den Namen dafür wissen wollte. Hund? Ochse? Kuh? Pferd? *Câine, bou, vaca, cal!* Es war kaum zu glauben: *homo, femina, nasus, manus, folium, canis, bos, vacca* und *caballus* wimmelten durch meine Gedanken wie ein Trupp siegestrunkener Soldaten. *Câmp* war ein Feld, *fag* eine Birke (»... quatit ungula campum!« »sub tegmine fagi ...!«). Wie seltsam, die lateinische Sprache, so fernab von ihrem Ursprung! Das Schwarze Meer schloß dieses Gebiet nach Osten ab, slawische Sprachen isolierten es nach Norden und Süden, und die Westgrenze bildeten die finno-ugrischen Daktylen der Magyaren.

Diese Sprachstudien vertrieben uns die Zeit, und am späten Nachmittag erreichten wir das Städtchen Ineu – »Borosjenö« auf meiner Vorkriegs-Landkarte –, wo der Markttag eben zu Ende ging. Die ganze Stadt war erfüllt von Muhen, Blöken, Quieken; Wagen wurden beladen, Pferche abgebrochen, Tische gestapelt. Frauen und Mädchen hielten mit langen Stachelstöcken ihr Geflügel beisammen. Sie trugen Kopftücher in vielerlei Farben, stets unter dem Kinn geknotet, und Faltenröcke mit bestickten Schürzen vorder- wie rückseits unter gelb-rot gemusterten Gürteln. Einige hatten kniehohe scharlachrote Stiefel an, wie Tänzerinnen in einem russischen Ballett.

Ich war unterwegs zum Haus eines Freundes namens Tibor – ich hatte ihn bei seinem Namensvetter in Budapest kennengelernt –, der mich für diese locker verabredete Zeit zu sich eingeladen hatte. Mit einem Male stand er vor mir: Gutgelaunt, jovial und rotwangig, auf dem Kopf einen Jägerhut mit Federschmuck, plauderte er mit ein paar Bauern unter einer Akazie, einen Fuß auf dem Trittbrett eines eleganten Einspänners mit einem grauen Pony, das munter mit dem Schweif schlug. Zusammen mit dem anderen Tibor hatte er im selben Regiment der berittenen Artillerie gedient. Als er mich sah, strahlte er übers ganze Gesicht, und wie von Zauberhand erschien ein Tablett mit zwei Gläsern Pflaumenschnaps. Als wir sie ausgetrunken hatten, machten wir uns auf den Weg zu den Hügeln, wobei Tibor schwungvoll sein grünes Hütchen lüpfte, als Antwort auf die zum Abschied gezogenen Filzkappen der Bauern.

Schon den ganzen Nachmittag waren die Hügel ringsum immer höher geworden, und jetzt erstreckten sie sich hinter einer steilen, halbkugelförmigen, über und über mit Reben bewachsenen Anhöhe soweit das Auge reichte. Am Fuß dieser Erhebung bogen wir durch ein hohes Tor und näherten uns mit Einbruch der Dunkelheit über eine weite Rasenfläche einem Haus mit klassizistischer Fassade. Zwei Reiher flogen auf, als sie uns kommen sahen; die Schatten waren erfüllt von schwerem Fliederduft. Hinter den hohen Glastüren entzündete ein barfüßiges, häubchentragendes Hausmädchen mit einem Kienspan die Lampen des langen Zimmers, und als der Lichtschein sich nach und nach ausbreitete, nahmen Biedermeiermöbel Gestalt an, Stühle und Tische und Sofas, bei denen nur noch ein paar Fäden des ursprünglichen Bezugs erhalten waren; es gab verblaßte violette Vorhänge und einen Flügel, überladen mit gerahmten Fotografien und alten Familienalben mit Messingschließen; an den Wänden sprossen Geweihe, ein ausgestopfter Luchs spitzte die Ohren, Ahnen mit Schwertern und pelzverbrämten Uniformröcken posierten im Halbdunkel. Zwischen Bücherregalen prangte ein weißer Ofen, der Boden war bedeckt mit Bärenfellen, und wie in Kövecsespuszta* blitzte auf einer Anrichte eine Sammlung silberner Zigarettenetuis mit den Wappen und Monogrammen von Freunden – Geschenke, die diese dem Hausherrn gemacht hatten, als er die Patenschaft für ein Kind übernahm, als Trauzeuge diente oder ihnen bei einem Duell als Sekundant zur Seite stand. Ich entdeckte eine polierte Patronenhülse von einem schlesischen Schlachtfeld, ein buntes Sammelsurium fingerhutgroßer Trinkbecher, einen Krummsäbel mit türkisverzierter Scheide und etliche zusammengefaltete Zeitungen – *Az Ujság* und *Pesti Hírlap* aus Budapest und das *Wiener Salonblatt*, eine Art österreichischer *Tatler*, reich illu-

* Siehe *Die Zeit der Gaben*, Seite 364.

striert mit Bildern von Jagdgesellschaften, Pferderennen und vornehmen Bällen im fernen Wien. Unter den Bildern in silbernen Rahmen erspähte ich eine Daguerrotypie der Kaiserin Elisabeth – Königin, genauer gesagt, in dieser verlorenen Provinz des einstigen Königreichs –, eine weitere zeigte den Regenten in der Admiralsuniform einer längst verschwundenen Flotte, eine dritte Erzherzog Otto im vollen Ornat eines ungarischen Magnaten. Rot, grün und blau kauerten die Bände des Almanach de Gotha wie sprungbereite Raubtiere auf dem Regal. Ein glänzender Folioband, prächtig gebunden in grünem Leder, lag auf einem kleinen Tischchen und nahm fast die gesamte Fläche ein; der Titel *Az ember tragediája* war in Gold geprägt: *Die Tragödie des Menschen* von Imre Madach. Dieses lange dramatische Gedicht aus dem neunzehnten Jahrhundert, ein philosophisches, kontemplatives Werk, durfte in keinem ungarischen Haus fehlen, nicht einmal da, wo es sonst fast keine Bücher gab – ähnlich wie die pergamentgebundene Ausgabe des Omar Khayyám mit den Illustrationen von Edmund Dulac früher in fast jedem englischen Haus zu finden war. In einer Ecke schließlich sah ich einen Ständer mit langen türkischen Pfeifen. Das war die typische Ausstattung eines Landhauses, wie sie mir in den folgenden Wochen in Transsilvanien immer wieder, leicht abgewandelt, begegnen sollte.

Am anderen Ende des Raumes, hinter der Flügeltür zu einem Zimmer, das halb Arbeitszimmer, halb Waffenarsenal war, prangten weitere Geweihe; schemenhafte Gestalten bewegten sich im Lampenlicht, und ich hörte die Stimmen von Gästen. Ich eilte nach oben, um mich zu waschen und ein wenig zurechtzumachen, bevor ich mit ihnen zusammentraf. Da sie alle in den folgenden Wochen eine Rolle spielen werden und ihre Häuser einander folgen wie Trittsteine auf einem Weg, werde ich sie besser erst vorstellen, wenn wir dort anlangen.

Im Licht des nächsten Morgens erblickte ich die Fassade eines Gebäudes aus dem späten achtzehnten Jahrhundert. Zwischen den Seitenflügeln bildeten vier weit auseinanderstehende toskanische Säulen eine grandiose, zwei Stockwerke hohe Loggia. Weiße Klappläden mit Lamellen rahmten die Fenster zu beiden Seiten – in geöffnetem Zustand berührten die Außenkanten der Läden einander; wenn die Sonne allzu heiß brannte, blieben sie geschlossen, und das Licht, das durch die schrägen Lamellen ins Hausinnere fiel, bildete ein Streifenmuster auf den breiten polierten Bodendielen. Eine Kurbel diente zum Ausfahren eines riesigen weißen Sonnensegels, und wenn man nach draußen blickte, hätte man denken können, man sei an Deck eines Schoners auf einem Bild von Tissot, nur mit Baumwipfeln anstelle der Wellen. In der Ferne schwebte der mit Reben bewachsene, halbkugelförmige Hügel von Mokra wie eine vulkanische Insel vor schneeweißen Wolkenbergen und einem blaßblauen Himmel. Der Duft von Flieder, Buchsbaum und Lavendel wehte ins Haus, Stieglitze hüpften von Ast zu Ast, und von Zeit zu Zeit verirrten sich Schwalben aus den Nestern, die unter dem Giebeldreieck klebten, nach drinnen, flogen verzweifelt im Kreis oder segelten schnurstracks durch das ganze Haus und auf der gegenüberliegenden Seite wieder ins Freie.

In der Mitte eines weiträumigen, luftigen Zimmers fand ich Tibor; er ruhte auf einer Récamiere, ein weißes Tuch um den Hals gelegt, und rauchte eine Zigarre nach dem Frühstück, wobei sein Kammerdiener ihm das Kinn einseifte. »Gyula ist gleich soweit. Dann bist du an der Reihe«, begrüßte mich Tibor und blies einen makellosen Rauchkringel hinauf zur getäfelten Decke. Kurz darauf lag ich eingeseift unter Gyulas Rasiermesser, meinerseits in eine aromatische Rauchwolke gehüllt. Teils im Zimmer auf und ab gehend, teils auf der Fensterbank sitzend, begleitet von Vogelgezwitscher, erzählte Tibor vom Krieg, von Zigeunern und Revuegirls, und würzte die Berichte über seine Abenteuer in Paris, Brüssel und Konstantinopel mit amüsanten, leicht anrüchigen Anekdoten. Auf dem Weg nach unten, das Kinn noch prickelnd vom Eau de Cologne, überlegten wir, was es wohl zum Mittagessen geben würde. Auf der anderen Hofseite erblickten wir die Köchin; sie saß vor der Küche im Schatten, inmitten von wirbelnden Federn. »Hervorragend!« sagte Tibor. »Margit rupft ein Hühnchen.« Dann stiegen wir, vor uns die schwarze Straußenfeder und die flatternden Bänder an der Mütze des Kutschers, in einen offenen Wagen und inspizierten die Wiesen und Felder. »Was für ein Leben«, dachte ich, als wir im Schatten der Bäume dahinrollten.

Die größte Attraktion von Borosenjö aber war Ria. Sie führte das Regiment im Haus. »Haushälterin« klingt entschieden zu konventionell und paßt überhaupt nicht zu dem charmanten, humorvollen Gesicht und der jugendlichen Gestalt, die das früh ergraute kurzgeschnittene Haar Lügen straften. Sie stammte aus Polen, die Tochter eines Musikverlegers aus Krakau, der bessere Zeiten gesehen hatte. Ich überlegte, ob es zwischen ihr und Tibor einmal eine Romanze gegeben hatte. Wenn ja, war sie längst vorbei; aber die beiden waren gute Freunde, und sie übernahm die Rolle der Gastgeberin in seinem Junggesellenhaushalt. Sie sprach fließend Französisch, Polnisch, Deutsch und Ungarisch, außerdem noch ein wenig Rumänisch. Mit einem Blick auf den zerknitterten Inhalt meines Rucksacks, als ich ihr die Sachen übergab, die gewaschen oder geflickt werden sollten, fragte sie, wie viele Taschentücher ich hätte. Bis auf zwei hatte ich alle verloren. »Et quels torchons«, rief sie und hielt sie in die Höhe. »Regarde-moi ça! Il faut que je m'occupe de toi!« Und das tat sie dann auch. In dem benachbarten Landstädtchen Arad erstand sie ein Dutzend Taschentücher aus handgesponnenem Leinen, bestickte sie mit meinem Monogramm, bündelte sie fein säuberlich mit einer roten Schleife und überreichte sie mir wie ein Paket Butterbrote: »Au moins tu auras de quoi te moucher.« Sie hatte eine sehr schöne Stimme, und wir verbrachten viele Stunden an dem mit Fotografien übersäten Flügel und sangen: französische, deutsche und auch ein paar polnische Lieder. Bei einem davon konnte ich sogar mitsingen, denn ich hatte es wie ein Papagei auswendig gelernt; und jetzt wo ich dies schreibe, habe ich ganz plötzlich wieder die heitere Melodie und den Text im Ohr.* Ria war sehr amüsant, vielleicht sogar klüger und kultivierter als Tibor. Wenn sie mit der Pferdekutsche zu Nachbarn fuhr, begleitete ich sie und war binnen kurzem bestens vertraut mit einem Dutzend komischer Lebensgeschichten. Alle liebten sie, und mir ging es nicht anders.

Das Tempo meiner Reise hatte sich verlangsamt, jegliches Zeitgefühl war mir abhanden gekommen, und erst heute, ein halbes Jahrhundert zu spät, überkommen mich im nachhinein Zweifel, ob ich die Gastfreundschaft dieser Menschen nicht vielleicht überstrapaziert habe – aber die Zweifel sind nie von langer Dauer. Das technische Zeitalter war an diesen Regionen spurlos vorübergegangen, der Rhythmus des Lebens um Jahrzehnte hinter dem Tempo des Westens zurückgeblieben; hier lebte man noch wie vor hundert Jahren, als Aufenthalte auf dem Land so lang und bedächtig waren wie in den englischen und russischen Romanen der Zeit. Und in dieser verlorenen Provinz, wo die gastfreundlichen Ungarn sich vom Leben abgeschnitten fühlten, wurden Besucher aus dem Westen mit offenen Armen empfangen. Zumindest hoffte ich das, denn die nächsten drei Monate meiner gemächlichen Wanderung durch das Grenzland und die südlichen Teile Siebenbürgens machten diesen Frühling und Frühsom-

* »Pojekai, Hanka, tam u hrustu, tam u hrustu, tam u hrustu …« usw.

mer zu einer gänzlich anderen Erfahrung, als es der Rest der Reise war. Ein segensreiche, glückliche Zeit brach an.

Transsilvanien oder Siebenbürgen* ist fast dreimal so groß wie Wales, und für die Ungarn war der Verlust dieser Provinz unter allen Katastrophen der Nachkriegszeit die schwerste. Als Teil der Doppelmonarchie war Ungarn unauflöslich mit dem Schicksal Österreichs und damit, eine unvermeidliche Kettenreaktion, dem Schicksal Deutschlands verbunden und wurde im Jahr 1918 in den Strudel der Niederlage hineingerissen. Und von allen Katastrophen, die sich daraus ergaben – der kurzlebigen Räterepublik des Béla Kun, dem Einmarsch der Rumänen, der ihr ein Ende machte, dem nachfolgenden Weißen Terror –, war keine so schmerzlich wie die Verstümmelung des Landes im Vertrag von Trianon. Die Gebietsabtretungen an die Tschechoslowakei und Jugoslawien waren bitter genug, doch im Vergleich zur dritten erträglich: Die Schnitte waren klar und die Verluste buchstäblich peripher. Transsilvanien jedoch war etwas anderes. Eine für beide Seiten gerechte Lösung war und bleibt unmöglich; unmöglich wegen der großen Gruppe siebenbürgischer Ungarn, die zweihundert Meilen östlich von ihren Landsleuten inmitten einer noch größeren rumänischen Bevölkerung leben. Wenn man diese gewaltige magyarische Enklave nicht zu einem isolierten Außenposten Ungarns, einer Insel im feindlichen Rumänien machen wollte – so wie man es später mit Ostpakistan

* Genau genommen beginnt diese Region erst etwa dreißig Meilen östlich von dem Punkt, an dem ich mich jetzt befand. Aber der schmale Landstrich zwischen dort und der nach dem Krieg neu gezogenen ungarisch-rumänischen Grenze – die ich eben überquert hatte – hat offenbar keinen eigenen Namen und wird meist einfach zu Transsilvanien hinzugerechnet; gemeint ist damit das gesamte Gebiet, das Ungarn 1920 an Rumänien verlor, und ich ertappe mich oft dabei, wie auch ich das Wort in diesem ungenauen, doch praktischen ungarischen Sinne verwende.

versuchte, und dann wahrscheinlich mit ebenso unglücklichem Ausgang –, gab es keine Lösung. Andererseits war die Zahl der in Transsilvanien lebenden Rumänen um fast eine Million höher als die der dort lebenden Ungarn; folglich wäre es im Falle eines ungarischen Sieges nicht minder unmöglich gewesen, zu einer vernünftigen, für die Rumänen akzeptablen Grenzregelung zu kommen. Ob der einen oder der anderen Gruppe unvermeidlich Leid widerfuhr – Verlust der in Siebenbürgen lebenden Landsleute für die Ungarn oder Fortsetzung des Status quo für die Rumänen –, hing einzig und allein davon ab, wer den Krieg verlor. Ungarn stand auf der Seite der Verlierer, und so kam es, wie es kommen mußte: Grenzen, die außer in der Zeit der Türkenherrschaft seit beinahe tausend Jahren unverändert geblieben waren, wurden neu gezogen und zwei Drittel des ungarischen Territoriums als Beute unter die Sieger verteilt. Seit dieser Zeit wehte die ungarische Fahne nicht nur metaphorisch auf Halbmast.

Die Ungarn gründeten ihren transsilvanischen Anspruch eher auf ältere Anwesenheit als auf ethnische Dominanz, die Rumänen auf beides. Sie verstanden sich als Produkt der Vermischung der alten Daker (deren Königreich just in dieser Gegend gelegen hatte) mit den Römern, die das Land im Jahr 107 n. Chr. unter Trajan eroberten und kolonisierten. Nach einer anderen Theorie – denn Theorien ändern sich – stammten sie von Dakern ab, die im Laufe der Besatzungszeit romanisiert wurden; diese Besatzung endete im Jahr 271 n. Chr. mit dem unaufhaltsamen Ansturm der Goten, der Kaiser Aurelian zwang, seine Truppen an das südliche Ufer der Donau zurückzuziehen. In den einhundertvierundsechzig Jahren zwischen Trajan und Aurelian hatte sich eine lateinischsprechende dako-romanische Bevölkerung herausgebildet – vergleichbar mit den Gallo-Römern in der Provinz Gallien –, und als Aurelians Truppen abzogen, blieb sie zurück (genau wie im Westen die lateinischsprechenden einheimischen Nachfolger der Legionen, als diese nach Rom zurückbeordert wurden) und vererbte ihre Sprache an nachfolgende Generationen. Die slawischen Elemente in der rumänischen Sprache führt diese Deutung auf die spätere Ausbreitung der Slawen über ganz Osteuropa zurück, ein linguistisches Phänomen, das vergleichbar wäre mit dem Eindringen germanischer Elemente in die Sprache Nordgalliens, als die Franken den Rhein überquerten und dort Fuß faßten. Nach dieser Theorie bildeten die Dako-Römer das ethnische und sprachliche Substrat des Landes. Auch wenn fremde Eindringlinge das Land überrannten, den Blick fest auf die erhofften Reichtümer im fernen Westen geheftet, und sich sogar gelegentlich niederließen, blieben sie niemals lange und verschwanden nach und nach wieder von der Bildfläche. In diesen finsteren Jahrhunderten, über die es keinerlei Aufzeichnungen gibt, lebten die Dako-Römer als Wanderhirten - ungehobelte Adlige vermutlich, deren Vasallen Hirten waren - und weideten ihre Schafherden in dieser Region, bis die Magyaren nach der Besetzung der Großen Ungarischen Tiefebene auf dem Rückweg nach Osten in Transsilvanien einfielen und sie unterjochten: ein Joch, das sie nach diesem Geschichtsbild erst durch den Vertrag von Trianon abschütteln konnten.

Die ungarische Version deckt sich mit der rumänischen bis zur Zeit des Kaisers Aurelian. In der Vorstellung der Ungarn, die ihre Theorie auf die einzige historische Quelle stützen, die eine Aussage zu diesem Thema enthält,* wurden jedoch nicht nur die römischen Truppen und Verwaltungsbeamten vollständig abgezogen, sondern auch die Kolonisten. Wenn überhaupt einige wenige Daker zurückblieben, wurden sie in alle Winde zerstreut und von den Goten ausgelöscht, und ihre Siedlungsgebiete fielen in die Hände der

* Den spätrömischen Historiker Flavius Vopiscus in der *Historia Augusta.*

einsickernden Slawen: Die einzige Bevölkerung, die die Magyaren im neunten Jahrhundert in Transsilvanien vorfanden, waren versprengte Slawen, die rasch absorbiert wurden; der erste Chronist beschrieb die Gegend als »menschenleer«. Um das Vakuum zu füllen, siedelten die Magyaren ihre kriegerischen Stammesgenossen, die Szekler, in den Karpaten an (sofern sie nicht bereits dort ansässig waren), wo sie noch heute das Gros der ungarischen Bevölkerung ausmachen. Dann riefen sie die »Sachsen« vom Niederrhein ins Land; und erst danach, im frühen dreizehnten Jahrhundert (so die ungarische Version), erscheinen die Rumänen auf der Bildfläche; nicht als unmittelbare Nachkommen der Dako-Römer, die das Land ununterbrochen besiedelten, sondern als Einwanderer, Gruppen der walachischen Bevölkerung Mazedoniens und des Balkans, die so lange unter dem Einfluß des Römischen Reiches gestanden hatten, daß sie noch immer einen lateinischen Dialekt sprachen. Sie seien mit ihren Herden nach Norden gezogen, sagen die Ungarn, vielleicht auf der Flucht vor den Kumanen, vielleicht auch nicht, oder auch im Gefolge der wilden Petschenegen. Sie drangen ins südliche Siebenbürgen vor und ließen sich im Karpatenbogen nieder, wo sie immer neuen Nachschub durch walachische Ankömmlinge erhielten, bis sie schließlich die Zahl der Magyaren – und der Szekler und Sachsen – in der Region weit übertrafen.

Die Sprache der Rumänen und der Walachen vom Balkan muß derselben Quelle entspringen. Sie sind so eng verwandt, daß es nicht anders sein kann; wenige romanische Sprachen sind einander so ähnlich, und es ist nur überraschend, daß sie sich im Laufe der Jahrhunderte und trotz der großen Entfernung nicht stärker auseinanderentwickelt haben. Bis vor einhundertfünfzig Jahren wurden beide Bevölkerungsgruppen von der übrigen Welt als Walachen oder Wlachen bezeichnet (allerdings nie von den Rumänen selbst), ein eindeutiges Indiz für die gemeinsame Wurzel. Aber wo lag diese Wurzel? Außerhalb Transsilvaniens, sagen die Ungarn – die Walachen seien erst später eingewandert; in Transsilvanien, sagen die Rumänen – die Walachen hätten sich erst in jüngerer Zeit weiter nach Süden ausgedehnt. Das ist der Punkt, an dem jemand, der sich als Neuling mit all diesen Dingen beschäftigt, zu überlegen beginnt, ob die Wahrheit nicht in der Mitte liegen könnte. Schließlich gab es fast überall in Südosteuropa Walachen; warum sollten da nicht außer den nomadischen Slawen auch einige von ihnen in Transsilvanien gelebt haben, als die Magyaren eindrangen?* Und konnten diese hypothetischen Walachen in Transsilvanien nicht eine unter zahlreichen weit verstreuten Gruppen sein, statt jenes nach allen Seiten hin ausstrahlende Volks, das die Rumänen sahen? Beide Seiten würden mit Nein antworten: Die Ungarn beharren darauf, daß das Gebiet, als sie kamen, ein menschenleeres Vakuum war; für die Rumänen ist es die Keimzelle ihrer Nation. Man muß wohl nicht dazusagen, daß Streithähne auf beiden Seiten die Quellen zitieren und anzweifeln, daß sie Sprachwissenschaft, Archäologie, Geographie, Ortsnamen, Religion und eine Unzahl weiterer Indizien ins Feld führen, um die gegnerischen Argumente mit lang erworbener Routine zu widerlegen.

Nach rumänischer Auffassung handelt es sich bei den Koutzo-Walachen, den Makedo-Romanen des Balkans, um Teile der in alle Winde zerstreuten Nachkommen der Bewohner von zwei neuen dakischen Provinzen, die Aurelian für die aus der Provinz Moesia (dem heutigen Serbien und

* Eine ungarische Quelle, der anonyme Notarius König Bélas (1234–70), berichtet von einer Überlieferung, wonach die eindringenden Ungarn zuerst den Widerstand eines gewissen Gelu brechen mußten, des Anführers der walachisch-slawischen Stämme im Zentrum Transsilvaniens, bevor sie die Region endgültig in Besitz nehmen konnten.

Bulgarien) evakuierten Einwohner am Südufer der Donau anlegen ließ. Für einen kurzen Augenblick löst sich hundert Jahre nach der Umsiedlung eine leuchtende Gestalt aus der Masse der vertriebenen Daker – der bedeutende Bischof Niketas von Remesiana (heute Bela Palanka in Serbien), dem wir nicht nur das – bis zu Beginn des Jahrhunderts fälschlich den Heiligen Ambrosius und Augustinus zugeschriebene – *Te Deum* verdanken, sondern dazu einen Satz im apostolischen Glaubensbekenntnis. Er war befreundet mit Paulinus von Nola, der, als er ihn in Süditalien besuchte, auf ihn eine Ode in sapphischen Versen verfaßte, was ihn beinahe auf eine Stufe mit Ausonius aus dem römischen Bordeaux hebt. Dann verschwindet dieses einsame Licht wieder in der allesverschlingenden Dunkelheit.

Wenn wir nur wüßten, was beim Rückzug Aurelians geschah! Aber die rätselhaften Sätze des Vopiscus sind alles, was wir haben: Das Schweigen und die Dunkelheit dauerten fast tausend Jahre. Wir wissen, daß der Rückzug der Römer in das Jahr 217 n. Chr. fiel (über ein Jahrhundert vor dem Abzug der Römer aus Britannien), aber danach ist – abgesehen von Gelu – erst in den Jahren 1222 und 1231 wieder die Rede von lateinischsprechenden Einwohnern Transsilvaniens; Quellen aus diesen Jahren erwähnen »das Gebiet der Walachen« und den »Wald der Petschenegen und Walachen«. Sie treten – erstmals oder wieder – aus dem Schatten zu einer Zeit, als die Häuser Valois und Plantagenet auf dem Gipfel ihrer Macht waren, nur zwanzig Jahre nachdem die Kreuzfahrer Konstantinopel erobert hatten, gerade einmal sechs nach der Magna Carta. Es ist verblüffend und kaum zu glauben, wie wenig man über die transsilvanischen Zeitgenossen weiß. Manche lasten diese Leere dem Mongolensturm im Jahrhundert zuvor an. Die Mongolen zerstörten alles – nicht nur Burgen und Kirchen und Klöster, sondern offenbar auch jedes einzelne

Schriftstück, das sich dort befunden haben mag. Man wünschte sich Nachricht von der Ausgrabung eines Herrensitzes, durch ein Wunder unberührt geblieben, seit Batu Khan ihn brandschatzte – etwas, das ein transsilvanischer Waldbewohner finden könnte, wenn er eine Dachs- oder Fuchshöhle aufgräbt und durch Wurzeln und Gestrüpp plötzlich in eine Kammer purzelt, mit eisernen Truhen voller Pergamente ...

Natürlich ist für die verfeindeten Parteien gerade diese Abwesenheit von Dokumenten ein Segen. Theorien können aus dem Blauen entwickelt werden, und ein gelegentliches kleines Faktum – linguistisch, geographisch, ethnologisch oder religionsgeschichtlich – muß sich in kein Puzzle einfügen; es wäre sogar ganz unmöglich, denn alle anderen Steine fehlen, und in einem lockeren Rahmen können sie in jedem Muster arrangiert werden, das dem Sprecher gerade gelegen kommt. Die Deutungen sind so unterschiedlich wie die Arbeiten zweier Paläontologen, von denen der eine aus einer Handvoll Knochen einen Dinosaurier rekonstruiert, der andere ein Mastodon. »Wir wollen einmal davon ausgehen« verwandelt sich binnen weniger Seiten in »wir dürfen wohl davon ausgehen«, und nach ein paar weiteren wird daraus »wie wir gezeigt haben«; und so wird binnen kurzem aus einer schüchtern vorgebrachten Hypothese ein eherner Lehrsatz, ohne daß auch nur ein Körnchen weiteren Belegmaterials hinzugekommen ist. Das kleinste Argument, das dafür spricht, wird groß herausgestellt, alles Unpassende verschwindet diskret in der Versenkung. Man hält sich bedeckt. Es ist ein Zwischenreich, wo *suggestio falsi* und *suppressio veri*, die beiden Schurken jeder historischen Auseinandersetzung, mit Blendlaterne und gespanntem Bogen durch die Schatten schleichen.

Diese alten Streitfragen hätten niemanden außer den Akademikern beschäftigt, wären da nicht die bitteren Rivalitäten gewesen, die sich in späteren Zeiten daraus ergaben und bis heute das Leben beherrschen. Die Klärung der Frage, wer zuerst dort war – ließe sie sich denn beantworten –, wäre das entscheidende Argument im Streit um das Anrecht auf diesen Landstrich; und zu Anfang unseres Jahrhunderts, bevor ethnische Fragen Vorrang vor allen anderen bekamen, war all das gar noch wichtiger gewesen: Besitz durch Eroberung, gestützt durch historische Kontinuität, gesichert durch Verträge, war ein durchaus noch ehrenhafter Begriff. Keiner zweifelte an den britischen und französischen Kolonialreichen, Rußland hatte – hat bis heute – die asiatischen Eroberungen der Zaren fest im Griff. In einer solchen Atmosphäre ist jeder Versuch einer objektiven Wissenschaft zum Scheitern verurteilt.

Gewiß wußte ich über all diese Dinge damals kaum etwas, aber andererseits wäre es auch unmöglich gewesen, nichts darüber zu erfahren; und später, als ich längere Zeit im »alten« Rumänien verbrachte – *Regat* oder »das Königreich«, wie die Siebenbürgen es nennen –, verstand ich wohl einigermaßen die rumänische Sicht der Dinge, auch wenn ich nie allzuviel erfuhr – man könnte sich schwerlich weniger nationalistische Menschen vorstellen als die Freunde, bei denen ich in Moldawien unterkam –, und ich las alles, was ich zu lesen fand, auf beiden Seiten. Beide Standpunkte waren geschickt und überzeugend dargelegt, und in beiden Fällen schien die Logik der Darstellung schlüssig; die Kontrahenten stellten sich allen Einwänden und widerlegten sie, und wenn ich von einem Argument zu dessen Rivalen überging, war es genau das gleiche dort, und ich blieb ratlos zwischen beiden zurück. Ich bin der einzige Mensch, den ich kenne, der gleich große Sympathien für beide Seiten in diesem bitteren Streit hat und sich von Herzen wünscht, sie könnten sich versöhnen. Wenn sich tatsächlich die Schriftrollen in der imaginären Ruine fänden – wäre die Sache damit geklärt? Meine unglückliche Lage zwischen beiden macht mich für beide nutzlos.

Unter den ungarischen Landbesitzern in Transsilvanien kam noch eine weitere Verbitterung hinzu. Agrarreformen hatten sie enteignet und den Großteil ihres Landes unter die Bauern verteilt. Das mag gerecht gewesen sein, aber niemand verliert gern sein Land, und die Empörung war groß. Sie konnten es nicht wissen, doch ganz ähnliche Rufe wurden in den Gutshäusern der rumänischen Bojaren laut, deren Besitz nicht minder dezimiert worden war. Dort kam noch hinzu, daß diese Bojaren überzeugt waren, daß ihre eigene rumänische Regierung die neuen und unfreiwilligen ungarischen Bürger besser als sie selbst behandelt hatte, um sich bei ihnen beliebt zu machen. Als ich dies bei späteren Besuchen ungarischen Transsilvaniern erzählte – die ja allesamt überzeugt waren, daß sie die Opfer einer außerordentlichen Diskriminierung waren –, trauten sie ihren Ohren nicht. Sie wanden sich beim Gedanken an die Ungerechtigkeit des Regimes und die Korruptheit der neuen Beamten aus dem Regat. Überall erzählte man von Bestechung, und die Einstellung dieser alten Großbauern zu dem neuen Staat und seinen Beamten hatte etwas von dem Mißtrauen und der Verachtung, die nach dem amerikanischen Bürgerkrieg die Plantagenbesitzer aus dem Süden den Abenteurern aus dem Norden entgegengebracht hatten. Manches daran war unerfreulich: Hinter dem Mangel an Takt und Skrupeln steckte vielleicht der Wunsch nach Rache für den ungarischen Absolutismus früherer Zeiten. Die Ungarn hatten im Laufe der Jahrhunderte ihre fremden Untertanen – und auch sämtliche Landsleute unterhalb eines gewissen Standes – höchst ungeschickt behandelt; Verachtung, Unterdrückung, blinder Feudalismus, Ausschluß von jeder Mitsprache in ihren Räten, rücksichtslose Magyarisierung – sie hatten nichts ausgelassen. (Und damit kein Engländer sich zu überlegen fühlt, sei darauf hingewiesen, daß diese ungarischen Einstellungen zu den Heloten haargenau dem entsprechen, was Swift in seinen Satiren als englische Haltung gegenüber Irland in der Nach-Cromwell-Zeit anprangert.) Anspannung stieg und machte sich immer wieder in mörderischen Revolten Luft, die gnadenlos niedergeschlagen wurden. Hätte das Schicksal die Rollen vertauscht und hätten die Ungarn diese düsteren Jahrhunderte unter rumänischer Herrschaft verbracht, so wäre deren Joch um kein Jota leichter gewesen: Die rumänischen Herrscher unterdrückten ihre Untergebenen genauso grausam wie die ungarischen die ihren. Das waren schlimme Zeiten in Osteuropa – sie sind es bis heute.*

Doch im Alltagsleben war von alldem nicht viel zu spüren. Ob nun unter guten Verhältnissen oder schlechten, Gutsbesitzer und Bauern hatten sich seit Generationen gekannt; die Beamten des Regat hingegen waren für beide Fremde, und eine gewisse Sympathie füreinander hatte alle Grenz- und Besitzerwechsel und alle alten Feindseligkeiten überlebt. »Ich kann mich noch gut an den alten Grafen erinnern«, hörte ich einen rumänischen Schäfer später sagen, »mit seinen Pferden und seinen Wagen. Das war ein Anblick! Und wenn man sieht, wie er jetzt aussieht, der arme alte Mann …« Solche Gefühle gab es auch in umgekehrter Richtung, und in meiner spärlichen Erfahrung sind mir oft genug Edelleute begegnet, die beim Wein mit heftigen Worten über die Unfähigkeit des Staates herzogen, zugleich aber in freundlichsten Tönen von den Einheimischen redeten, an die ihre Ländereien gegangen waren. Die alte Feudalbeziehung bestand nicht mehr, aber bestimmte Gesten hielten sich hartnäckig, Hüte wurden gezogen, Hände geküßt, die Anrede war förmlich, und das verlieh dem transsilvanischen

* »Jeder Gedanke, das Herz zu zersprengen, ist hier, und jeder eitel, Entsetzen und Verachtung und Haß und Furcht und Empörung …« – Housmans Zeilen kamen mir oft in den Sinn.

Leben etwas seltsam, geradezu surreal Altmodisches und weit Entferntes. Die meisten kleineren Landbesitzer waren durch die Umstände gezwungen worden, die rumänische Staatsbürgerschaft anzunehmen, aber nur die wenigsten waren je in Bukarest gewesen. Für sie war es ein fernes Babylon aus Staub und Sünde und Korruption, und alle schworen, sie würden nie einen Fuß in diese Stadt setzen, wenn sie es vermeiden könnten; ja nicht einmal über die ehemalige Ostgrenze wollten sie gehen. Sie trauerten der Stephanskrone nach, und nichts zählte für sie außer dem verstümmelten Königreich im Westen.

Aber ich sollte als letztes noch sagen, daß man als Fremder kaum etwas von diesem Kummer spürte. (Ich selbst erinnere mich im Grunde an nichts anderes als an grenzenlose Freundlichkeit.) Gutshöfe, wenn auch verarmt, gab es nach wie vor, und in manchen Augenblicken schien mir alles noch wie früher. Charme und *douceur de vivre* durchwehten weiterhin die Räume mit ihren ausgebleichten Möbeln, und draußen war alles Sonnenschein. Gestrandet in der Weite des rumänischen Landlebens, anders in Rasse und Religion und noch von den Gespenstern ihres verlorenen Rangs umgeben, ließen die Bewohner dieser *kastélys* an jene der zerbröckelnden anglo-irischen Adelssitze in Waterford oder Galway denken, ebenso bedrückend und ebenso bezaubernd. Voller Sehnsucht nach der Vergangenheit, mit niemandem außer ihresgleichen auf den benachbarten Gütern und den Bauern, die dort arbeiteten, zur Gesellschaft, lebten sie ihren nostalgischen, genealogischen, geradezu konfuzianischen Traum, und viele ihrer Sätze endeten mit einem Seufzer.

Ria besaß eine Menge französische Bücher, und ich versorgte mich reichlich mit Lektüre daraus. Tibor war kein großer Leser, im Unterschied zu seinen Vorfahren offenbar, denn die

Bibliothek war bestens bestückt, vornehmlich mit Büchern in ungarischer und deutscher Sprache. Nachdem ich die Hoffnung aufgegeben hatte, daß ich das Ungarische je erlernen würde, widmete ich mich nun mit Feuereifer dem Studium der deutschen Sprache und begann damit, daß ich in einem dicken Band Wilhelm Busch die Verspaare unter den köstlichen Zeichnungen zu *Max und Moritz* und *Hans Huckebein* las. Beflügelt von diesem Erfolg, steckte ich mir höhere Ziele und wandte mich Thomas Manns *Tod in Venedig* zu. Anfangs kam ich nur stockend voran, denn ich mußte jedes zweite Wort nachschlagen, und jedesmal, wenn ich steckenblieb, fragte ich Ria um Rat. Dennoch gelang es mir tatsächlich, das Buch binnen weniger Wochen zu Ende zu lesen, und wenn man bedenkt, daß ich erst fünf Monate zuvor mit dem Deutschlernen angefangen hatte, schien mir das ein gewaltiger Fortschritt. Ich verbrachte die Vormittage teils in der Bibliothek, teils an einem Tisch im Freien und widmete mich mit Hilfe von *Meyers Konversationslexikon* der Geschichte von Mitteleuropa – hauptsächlich Ungarns und Transsilvaniens. Anschließend las ich die recht reißerischen Bücher von Jean und Jérôme Tharaud über das Zeitalter des Béla Kun – *La Fin des Habsbourg* und *Quand Israel est roi*. Die Werke dieses französischen Brüderpaars, von denen einer in die Académie francaise berufen wurde, erfreuten sich großer Beliebtheit in diesen Breiten. Auch wenn jeder eine Menge über die Geschichte Mitteleuropas wußte, endete das Wissen stets jäh am Rande der Karpaten. Die rumänische Geschichte – das heißt die Geschichte der jenseits der Berge gelegenen Fürstentümer Moldau und Walachei, die schließlich unter einem gemeinsamen Fürsten zum Königtum Rumänien vereinigt wurden – lag außerhalb des Blickfelds, und die Region wurde unweigerlich mit den Worten »die wilde Walachei« abgetan (ein Zitat vielleicht – aber von wem?), gerade so, als läge sie tief in der mongolischen Steppe.

Bei einem – wenn auch nicht allzu weiten – Abstecher in andere Themen fand ich heraus, daß das französische Wort für einen kastrierten Hengst *hongre* lautet – die Ungarn galten als die Erfinder dieser Praxis in Europa –, während man in Deutschland von einem Wallach spricht, was auf rumänische Ursprünge schließen läßt; in beiden Ländern griff man also ein Stück weiter nach Osten. Meine Freude darüber, daß das Wort *hussar*, »Husar«, aus dem Ungarischen kam – *husz*, »zwanzig«, ließ an eine zwanzig Mann starke Schwadron denken –, war nur von kurzer Dauer, denn neuere Lexikographen gehen davon aus, daß es, auf einem Umweg über das Serbische, vom italienischen *corsaro*, »Pirat«, abgeleitet ist, wobei der Schiffskiel kurzerhand gegen Hufe eingetauscht wurde. In der Vergangenheit hatte es Versuche gegeben, das englische Wort *ogre*, »Menschenfresser«, auf die Ungarn zurückzuführen – genauer gesagt, auf ihre ugrischen Vorfahren –, der tatsächliche Ursprung aber ist Orcus, der römische Gott der Unterwelt. Immerhin schien die Herleitung des Wortes *cravat*, »Krawatte«, aus »Kroatien« gesichert; es gelangte mit den im Dienste Ludwigs XIV. stehenden kroatischen Söldnern und ihren wehenden Halstüchern nach Frankreich. Das Wort *coach*, »Kutsche«, bewahrt die Erinnerung an die ungarische Stadt Kocs, wohl weil dort ein solches Gefährt erstmals gebaut wurde.

Die Vormittage vergingen wie im Flug. Störche wachten darüber, und solange es hell war, erschollen Kuckucksrufe überall aus den Wäldern. An drei aufeinanderfolgenden Tagen beglückten mich Vögel, die ich nie zuvor gesehen hatte: Der erste ein Pirol mit leuchtendem, gelb-schwarzem Gefieder und kurzem, melancholischem Ruf; tags darauf bestaunte ich das strahlende Blau, Grün und Gelb der Bienenfresser; am dritten Tag schließlich stolzierten zwei Wiedehopfe über den Rasen, richteten ihren Indianerkopfschmuck auf und falteten ihn wieder zusammen, und als sie aufflogen und in wilder Jagd durch die Bäume schossen, kamen sie mir mit der Zeichnung ihrer Flügel wie kleine fliegende Zebras vor.

Tibors Schwester kam mit Freunden aus Wien, und es gab Abendgesellschaften in festlicher Garderobe, Picknicks und schließlich ein mitternächtliches Festmahl oben auf einem rebenbewachsenen Hügel. Ein Feuer wurde angezündet, einem Wagen entstiegen vier Zigeuner mit Violine, Viola, Zimbalon und Baß und nahmen Aufstellung unter einem Baum. Auf die Ellenbogen gestützt, um das Feuer gelagert, tranken wir bernsteinfarbenen Wein aus den Trauben, die auf den Hängen rings um uns gediehen. Die Weinbergarbeiter kamen zu uns herauf und standen in einiger Entfernung, und wenn unsere Vorräte zur Neige gingen, holten sie Nachschub aus ihren Häusern und füllten die Gläser, bis in der Dunkelheit ein Hahnenschrei auf einem fernen Bauernhof erklang; er weckte andere, die in seinen Ruf einstimmten, dann tauchte tief unter uns im ersten fahlen Morgenlicht der Saum der Ungarischen Tiefebene auf, und alles außer den Zigeunern verblaßte. Der Klang ihrer Instrumente und Stimmen begleitete uns auf dem Weg hinab ins Tal, dann durch das Tor und über den Grasweg zu Füßen der Bäume. Unsere Schritte hinterließen graue Spuren im taunassen Gras, und als wir die Säulen an der Vorderseite des Hauses erreichten, hörten wir das Flattern und die Rufe der aufgestörten Vögel in ihren Nestern und das Flügelschlagen eines Storchs: eindeutig zu spät, um noch zu Bett zu gehen.

So klang es jeden Morgen, wenn der Tag erwachte. Wenig später hörte man direkt hinter dem Haus das Schwirren der Sensen und den leisen Gesang der Schnitter; wenn einer von ihnen für eine Minute verstummte, ertönte das metallische Geräusch eines Wetzsteins, mit dem er seine Sense schärfte. Der Duft von Heu erfüllte das Haus, allenthalben wurde es eingebracht, und das geschnittene Gras lag in silbrig glänzenden Streifen auf den bleichen, kurzgeschorenen Wiesen. Von meinem Zimmer aus konnte ich zusehen, wie es zu einem großen Heuschober aufgetürmt wurde: Die einzelnen Schichten lagen in einer im Uhrzeigersinn aufsteigenden Spirale wie die Windungen eines Ammoniten um einen hohen Mittelpfosten. Die Frauen standen auf einem Karren knietief im Heu und schleuderten es mit Heugabeln in die Höhe, und die Männer steckten es auf dem kegelförmigen Gebilde fest. Die Heuwagen, die über die Feldwege knarrten, waren so hoch beladen, daß Grashalme, welker Klatschmohn und Feldblumen an den niedrigen Ästen hängen blieben.

Ich verbrachte große Teile des Tages mit Tibor auf den Feldern, streifte meilenweit durch die hügelige Landschaft und lernte hie und da ein paar Brocken Rumänisch. Eine Zeitlang vernachlässigte ich mein Tagebuch; ich glaubte, die Zeiten, in denen ich an einem Ort blieb, seien für einen Reisebericht nicht von Belang. Heute wünsche ich mir, ich wäre weniger kompromißlos gewesen, denn bei solchen Lücken in den Aufzeichnungen läßt sich oft nur noch schwer feststellen, wie viele Tage, wenn nicht gar Wochen verstrichen. Verstreute Beobachtungen und die eine oder andere Skizze auf den letzten Seiten helfen mir jedoch, die Ereignisse zu ordnen, und in diesem Fall gibt eine davon sogar ein eindeutiges Datum. Tibor hatte, als sei es eine plötzliche Eingebung, vorgeschlagen, mit mir nach Arad zu fahren – ihm war eingefallen, daß er dort etwas zu erledigen hatte – und mich von dort an mein nächstes Etappenziel zu bringen, wo wir uns später alle wiedertreffen sollten. Nach dem Tee fuhr eine prächtige Limousine vor, die nur für Strecken benutzt wurde, die für die Pferdekutsche zu weit waren. Tibor sagte nicht viel zu unserem Ausflug und tat ein wenig geheimnisvoll.

Arad war etwa so groß wie Guildford, und anders als auf dem Lande kam es mir hier vor, als würde auf den Straßen mehr Ungarisch als Rumänisch gesprochen. Viele Läden trugen ungarische Aufschriften, es gab viele jüdische Geschäfte und eine große Zahl von einfachen deutschen Läden der schwäbischen Siedler. Die Stadt war ein berühmter Schauplatz der ungarischen Geschichte, denn dort waren nach dem Ende von Kossuths großem Aufstand gegen die Habsburger im Jahre 1848 dreizehn ungarische Generäle hingerichtet worden. (Ich hatte gerade darüber gelesen.) Doch mir blieb nicht viel Zeit, mich umzusehen. Tibors Termin entpuppte sich als ausgedehnter Besuch bei einem hochgewachsenen, dunkelhaarigen und sehr schönen Mädchen namens Ilona, für das er sichtlich schwärmte; sie wohnte in einer versteckten, baumbestandenen Straße, die zum Mureş hinabführte. Sie hatte – speziell für mich, nehme ich an – eine Freundin namens Izabella eingeladen, ebenso hübsch, wenn auch auf andere Art. Izabella hatte hellblondes Haar und dunkelblaue Augen und sprach nichts außer Ungarisch, aber das störte nicht im mindesten. (Ich frage mich, ob ihre extrem hellen Haare ein Hinweis auf slowakisches Blut waren: ähnlich hellhaarige Nachkommen von Siedlern aus dem Norden waren mir in der Umgebung von O-Kigyos, meiner vorletzten ungarischen Station, begegnet: gar nicht so weit entfernt in der Luftlinie.) Wie dem auch sei: Gleich einer gepreßten Blume ziert sie die letzten Seiten meines Tagebuchs, sorgsam gezeichnet blickt sie, den Kopf auf den Unterarm gelegt, unter gehobenen Brauen hervor, und mit mehr Glück als Kunst ist sie mir auf der Zeichnung fast ebenso hübsch gelungen, wie sie in Wirklichkeit war. Und darüber steht mit Bleistift »Iza, Arad. 16. Mai 1934«.

Wieder nördlich von Arad wich die sanft gewellte Hügelkette am nächsten Morgen ein paar Meilen zurück, und das flache, ranchartige Herrenhaus von Tövicsegháza, das ich auf der Landkarte vergeblich gesucht hatte, lag inmitten von Maisfeldern unter einer Gruppe von Ulmen.

Als wir ins Billardzimmer kamen, entdeckte Tibor sogleich eine zweiläufige Flinte, ans Fensterbrett gelehnt. Er knickte den Lauf ab, und zwei Patronen fielen heraus. »Sieh dir das an! Unglaublich!« sagte er lachend und legte sie mit einem Seufzer aufs Regal. »Polnische Wirtschaft! Typisch!« In diesem Augenblick trat Jaš (gesprochen Jasch), unser Gastgeber, ins Zimmer und erklärte, die Flinte sei jederzeit geladen und griffbereit, wegen der Krähen: »Sonst gäbe es meilenweit nicht eine einzige Ähre mehr auf den Weizenfeldern.«

In diesen Kreisen galt es als sträfliches Versäumnis, wenn man einem Neuankömmling bestimmte Informationen über die Personen, denen er begegnen würde, vorenthielt. Von englischer Zurückhaltung oder vornehmer Bescheidenheit keine Spur – man hatte keinerlei Scheu, über Wohlstand, Familienwappen oder die sichtbaren Zeichen der Macht zu sprechen. »Jaš?« hatte jemand gesagt. »Der stammt aus einer sehr guten Familie im Süden von Polen, achttausend Morgen, nicht weit von Krakau. Sein Urgroßvater war österreichischer Botschafter in St. Petersburg, und das Wappen mit dem Türkenkopf haben sie bekommen, weil sie in der Ukraine drei tatarische Standarten erbeutet haben.«

»Seine Frau Clara? Aus einer sehr, sehr alten, einer *ur*alten Familie in der hohen Tatra« – angesichts einer derart ehrwürdigen Tradition senkte der Sprecher verklärt die Lider, fast wie im Traum. »Sie bewohnen eines der ältesten Schlösser von Ungarn – heute in der Slowakei, ein Jammer! Im Grafenrang seit der Zeit von König Mátyás. Im Wappen haben sie einen doppelten gezackten Sparren mit drei Salamandern und vier aufrecht stehenden Hechten; ein sprechendes Wappen – der Fluß, der vorüberschießt, und die Fische darin.« (Sobald die Sprache auf Wappentiere kam, schien das Zimmer oder der Garten einen Augenblick lang bevölkert von argwöhnisch über die Schulter blickenden Löwen mit gespaltenem Schweif und blauen Tatzen und Klauen; von Eichhörnchen, Maulwürfen, Basilisken, Greifen, geflügelten Drachen, feuerspeienden Drachen und kleinen Drachen mit Streifenmuster; Falken und Adler schwangen sich in die Lüfte, und der Himmel war erfüllt von Raben und anderen Wappenvögeln und von Schwänen, um deren Hälse sich goldene Ketten wanden.)

Erst wenn diese wesentlichen Informationen gegeben waren, drehte sich das Gespräch um weniger wichtige Dinge wie Charakter, Aussehen oder besondere Fähigkeiten. Trotz gelegentlichen Gebietsstreitigkeiten hegten die Ungarn große Sympathie für die Polen – eine angenehme Überraschung inmitten all des osteuropäischen Nachbarschaftshasses! Die freundschaftlichen Gefühle gründeten auf einer tief verwurzelten gemeinsamen Feindschaft gegenüber Deutschen, Türken und Moskowitern, und ein äußeres Zeichen der engen Verbundenheit war die Tatsache, daß die Polen im späten sechzehnten Jahrhundert Stephan Báthory, den ungarischen Fürsten von Transsilvanien, zu ihrem König gewählt hatten. Er schlug all ihre Feinde in die Flucht, eroberte rund zwei Dutzend russische Städte und vertrieb Iwan den Schrecklichen aus dem Königreich Polen.

Jaś war schlank und blond, mit kräftiger Nase und Bürstenhaarschnitt; seine blauen Augen strahlten hinter einer dicken Hornbrille, und er wirkte gutmütig und ein wenig zerstreut. Sein Verstand schäumte geradezu über von Wissen über Archäologie, Geschichte, Religion und Physik, und es hieß, er sei voller gelehrter Ideen (die in der Praxis meist versagten) – über Wirtschaftssysteme und Fruchtwechsel, das Abrichten von Tieren, Winterfutter, Forstwirtschaft, Bienenzucht, über Desinfektionsmittel für Schafe und die Frage, wie man Enten am besten für den Verkauf im Frühjahr mästet. Er hatte eine Schwäche für exzentrische Theorien, und wir waren noch keine fünf Minuten im Zimmer, da fragte er uns schon, was wir von der Vorstellung hielten, daß die Erde eine Hohlkugel sei, in der Mitte eine kleine Sonne, umkreist von einem sehr viel größeren Mond, dessen Schatten für den Wechsel von Tag und Nacht sorge. Sei es nicht möglich, daß Millionen von Sternen in der Größe von Wien oder Warschau diese Sonne umkreisten? Just an diesem Morgen hatte er mit der Post eine dreisprachige Abhandlung vom Urheber dieser Theorie erhalten – und seine hellen Augen blitzten hinter den Brillengläsern. »Die Welt ist eine Hohlkugel!« las er auf der Titelseite. »Le monde es une boule creuse! Ze vorld iss a hollow ball, my dear!« verkündete er und legte mir dabei die Hand auf den Arm; dann blätterte er erregt in dem Pamphlet und las die wichtigsten Passagen vor. Beim Abschied zwinkerte Tibor mir verstohlen zu.

Auch wenn die Praxis nicht auf allen Gebieten mit der Theorie mithalten konnte, gab es keinen Zweifel daran, daß Jaš ein hervorragender Schütze war. Die Flinte war schnell neu geladen, und immer wieder kam es vor, daß er mitten im Satz und scheinbar ohne zu zielen, einen Schuß aus dem Fenster feuerte, oft nur mit einer Hand und fast ohne Unterbrechung in seinem Redefluß; eine Sekunde darauf fiel ein Vogel aus dem Krähenschwarm, der den Himmel über uns verdüsterte, klatschend auf den Rasen. Es machte mich traurig, denn die Vögel mit ihrem heiseren Krächzen weckten wehmütige Erinnerungen an die Heimat. Den ganzen Tag über wurde ich immer wieder von solchen Schüssen aufgeschreckt.

Clara, der stolze Sproß jener altehrwürdigen Zinnen in der Hohen Tatra, hatte etwas Wildes, Ungezähmtes, und ihre Haare waren nur selten gekämmt. Sie liebte Pferde über alles, und ihr ganzes Leben drehte sich um zwei wunderschöne Rappen, die ein wortkarger einäugiger Stallknecht namens Antal nach allen Regeln der Kunst bürstete und striegelte, so daß sie stets in voller Schönheit strahlten – »ganz im Gegensatz zu mir«, wie sie nicht zu Unrecht sagte, als sie sich in den Sattel schwang. Sie war zierlich wie ein Jockey, eine hervorragende Reiterin, die auch die größten Hindernisse überwand. Jaš hatte das Reiten aufgegeben – »aus Zeitmangel« –, und so unternahm ich mit ihr ausgedehnte Ausritte in der kühlen Abenddämmerung.

In den heißen Mittagsstunden wurde der goldgelbe Wein, von dem schon so oft die Rede war, mit gekühltem Selterswasser gemischt. Das klingt barbarisch, aber es war ein Genuß – *Spritzer* nannten sie dieses Getränk auf deutsch, auf ungarisch hieß es *hoszú lépés*, »ein großer Schritt«, einer von vielen Ausdrücken für die verschiedenen Mischungsverhältnisse. All diese Weine waren eindeutig lokale Gewächse und schienen jedesmal anders, je nachdem, unter wessen Dach sie serviert wurden. Schon gleich nach Abschluß der Gärung war der junge Wein gut trinkbar und reifte in einem kühlen Weinkeller mit jedem Jahr zu größerer Pracht heran. Wir leerten zum Essen, diesmal unverdünnt, Karaffe um Karaffe im Schein der Kerzen, die in hohen, tulpenförmigen Glaskelchen standen. Jaš blieb nach der Mahlzeit gern lange sitzen, und die munteren Gespräche, die von einem Thema zum anderen sprangen, zogen sich bis tief in die Nacht. Wenn er einen Zeigefinger hob, verstummten wir und lauschten einen Augenblick lang dem Gesang der Nachtigallen. Unermüdlich umschwirrten die Glühwürmchen die weit ausladenden Kronen der Kastanienbäume, gelenkt von einer unsichtbaren Geometrie, und eines Abends, als wir uns erhoben, um zu Bett zu gehen, entdeckten wir smaragdgrüne Baumfrösche, kleiner als Dreipennymünzen, die sich an die Blätter klammerten wie winzige grüne Schiffbrüchige an ein Floß.

An meinem letzten Nachmittag lagen Clara und ich auf einer Böschung am Rand der Rasenfläche im Gras und plauderten. Im Haus spielte Jaš hochkomplizierte Fugen, und das bemerkenswert gut – nur hin und wieder unterbrach er sein Spiel für ein paar Sekunden, und wenn er nach dem unvermeidlichen Schuß und klatschenden Aufprall wieder an sein Instrument zurückeilte, kreisten die Krähen unruhiger als zuvor über dem Haus. Die Kastanien, die den Rasen säumten, waren fast schon verblüht; hie und da sah man im Gras rosa Blütenblätter wie Konfetti zwischen den allgegenwärtigen weißen. In der Ferne wälzten sich die beiden Pferde, denen wir wenige Minuten zuvor die Sättel abgenommen hatten, wohlig am Boden. Dann standen sie unter Schnauben wieder auf, schüttelten sich und begannen zu grasen, wobei sie träge mit dem Schweif schlugen und die Mücken fernhielten. Am nächsten Morgen trug mich eins der beiden zu meinem nächsten Etappenziel, und die Gewehrschüsse verhallten in der Ferne.

Ötvenes war die letzte Station in dieser Abfolge von Freunden und Häusern, und wie alle anderen hatte ich auch seine Bewohner an jenem ersten Abend bei Tibor kennengelernt. Es waren Schwaben, deren Vorfahren sich hier niedergelassen hatten, als das Gebiet von den Türken zurückerobert wurde, und die Größe ihres Landbesitzes hatte ihnen binnen kurzem einen Platz in der Führungsschicht gesichert. Kann man die bewegten Jahrhunderte davor mit dem langwierigen Prozeß der spanischen *Reconquista* vergleichen, nur daß es hier nicht um Mauren ging, sondern um Osmanen? Die früheren siegreichen Feldzüge von Hunyadi, Báthory und Zrinyi zeigen eindeutige Parallelen. Aber die Bestrebungen späterer transsilvanischer Helden waren offenbar eher darauf aus, das Fürstentum zumindest zeitweise und unter türkischer Oberherrschaft zu einer Bastion magyarischer Freiheit gegen die Habsburger auszubauen. Mit ihrer geschickten Heiratspolitik, der Ehe mit der ungarischen Thronerbin und anschließenden Umwandlung des Wahlkönigtums in eine Erbmonarchie, war es den Habsburgern gelungen, sich Ungarn einzuverleiben, und als dann die kaiserlichen Armeen stromabwärts vorrückten, betrachteten sie die befreiten Ungarn als unterworfenes Volk. Daher die Ansiedlung von Fremden und die Vielzahl nichtungarischer Namen, die plötzlich überall in den wiedereroberten Gebieten auftauchten. Fremde wurden ins Land gerufen, und binnen drei Jahrhunderten waren das Heilige Römische Reich und das Königreich Ungarn kosmopolitisch geworden, und das zeigte sich nirgendwo so deutlich wie bei den Anführern ihrer Armeen, deren Nachkommen mittlerweile längst selbst Ungarn geworden waren. Wie zum Beweis trugen zwei Brüder, die von einem nahegelegenen Anwesen zu Besuch kamen, den berühmten genuesischen Namen Pallavicini. Waren sie Nachfahren jenes Markgrafen, der den selbst halb venezianischen Kardinal Martinuzzi, den Retter Transsilvaniens, ermordet hatte? Ich hatte gerade erst davon gelesen, wagte aber nicht zu fragen. Ein anderer Gast, eine hochgewachsene Prinzessin, verheiratet mit einem naturkundlich bewanderten Großgrundbesitzer names Béla Lipthay aus Lovrin im Banat, war eine Nachfahrin (keine direkte, hoffe ich) von Papst Innozenz IX. aus dem berühmten Haus Odescalchi, den Herren von Bracciano.*

* Nach Aussage von Sir Walter Scott (oder Macaulay, der ihn zitiert; ich habe beide Textstellen vergeblich gesucht und werde sie wahrscheinlich am Tag nach dem Erscheinen dieses Buches finden) war das am schilfbestandenen Ufer des gleichnamigen Sees gelegene Bracciano geradezu der Inbegriff einer mittelalterlichen Festung: Dichtgedrängt ragen seine Rundtürme in den Himmel von Latium, und die pechnasenbesetzten Turmkronen spiegeln sich wie selbstverliebte Blüten in der Wasserfläche tief zu ihren Füßen.

Georgina, die Tochter des Hauses, sah aus wie eine blonde Engländerin auf Safari, und sie war eine ebenso gute Reiterin wie Clara. Sie lebte schon seit geraumer Zeit getrennt von ihrem tschechischen Ehemann und bemühte sich – ohne große Aussicht auf Erfolg – um eine Annullierung der Ehe, weil sie einen Mann heiraten wollte, der noch besser reiten konnte als die beiden. Er war sonnengebräunt, hager, charmant und stocktaub. Ihre besorgten Eltern, vor allem die Mutter, nahmen die Gefahren meiner Reise mehr als ernst. Einer ihrer Söhne lebte schon seit fünfzehn Jahren in Brasilien, und wenn ich mich nicht zur Wehr gesetzt hätte, hätte sie mir seine gesamte Garderobe in den Rucksack gepackt.

Ich erinnere mich noch genau an jedes Detail dieses Hauses, und das gilt auch für alle anderen; die Bewohner, die Dienstboten, die Hunde, die Pferde und die Landschaft sind alle noch da. Vielleicht ließ die Tatsache, daß ich als Fremder in diese entlegene Gesellschaft kam, manch herkömmliche Schranken fallen, denn sie gewährten mir bedenkenlos Einblick in ihr Privatleben, und es entwickelten sich tiefere und dauerhaftere Gefühle, als ich es in diesen wie im Fluge vergangenen Wochen im transsilvanischen Grenzland für möglich gehalten hätte. Die heitere Stimmung dieses ganz besonderen Abschnitts meiner Reise steigerte sich noch, als Ria für die letzten Tage hinzustieß. Gemeinsam beobachteten wir die Entstehung eines riesigen Heuschobers und veranstalteten in den Wäldern eine Schnitzeljagd hoch zu Roß; an meinem letzten Tag stöberten wir in einem Holzschuppen ein paar Raketen auf und veranstalteten nach dem Abendessen ein kleines Feuerwerk.

Jeder Teil von Europa, den ich bislang bereist hatte, sollte durch den Krieg zerrissen und erschüttert werden. Mit Ausnahme des letzten Stücks vor der türkischen Grenze waren sämtliche Gebiete, die ich auf meiner Wanderung durchquerte, wenige Jahre später heiß umkämpft zwischen zwei gnadenlos verfeindeten Mächten, und mit Kriegsausbruch verschwanden all die Freunde jäh in der Versenkung. Nach dem Krieg war das Ausmaß der Entwurzelung und Verwüstung so gewaltig, daß es mitunter Jahre dauerte, ehe sich der Nebel lichtete und ich hie und da einen Hinweis erhielt, was aus ihnen geworden war. Fast alle meine Freunde waren gegen ihren Willen in den Konflikt hineingezogen worden, und keiner entging der Katastrophe. Doch die Tragödie, die mitten in finsteren Zeiten diesen charmanten und glücklichen Haushalt heimsuchte, hatte nichts mit dem Krieg zu tun: Eines Nachts brach ein Feuer aus, und die ganze Familie und das leicht gebaute Herrenhaus mit allem, was darin war, verschwand in den Flammen.

5
Durch die Wälder

»Frater Petre, possumusne kugli ludere post Vesperas?«

»Hodie non possumus, fili«, antwortete Bruder Petrus. »Tarde nimium est. Cras poterimus.«

»Quando? Qua hora?«

»Statim post Missam. Expecte me ad egressum ecclesiae.«

»Bene, frater, sed nonne ante Missam fieri potest?«

»Velnon. Est contra regulam nostram.«

»Eheu!«

Der Fremdling in diesem Küchenlatein ist nicht schwer zu finden. *Kugli* ist das ungarische Wort für Kegeln. Bruder Petrus war zweiter Gastmeister in der Konventualen-Abtei von Maria Radna, und mit seinem fröhlichen Gesicht, der Tonsur, den Sandalen, der braunen Kutte und der weißen Schnur um die ausladende Taille sah er wie Bruder Tuck frisch aus dem Sherwood Forest aus; da wir uns in keiner anderen Sprache verständigen konnten, mußten wir notgedrungen auf latein zurückgreifen. (Mein Anteil an der Unterhaltung war weniger gewandt, als es hier den Anschein hat. Ich legte mir jeden Satz im voraus zurecht und bemühte mich nach Kräften, ein Supinum auf *um* unterzubringen. Was mich verblüffte, war das Wort *velnon*; ich konnte es später in keinem lateinischen Wörterbuch finden, also waren es vielleicht einfach zwei Wörter, eine Verneinung, die in Kirchenkreisen das nicht vorhandene »nein« ersetzte; dennoch klang es wie ein Wort. »Ja« war *etiam*.) Außer beim Grammatikunterricht in der Schule oder beim Rezitieren von Versen auf meiner Wanderung hatte ich in meinem Leben genausowenig Latein gesprochen wie jeder andere auch, und so weckte diese

Unterhaltung in mir die beglückende Vorstellung, ich sei zurückversetzt in eine Zeit, als Latein die Verkehrssprache des gebildeten Europäers war – es beschwor die Welt der fahrenden Scholaren herauf, die ich mir vor meinem Aufbruch (mit einer gewissen Anmaßung) zum Vorbild genommen und in jüngster Zeit ein wenig aus den Augen verloren hatte.

An diesem Morgen war ich von Ötvenes aus nach Südosten gewandert, bis die bewaldeten Hügel etwa zwanzig Meilen östlich von Arad auseinandertraten und ich das schöne Tal des Maros erreichte; ein Stück flußaufwärts blitzten dann die bronzenen Kuppeln von Maria Radna in der Nachmittagssonne. Die Abtei wurde 1520 gegründet, doch auf den ersten Blick hätte niemand dies hochbarocke Schloß mit dem Franziskanerorden in Verbindung gebracht. Im sechzehnten Jahrhundert wurde das Kloster durch die Armee Mustafas II. zerstört und nach der Niederlage der Osmanen ein Jahrhundert später in seiner neuen Gestalt wiederaufgebaut. Dann machte ein wundertätiges Marienbild es berühmt; Stifter fanden sich, und die Kirche füllte sich mit Pilgern und Votivgaben.

Im Schatten von Kastanienbäumen führte eine breite Treppe empor, gerahmt von den hohen, barocken Statuen der Heiligen Franz von Assisi und Johann Nepomuk. Oben angekommen, traf ich auf Bruder Petrus, der gerade dabei war, seine Kegel in Reih und Glied aufzustellen. Er suchte einen Mitspieler, und ich kam genau im rechten Augenblick; wir spielten den ganzen Nachmittag, zufrieden und wortlos bis auf den einen oder anderen Satz in holprigem Latein. Man brauchte allerhand Kraft, um die schweren Kugeln in Bewegung zu setzen und die riesigen Kegel umzustoßen, und als die Vesperglocke läutete und unserem Spiel ein Ende machte, waren wir beide schweißgebadet. Die Unterhaltung vom Anfang dieses Kapitels ergab sich, nachdem ich ihm geholfen hatte, die Kegel wieder einzusammeln. Nach dem

Vespergottesdienst führte er mich zu einer Gästezelle und später ins Refektorium, wo sich etwa vierzig Mönche zum Abendessen versammelt hatten; beim Essen stand einer von ihnen auf einer Kanzel und las laut vor, zuerst auf latein, dann in ungarischer Sprache.* Nach dem Komplet traf ich Bruder Petrus erneut im Kreuzgang und fragte: »Dormitum ibant omnes?« – ich hatte mir den Satz sorgsam zurechtgelegt! –, aber er lächelte nur und legte den Finger auf die Lippen: Es war mein erster Aufenthalt hinter Klostermauern, und die Zeit des *magnum silentium* war angebrochen.

Der nächste Morgen – der 2. Juni – war ein Sonntag, und da Bruder Petrus sich um einige Besucher kümmern mußte, wartete ich wie verabredet an der Kirchentür, befürchtete aber, daß es am Ende *non possum* heißen könnte. Mit wehender Kutte kam er schließlich doch noch, und als wir unser Spiel beendet hatten, wollte ich etwas für Unterkunft und Verpflegung dalassen, aber er winkte nur ab – ich sei ein Fremdling, ein *viator* und *pelegrinus*; also warf ich einen kleinen Obolus in einen Schlitz in der Kirche, und das Klingeln der Münzen beruhigte mein Gewissen. Er half mir mit dem Rucksack und sagte auf lateinisch: »Gott sei mit dir«; dann fügte er hinzu: »Quoniam angelis suis mandavit de te, ut custodiant te in omnibus viis tuis.« Berührt und ein wenig ratlos schritt ich die Treppenstufen hinab zum Fluß; seine Worte hatten seltsam vertraut geklungen, wie ein Zitat, und ich fragte mich, woher ich sie kannte.**

* Die einzigen, die in diesem Teil von Rumänien dem lateinischen Ritus folgten, waren die Ungarn und die Schwaben. Bei der Bevölkerung im Umland handelte es sich, soweit ich sehen konnte, überwiegend um Uniaten – Katholiken des östlichen Ritus also, deren orthodoxe Liturgie seit dem späten siebzehnten Jahrhundert auf Rumänisch zelebriert wurde; in der Zeit davor war die griechische Sprache die Regel, die ihrerseits das ursprüngliche Kirchenslawisch abgelöst hatte.

** Des Rätsels Lösung fand ich zwanzig Jahre später in der Abtei von St. Wandrille in der Normandie. Es ist der elfte Vers des 91. Psalms, und

Als ich einen Monat zuvor der Donau den Rücken gekehrt hatte, dann der Theiß und schließlich der Ungarischen Tiefebene, wußte ich, es war der Abschied von wichtigen Stationen meiner Reise. Vom Maros hingegen hatte ich noch nie gehört.*

Der Maros ist der wichtigste Fluß Transsilvaniens, und seine Nebenflüsse spannen sich wie ein fein verästelter Fächer von Nervenenden über den ganzen westlichen Abhang der Karpaten; am Fuße der Berge vereinen sie sich zu einem breiten Fluß, der zwischen flacheren Gebirgszügen in südwestlicher Richtung verläuft, vorbei an meinem Kloster und schließlich nach Ungarn. Bei Szeged mündet er in die Theiß, etwa siebzig Meilen südlich der Brücke, die Malek und ich bei Szolnok überquert hatten; vereint strömen die Fluten bis weit nach Jugoslawien hinein und ergießen sich in die Donau, wenig später, am Fuße der Mauern von Belgrad, kommt die Save hinzu, mächtig angeschwollen von den Bächen aus Slawonien und den Alpen, und aufgegangen in den Fluten der Donau, streben sie schließlich durch das Eiserne Tor in Richtung Schwarzes Meer.

Da, wo ich jetzt stand, reichten die Hügel bis an das nördliche Ufer, und das Kloster war kaum außer Sichtweite, als vor mir auf einem Felssockel schroff die Ruinen der Burg von Solymos aufragten; einst hatte sie dem großen Johann Hunyadi als Stützpunkt gedient, doch die Festung war lange vor seiner Zeit entstanden. Die bewaldeten Ausläufer der

da er Abend für Abend beim Komplet gesungen wird, hatte ich ihn wohl am Vortag gehört.

* Der rumänische und somit offizielle Name lautet *Mureş* (gesprochen ›Muresch‹), doch da der Zufall es wollte, daß ich während dieses Teils meiner Reise immer nur die ungarische Form *Maros* (gesprochen ›Marosch‹) hörte, fände ich es unnatürlich, hier eine andere zu verwenden. Von nun an gibt es oft zwei oder drei geographische Namen für ein und dieselbe Sache, und das führt unweigerlich zu Verwirrung; dafür bitte ich schon jetzt um Vergebung.

Berge glichen riesigen Wellen, hie und da unterbrochen von der Gischt des wilden Flieders. Die Hügel auf der gegenüberliegenden Seite waren weiter vom Ufer entfernt, und zwischen den beiden Gebirgszügen wand sich träge der mächtige Fluß. Bisweilen bildete er große Schleifen, und ich verlor ihn für ein oder zwei Meilen aus den Augen, dann mäanderte er wieder zurück, und die Weiden und Espen, die in dichten Wolken seinen gewundenen Lauf säumten, waren durchsetzt mit Pappeln, teils hoch und schmal wie Spindeln, teils gespreizt wie Schmetterlingsnetze. Die Frauen auf den Feldern trugen Kopftücher unter den wagenradgroßen Hüten aus weichem Strohgeflecht; die lanzenförmigen Blätter der hohen Maisstauden waren wie zerbrochene Assagais, hin und wieder wiegten sich die Weizenfelder in einer sanften Brise, und Rebstöcke, samt und sonders gespritzt mit Sulfat, zogen sich in Stufen die Hänge empor. Auf den Wiesen grasten fahle Rinder mit weit ausladenden, geraden Hörnern, und in den Sümpfen entlang des Flußlaufs suhlten sich Büffel, naß und glänzend wie Seehunde oder zum Schutz vor Insekten mit einer dicken, verkrusteten Schlammschicht bedeckt; oftmals zeugten nur ein paar Luftbläschen oder ein aus dem Sumpf auftauchendes Nasenloch von ihrer Anwesenheit. Wo immer ich frei laufende Pferde und Stuten mit ihren Fohlen sah, waren kleine Grüppchen von zerlumpten Zelten nicht weit. Alles in dieser schilfbestandenen Flußniederung wirkte geruhsam und träge, es herrschte eine schläfrige Atmosphäre von Fruchtbarkeit und sorglosem Überfluß.

Ich rastete unter einer Gruppe von Erlen, umgeben von Butterblumen, Klatschmohn und Löwenzahn, stärkte mich mit Brot und Käse und ließ mich von der allgemeinen Lethargie anstecken; später erwachte ich vom Gesang der Grünfinken und vom Sirren der Stechmücken in den Bäumen. Ich hatte nicht mehr weit zu gehen, denn es war vereinbart, daß ich die Nacht bei Herrn v. Konopy verbringen sollte. Ich stellte fest, daß ich schon einige Meilen zu weit gegangen war und sein *kastély* bereits passiert hatte; also ließ ich mich von einem vorüberfahrenden Heuwagen mitnehmen, und der Fahrer zeigte wenig später auf ein am Hang gelegenes Herrenhaus, das zwischen den Bäumen hervorlugte.

Es sah aus wie ein Pfarrhaus auf dem Lande, und mit seinem gütigen Wesen und den silbergrauen Haaren hätte man Herrn v. Konopy leicht für einen Geistlichen halten können. Sein Interesse galt der Weizenzucht, und die beiden schwedischen Kollegen, die bei ihm zu Gast waren, waren ebenso sanftmütige und stille Zeitgenossen wie er. Auf den Möbeln lagen überall Weizenähren, und einer der Schweden, der die englische Terminologie seines Spezialgebiets bestens beherrschte, führte mich umher und erläuterte mir die Unterschiede zwischen Bartweizen und normalem Weichweizen; dann betrachteten wir die polnische Variante und begutachteten Ährchen und Grannen, Blütchen und Spelzen. Er hatte Herrn v. Konopy eine deutsche Ausgabe von *Das Buch von San Michele* mitgebracht, das einige Jahre zuvor in England Furore gemacht hatte. Zwei geruhsame Tage verbrachten wir damit, daß wir zuhörten, wie er es vorlas. Dies war eine gänzlich andere Welt als die der Hirschgeweihe und Pferdehufe, wo Tibor davon erzählt hatte, wie er einst Champagner aus den Schuhen einer Tänzerin geschlürft hatte.

Die Hügel am Nordufer wurden höher, und je mehr sich die Wälder verdichteten, desto deutlicher spürte ich, daß ich nun endgültig in geheimnisvolle, unbekannte Regionen eintauchte. Um die Mitte des Nachmittags gelangte ich nach Soborsin,* wo, in den Wäldern verborgen, ein Chateau der Familie Nádasdy lag, und wanderte über eine Brücke ans südliche

* Savarşin.

Ufer. Obwohl mir die Gegend auf der anderen Seite des Flusses noch immer transsilvanisch vorkam, war ich jetzt genau genommen in der nordöstlichsten Ecke des alten Banat von Temesvár, benannt nach seiner weiter im Westen gelegenen Hauptstadt (auf rumänisch heißt sie Timişoara). Nachdem diese Region im sechzehnten Jahrhundert von den Ungarn an die vordringenden Türken verloren und weitgehend entvölkert worden war, eroberten Prinz Eugen und Graf Pálffy sie zwei Jahrhunderte später zurück und besiedelten sie neu. Die moderne Provinz war überwiegend rumänisch geprägt, genau wie die anderen Gebiete, die ich auf meiner Wanderung durchstreift hatte, doch es hieß, die Neuankömmlinge seien so unterschiedlicher Herkunft gewesen, daß ein Chamäleon, das man auf eine bunte Bevölkerungskarte des Banat gesetzt hätte, zerplatzt wäre.*

Nach ein oder zwei Stunden – die Sonne warf bereits lange Schatten – erreichte ich erschöpft das *kastély* von Kápolnás. Eine doppelte Freitreppe führte empor zu einer von Balustraden umgebenen Terrasse, auf der einige Personen die kühlen Augenblicke kurz vor Sonnenuntergang genossen; hohe Glastüren gaben den Blick frei auf hell erleuchteten Zimmer im Inneren des Gebäudes. Graf Paul Teleki, der freundliche Geograph aus Budapest, hatte an den Schloßherrn, einen Vetter ersten Grades, geschrieben, und ich selbst hatte meine Ankunft tags zuvor telefonisch angekündigt. Er hieß Graf Eugen – Jenö auf ungarisch – und trug den gleichen Familiennamen wie sein Vetter; als er mich erblickte, stand er auf und nahm mich galant in Empfang.

* Ein »Ban« – ein persisches Wort, das mit den Awaren erstmals in diese Breiten gelangte – war ein Militärgouverneur, und sein Amtsbezirk war ein Banat, ein Begriff, der später für einige Grenzprovinzen von Ungarn, Slawonien und Kroatien Verwendung fand; »Banat« als Eigenname bezeichnet jedoch seit je diese spezielle Region, auch wenn kurioserweise nie ein Ban dort herrschte.

»Da bist du also«, sagte er freundlich, und dann forderte er mich auf, Platz zu nehmen, zu meiner Überraschung mit einem unüberhörbar schottischen Akzent.

Er war ein hochgewachsener, massiger, jovialer Mann mittleren Alters mit Goldrandbrille und einem bemerkenswert intelligenten (wenn auch ein wenig häßlichen) und sehr humorvollen Gesicht; wie sein Vetter hatte auch er leicht asiatische Züge. Ich wußte, er war ein berühmter Insektenkundler und eine anerkannte Autorität auf dem Gebiet der Nachtfalter, speziell fernöstlicher Spezies; es hieß, zwei Insektenfänger seien eigens für ihn unterwegs – einer in China, der andere in Japan – und sorgten für ständigen Nachschub. Überall im Haus gab es Glaskästen mit Schmetterlingen. Einige Exemplare waren groß, behaart und leuchtend bunt, andere unscheinbar, spindeldürr oder nahezu durchsichtig, wieder andere so winzig klein, daß man sie mit dem bloßen Auge kaum erkennen konnte. Aber auch sonst war er erfüllt von einem unstillbaren Wissensdurst: Kaum ein Thema, das nicht seine Neugier erregte und ihn auf der Suche nach Auskunft schwerfällig die Leitern in der Bibliothek erklimmen ließ. Er liebte Klatschgeschichten und komische Anekdoten und hegte eine Leidenschaft für Limericks, je anzüglicher, desto besser. Manchmal schwelgte er stundenlang in Erinnerungen: Sein Vorrat an Anekdoten war unerschöpflich; viele davon handelten von berühmten oder hochgestellten Persönlichkeiten in absurden, stets jedoch amüsanten Situationen. Sein Verlangen nach ähnlichen Geschichten war unersättlich, und wenn ihm eine Anekdote gefiel, zeigte er das durch unbändiges, wenn auch nahezu lautloses Gelächter: unhörbare Heiterkeitsausbrüche, die stets damit endeten, daß er, wenn er die Fassung wiedergewonnen hatte, sorgsam mit dem Taschentuch seine Brille wischte. Er war ein weitgereister Mann und kannte die Britischen Inseln wie seine Westentasche; sein Englisch war nahezu perfekt, und ein Kindermädchen aus dem schottischen Hochland hatte ihm ein Repertoire an schottischen Redewendungen beigebracht, die er mit nur einem winzigen Anflug von Ironie in die Konversation einfließen ließ: Auf die Frage, was er von einem Nachbarn halte, erwiderte er: »I hae me doots« (Ich habe meine Zweifel); und als er einmal nicht weiter wußte, war die Antwort, er werde sein Schicksal ertragen – »I'll dree my own weird«. (In der Zeit vor dem Krieg kann man den Einfluß britischer Kindermädchen in manchen zentraleuropäischen Häusern gar nicht hoch genug ansetzen; ihre Schützlinge kannten sämtliche englischen Kinderlieder, sie zählten an den Zehen ab, wie viele Schweinchen zu Markte gingen, bevor sie den Rosenkranz beten konnten, und die drei blinden Mäuse hielten eher Einzug in die Kinderstuben als das Wissen um die Heilige Dreifaltigkeit.) Graf Jenös Frau Katharina – Tinka – war groß, dunkelhaarig, gutaussehend, liebenswürdig und hochintelligent, außerordentlich belesen auf gänzlich anderen Gebieten als ihr Gatte. In einem speziellen Punkt war sie anders als alle anderen in dieser entlegenen ungarischen Gesellschaft: Sie war Rumänin – aber von einer besonderen Art. Tatsächlich kam eine ganze Reihe der transsilvanischen Adelsgeschlechter ursprünglich aus Rumänien, auch wenn sie sich mit dem gesellschaftlichen Aufstieg noch so ungarisch gaben. Die Vorfahren der Gräfin zählten zu genau dieser Gruppe, nur daß sie, auch wenn sie dem ungarischen Adel angehörten, ihre Wurzeln nicht verleugneten und sich für die Belange der Rumänen eingesetzt hatten. Das Magyarische mochte seit Generationen die Sprache sein, die sie als erste lernten, doch als Abgeordnete im Budapester Parlament blieben sie stets streitbar für ihre eigene Sache. Als Sproß einer der bedeutendsten ungarischen Familien Transsilvaniens hegte Graf Jenö die gleichen, durch die Veränderungen nach dem Krieg bedingten Vorbehalte wie jeder andere Landjunker, auch wenn er sie nicht mit der üblichen Vehemenz verteidigte, zumal Gräfin Tinka, wenn die Umstände es erforderten, diskret die Position der Gegenseite vorbrachte; jedesmal, wenn einer der beiden strittige Ansichten äußerte, gab der andere dem Gast später unter vier Augen zu verstehen, daß er sie mißbilligte. (»Es ist ein Jammer! Jenö ist so ein kluger Mann, aber so voreingenommen«, und »Nun ja, ich fürchte, Tinka hat wieder einmal Unfug erzählt …«) Sie mochten sich viel zu gern und hatten viel zu gute Manieren, um einander in der Öffentlichkeit zu widersprechen. Außer ihnen gab es im Schloß einen sympathischen, reichlich verwöhnten Sohn namens Michael und seinen ungarischen Hauslehrer sowie einen nicht abreißenden Strom von Besuchern; und die Gegenwart der seit kurzem bettlägerigen Mutter der Gräfin in einem Flügel des Gebäudes war stets zu spüren. »Sie ist nicht ganz beieinander«, sagte der Graf.

Unmittelbar hinter dem Haus ragten steile, dicht bewaldete Berghänge auf. Davor zogen sich sanft gewellte Wiesen bis hinunter zum Maros, und das gegenüberliegende Ufer war ebenfalls bergig und bewaldet. »Es ist nur frühes neunzehntes Jahrhundert«, sagte der Graf mit Blick auf sein Haus, »vielleicht ein bißchen protzig.« Das erste Stockwerk bestand aus Bossenquadern, ein Karnies ruhte auf viereckigen Pilastern, und eine Reihe von kannelierten korinthischen Säulen zog sich über die gesamte Breite der mit Sibyllen, Nymphen und Satyrn verzierten Fassade.

Die Nachmittage und Abende verbrachte der Graf auf der Terrasse. Dort saß er stundenlang in einem Korbsessel und plauderte, oder er wanderte mit prüfendem Blick unter der grün eingefaßten Markise aus grauem Leinen auf und ab. Ein etwas längerer Spaziergang führte zu den Stallungen, wo im Dachstuhl Pfauen- und Purzeltauben nisteten. Die letzteren flogen auf, überschlugen sich in der Luft, ließen sich wie Steine herabfallen und fingen den Sturz in einem Gewirr von schneeweißen Federn wieder ab – ein faszinierendes Schauspiel. Auf dem Rückweg spendeten Fliedersträucher Schatten. Die letzten Blütenblätter der Pfingstrosen schwebten zu Boden, und die Luft war erfüllt vom Duft der Lindenblüten.

Am liebsten aber war der Graf in der Bibliothek mit ihren Tausenden von Büchern, den Schmetterlingsnetzen, Botanisiertrommeln und Gerätschaften. Nach dem Frühstück nahm er mich mit dorthin, und als er sich mit einem wohligen Seufzer an seinem Tisch niederließ, kletterte ich auf die Trittleiter und inspizierte die Regale. Er öffnete Pakete mit fremdartigen Briefmarken, aufgegeben am Fuße des Fudschijama oder in einer Hafenstadt am Jangtse, sortierte den Inhalt mit Hilfe einer Pinzette und betrachtete ihn mit Lupe oder Mikroskop, und alles, was er tat, war begleitet von einem mehrsprachigen gemurmelten Kommentar. »... Jól van gyönyörü! Was für ein herrliches Exemplar. Das müssen Sie sich ansehen! Ah, da *bist* du ja endlich! und hier ist der *Euploea leucostictus* aus Java, wenn ich mich nicht irre. Hallo. Was ist das denn? I'll look him up in Hampson oder bei Kirby. I dinna ken, I dinna ken, vielleicht doch lieber bei Breitenbach ...« Man konnte sich keinen glücklicheren Menschen vorstellen. Ich für mein Teil kam mir vor wie in einer Schatzkammer: Auf den Regalen lockten Enzyklopädien in mehreren Sprachen, die zynischen lateinischen Verse des »ungarischen Martial« Janus Pannonius, des ungarisch-kroatischen Bischofs von Pécs aus dem fünfzehnten Jahrhundert; Erinnerungen und Stiche erzählten vom Leben im alten Transsilvanien; ich entdeckte königliche Patente, Übertragungen von Leibeigenen, Besitzurkunden mit dicken roten Siegeln, Pergamente mit wappenverzierten Stammbäumen oder verblaßten Illustrationen und schließlich die vielbändige *Géographie universelle* von Elysée Reclus.

All diese Verlockungen ließen den Morgen wie im Fluge vergehen.

Der Graf hatte einen Hang zu abstrusen Beschäftigungen. Damals war er Feuer und Flamme für Hugo v. Kutscheras Theorie zu den Aschkenasim, den osteuropäischen Juden: Waren sie tatsächlich die Nachkommen der Bewohner des alten chasarischen Reiches, dessen Herrscher einst dem heidnischen Glauben abgeschworen hatten und zum Judentum übergetreten waren? Sein besonderes Interesse galt dem erhaltenen Briefwechsel zwischen Itil – der chasarischen Hauptstadt in der Nähe der Wolgamündung, etwa an der Stelle des heutigen Astrachan – und den hebräischen Schriftgelehrten von Cordoba: Waren diese Briefe echt, oder waren sie Fälschungen? Hatten der Chasarenherrscher Joseph und der andalusische Rabbiner Hazdai Ibn Shaprut wirklich miteinander korrespondiert?* Einmal, als er sich mit der Erforschung gotischer Runeninschriften beschäftigte, verlor er das Thema aus den Augen, und als er von seinem Buch aufblickte, fragte er mich mit verblüffter Miene, ob ich wisse, wie die Hunnen gekleidet waren. Ich antwortete, vermutlich in Tierfelle mit hie und da etwas Metall. »Das hätte ich auch angenommen«, sagte er, »aber es stimmt nicht«, und las mir eine Stelle aus dem Bericht des Ammianus Marcellinus über seine Reise zu Attila vor: »Sie kleiden sich in linnene Gewänder oder solche, die aus Fellen von Feldmäusen zusammengenäht sind.«**

* Graf Jenös Steckenpferd kam mir wieder in den Sinn, als ich vor ungefähr zwanzig Jahren in einer Athener Taverne mit Arthur Koestler beim Mittagessen saß. Koestler horchte sofort auf; das Thema interessiere ihn sehr, sagte er, aber er wisse noch nicht genug darüber. Ein oder zwei Jahre später erschien sein Buch *Der dreizehnte Stamm* und sorgte für Aufregung unter jüdischen Historikern. Ist es möglich, daß unser Gespräch in der Taverne für ihn der Anstoß war, das Thema wieder aufzugreifen? Leider ist es jetzt zu spät, und wir können ihn nicht mehr fragen.

** Bruce Chatwin, der sich mit Nomaden und ihrer Geschichte bestens

Die Familie des Grafen hatte sich stets auf den Gebieten der Wissenschaft und Literatur engagiert. Ein Zweig der Familie unternahm Forschungsreisen nach Zentralafrika und entdeckte Seen und Vulkane an der äthiopischen Grenze; mein Budapester Freund hatte Inselgruppen im Fernen Osten kartiert; Graf Samuel Teleki, ein kluger Mann, der im achtzehnten Jahrhundert Kanzler von Transsilvanien war, trug in Márosvásarhély – Târgu Mureş auf rumänisch – in einer speziell dafür erbauten Bibliothek 40000 Bücher zusammen und stiftete sie der Stadt: Die Bibliothek war vollgestopft mit Inkunabeln, Erstausgaben und Handschriften, darunter eines der ältesten Tacitusmanuskripte. (Er muß ähnliche Vorlieben gehabt haben wie sein Namensvetter, der die Epigramme des Pannonius sammelte und herausgab.) Ein Graf Joseph Teleki hatte zusammen mit seinem bibliophilen Cousin Frankreich bereist und war dort zum Freund und Mitstreiter Rousseaus geworden; er verfaßte eine scharfsinnige Streitschrift gegen Voltaire, die immerhin dreimal aufgelegt wurde, und hier stand sie im Regal: *Essai sur la Foiblesse des Esprits Forts*, Leyden, 1760. In meinem Zimmer fand sich ein Teil der Bücher, die in der Bibliothek keinen Platz mehr gefunden hatten: Henty, Ballantyne, allerlei Tiergeschichten wie *Jock of the Bushveld, Owd Dog, The Story of the Red Deer* und *Black Beauty*, dazu Kiplings Dschungelbücher und die *Just So Stories*. Es gab zahllose Tauchnitz-Ausgaben, vielfach durchlöchert von gefräßigen Insekten, ausgebleicht von den letzten Sommern unter habsburgischer Herrschaft und erfüllt vom Duft jener friedlichen Zeiten, als, abgesehen von den üblichen Schar-

auskennt, hat mir erzählt, daß diese Aussage durch Funde aus der Zeit um 400 v. Chr. bestätigt wird. In Katanda im Altaigebirge hat man in einem *kurgan* (Hügelgrab) die im Permafrost erhaltenen Überreste eines Nomadenführers gefunden, und sein Wams bestand aus einem Patchwork von 3 × 4 Zoll großen, orange, blau, gelb und rot eingefärbten Rauten aus den Fellen kleiner Säugetiere – vermutlich von Springmäusen, die dort in der Steppe leben.

mützeln auf dem Balkan zwischen der Schlacht bei Sedan und dem Attentat von Sarajewo, kaum ein Schuß fiel: Ouida, Mrs. Belloc Lowndes, *The Dolly Dialogues, My Friend Prospero, The Cardinal's Snuffbox, The Indiscretions of Ambrosine, Elizabeth and her German Garden;* Maupassant, Gyp, Paul de Kock, Victor Margueritte, das Frühwerk der Colette. Der wichtigste und aufschlußreichste Fund aber war ein halbes Dutzend historischer Romane aus der Feder des ungarischen Schriftstellers Maurus Jókai (1825–1904), in viktorianischer Zeit ins Englische übersetzt: *'Midst the Wild Carpathians, Slaves of the Padishah, An Hungarian Nabob, The Nameless Castle, The Poor Plutocrats, Pretty Michael, Halil the Peddlar, Ein Fürstensohn* – und noch einige mehr. All diese Romane spielten in bewegten Zeiten: während des Kossuth-Aufstands und in den Türkenkriegen, als ganz Transsilvanien in Flammen aufging; trutzige Burgen, gähnende Abgründe, Wölfe, Adelsfehden, Janitscharen, Spahis, Paschas mit sechs Pferdeschweifen am Schellenbaum, Belagerungen, Schlachtfelder und Rückzugsgefechte; Geschichten über die bedeutenden Gestalten der lokalen Geschichte: Hunyadi, Zrinyi, Thököly, die Rákóczis, Bocskays, Behtlens, Báthorys, Bánffys – das B scheint der vorherrschende Anfangsbuchstabe bei transsilvanischen Fürsten und Feldherren; und nicht zu vergessen: die Telekis. Die Romanhandlungen waren eine wilde Mischung aus Walter Scott, Harrison Ainsworth und Dumas dem Älteren, verlegt in die Karpaten und die ungarische Pußta. Nachdem ich mich in die Lektüre dieser Romane vertieft und die Gräfin bei einem Badeausflug mit anschließendem Picknick am Ufer des Maros danach gefragt hatte, kam ihr die Idee, mit mir einen Abstecher in die Geschichte zu machen.

Zu diesem Zweck mußte das Automobil aus der Garage geholt worden, etwas, das man angesichts der schlechten Straßen in dieser Region nur in Ausnahmefällen tat. Die Gräfin saß am Steuer, und jedesmal, wenn uns ein Büffel den

Weg versperrte, hob der Graf die Hand, wie im Gedenken an die Regatta von Cowes, und murmelte »Segel vor Dampfkraft!«, dann warteten wir geduldig, bis der Störenfried davongetrottet war. Wir folgten dem bewaldeten Nordufer in östlicher Richtung, wandten uns am Fuße des steilen, von einer Ruine gekrönten Hügels von Deva* gen Süden und fuhren bis zu einer Stelle, wo eine schmale Brücke auf schwindelerregend hohen Steinpfeilern über einen Abgrund führte.

Auf der gegenüberliegenden Seite erhob sich die Burg von Vajdahunyad,** die wichtigste Festung des großen Johann Hunyadi, ein derart phantastisches, theatralisches Bauwerk, daß es auf den ersten Blick völlig irreal wirkte, doch es war durch und durch echt. Wie so viele andere Burgen war es einst vom Feuer zerstört und anschließend in seiner früheren Gestalt wiederaufgebaut worden. Über die Brücke gelangte man zu einem Ausfalltor in einem hohen Wachturm, gekrönt von einem Säulengang, der ein hohes, keilförmiges Dach trug, wie man es von den Prager Festungstürmen kennt: Spießen aus Metall oder Schindeln, errichtet zur Abwehr höllischer Reiter, die nach Einbruch der Dunkelheit über die Dächer jagen. Dicht drängten sich verschieden hohe Türme in der trutzigen Festungsanlage, teils quadratisch, teils rund, samt und sonders mit Mauerkrönchen. Das Licht, das zwischen den Stützpfeilern der kantigen Turmhaube hindurchfiel, verlieh dem Ganzen ein luftig schwebendes, beinahe unwirkliches Aussehen, und die in geringem Abstand angeordneten senkrechten Strebepfeiler ließen die hoch aufragenden Mauern noch dramatischer erscheinen. Diese gemauerten Pfeiler begannen in der Tiefe des Abgrunds und

* Um diese Ruine rankt sich eine Sage vom Opfertod der Frau des Maurermeisters, ähnlich wie bei den Brücken von Arta in Epirus und Curtea de Argeş in der Walachei. Alle drei sind Gegenstand von Balladen.

** Hunedoara.

stiegen in ungebrochener Linie an der Burgmauer, dem Donjon und der Außenseite des Bankettsaals empor, hoch oben gekrönt von einer Serie halb vorspringender Türmchen. Die Fenster in diesen Türmchen bildeten die Fortsetzung einer eindrucksvollen Galerie in der Mitte unterteilter Spitzbögen, und ein verschlungenes Netz aus spätgotischem Maßwerk verschmolz das Ganze zu einer Einheit mit der ganzen Energie und schöpferischen Kraft des französischen Flamboyantstils.

Die Aufsätze der Türmchen auf den überstehenden Traufen des steilen Daches erinnerten an schwebende Löschhütchen; kegelförmige Gebilde, die im Wechsel mit facettierten achteckigen Pyramiden eine Prozession von Zacken und Spitzen bildeten, hinter der farbig glasierte Dachziegel in komplizierten Rautenmustern angeordnet waren, genau wie auf dem Stephansdom in Wien. Durch das Burgtor betrat man den von Galerien, Balustraden und romanischen Bogengängen gesäumten Innenhof, mit steinernen Nasen verzierte gotische Bögen führten zu geschwungenen Treppenstufen; der Rittersaal im Inneren war überwölbt von herrlichem spätgotischem Maßwerk, dessen Rippen aus den laubverzierten Kapitellen polygonaler Säulen aus rosenfarbenem Marmor entsprangen. Seit Wien oder Prag hatte ich nichts dergleichen gesehen; die plötzliche Überfülle erinnerte mich an den Hradschin und an die Schlösser am Ufer der Loire.*

In Gedanken ganz bei Hunyadi, wanderte ich freudig erregt durch die Innenhöfe, stieg die Treppen empor und erkundete die von Gewölben überspannten Gemächer. Hu-

* Eine exakte Kopie dieser Burg steht inmitten von Pappeln auf einer Insel im Budapester Stadtwäldchen. Sie wurde 1898 anläßlich der Tausendjahrfeier der magyarischen Landnahme zu Ehren von Hunyadi errichtet, und es war die Erinnerung an diesen flüchtigen Eindruck, die mir das transsilvanische Original einen Augenblick lang beinahe unecht erscheinen ließ.

nyadi ist der meistgefeierte Held der ungarischen Geschichte, und auch die Rumänen sehen in ihm ganz zu Recht einen der ihren. Außerdem war er der bedeutendste Vorkämpfer der Christenheit im fünfzehnten Jahrhundert. In seiner Jugend trat er in die Dienste des ungarischen Königs Sigismund (Sohn des blinden Königs von Böhmen, der auf dem Schlachtfeld von Crécy sein Leben verlor; später wurde er zum Kaiser des Heiligen Römischen Reiches gekrönt), und man munkelte, Hunyadi sei dessen unehelicher Sohn. Er errang glanzvolle Siege, regierte Transsilvanien in unruhigen Zeiten und verwaltete schließlich das gesamte Königreich. Sein Feldzug auf dem Balkan brach die Macht des Sultans in der Herzegowina, Bosnien, Serbien, Bulgarien und Albanien, und seine größte Leistung war die Vernichtung der Armee Mehmets II. vor der belagerten Stadt Belgrad, drei Jahre nach der Einnahme von Konstantinopel durch die siegreichen Truppen desselben Sultans. Zum Gedenken an diesen Befreiungsschlag und den Triumph über den bis dahin unbesiegten Mehmet läuteten Tag für Tag zur Mittagsstunde die Kirchenglocken in der gesamten katholischen Welt; in Ungarn tun sie das heute noch. Der Sieg hatte die Unabhängigkeit des Königreichs für weitere siebzig Jahre gesichert, genauer gesagt bis zur Schlacht von Mohács. In ganz Europa unter dem Beinamen der Weiße Ritter bekannt, war er nicht nur ein bedeutender Heerführer und Staatsmann, sondern auch ein unerschütterlicher Fels der Rechtschaffenheit in einem Königreich und einer Zeit, in der Verschwörung an der Tagesordnung war.*

* Einige Fachleute, darunter David Rosenthal, der den Text in jüngster Zeit neu übersetzt hat, sind überzeugt, daß das große katalanische Ritterepos *Tirant lo Blanc* auf den Taten von Hunyadi beruht. Es wurde einige Jahre nach dem Tod des Helden verfaßt und zählte zu den Lieblingsbüchern von Cervantes; und wenn, wie manche glauben, *lo Blanc* – »der Weiße« – in Wirklichkeit »der Walache oder Vlache« heißt (V und

Als Hunyadi zur Welt kam, neigte sich in England die Herrschaft der Plantagenets ihrem Ende zu; damit war er ein Zeitgenosse von Johanna von Orléans und den Rosenkriegen. (Nur mit Hilfe solcher Verbindungslinien, manchmal auch nach ihrer Kleidung, kann ich historische Figuren in ihren zeitlichen Hintergrund einordnen, und ich lasse solche Dinge hin und wieder auf diesen Seiten einfließen, für den Fall, daß es dem Leser ebenso geht.) Die architektonischen Extravaganzen der Burg waren vielleicht auch das Werk seines berühmten Sohnes, der sie erweitern ließ.*

Matthias war auf seine Weise ebenso bemerkenswert wie sein Vater. Bekannt als Matthias Corvinus oder Corvin wegen des Rabens im Wappen der Familie, begleitete er seinen Vater schon als Zwölfjähriger auf dessen Feldzügen; später wählten ihn vierzigtausend ungarische Magnaten in einer wagemutigen Aktion auf der zugefrorenen Donau zum König von Ungarn, und er wurde einer der bedeutendsten Herrscher des Landes. Mit neuerlichen Triumphen über die Türken setzte er den Siegeszug seines Vaters auf dem Balkan fort; er zerstreute die Armeen der Polen und des Kaisers und kämpfte gegen die Hussiten; die katholischen Tschechen wählten ihn zum König von Böhmen. Er belagerte Breslau, besetzte Ancona, befreite Otranto aus der Hand der Türken, und die Eroberung von halb Österreich gipfelte in seinem triumphalen Einzug in Wien. Aber er war nicht nur ein großartiger Feldherr, sondern auch ein brillanter Staatsmann, Gesetzgeber, Redner und Gelehrter, der oft die halbe Nacht über seinen Büchern saß. »Ohne Zweifel die herausragendste Gestalt seiner Epoche«, sagt ein englischer Historiker, »und einer der bedeutendsten Herrscher aller Zeiten.« Er war um-

B sind austauschbar), dann stützt dies die These von seiner rumänischen Abstammung.

* Später wurde sie unter Gábor Bethlen, dem gefeierten Feldherrn des Dreißigjährigen Krieges, nochmals vergrößert.

fassend gebildet, beherrschte zahlreiche Sprachen, war ein leidenschaftlicher Humanist, der Schöpfer der legendären Corvinus-Bibliothek und ein großer Palastbauer – der Inbegriff eines glanzvollen Renaissancefürsten; doch anders als viele andere (so fährt der Historiker fort) ließ er sich »trotz seiner vielfältigen Erfahrungen mit Undankbarkeit und Verrat niemals zu Grausamkeit oder Rachsucht hinreißen«.

Die Burg war in gutem Zustand, eine Ausnahme unter den ungarischen Baudenkmälern, die, wie ich allenthalben hörte, seit dem Weltkrieg größtenteils vernachlässigt waren oder leerstanden; und für diesen Zustand gab es einen guten Grund. »János Hunyadi«, so die *Encyclopaedia Britannica* – und darin sind sich die Historiker größtenteils einig –, »war der Sohn des Vojk (oder Voicu), eines magyarisierten Walachen« und somit rumänischer Herkunft. Verständlicherweise sind die Rumänen seit je stolz auf diese beiden Vorkämpfer des Christentums, besonders auf den Vater; vielleicht hat die Westorientierung des Sohns und seine stärkere Bindung an die katholische Kirche ihn zu weit aus dem Gesichtskreis des orthodoxen Osten gerückt. Der Stolz der Rumänen war durchaus berechtigt. Doch jeder, der die Erläuterungstafeln in der Burg las, hätte auf die Idee kommen können, Hunyadi sei ein rein rumänischer Held gewesen; die Unternehmungen in Ungarn, die eigentlich im Mittelpunkt seines Lebens gestanden hatten, wurden derart heruntergespielt, daß man den Eindruck bekam, er hätte in Wirklichkeit kaum etwas mit dem Königreich zu tun gehabt. Es betrübte mich, als ich sah, wie diese glanzvolle Gestalt in den Sumpf und die Bitterkeit nationaler Rivalitäten hineingezogen wurde. Sein Strahlen verblaßte dadurch, er schien mittelmäßig und provinziell.

Graf Jenö nahm es mit Gleichmut: »Sie glauben anscheinend, der Vertrag von Trianon habe ihnen nicht nur das ungarische Territorium, sondern auch die ungarische Geschichte zugesprochen«, sagte er schicksalsergeben und öffnete eine Flasche. »Sie sind genau wie die Korsen, die ihren Napoleon feiern, ohne Frankreich zu erwähnen.« Mit dem Rücken zu dem Rost und der Schlacke des nahegelegenen Eisenwerks hatten wir uns unter einem Baum niedergelassen. Die imposante Silhouette der Burg lag genau vor uns. »Na«, sagte die Gräfin, als sie die Teller ins Gras stellte und Hühnersandwiches verteilte, »ich könnte mir vorstellen, die Ungarn haben den rumänischen Anteil an der Geschichte genauso heruntergespielt.«

Und damit hatte sie vermutlich recht.

So vergingen die ersten Juniwochen mit Büchern, Gesprächen, Ausflügen, Besuchen und Gegenbesuchen. Zahlreiche Nachbarn machten ihre Aufwartung; einer hatte auffällig kastanienbraunes Haar, offensichtlich gefärbt. »Ein netter Bursche. Aber er sieht wirklich unmöglich aus«, sagte der Graf und fügte die Worte Robert Burns' hinzu: *»O wad some power the giftie gie us, to see oursels as ithers see us!«* (»O gäb's eine Macht, die die Kraft uns verliehe, uns so zu sehn, wie andre uns sehn!«) Sie nahmen mich mit zum Lunch im Schloß Nádasdy am anderen Ufer des Flusses; die Schloßherren waren ein stattliches, vornehmes Paar: Hunyadis wie der große Held, aber, soviel ich weiß, nicht mit ihm verwandt. Ein ungarischer Diplomat namens Baron Apor war zu Besuch – es ist seltsam, wie Menschen, die man nur ein einzigesmal gesehen hat, plötzlich vor dem inneren Auge Gestalt annehmen, und das vollständig bis ins kleinste Detail: Er hatte einen kugelrunden, kahlgeschorenen Kopf, und ich sehe seine schimmernde Glatze noch ebenso vor mir wie den geäderten Hämatitstein seines Siegelrings, so als hätte er erst vor einer Minute das Zimmer verlassen – doch von dem Gespräch ist mir nicht eine einzige Silbe im Gedächtnis geblieben.

Ein Vetter der Gräfin lebte einige Meilen entfernt in Bulci, und die Tatsache, daß sich ihre Familie in der Zeit vor dem Krieg im ungarischen Parlament für die Belange der Rumänen eingesetzt hatte, war ihm später sehr zustatten gekommen. Er hatte eine Hakennase und ein fliehendes Kinn und war ungefähr fünfzig Jahre alt, ein weltgewandter, gebildeter Kosmopolit und obendrein ein ausgezeichneter Schütze, den König Karl zum Grand Veneur du Roi ernannt hatte, zum Königlichen Jägermeister. Bei diesem Posten ging es mehr um Wild, Treiber und Schießkünste als um Pferde und Hundemeuten. (Graf Jenö erklärte – ein wenig pikiert, wie mir schien –, der König wolle die Tatsache, daß sein angeheirateter Vetter zwischen den beiden Lagern stehe, wohl dazu benutzen, mit seiner Hilfe eine Brücke zwischen den rumänischen und ungarischen Bewohnern von Siebenbürgen zu schlagen; dann zuckte er verächtlich die Schultern und sagte: »Was für eine Vorstellung!«) Der Grand Veneur hatte eine Reihe von Freunden aus Budapest zu Gast. »Sie kommen alle auf einen kleinen Imbiß vorbei!« verkündete der Graf; und für den Rest ihres Aufenthalts herrschte zwischen den beiden Häusern ein ständiges Kommen und Gehen.

Abgesehen von Bauern und meiner Gastgeberin – die in gewisser Hinsicht nur halb zählte –, waren sie die ersten Rumänen, denen ich begegnete; und aus dem Regat, dem »Alten Königreich«, die ersten überhaupt. Einer war ein hochgewachsener Diplomat mit Monokel, sehr zurückhaltend und schweigsam, ein ehemaliger Minister namens Grégoire Duca.* Die erlesene Pariser Landhausmode, die Perlen der Damen und der zarte Hauch von Parfum, der sie umwehte, versetzte uns in die Welt der *Vogue*. Alle sprachen gut Englisch, unterhielten sich jedoch zu meiner Überraschung untereinander auf französisch, als sei es ihre erste Sprache; und seltsamerweise war es das auch. Eine der Damen, eine außer-

* Sein Bruder Jean (Ion), der letzte Premierminister, war sechs Monate zuvor von der Eisernen Garde ermordet worden. »Eine gräßliche Bande«, sagte Graf Jenö nur, und dann noch: »Ein Jammer! Duca war der fähigste Politiker im Land.«

ordentlich schöne Frau mit riesigen graugrünen Augen, war die Tochter eines früheren Außenministers. (In der Oper in Paris, wo er an den Friedensverhandlungen teilnahm, hatte ihn ein Freund gefragt, wen ein Bekannter – ein anderer Rumäne – geheiratet habe. Daraufhin hatte er wahrheitsgemäß geantwortet: »Une grue, hélas«, »Ein leichtes Mädchen, leider«. Kurz darauf wurde aus der Nachbarloge eine Visitenkarte mit dem Namen des fraglichen Ehemannes herübergereicht; bei dem anschließenden Pistolenduell erlitt ihr Vater einen Bauchschuß, der ihm für den Rest seines Lebens große Schmerzen bereitete.) »Ihre Duelle sind viel schlimmer als unsere Ehrenhändel mit dem Säbel, bei denen man einfach wild drauflosschlägt«, sagte der Graf. »Sie haben eine Vorliebe für Pistolen – oder für Degen, die sind genauso schlimm.« Eine andere Frau – kalkweiß und ganz in Schwarz, mit einer langen Zigarettenspitze aus Jade und ständig in eine Rauchwolke gehüllt – war eine passionierte und berühmte Bridgespielerin, eine furchteinflößende Gestalt; eine dritte, Marcelle, hübsch und intelligent, war die Verlobte eines charmanten, gutaussehenden Diplomaten namens Josias v. Rantzau. Als sie in zwei blitzenden, dunklen, von schmucken Chauffeuren gesteuerten Limousinen wieder entschwunden waren, schlug der Graf vor, wir sollten in der Bibliothek noch ein Tröpfchen (oder, wie er sagte, ein »wee drappie«) trinken, und während wir an unseren Gläsern nippten, erfuhren wir alles über sie. »Rantzau ist der Erste Sekretär der deutschen Gesandtschaft«, erklärte Graf Jenö. »Er stammt aus Holstein; seine Familie ist dort ziemlich angesehen. Es gibt eine Verbindung zum Hof von Mecklenburg-Strelitz – oder war es Schwerin? –, ich kann mir das nie merken. Ludwig XIV. hat einen von ihnen zum Marschall von Frankreich gemacht, aber Mazarin hat ihn in die Bastille werfen lassen …« (Ich erzähle diese Details, weil meine neuen Bekannten dreihundert Meilen und fünf Monate später noch einmal auftauchen; wie wir sehen werden, wurden Josias v. Rantzau und ich gute Freunde,* und einige von ihnen begegneten mir im späteren Leben erneut, lange nach dem Ende dieser Reise.)

»Sie sind so elegant«, sagte die Gräfin mit einer gewissen Melancholie. »Man fühlt sich im Vergleich wie ein Bauerntrampel.«

»And what ho! when they lifted the lid!« (»Und sieh da! was der Deckel verbarg!«) murmelte Graf Jenö, als er eine frisch eingetroffene Kiste mit Faltern öffnete. Trotz seiner unersättlichen Neugier auf neue Limericks hielt er denen, die er schon in seiner Jugend gelernt hatte, dennoch die Treue. *»What ho! when they lifted the lid!«* wiederholte er begeistert, die Pinzette gezückt; dabei lachte er stillvergnügt vor sich hin, als sei das Wort »glucksen« eigens für ihn erfunden worden. In der Nacht hatte ich mir ein Rätsel ausgedacht, und beim Frühstück platzte ich damit heraus:

PLF: »Welches Drama von Shakespeare hat am meisten mit Insekten zu tun?«

JT (nach einer Pause): »Keine Ahnung.«

PLF: »Antennen und Koleopteren.«

Es war ein großer Erfolg, und das Zitat wurde sofort Bestandteil der vielsprachigen Kommentare und Monologe und der Fragmente von Limericks, die das Auspacken und Klassifizieren des Inhalts begleiteten – »Ah! Das ist ein Prachtkerl! Klarer Fall! Antennen und Koleopteren, was sonst! *Retenetes*!«** Er drehte weiter die Stellrädchen an seinem Mikroskop, und ich zog mich mit einem Stapel Bücher in die Bibliothek zurück und freute mich auf einen geruhsamen Vormittag.

* Er war ein enger Vertrauter von Adam v. Trott und war später an der Stauffenberg-Verschwörung beteiligt, obwohl er offenbar vor dem Attentat selbst zurückschreckte. Siehe dazu Tatiana Metternichs Autobiographie *Bericht eines ungewöhnlichen Lebens* und die Berliner Tagebücher der Marie »Missie« Wassiltschikow 1940–45 (Siedler, 1989).

** Das Wort spricht sich »*Rett*-en-*ett-esch*!« und heißt soviel wie »schrecklich«.

Doch es dauerte nicht lang, bis die Gräfin mit besorgter Miene ins Zimmer trat. Der Zustand ihrer Mutter hatte sich dramatisch verschlechtert, und es hatte ganz den Anschein, als werde sich das *kastély* binnen kurzem in ein Trauerhaus verwandeln. Die nächste Station meiner Reise stand fest; sie lag einige Meilen flußaufwärts am anderen Ufer in Zám, und trotz sanfter Proteste beschloß ich, mich am nächsten Morgen auf den Weg zu machen.

Streng genommen war Zám die erste wirklich in Transsilvanien gelegene Station meiner Reise. Die Grenze des alten Fürstentums verlief unmittelbar westlich des Dorfes, und der Fluß begrenzte es im Süden. Xenia, die Schloßherrin des örtlichen *kastély*, war dreißig Jahre alt, sah aber deutlich jünger aus. Sie war eine ausgesprochen hübsche, durch und durch ungewöhnliche Frau. Ihr Vater Michael Csernovitz, über den alle Welt nur Gutes zu berichten wußte, hatte eine englische Schule besucht und die ganze Welt bereist; die hohen, exotischen Bäume, die er von seinen Reisen mitgebracht hatte, säumten jetzt die Wege und Teiche rings um das Schloß. Sobald Graf Jenö sich als Mentor eines Neuankömmlings annahm (wie er es jetzt in meinem Falle tat), schien die Geschichte plötzlich allgegenwärtig. Wie er berichtete, war ein aus einer Nebenlinie der Familie stammender Vorfahr von Csernovitz der berühmte Arsenius, der unabhängige orthodoxe Patriarch von Ipek,* das unweit der Grenzen zu Albanien und Montenegro im ehemaligen Sandschak von Novi Pazar gelegen ist. Auf Drängen von Kaiser Leopold erhob er sich im Jahr 1717 gegen die Türken; es war die Zeit, in der Prinz Eugen seinen großen Vorstoß gegen die Türken unter-

* Das heutige Peć im Süden von Jugoslawien. Das alte Kloster des Patriarchen steht noch immer, beschattet von Platanen und reich an herrlichen Fresken. In der Region leben heute fast ausschließlich Kosovaren, albanische Muslime.

nahm, der zur Einnahme von Belgrad führte. Als nach der Rückeroberung der Festung durch die Türken eine Racheaktion zu befürchten war, gewährte Kaiser Leopold Arsenius und seinen Verwandten Asyl (so kam es, daß Xenias Familie in Zám ansässig war), und seine 40000 serbischen Anhänger wurden über das gesamte habsburgische Herrschaftsgebiet verstreut. Die Familie Csernovitz hielt am orthodoxen Glauben fest – am »griechisch-orientalischen«, wie man hierzulande zu sagen pflegte –, und Graf Jenö und Xenias andere Freunde neckten sie gern wegen ihres wilden serbischen Blutes. Mit ihrer elfenbeinweißen Haut, dem rabenschwarzen Haar und den großen dunklen Augen war sie ein faszinierender, unvergeßlicher Anblick. Das Haus war eine Zeitlang unbewohnt gewesen und hatte etwas Melancholisches, beinahe Verwunschenes. Zumindest kam es mir so vor, in den wenigen Tagen, die ich dort verbrachte; wir spazierten unter hohen Bäumen aus dem Himalaja und aus Patagonien, und der Vollmond verwandelte das Wasser des Maros in flüssiges Quecksilber. Wälder und Bäche waren erfüllt vom Gesang der Nachtigallen.

Meinen letzten und längsten Aufenthalt im eigentlichen Transsilvanien verbrachte ich einige Meilen weiter flußabwärts, und jede Einzelheit davon ist mir tief im Gedächtnis geblieben.

Istváns* Ruf war ihm bis ins ferne Budapest vorausgeeilt, und ein- oder zweimal waren wir uns zwischen Nachtfaltern und Limericks in Kápolnás begegnet, wo er ein gerngesehe-

* Einige der Personen, von denen hier auf diesen Seiten die Rede ist, sind längst von uns gegangen, doch gelegentlich, wenn sie wie István und – im nächsten Kapitel – Angéla noch ebenso lebendig sind wie ich, scheint es angebracht, ihnen andere Namen zu geben. Dies verschafft mir größere Freiheit, wenn ich ihre Worte niederschreibe. Und vieles hat sich seit jenen unbeschwerten Tagen verändert.

ner Gast war. Er hatte seine Schulzeit am Theresianum verbracht, der von Maria Theresia gegründeten Lehranstalt für die Söhne ihrer adligen Untertanen – den Kschatrijas in einer brahmanischen Kastenordnung, die bis zum Ende des Kaiserreichs und des Königreichs Ungarn unverändert Bestand hatte. Die Schule unterhielt enge Beziehungen zur Konsularakademie, wo ich im Februar Landkartenstudien betrieben hatte. (Was mich sehr beeindruckt hatte, war die Tatsache, daß die Zöglinge beider Institutionen Dreispitze und Galadegen trugen, genau wie der junge Törleß.) István floh aus der Schule, trat im Krieg in ein Husarenregiment ein und wurde sofort in den Offiziersrang erhoben, gerade rechtzeitig für die bevorstehenden Katastrophen. Später, zur Zeit des Schreckensregimes von Béla Kun, entkam er den Terrorkommandos Szamuelys und geriet in die nachfolgenden Wirren; kurz darauf wurde Transsilvanien an Ungarn abgetreten. Er war kultiviert, hochgewachsen, gutaussehend, mit Hakennase, hoher Stirn und weit auseinanderstehenden leuchtend blauen Augen wie ein Frankolin, ein begnadeter Schütze, Sportsmann und Reiter, kurzum ein Meister auf jedem Gebiet. Er war damals Anfang Dreißig und auf dem Höhepunkt seiner Kraft; mit seinem Schneid, Charme, Elan und Humor war er allseits beliebt, auch wenn ihm diese Charakterzüge die eine oder andere Schwierigkeit bescherten, unter anderem vier von »diesen Säbelgeschichten«, bei denen er jedesmal der Herausgeforderte gewesen war. Die Landreform ließ nur wenig von einem Anwesen übrig, das, obwohl es immer gute Erträge erwirtschaftet hatte, schon vorher nicht übermäßig groß gewesen war. Es befand sich seit langem im Besitz der Familie, und seine alten Eltern lebten immer noch dort. Er hatte eine tiefe, urtümliche Bindung an diesen Ort, und die Verwaltung der verbliebenen Äcker und Wälder hielt ihn davon ab, sein Glück anderswo zu suchen: Doch er litt unter diesem Mangel an

Freiheit. Als ich ihm erzählte, daß ich früher einmal mit dem Gedanken gespielt hatte, in die indische Armee einzutreten, bekam er leuchtende Augen: »Das wäre was für mich!« sagte er. »Glaubst du, es wäre immer noch möglich?« Warum eigentlich nicht? Schließlich war ein O'Donnel aus Irland im achtzehnten Jahrhundert Gouverneur von Transsilvanien gewesen; »und was ist mit dem Verwandten von diesem Rantzau – ein Holsteiner! –, der im Dienste Ludwigs XIV. eine Armee befehligt hat? Ich wäre vollauf zufrieden mit einer bengalischen Reiterschwadron!« Er sah sich schon deutlich vor sich, und mir ging es ebenso.* Er füllte unsere Gläser erneut und seufzte; wie eng und provinziell die Welt geworden war! Ich bewunderte ihn sehr; er war ungeheuer amüsant, und wir wurden gute Freunde. (Wie fast alle, die auf diesen Seiten auftreten, verlor ich auch ihn bei Kriegsausbruch aus den Augen, und die nachfolgende Vertreibung und Entwurzelung ließen acht Jahre vergehen, ehe wir die Fäden neu zusammenknüpfen konnten, und auch das war nur ein glücklicher Zufall.)

Immer wieder fragte er, warum ich nicht ein oder zwei Monate bleiben wolle. Oder ein Jahr? Und selbst angenommen, ich machte mich tatsächlich wieder auf den Weg – wozu dann die Eile?

»Ich habe eine Idee!« rief er beim Mittagessen aus. »Wir legen alle zusammen und kaufen dir ein Kalb! Das kannst du beim Wandern vor dir hertreiben. Wenn es alt genug ist, bringst du es zu einem Bullen, dann gibt es wieder ein Kalb; und später noch eins. Nach ein paar Jahren könntest du mit einer riesigen Rinderherde in Konstantinopel einziehen …«

Derweil bemühte er sich, ganz der gute Gastgeber, mir alles zu zeigen. Eine der Nachbarinnen, denen er mich vorstellte, war eine ernste, betagte Schwäbin, die von mir wis-

* Siehe *Die Zeit der Gaben*, Seite 286.

sen wollte, was ich studierte. Es war eine peinliche Frage, und mir fiel partout keine Antwort ein. Sprachen? Kunst? Geographie? Volkskunde? Literatur? Irgendwie paßte das alles nicht. Sekunden verstrichen, und schließlich stammelte ich voller Verzweiflung: »Gar nichts!« Das nachfolgende betretene Schweigen schien gar kein Ende zu nehmen, und mir wurde noch unbehaglicher zumute. Für eine Deutsche, ein Muster an Sorgfalt und Fleiß, kam mein Geständnis einer Gotteslästerung gleich, und István mußte auf dem Rückweg immer wieder laut darüber lachen. Einen anderen Nachbarn, von dem er sagte, daß er mich interessieren werde, konnten wir nicht besuchen, da er auf Reisen war. Gróf K., der jenseits von Vajdahunyad – Hunedoara – in der Gegend von Hátszeg lebte, klang wie eine Art Squire Weston mit einem Schuß Mytton und Waterton aus Edith Sitwells *Englischen Exzentrikern.* »Ich habe einmal gesehen, wie er wegen einer Wette aufs Pferd gestiegen ist«, erzählte István. »Dann hat jemand dem Pferd einen Sack über den Kopf gestülpt. Es war außer sich, aber er konnte sich tatsächlich fünf Minuten lang im Sattel halten.«

Solange es um praktische Alltagsdinge auf dem Gut ging, konnte István sich fließend auf rumänisch verständigen, und in einigen Landwirtschaftsfragen war er in der Sprache der Bauern sogar gewandter als in seiner eigenen, doch für abstraktere oder hochfliegendere Ideen reichte sein Wortschatz nicht aus. Einmal saßen wir mit einer Gruppe von vierzig Bauern – einige von ihnen besaßen jetzt das Land, das vormals Istváns Familie gehört hatte – in einem Buchenhain und aßen an einer langen Tafel zu Abend; später ging er mit mir zu einem alten Schäfer, der viele Geschichten über Geister, Feen und Werwölfe kannte. (Er erzählte von Vampiren, *priculici* – im Slawonischen heißen sie *vrkolak* –, und von *stafi* und *strigoi*: offenbar eine Mischung aus bösen Geistern und Gespenstern; und Hexen vermutlich, wenn das

Wort *strigoi* wie das italienische *strega* vom lateinischen *stryx* abgeleitet ist.) Der Glaube an solche übernatürlichen Wesen war hier weit verbreitet und versetzte die Landbevölkerung in Angst und Schrecken: Werwölfe lauerten im verborgenen und warteten nur darauf, sich nach Einbruch der Dunkelheit in Ungeheuer zu verwandeln, und wehe dem – ob Mensch oder Tier –, der das Regenwasser aus einer Bärenspur trank! Er brachte mich auch zu einem runzligen Weiblein, das als Hexe bekannt war, und bat sie, für mich ein paar Zaubersprüche zu rezitieren. Während sie seiner Bitte nachkam – sie hatte nur noch einen einzigen schwärzlichen Zahn im Mund, wie die Drei Grauen Schwestern in der Perseus-Sage –, notierte ich einige der Sprüche in Lautschrift: geheimnisvolle, alliterierende Beschwörungsformeln, *descântece* genannt. Später sollten mir ähnliche Zaubersprüche in Moldawien begegnen.

Das *kastély* war weitaus älter als alle, in denen ich bislang zu Gast gewesen war. Es sah aus wie eine Mischung aus Herrensitz, Kloster und Gutshof und stand auf einer mit Bäumen bewachsenen Kuppe mit Blick auf den Maros, und dahinter verloren sich die bewaldeten Berghänge in weiter Ferne. Durch einen flachen Torbogen in der massiven ockerfarbenen Mauer gelangte man zu einem Innenhof; von den riesigen Kastanienbäumen rieselten Blütenblätter auf die Pflastersteine, von wo sich Tauben mit einem Geräusch wie ein Windstoß in die Lüfte erhoben. Zwei Schäferhunde und ihre Welpen kamen jedesmal zur Begrüßung angestürmt, und in den Storchennestern auf einem moosbewachsenen Scheunendach reckte der Nachwuchs die Hälse zwischen den scharlachroten Beinen seiner Eltern. Stallungen, Kornspeicher und Remisen mit Kutschen, Pferdefuhrwerken und Schlitten begrenzten den Hof auf einer Seite; die übrigen drei waren von Kolonnaden gesäumt, eine Art Kreuzgang aus quadratischen, an den Ecken zu Oktogonen abgeschrägten Säulen, ständig umschwirrt von den Schwalben, die dort ihre Nester hatten. Am Hinterende eines Säulengangs fiel das Licht durch das grüne und violette Glas einer fächerförmigen Lünette, und die darunterliegende Tür führte hinaus auf eine Veranda, wo wir abends saßen und den Ausblick über Bäume und Wasser genossen. Im Inneren des Hauses fiel der gedämpfte Lichtschein von Petroleumlampen auf das schöne Porträt eines Ahnherrn, der Gesandter gewesen war, und auf das vertraute Interieur, das ich aus anderen transsilvanischen Häusern bereits kannte; das Familienwappen, das überall im Hause und über dem Tor zu sehen war, zeigte einen gespannten Bogen mit einem himmelwärts gerichteten Pfeil; ein Schuß ins Blaue sozusagen.

Eingehüllt in eine undurchdringliche Rauchwolke, paffte Istváns alter, schnauzbärtiger Vater grimmig seine Pfeife und verschanzte sich hinter den Seiten seiner wochenalten *Pesti Hirláp*; Istváns Mutter hingegen, die, wenn ich mit meinem Deutsch nicht mehr weiterkam, Französisch mit mir redete, war schlagfertig und amüsant, mit einem Anflug von Strenge, ihr Blick ebenso scharf wie der Blick Istváns und seiner Schwester Ilona, einer stillen, gutmütigen, liebenswerten Person. Nach dem Abendessen kamen die beiden Frauen mit ihrem Nähzeug nach draußen, wozu Sándor, der formvollendete alte Diener, Kaffee, Karaffen und Gläser bereitstellte. (Das *kastély* beherbergte eine ganze Reihe von älteren Dienstboten; ein weiterer Mann versorgte die Pferde und lenkte die uralte Kutsche, und weitere betagte und gebrechliche Domestiken wirkten im verborgenen. Bargeld gab es so gut wie keins, aber sonst war alles in Hülle und Fülle vorhanden, und ich vermute, das Personal wurde – so wie die Familie ihrerseits – in Naturalien entlohnt. Genau auf die gleiche Weise wirtschafteten weiter im Osten die moldawischen Bojaren.) Jeden Abend schnitt István auf der Anrichte ein paar würzige

Tabakblätter in feine Streifen, und Ilona produzierte daraus mit Hilfe einer höchst zweckmäßigen kleinen Maschine für uns alle wunderschöne Zigaretten; und bevor sie und ihre Mutter sich für die Nacht zurückzogen, sorgte sie noch für Nachschub für uns. Ein- oder zweimal vertieften wir uns in das Studium alter Landkarten: István interessierte sich leidenschaftlich für die napoleonischen Feldzüge; in der Regel aber saßen wir einfach nur da und plauderten, manchmal bis zum Morgengrauen. Er ging ebenso ungern zu Bett wie ich, und wenn unser Vorrat an Zigaretten aufgeraucht war, drehte er mit der selbstverständlichen Geschicklichkeit eines Cowboys neue von Hand (eine Kunst, die auch ich erworben hatte), befeuchtete die Papierkante mit der Zunge und entzündete sie über dem Lampenzylinder. Ich sehe es noch genau vor mir, wie die Flamme das Gesicht einen Augenblick lang in eine glühende Maske verwandelte, wenn er den Docht hochdrehte.

Der Vollmond war eben erst vorüber, das Mondlicht lag mit metallischem Schimmer auf dem Fluß und umgab die Baumkronen mit einem zarten, silbrigen Saum. Die Sternbilder und die Milchstraße strahlten hell am klaren Julihimmel, und als der Mond weiter abnahm, erblickten wir Sternschnuppen, die im weiten Bogen hinabstürzten, manchmal mehrere binnen einer Minute, und wir hielten in unseren Gesprächen inne, um dem Schauspiel zuzusehen. Es waren die Perseiden, Meteore, die Ende Juli und Anfang August aus dem glocken- oder blumenförmigen Sternbild des Perseus herniederregnen, wo zwischen kleineren Sternen der Algol rastlos funkelt und blitzt. *El Ghul* – Ghul oder Dämon –, so nannten arabische Astronomen die Gorgo, und der strahlende Held, der sie bei den Schlangenhaaren packt, schleudert ihr Haupt über den nördlichen Himmel, bis diese Bruchstücke herausfallen; so zumindest unsere Theorie, nachdem wir ein oder zwei Karaffen geleert hatten. Die Plejaden und dann Orion folgten Kassiopeia und Perseus auf ihrer Bahn hoch oben über den Baumwipfeln.

Lange vorher waren beunruhigende Nachrichten aus der Außenwelt in unser Tal gedrungen. In einer Nacht-und-Nebelaktion hatten Hitler, Göring und Himmler viele ihrer Weggefährten zusammengetrieben und umgebracht, unter anderen auch eine ganze Reihe – vielleicht mehrere hundert – aus den Reihen der SA. Keiner wußte, wie er diese blutigen Vorzeichen deuten sollte, aber sie sorgten für Unbehagen, und ein oder zwei Tage lang beherrschten sie sämtliche Gespräche; dann geriet das Thema wieder in Vergessenheit, verdrängt von der drückenden Hitze des Sommers.

Ein paar Tage später erreichte uns ein Anruf, daß die Mutter der Gräfin gestorben sei. Ein Zug mit einer dünnen, blassen Rauchfahne, zwischen den Bäumen und Hügeln wie eine Spielzeugeisenbahn, verkehrte zweimal am Tag durchs Tal. Mit ihm fuhren István und ich flußabwärts, durch Felder mit Weizen und hohen Maisstauden; in Zám wartete Xenia im Schatten der Akazien auf dem Bahnsteig, und gemeinsam stiegen wir in die Kutsche aus Kápolnás, die in Soborsin auf uns wartete.

Die Gräfin war ganz in Schwarz. Die Trauerfeier fand im Festsaal statt, wo drei Priester der unierten Kirche mit kurzgeschorenen Bärten und Haaren – ganz anders als die langen Locken und üppigen Bärte der orthodoxen Geistlichen auf der anderen Seite der Donau – den Trauergottestdienst auf rumänisch zelebrierten. (Der Sarg war offen; damals sah ich zum erstenmal eine Tote.) Die Zeremonie endete an der Familiengruft, und als wir nach dem Leichenschmaus ins *kastély* zurückkehrten, wo noch ein letzter Hauch Weihrauch in der Luft schwebte, führte der Graf uns alle in die Bibliothek, um uns einige frisch eingetroffene Falter zu zeigen, »und wo ihr schon einmal hier seid«, sagte er mit seinem schottischen

Akzent, »laßt uns einen kleinen Abschiedstrunk nehmen, bevor ihr wieder aufbrecht – a wee doch an doris afore ye gang awa'«. Auf dem Rückweg kam es mir vor, als kennte ich sie alle schon seit Ewigkeiten.

Bei seiner Ausbildung in einem Regiment der Honvéd-Husaren im Jahr 1917 war István der drittbeste Dressurreiter unter hundert Husaren, Dragonern und Ulanen und der zweitbeste Springreiter obendrein. »Du hättest uns sehen sollen, bei unserem Aufbruch nach Galizien und in die Bukowina«, schwärmte er. »Die Ulanen mit ihren quadratischen Tschapkas und roten Hosen, die Dragoner in langen Waffenröcken und die Husaren in Blaßblau wie wir.« Seine Uniform hing noch im Schrank, und ich zeichnete ihn darin: dem taubenblauen, mit Schnüren besetzten Uniformrock und einem Dolman mit Pelzkragen, den er lose über der Schulter trug – »ein Attila, so haben wir ihn genannt«, sagte er und zupfte die Falten zurecht –, mit Reitstiefeln, einem Tschako mit weißem Federbusch und einem Säbel mit Säbelhülle. Was für ein seltsamer Anblick, wenn man an die Grausamkeit der Kriegszeit dachte! Ich wußte einiges über die Feldzüge an der Westfront, doch diese frühen Kavallerischarmützel mit Kosaken, die schließlich in dem schrecklichen Gemetzel auf den fernen Hängen der Karpaten endeten, kannte ich nur vom Hörensagen.

Jahre später kamen mir diese nächtlichen Unterhaltungen mit István wieder in den Sinn, als mir Eva, die Schwester des Dichters Férenc Békássy, von ihrem Bruder erzählte. Er war der Sohn eines überraschend liberal gesinnten Landbesitzers aus dem Westen von Ungarn, der seine sämtlichen Söhne und Töchter nach England auf die Schule in Bedales schickte. Danach besuchte Férenc das King's College in Cambrige, wo er erstmals als Dichter in Erscheinung trat. Er war Mitglied der Geheimgesellschaft der Cambridge Apostles und ein Freund von Rupert Brooke und James Strachey, vor allem aber von Maynard Keynes, der einmal die Sommerferien bei ihm in Ungarn verbrachte. Seine Gedichte – eins davon ist ein humorvoller Seitenhieb auf Brownings »*A Toccata of Galuppi's*« – lassen großes Talent erkennen, und seine letzten Briefe an Freunde in England, die diese erst erreichten, als der Krieg längst vorüber war, zeigen ihn als einen sensiblen, liebenswürdigen Menschen. Als er bei Kriegsausbruch nach Ungarn zurückkehrte, stieg er rasch zum Leutnant der 7. Honvéd-Husaren auf. Am Schluß eines Briefs an Nowel Olivier, datiert vom 15. Mai 1915 in Budapest, schrieb er: »Wenn ich gehe, werden die Rosen blühen, und bei meinem Abschied wird mein Pferd drei rote Rosen auf dem Kopfe tragen (doch niemand wird wissen, warum), weil unser Wappen drei rote Rosen über dem Wappenschild hat. Dies ist ganz und gar nicht der Brief, den ich schreiben wollte, aber ich kann nicht anders. Ich vermisse Dich sehr. Eines Tages sehen wir uns wieder, nicht wahr?« Er fiel bei einem Kavalleriegefecht in der Bukowina am 25. Juni 1915, zweiundzwanzig Jahre alt.*

Einmal waren wir zum Mittagessen bei Nachbarn eingeladen, und István sagte: »Komm, wir nehmen die Pferde!« Wir folgten einem verschlungenen Pfad bergauf und erkundeten ein Stückchen Wald, das die Äxte bisher verschont hatten. »Jede Menge Steineichen, Gott sei Dank«, sagte er und drehte sich, beschienen von den durch die Bäume fallenden Sonnenstrahlen, zu mir um, »die kann man für alles brauchen.« Am nächsthäufigsten waren Korkeichen, trocken ein

* Siehe dazu Sir Roy Harrod, *The Life of John Maynard Keynes*, David Garnetts *The Golden Echo* und Dr. G. Gömöri im *New Hungarian Quarterly* (Nr. 79, Herbst 1980). Einige Freunde Keynes' aus dem Bloomsbury-Zirkel hielten ihm später vor, daß er Békássy Zugang zu seinem gesperrten Konto verschafft und so die Teilnahme am Krieg ermöglicht hatte – sonst wäre er als Gefangener in Sicherheit gewesen.

sehr gutes Kaminholz, auch gut für Stallböden und Faßdauben. Dann kamen Buchen – »verbrennt fast ohne Asche«; schließlich Weißbuchen und Ulmen, »gut für Möbel und Särge«. Auch Eschen gab es reichlich – ideal für Werkzeuge: Axt- und Hammerstiele, Sensen- und Sichelgriffe, Spaten und Heurechen. Pappeln gab es nur einige wenige an den Bächen dort oben, dafür umso mehr entlang des Maros: nicht zu viel nütze, höchstens für Tröge und die Holzlöffel, die Zigeuner daraus schnitzten. Sie ließen sich mit Frauen und Kindern im Garten oder Hof eines *kastély* nieder und schnitzten, was das Zeug hielt. »Uns bringt das nichts ein«, sagte István. »Eigentlich soll die Hälfte an uns gehen, aber wenn es eine ehrliche Familie ist, können wir froh sein, wenn wir ein Drittel bekommen. Schon eher von den Rumänen in den abgelegenen Bergdörfern – furchtbar arme, urtümliche Gesellen, aber grundehrlich.«*

Auf einer Lichtung begegneten wir einem weißhaarigen Schäfer, auf seinen Stab mit stählernem Haken gelehnt. Der schwere handgewebte Umhang, den er um die Schultern gelegt hatte und der bis zum Boden reichte, war leuchtend grün. Seine Herde hatte sich über die Grasbüschel zwischen den Baumstümpfen ringsum hergemacht. Wir schlugen einen Pfad ein, der zwischen Haselsträuchern steil bergab führte, und Eicheln und alte Nüsse knackten unter den Hufen der Pferde.

Es herrschte eine Gluthitze. Nach dem fröhlichen Essen ritten wir hinunter an den Fluß und bewunderten die Weizenfelder. Wir konnten der Verlockung der kühlen, sanften Flut nicht widerstehen, stiegen ab und ließen die Pferde auf einem Feld etwa von der Größe einer Koppel; dann zogen wir sämtliche Kleider aus, wateten durch Binsen und Brunnenkresse

* Ich würde vermuten, daß sie zum interessanten alten Volksstamm der Motsi gehörten, der in den fernen Tälern der transsilvanischen Berge lebt.

und tauchten ein. Mit trägen Stößen schwammen wir flußabwärts oder ließen uns einfach im Schatten der Weiden und Pappeln treiben, redeten und lachten über die Gäste der Mittagsgesellschaft. Die Blätter der Bäume warfen einen gesprenkelten Schatten aufs Ufer, wo er sich mit dem Flaum der Disteln mischte, und ein Reiher flog auf und verschwand wie in einem Tunnel aus Licht und Schatten. Scharen von Teichhühnern verdoppelten ihr Tempo und hüpften lärmend aus dem Wasser; Weizen- und Maisfelder glitten vorüber, Weinstöcke in Terrassen, und mit einem Male hörten wir Gesang. Zwei Mädchen waren am Rand eines schmalen Gerstenfelds bei der Ernte. Nach den Farben ihrer Röcke, den bestickten Miedern, den geflochtenen Gürteln und den Kopftüchern zu urteilen, waren sie aus einem Tal weiter in den Bergen zur Ernte herabgekommen. Sie hielten inne, als wir herankamen, und als wir auf einer Höhe waren, brachen sie in Gelächter aus. Offenbar war das Flußwasser durchsichtiger, als wir gedacht hatten. Sie waren um die neunzehn oder zwanzig, die Wangen rot von der Sonne, mit dicken dunklen Zöpfen und ganz und gar nicht schüchtern. Eine von ihnen rief etwas, und wir traten in der Mitte des Maros auf der Stelle. István verdolmetschte es: »Sie sagen, wir sollten uns schämen. Sie wollen unsere Kleider suchen und damit davonlaufen.«

»Seid nicht so unfreundlich zu Fremden!« rief er zurück. »Nehmt euch in acht, sonst kommen wir und fangen euch!«

»Das würdet ihr euch nie trauen«, kam die Antwort zurück. »So wie ihr seid, nackt wie die Frösche.«

»Wozu haben wir die da?« István wies auf Zweige am Ufer. »Wir könnten genauso gut angezogen sein wie Adam.«

»Ihr würdet uns nie fangen. Ihr mit euren zarten weißen Füßen auf den Stoppeln. Und ihr seid viel zu brav dazu. Und du, du kriegst ja schon eine Glatze.«

»Das ist nicht wahr!« brüllte István zurück.

»Und der Kleine«, rief das zweite Mädchen, »der traut sich nie.«

Istváns blaue Augen blitzten, als er diesen letzten Satz übersetzte. Dann setzten wir ohne ein weiteres Wort zum Sturm auf das Ufer an, mit der Schnelligkeit von Krokodilen, rupften Pappel- und Weidenzweige ab und sprangen, damit bewehrt, die Böschung hinauf. Die Mädchen rafften ihre Halme und liefen davon ins nächste Feld, dann blieben sie an der symbolischen Bastion eines Heuhaufens stehen und drohten uns in gespielter Entrüstung mit der Sichel. Unsere Feigenblätter und die linkische Art, mit der wir durch die stachligen Stoppeln staksten, sorgten für weitere Heiterkeit. Als wir sie fast erreicht hatten, ließen sie ihre Sicheln fallen und bewarfen uns mit Halmen; dann versteckten sie sich hinter dem Heu. Doch selbst einarmig konnten wir sie fangen, und alle vier sanken wir nieder in einem Gestöber aus Heu und Gerste und Gelächter.

»Herrgott!« hörte ich István plötzlich rufen – ein gutes Stück später und hinter der Rundung des Heuhaufens verborgen –, und er schlug sich mit der Hand an die Stirn. »Meine Güte! Der Bischof! Die Gräfin! Sie kommen zum Abendessen, und sieh dir die Sonne an!«

Sie stand tief am Himmel, und man spürte die Abenddämmerung schon. Heuschober und Pappeln und Ährenbündel in Reih und Glied warfen lange Schatten über das gemähte Feld, und ein Trupp Vögel auf dem Heimweg zog hoch über dem Wald vorbei. Istváns wirres Haar mit den Grashalmen darin paßte so gar nicht zu seinem Schrecken, und wir mußten alle lachen. Wir zupften Heu und Ähren aus Saftas und Ileanas Zöpfen, die bei all dem Gerangel in Unordnung geraten waren, und machten uns dann Hand in Hand mit ihnen auf den Rückweg, István und ich auf Zehenspitzen. »Die armen Füße«, murmelten die beiden. Wir stürzten uns von neuem in die Fluten und begannen den langen Wasserweg zurück, und immer wieder drehten wir uns um, winkten den großartigen Mädchen und riefen ihnen Abschiedsgrüße zu, und sie winkten und antworteten, bis sie außer Rufweite waren und schließlich, nach einer Biegung des Flusses, auch außer Sicht.

Die Strömung erwies sich als stärker als vermutet. In Ufernähe war sie träge, doch Binsen, Kresse und Entengrütze behinderten uns beim Schwimmen, und sosehr wir uns auch anstrengten, kamen wir sehr viel langsamer voran als bei unserer übermütigen Schußfahrt flußabwärts. Schwalben segelten unter den tiefhängenden Zweigen; ein Schäfer und etliche Bauern auf dem Rückweg von ihren Feldern sahen uns mit großen Augen an. Nach langen Mühen und im Schutz der Abenddämmerung kletterten wir schließlich ans Ufer und legten den Rest des Weges zu Fuß zurück; zu unserer Erleichterung fanden wir unsere Sachen noch genauso vor, wie wir sie zurückgelassen hatten. Wir schlüpften in unsere Kleider, sattelten die Pferde und ritten die drei Meilen bis nach Hause im Galopp; unser Weg führte teils durch die beleuchteten Straßen des Dorfes, dann wieder in den Wald, wo wir uns unter die niedrigen Äste duckten; auf der letzten halben Meile veranstalteten wir ein Wettrennen, bis wir schließlich über die Brücke und durch den Torbogen donnerten und mit klopfendem Herzen aus dem Sattel sprangen, so daß die Tauben in wilder Panik aufflogen. Wir wuschen uns, zogen uns um und kämmten uns hastig die Haare, um kurz darauf die Treppe zur Loggia hinaufzusteigen.

Die Tafel war am hinteren Ende des Raumes gedeckt, vorn saßen oder standen die Gäste in Grüppchen beisammen, das Glas elegant in der Hand. Die Gräfin mit ihrem eisengrauen kurzen Haar hatte die hageren, ringgeschmückten Finger in den Schoß gelegt, und die purpurrote Schärpe des Bischofs funkelte im Lampenlicht.

»Da seid ihr ja«, sagte Istváns Mutter. Wir waren gar nicht zu spät, und in Windeseile küßte István auf seine gewandte, charmante Art zuerst die Hände der Gräfin und dann den Ring des Bischofs. Wir setzten uns zu Tisch, doch meine Gedanken konnten der Unterhaltung nicht folgen: Der Zauber des Nachmittags hielt mich noch ganz in seinem Bann, ich spürte das Pieksen der Stoppeln an den Fußsohlen, und es war schwer, ein seliges Lächeln im Zaum zu halten. Die Gräfin faltete ihre Serviette auf, und als sie sie ausbreitete, blitzten die Saphire an ihrer Hand.

»Nun, István«, sagte sie mit dem liebevollen, leicht ironischen Ton, mit dem eine Tante ihren Lieblingsneffen anredet, »wo habt ihr euch denn herumgetrieben?« Ich vermied es, in seine Richtung zu sehen. Wenn sich unsere Blicke getroffen hätten, hätte es kein Halten mehr gegeben.

Zwei Tage später kehrten wir noch einmal zu den Feldern zurück, aber sie lagen verwaist. Die Ernte war abgeschlossen, sogar die Garben waren verschwunden. Wir sahen Safta und Ileana nie wieder, und das machte uns traurig.

Die Sommersonnenwende war vorüber, Pfingstrosen und Flieder längst verblüht, die Kuckucksrufe klangen anders, denn die jungen Vögel waren fast flügge. Es gab geröstete Maiskolben und Forellen aus den Bergen; dann Kirschen, Erdbeeren, Aprikosen und Pfirsiche, schließlich wunderbare Melonen und Himbeeren. Gegen das leuchtend rote Feuer der Paprikaschoten – man servierte zwei Sorten bei Tisch, eine davon höllisch scharf – halfen hauchzarte Gurkenscheiben, so dünn wie Musselin, und das Sodawasser, das den von Eiswürfeln klirrenden Wein verdünnte; das Eis stammte aus einem igluförmigen Kellergewölbe unter den Bäumen, wo vorsorgliche Hände es sechs Monate zuvor aufgestapelt hatten, als – was man sich jetzt kaum vorstellen konnte – eine dicke Schneeschicht alles bedeckte. Pferdekarren ächzten unter der Last der Aprikosen, doch die Äste bogen sich nach wie vor von ihnen; die Früchte lagen verstreut im Staub, von Wespen zerfressen und von Rädern und Fußtritten zu gelbem Brei zerquetscht; zwischen den staubigen Sonnenblumen standen hohe hölzerne Fässer, und jedes Blubbern des gärenden Inhalts erfüllte die Gärten mit einem süßlich berauschenden Duft. Es dauerte nicht lange, da mähte der frisch destillierte Schnaps die Bauern schon um die Mittagszeit reihenweise nieder, und sie lagen der Länge nach hingestreckt am Boden, wo immer sie ein Fleckchen Schatten fanden. Sie schnarchten zwischen Korngarben und Heuhaufen, gehüllt in einen Mantel aus Fliegen; Schafe drängten sich unter Büschen und Bäumen, und es ging nicht das leiseste Lüftchen.

Hinter den dicken Mauern und den nachmittäglich geschlossenen Fensterläden des *kastély* regierte ebenfalls zeitweise der Schlaf, doch die Auferstehung ließ nie lange auf sich warten. Die Gerste war inzwischen eingebracht, und István widmete sich mit seinen Helfern dem letzten Weizen. (In Ungarn begann die Ernte am 29. Juni, dem Fest der Apostel Petrus und Paulus; hier aber war alles etwas früher.) Als wir uns auf den Weg machen, rief Istváns Mutter von einem Fenster im oberen Stock: »Vergiß deinen Hut nicht!« Sie schleuderte ihn im hohen Bogen aus dem Fenster, und er ließ seinen Zügel los, fing ihn auf und setzte ihn auf den Kopf. »Du wirst noch braun wie ein Zigeuner.« Nach den langen Wochen der Sicheln und Sensen und Wetzsteine war jetzt die Zeit des Dreschens angebrochen. Die alten Maschinen mühten sich wacker und erfüllten die Täler mit ihrem Ächzen und Stöhnen, angetrieben von Motoren mit lockeren Treibriemen und hohen Schornsteinen wie auf einer altmodischen Dampflokomotive, die in einem gezackten Aufsatz endeten.

Weiter oben in den Bergen trotteten Pferde auf runden, gepflasterten Dreschplätzen im Kreis und zogen hölzerne Schlitten über das Korn, womit sie es aus der Schale lösten. Dann kam das Worfeln: Wolken aus hochgeworfenem Getreide blitzten auf und sanken zu Boden, dann ein neuerliches Glitzern, wenn die nächste Schaufel den Nachmittag mit einer Wolke von Spreu verzauberte. Die Säcke wurden auf Ochsenkarren abtransportiert, dann waren sie endlich sicher in der Scheune. Wenn die Kutscher Rumänen waren und wollten, daß die Ochsen sich nach rechts oder links wandten, gaben sie die Kommandos nicht in ihrer Muttersprache; sie riefen nicht »stânga!« oder »drepata« (auch nicht »jobb!« oder »bal!« auf ungarisch, wenn sie Ungarn waren); ihre Rufe lauteten »heiss!« und »tcha!«. Ich hatte diese geheimnisvollen Rufe zum erstenmal vernommen, als Büffel angelockt oder vorangetrieben wurden. István hatte eine Theorie, die Türken hätten diese Tiere hier eingeführt, vielleicht aus Ägypten – obwohl sie ursprünglich aus Indien gekommen sein mußten. Aber die Worte stammen weder aus dem Türkischen noch aus dem Arabischen, auch nicht aus dem Romani, und sie sind weder Hindi noch Urdu.

Der Juli bescherte uns Scharen junger Transsilvanier; sie suchten mit ihren Familien am Fluß Zuflucht vor der Hitze Budapests, das sich im Sommer in eine geradezu tropische Kapitale verwandelte. Bei István wurde gefeiert, gepicknickt und gebadet, und wir spielten Tennis, bis es zu dunkel war, den Ball zu sehen – der Platz lag in einer Vertiefung zwischen dichten Bäumen wie ein schattiger Brunnen; und dann wurde getafelt, und alle versammelten sich in der abblätternden Pracht der Salons ums Klavier und sangen; manchmal tanzten wir auch zum Grammophon. Manche Platten hinkten nur um ein oder zwei Jahre hinter der Mode her, andere um vieles mehr: *Night and Day, Stormy Weather, Blue Skies, Lazybones, Love for Sale, Saint Louis Blues, Every*

Little Breeze Seems to Whisper Louise. István erwies sich als achtbarer Klavierspieler – »aber nur für solche Sachen« –, und die Tasten hüpften unter Improvisationen, Boogie Woogie, unter Synkopen und Glissandi, und zum Abschluß machte er jedesmal eine Drehung auf dem Schemel, bei der er mit dem Daumen über die gesamte Klaviatur fuhr, vom Baß bis zu den höchsten Höhen.

Jeder Tag im Dorf war ein Festtag, ein Feiertag, eine Hochzeit. Die Zigeuner waren in ihrem Element, und es gab kaum eine Zeit, wo ihre Musik nicht in der Luft lag, und auf den Dorfplätzen drehten sich die Tänzer im Kreise, oft zweihundert und mehr, in wunderbaren Kleidern, die Hände einander auf die Schultern gelegt; und wenn im Takt von *hora* und *sârba* alle zusammen dreimal mit dem Fuß aufstampften, verschwand die ganze Pracht einen Augenblick lang in einer Staubwolke. (Später lernte ich all diese Tänze selbst.) Spät abends war diese Glut am feurigsten, besonders wenn es eine Hochzeit zu feiern gab und Bräutigam und Brautjungfern mit Gusto ihre Entführung inszenierten. Wenn die Rhythmen von *High Hat, The Continental* oder *Get along, little dogie* zwischen den halbblinden Spiegeln und den Kerzenhaltern und den Porträts des *kastély* einen Moment lang aussetzten, drang das Stakkato der Schreie, wenn die Braut gepackt wurde, schrill, doch gedämpft durch die Entfernung, vom Dorf herauf und durch die hohen Fenster. *»Hai! Hai! Hai! Hai!«** Der Tanz wurde bis spät in die Nacht vom jungen Aprikosenschnaps befeuert, und die Fiedeln und Zithern und Klarinetten und Baßgeigen klangen durch

* Manchmal, hieß es, wurde bei diesen rauhen Hochzeiten unter lautem Beifall am Fenster des Brautgemachs das blutige Laken oder Unterkleid gezeigt, das bewies, daß es mit der Jungfernschaft vorüber war; und wenn dieser Beweis nicht anders zu erbringen war, sorgte die Mutter der Braut hinter den Kulissen mit dem diskreten Opfer einer Taube dafür.

das ferne Jauchzen des ländlichen Fests; dann gingen Bögen, Hämmer und das Schnattern der Bläser wieder in den Klängen von *Dinah* unter, in unserem eigenen Ringelpiez unter dem Kronleuchter.

Dinah,
Is there anyone FINER?
In the state of CAROLINA?
If there IS and you KNOW HER
SHOW HER TO ME!
Every night,
Why do I
SHAKE WITH FRIGHT?
Because my DINAH MIGHT
Changehermindaboutme!

Dinah,
Gibt's ein Mädchen, das ist FEINER?
Im ganzen Staat von CAROLINA?
Und wenn ihr sagt DIESE HIER,
DANN ZEIGT SIE MIR!
Und den Abend lang
Ja die Nächte lang
BIN ICH BANG
Daß meine DINAH DANN
Sichsnochandersüberlegt!

»Hai, pe loc, pe loc, pe loc, pe loc!« Die Tänzer unten im Dorf stampften im Takt. *»Sa rasara busuioc!«* (»Stampft auf den Boden, laßt das Basilikum wachsen!«)

Dinah,
With her Dixie eyes BLAZIN'
How I love to sit and GAZE IN-
-to the eyes of Dinah Lee …

Dinah,
Und die Dixie-Augen BLITZEN
Ich könnt ewig nur hier SITZEN
In die Augen sehn von Dinah Lee …

»Foiae verde, spic de griu, mai!« Der klagende *doina* echter Zigeuner drang durch das Dunkel, gefolgt von einem näselnden Klarinettenwirbel, doch die grünen Blätter und die Weizenähren des Volkslieds hatten keine Chance:

DINAH!
If she should wander to CHINA,
I would board an ocean LINER,
JusttobewithDinahLee …

DINAH!
Führ sie morgen schon nach CHINA
Müßt ich mit in dieses KLIMA,
DennichbliebbeiDinahLee …*

* *Stop Press!* Natürlich hatte Dinah Dixie-Augen, New-Orleans-Augen, aber wir haben jedesmal *Gypsy eyes* gesungen, Zigeuneraugen, und dieser Fehler ist mir unauslöschlich im Gedächtnis geblieben.

6
Eskapade zu dritt

Ich wußte, István und seiner Familie war es vollkommen ernst, als sie mir vorschlugen, ich solle den ganzen Sommer bei ihnen verbringen, aber ich war so weit von meinem strengen Zeitplan abgewichen, daß ich, je mehr ich dem Reiz dieser Wochen erlag, von immer heftigeren Gewissensbissen geplagt wurde. Also schrieb ich nach London und gab ungefähre Daten sowie Adressen bekannt, wohin man mein Geld schicken solle: Bei dem Schmarotzerleben im Schloß hatte ich meine Barschaft kaum angetastet, doch damit würde es nun bald ein Ende haben. Aber noch war der Gegenzauber des Tales groß, und immer wieder tauchten neue Vorwände auf, die ein längeres Verweilen rechtfertigten. »Wenn du bleibst«, sagte István eines Morgens, »könnten wir zusammen auf Gemsenjagd gehen«; danach wäre es Zeit für die Hirsche; und noch später für Bären. Auf meinen Einwand, das größte, worauf ich bislang geschossen hätte, seien Kaninchen, erwiderte er: »Ich bringe es dir bei.« Und ob ich nicht Lust hätte, mit Baron Wesselenyis Meute auf die Fuchsjagd zu gehen? Da kenne ich mich eher aus, antwortete ich, aber ich hätte kein Geld. István lächelte.

»Keine Sorge«, sagte er, »ich auch nicht. Keiner hat Geld.«

Das Gespräch wurde unterbrochen durch die Ankunft einer zwölfköpfigen Gesellschaft in zwei Kutschen; sie wollten in einem Gebirgsbach Krebse fangen, und István und ich waren dazu ausersehen, die Vorhut zu bilden. Wir fanden den Bach; er rauschte zwischen Felsen und Farnkraut auf einer von Ringeltauben bevölkerten, über und über mit purpurrotem Fingerhut bewachsenen Lichtung. Die übrige Gesellschaft traf ein, und es war, als berge jeder Stein und jede Wasserpflanze im Bachbett die ersehnte Beute; die Körbe waren rasch gefüllt, und unser Rückweg bergab war begleitet vom Geräusch der zuckenden Krebsschwänze. Wir hatten unsere Reittiere bei einer Wassermühle gelassen, wo die Kutschen zu ihnen gestoßen waren, und jetzt grasten alle Pferde, von Sätteln und Zaumzeug befreit, auf einer sanft abfallenden Wiese; das Feuer brannte bereits, und die Flaschen lagen zum Kühlen im Mühlbach.

Die Temperamentvollste in der ganzen Gesellschaft war ein hübsches, fröhliches, rotberocktes Mädchen namens Angéla (mit einem harten g und der Betonung auf der zweiten Silbe), das einige Meilen flußaufwärts von István und weiter vom Ufer entfernt wohnte. Sie war ein paar Jahre älter als ich und verheiratet, wenn auch nicht glücklich. Wir waren einander kurz bei Graf Jenö begegnet und hatten an dem ausgelassenen Abend, als Dinah und die Zigeunerlieder im Wettstreit lagen, voller improvisierter Hingabe getanzt, und jetzt folgte ich jedem Schritt von ihr – ich konnte nicht anders. Bei der Jagd sprang sie barfuß und mit fliegenden Haaren über die Felsen, flink und behende wie eine Gemse. Ich stellte bald fest, daß sie genauso leichtsinnig und impulsiv war, wie man es mir nachsagte, und aus einer amüsierten Zuneigung auf ihrer Seite und verliebter Schwärmerei auf der meinen war wie aus heiterem Himmel ein unbeschwertes Einvernehmen entstanden. Das Fest zog sich bis spät in den Abend, und im Schutz der Bäume und der hereinbrechenden Dunkelheit und der Abgeschiedenheit des Waldes, in den wir gewandert waren, fielen alle Schranken zwischen uns; ja, wir hatten vergessen, wo wir waren, bis wir schließlich hörten, wie man nach uns rief, und dann eilten wir zum Sammelpunkt, wo die Pferde schon gesattelt und angeschirrt wurden. Auf dem Rückweg mußten die Kutschen auf den steilen, grasbewachsenen Wegen stark bremsen, und der

Lichtschein der Laternen rechts und links tanzte über die Baumstämme.

Mit einemmal war alles wunderbar verwandelt, und mit Angélas ausgelassener Stimmung erschien auch mir die Welt fröhlich und lustig; in den nächsten zwei Nächten und Tagen kam mir jeder Augenblick, den wir nicht in des anderen Armen lagen, wie vergeudet vor. Ein glücklicher Zufall wollte es, daß Angélas Familie in Budapest war, doch aus vielerlei Gründen war es trotzdem nicht leicht, sich mit ihr zu treffen, und wir verfluchten die Wälder, die uns trennten. István war ein guter Freund und sah natürlich sofort, wie es um uns stand, und er kam uns mit einem unwiderstehlichen Plan zu Hilfe: Er wollte bei einem Freund jenseits von Deva ein Automobil ausleihen, und damit würden wir zu dritt zu einer heimlichen Fahrt ins Innere von Siebenbürgen aufbrechen.

Ich packte meine Sachen und sagte Lebewohl, denn am Ende dieses Ausflugs würde ich in Richtung Süden weiterwandern. Die Würfel waren gefallen. Das Automobil traf ein, István und ich brachen auf, einige Meilen später gesellte sich Angéla am vereinbarten Treffpunkt zu uns, und so fuhren wir in bester Laune gen Osten.

Das geborgte Fahrzeug war ein altmodischer, blitzblanker blauer Tourenwagen, in dem wir alle drei Platz auf der Vorderbank fanden. Er hatte ein Stoffverdeck mit einem Rückfenster aus Zelluloid und einen knallroten Gummiballon, der, wenn man ihn drückte, mit einer kurzen Verzögerung ein heiseres Muhen aus einer verschlungenen Messinghupe ertönen ließ; es hallte durch die Täler und vertrieb alles Vieh von der Straße – mit Ausnahme der Büffel, bei denen wir Graf Jenös nautische Maxime beherzigten. Die Straßen waren miserabel; das Auto schaukelte durch die Rinnen und Schlaglöcher wie ein Schiff auf rauher See, und bei unserer Fahrt entlang des Maros zogen wir eine mächtige Staubwolke hinter uns her. Sie waberte in unserem Kielwasser und senkte sich bei jedem Halt auf uns herab, so daß wir bei unserer Ankunft in der alten transsilvanischen Residenzstadt aussahen wie drei graue Gespenster.

Die Mühen mit Namen – etwas, das sich wie ein Leitmotiv durch diese Seiten zieht – erreichen hier ihren Höhepunkt. Aus dem dakischen Apulon wurde das lateinische Apulum, und die Spuren der altrömischen Kolonie waren allgegenwärtig. Doch beide Bezeichnungen verschwanden, als die stille, doch unerbittliche Ausbreitung der Slawen die alten Namen von Osteuropa für immer verstummen ließ. Sie tauften den Ort Balgrad – »die weiße Stadt« (eine von vielen), vielleicht der hellen Mauern wegen –, und diese Farbe blieb haften. Die Sachsen nannten die Stadt Weißenburg, später dann Karlsburg, zu Ehren von Kaiser Karl VI., der dort im achtzehnten Jahrhundert eine mächtige Festung anlegen ließ. Die Ungarn blieben bei der Farbgebung, doch sie brachten noch ein anderes Element ins Spiel: das Wort »Julius«, nach einem ungarischen Fürsten, der in der Mitte des zehnten Jahrhunderts Konstantinopel besucht und dort die Taufe empfangen hatte. Sie nannten die Stadt Gyulaféhervár, »die weiße Stadt des Gyula«. Die Rumänen blieben anfangs bei Balgrad und übernahmen später die aus dem mittelalterlichen Latein stammende Bezeichnung Alba Iulia.

Ich wünschte, Graf Jenö und seine Gräfin wären bei uns gewesen! Sie hätte uns von Michael dem Tapferen erzählt, dem Fürsten der Walachei, der Siebenbürgen im siebzehnten Jahrhundert eroberte; davon, wie er, nachdem er Moldawien ebenfalls in Besitz genommen hatte, für kurze Zeit alle drei Fürstentümer unter einem Szepter vereinte und so ein einziges stürmisches Jahr lang das moderne Königreich Rumänien vorwegnahm. (Zum Gedenken daran wurden König Ferdinand und Königin Maria nach der Neuregelung der Machtverhältnisse im Anschluß an den Krieg hier gekrönt.)

Sobald der Graf außer Hörweite wäre, hätte seine Frau uns vermutlich erzählt, wie der andauernde Mißbrauch der Macht im Jahr 1784 schließlich zum Ausbruch eines rumänischen Bauernaufstands geführt hatte, in dessen Verlauf mit Feuer und Schwert zahllose Greueltaten verübt wurden und der erst ein Ende fand, als zwei Anführer vor den Toren der Festung aufs Rad geflochten wurden. Derweil hätte Graf Jenö uns zur Kathedrale geführt, so wie István es jetzt tat. Der alte romanische Bau war von den Tataren schwer beschädigt und später unter Johann Hunyadi im spätgotischen Stil prächtig wiederaufgebaut worden; wieder einmal standen wir unter Spitzbögen. Die ganze Stadt war ein Hort der transsilvanischen Geschichte; ihre Blütezeit erlebte sie in der Zeit nach der Niederlage von Mohács. Damals war die Große Ungarische Tiefebene hinabgesunken in den Rang eines türkischen Paschalik, und das nordwestliche Ende, am anderen Ufer der Donau, wurde von Kaiser Karls V. Bruder Ferdinand beansprucht. Siebenbürgen, das verbleibende Drittel des zerstückelten Königreichs, überdauerte als Stützpunkt eines rivalisierenden Herrschers, König Johann Zápolyas; nach dessen Tod hielt Isabella von Polen, die resolute Königinwitwe, den schrumpfenden östlichen Teil des Reiches zusammen; ihr Sohn Sigismund war der letzte gewählte König von Ungarn. Schließlich blieb nichts außer Transsilvanien, und als der junge König starb, wurden diese östlichen Gebiete – jetzt eine riesige isolierte Provinz – ein Fürstentum, das die Ansprüche der Habsburger nur abwehren konnte, indem es zumindest pro forma die Oberherrschaft des Osmanischen Reiches anerkannte. Mehr als hundert Jahre lang folgte einander eine kuriose Prozession von transsilvanischen Fürsten auf den Thron, bis die Rückeroberung von 1711 dem ein Ende bereitete und Siebenbürgen erneut Teil von Ungarn wurde – wiedervereinigt und von den Türken befreit, doch fest in habsburgischer Hand.

Königin Isabella und Johann Sigismund sind in der Kathedrale ebenso beigesetzt wie Johann Hunyadi und sein in Buda enthaupteter Sohn Lászlo, die Fürsten Michael Apafi und Stephan Bocskay und der ermordete Kardinal Martinuzzi. Der prächtige Bischofspalast, ein beschauliches Labyrinth aus ockerfarbenen Mauern, und der Schatten der Kastanienbäume verwandelten diesen Teil der Stadt in ein transsilvanisches Barchester. (Später, im achtzehnten Jahrhundert, stiftete der Bischof Graf Batthyány eine herrliche Bibliothek mit wertvollen Beständen, unter anderem einem der ältesten Manuskripte des Nibelungenlieds.) Der große Gabriel Bethlen war ein weiterer Wohltäter und gründete hier seine Akademie.* Verheiratet mit der Schwester des Kurfürsten von Brandenburg, war er einer der Aktivsten in dieser Abfolge von Fürsten, ein mächtiger, nach Westen hin orientierter protestantischer Heerführer des Dreißigjährigen Kriegs, verbündet mit dem Pfalzgrafen bei Rhein, der Winterkönigin und Gustav Adolf.

Die älteren Fürsten aus dem Hause Rákóczi waren ebenfalls Vorkämpfer der Reformation. Um den Beistand der Herrscherhäuser von England und der Pfalz – und des vielleicht zurückgewonnenen Böhmen – für die protestantische Sache zu sichern, heiratete Sigismund, der Bruder von

* Ein Detail über die Akademie, das mir damals nichts bedeutet hätte, fasziniert mich heute umso mehr: Ein Jahr lang lehrte an Bethlens Akademie der schlesische Dichter Martin Opitz (1597–1639), der »Vater der deutschen Dichtkunst«, einer aus einem Siebengestirn von Dichtern des siebzehnten Jahrhunderts, zu dem außerdem Simon Dach, Paul Fleming, Scheffler, Gryphius und Grimmelshausen (»Komm, Trost der Nacht, O Nachtigall«) zählen, letzterer der Verfasser des *Simplicissimus*, des großartigen Schelmenromans über den Dreißigjährigen Krieg; schließlich noch Weckherlin, Miltons unmittelbarer Vorgänger als Cromwells lateinischer Sekretär, aus dessen Feder ein bemerkenswertes Sonett über die Ermordung Buckinghams stammt. Ihnen allen hat Günter Grass in *Das Treffen in Telgte* ein eindrucksvolles Denkmal gesetzt.

Georg Rákóczi II., Henrietta, die Tochter der Winterkönigin. So entwickelte sich Transsilvanien in diesen denkwürdigen Zeiten nicht nur zu einem Hort der ungarischen Freiheit, sondern es bot zugleich Zuflucht für allerlei protestantische Sekten, und es erlebte eine Art goldenes Zeitalter der Wissenschaften. Der sächsische Teil der Bevölkerung folgte Luther, die Ungarn übernahmen den Calvinismus, der sich unmittelbar jenseits der Grenze, in Debrecen, etabliert hatte, und es gab Unitarier verschiedenster Couleur; allen gemeinsam war die feindselige Haltung gegenüber den Habsburgern und die Ablehnung des jesuitischen Doktrinarismus. Den Fürsten gelang es, ein bemerkenswert hohes Maß an Toleranz zwischen den rivalisierenden Kirchen walten zu lassen. Die glühende Religiosität hatte hier nichts von der eifernden Leidenschaft, die in Polen und Österreich das Bild bestimmte, und selbst in der Gegenwart traten die Spannungen zwischen den Konfessionen weniger deutlich zutage. (Obwohl seine persönlichen Vorlieben eindeutig dem Katholizismus galten, war István, wie sein Vater, protestantisch getauft; seine Schwester Ilona hing, wie ihre Mutter, dem katholischen Glauben an. Diese Regelung war bei Kindern aus Mischehen in der Gegend häufiger anzutreffen.)

Hinter einer Weggabelung einige Meilen weiter nördlich herrschte geschäftiges Treiben. Der Weg zum Dorf vor uns war ein einziges Blöken und Muhen, und als wir uns einen Weg zwischen all den Tieren und durch die geradezu massiven Staubwolken gebahnt hatten, fanden wir uns umringt von Trachten aus einem Dutzend nahegelegener Ortschaften. Die Marktstände bogen sich unter ihrer Last aus metallverzierten Ledergürteln, Schaffelljacken, Blusen, Kopftüchern und schwarzen und weißen kegelförmigen Filzkappen; es gab Sattelgurte, Zaumzeug, Steigbügel, Pferdegeschirr, Messer, Sicheln, Sensen, Schafsglocken aus Messing und Eisen, frisch aus der Schmiedewerkstatt; außerdem Ikonen in billigen Metallrahmen für die Orthodoxen und Rosenkränze für die Katholiken; Girlanden aus Knoblauch und Zwiebeln, aus spitzen giftgrünen und feuerroten Papikaschoten; Axtstiele, Rechen, Heugabeln, Hirtenstäbe, Stöcke, Tröge, Butterfässer, Joche und Dreschflegel aus Eschenholz, Flöten und hölzernes Besteck wie das, was die Zigeuner auf Istváns Hof schnitzten. Töpfe und Kannen und große Krüge, die man sowohl auf der Schulter als auch auf dem Kopf tragen kann, gab es zu Hunderten, Schuhe standen – mal mehr, mal weniger militärisch – in Reih und Glied, und Bündel von spitznasigen Rohledermokassins baumelten an ihren Riemen. Ich kaufte Angéla ein Taschenmesser und ein orangefarbenes Tuch zum Schutz gegen den Staub, sie schenkte mir ein langes Stück rot-gelber Borte für eine Schärpe, handbreit und von einer wagenradgroßen Rolle abgeschnitten. Wir saßen an improvisierten Tischen unter den Akazien, tranken *tzuica* aus birnenförmigen Gläschen mit langen, schmalen Hälsen und versuchten uns schreiend zu verständigen; aber das Gebrüll der Tiere, die Marktschreier, das Feilschen, die Geigen, die Klarinetten, das Tamburin und die Flöte eines Bärenführers und die allgegenwärtigen bettelnden Zigeuner waren so ohrenbetäubend, daß unsere Versuche zum Scheitern verurteilt waren und wir schließlich strahlend und schweigsam das farbenfrohe Treiben beobachteten. Schwarz gekleidete Juden mischten sich unter die weißen Kittel und bunten Farben der Bauern. Zigeuner waren überall: Frauen wie zerlumpte bettelnde Regenbogen, Säuglinge, die, wenn auch noch zu jung zum Sprechen, doch schon erbarmungslos zupackten; und die Männer wilder als alles, was ich bisher gesehen hatte – dunkelhäutig, mit zerzausten Bärten, verfilzten, pechschwarzen Locken bis auf die Schultern, Augen wie menschenfressende Tiger. Betrunkene taumelten Arm in Arm durch die Menge und lagen schnarchend unter den Karren.

Schwerbeladene Heuwagen standen ringsum, ihre Last zu schwindelerregender Höhe aufgetürmt: Auf einem legte eine heimatlose Henne, Teil einer Hühnerschar, die sich dort niedergelassen hatte, leichtfertig ein Ei. Die Deichseln der Karren ragten kreuz und quer in die Höhe und bildeten ein Dickicht von Diagonalen, Hunderte der stämmigen, typisch transsilvanischen Pferde wieherten und schnaubten nervös am Dorfrand. Das Ganze wirkte wie ein Tatarenlager; und hinter den strohgedeckten Dächern und Bäumen erhob sich in Stufen die schroffe Silhouette des westlichen Gebirgszugs des alten Fürstentums.

»Was für ein Jammer, daß wir so wenig Zeit haben!«

Bei der Fahrt in die Tiefen der leicht ansteigenden zentralen Ebene wies István mit einer Handbewegung auf die hintereinanderliegenden Gebirgsketten und erzählte uns von den Wundern, die uns dort entgingen. Es gab alte römische Salzbergwerke, in denen bis auf den heutigen Tag Sträflinge beschäftigt waren; sie gruben gewundene Gänge bis tief ins Herz der Berge, und die Echos hallten von Felswand zu Felswand, bis sie sich in der Ferne verloren. In einer Galerie wurde das Echo sechzehnmal zurückgeworfen; wenn man tiefer drinnen erneut die Stimme erhob, ließ ein wahnwitziges Donnergrollen das gesamte Massiv erzittern. Jeder Bach, jeder Fluß, der am Wegesrand abzweigte, verhieß neue Wunder: tiefe Kalksteinschluchten, gewaltige Höhlen mit Torbögen und Arkaden und verrückten natürlichen Fensteröffnungen: unsichtbare Bäche, die in der Tiefe dahinbrausten, und Höhlen, wo Stalaktiten und Stalagmiten einander zustrebten oder unlöslich zu wespenschlanken Säulen verschmolzen; auf den Anhöhen thronten Burgen, und die Trümmer alter Dörfer, einst von den Mongolen geplündert, lagen immer noch in der Dunkelheit der Wälder, wo rumänische Schäfer sich gegenseitig und ihre Herden mit meterlangen, metallverstärkten Hörnern aus Lindenholz riefen, Instrumenten, wie man sie auf den Wiesen der Alpen oder den Weiden von Tibet findet.

Die breite Hauptstraße von Turda – oder Torda – erinnerte mich an Honiton. »Hier sind alle Schuster, Gerber und Töpfer«, sagte István, »und viele von ihnen sind Sozinianer.« Angéla wollte wissen, was Sozinianer seien, und ausnahmsweise hatte ich eine Antwort parat: Ich hatte den Begriff in Graf Jenös Bibliothek nachgeschlagen. Es war eine unitarische Sekte, die in diesem Teil der Welt entstanden war, benannt nach einer Theologenfamilie aus Siena, den Sozzini; insbesondere war hier ihr Namenspatron Fausto Sozzini, ein abenteuerlustiger Neffe des Begründers, der vom Hof Isabellas von Medici nach Transsilvanien gewandert war und sich 1578 in Kolozsvár niedergelassen hatte, wo seine Lehren auf fruchtbaren Boden fielen. Später zog er weiter nach Krakau.

»Gut und schön«, sagte Angéla, »aber woran glauben sie?«

»Also«, antwortete István ratlos, »zum Beispiel glauben sie nicht an die Dreieinigkeit.«

»Ach?« Sie dachte eine halbe Sekunde lang über diese Frage nach, dann sagte sie: »Ganz schön böd«, und István und ich lachten.

Wir schlenderten in die calvinistische Kirche. Das alte Gebäude war so streng und nüchtern wie eine Mönchszelle, über dem Altartisch waren die zehn Gebote auf ungarisch zu lesen. Die Nummern der Lieder des letzten Sonntagsgottesdienstes waren wie in englischen Kirchen auf einer hölzernen Tafel an einer Säule nahe der hohen Kanzel angeschlagen. Der einzige Schmuck waren die schönen barocken Kirchenbänke; sie waren hellgrün gestrichen und hie und da mit etwas Gold verziert, als seien die Pastoren entschlossen gewesen, den Katholiken nicht völlig das Feld zu überlassen. Drei mittelalte Schwestern mit apfelwangigen Gesichtern unter den Häubchen wischten energisch die Bankreihen blank. Sie rückten die Gesangbücher auf den Ablagen zurecht und klopften den Staub aus den Kissen.

Wir polterten und hüpften durch das Land Kanaan. Bienenstöcke waren für den Sommer nach draußen geschafft und standen fein säuberlich aufgereiht am Waldesrand. An den Hängen standen die Reben in akkuratem Streifenmuster, die Felder waren übersät mit Korngarben und Heuschobern, und die vom Dreschen übriggebliebene Spreu vermischte sich mit dem Staub. Als die Schatten der Schafe und Rinder allmählich länger wurden, kamen wir an einen erhöhten Punkt, von wo aus man eine ganze Stadt überblicken konnte; am Fuße der Mauern einer wehrhaften Zitadelle aus dem achtzehnten Jahrhundert kletterten wir aus dem Wagen, und vor uns erstreckte sich ein Gewirr von Dächern. Am unteren Ende führten mehrere Brücken über eine Flußbiegung zu einem älteren Teil der Stadt am gegenüberliegenden Ufer. Es war Cluj für die Rumänen, Klausenburg für die frühen sächsischen Siedler, die Gründer oder Neugründer der Stadt, die Ungarn aber nannten sie unbeirrbar und unerschütterlich Kolozsvár.* Die Sonne wanderte in Richtung des Hügelkamms und sank immer tiefer; dabei tauchte sie den Ort in goldenes Abendlicht und brachte die Fenster und westlichen Seiten von Kuppeln, Kirchen und Glockentürmen zum Glühen, als sich schon tiefe Schatten auf die Ostfassaden legten. Noch während wir den Blick über die abendliche Silhouette gleiten ließen, begann eine Glocke die Stunde zu läuten, eine andere nahm die Herausforderung an, gefolgt von einer dritten, und binnen kurzem erschütterte die uralte, in Tonnen von Bronze gegossene Rivalität der Gotteshäuser die Abenddämmerung. Sogar die Armenier, die sich

* An den rumänischen Namen hat man in jüngster Zeit den alten Namen Napoca angehängt; so nannten die Daker ihre Heimatstadt. Das »zs«in Kolozsvár entspricht einem französischen »j«.

zwei Jahrhunderte zuvor hier angesiedelt hatten, ließen ihre Glocke ertönen; nur die Synagogen hüllten sich in Schweigen.

Als wir wieder in unseren Wagen stiegen, stürmte ein Schwarm von Zigeunerkindern aus den umliegenden Hütten und Höhlen; sie drängten sich auf Trittbrett und Motorhaube und warfen ihre flehentlichen Rufe wie ein Netz über uns, und wir konnten uns erst aus dem Würgegriff der braunen Fangarme befreien, als wir mit Münzen um uns warfen wie Konfetti. In Sekundenschnelle erlöst, glitten wir bergab und über eine der Brücken in die alte Stadt.

Unsere Reise war ein Geheimnis. Die Stadt war zwar in diesen Tagen nicht so gefährlich wie in der Wintersaison, wo es an jeder Ecke Festlichkeiten, Theater- und Opernaufführungen gab, aber eigentlich hätten wir ja nicht dort sein sollen, ganz besonders Angéla nicht. István genoß die Geheimnistuerei, und wir nicht minder – sie verlieh unserer Reise einen ganz besonderen, operettenhaften Reiz; also ließen wir das auffällige Automobil bei unserer Unterkunft und durchstreiften die Stadt zu Fuß, verstohlen wie Wegelagerer. István ging voraus und lugte um jede Ecke, weil er Angst hatte, wir könnten einem Bekannten über den Weg laufen. Tatsächlich lotste er uns einmal mit dem geflüsterten Kommando »Kehrt marsch!« in ein Geschäft für Eisenwaren und Malerbedarf, wo wir uns mit dem Rücken zur Tür interessiert über ein Sortiment Mausefallen beugten, bis die Gefahr vorüber war – ein ehemaliger Schulkamerad aus Wien.

Die alte Stadt war voll mit Stadthäusern und Palästen, aber die meisten standen im Augenblick leer, weil ihre Besitzer wegen der Ernte auf dem Land waren. István hatte sich diesen Umstand zunutze gemacht, und nach einem Telefonat hatte man uns in einem dieser Häuser eine Reihe Zimmer mit herrlichen Deckengewölben zur Verfügung gestellt, nicht weit vom Geburtshaus des Matthias Corvinus.

Die Spuren von dessen Herrschaft waren allgegenwärtig. Auf dem großen Marktplatz zeigte ein prachtvolles Reiterstandbild den König in voller Rüstung, inmitten seiner Ritter und Heerführer, zu seinen Füßen Berge von mit Halbmonden und Pferdeschweifen verzierten Bannern, den sichtbaren Zeichen des errungenen Sieges. Der Sockel trug lediglich die Aufschrift *Matthias Rex* – als das Denkmal errichtet wurde, bestand keine Notwendigkeit, das Wort *Hungariae* hinzuzufügen –, so daß Rumänen wie Ungarn ihn voller Stolz als einen der ihren betrachten konnten. Die meisten Namen, die wir mit der Stadt verbanden, stammten geradewegs aus den Romanen von Jókai, und wir warfen einen kurzen Blick auf die barocken Arkaden und die Bücher und Schätze des prächtigen Bánffy-Palais. Trügt mich meine Erinnerung, oder hat Liszt dort tatsächlich Konzerte gegeben? Und wenn ich mich recht entsinne, fand die erste ungarische Aufführung des *Don Giovanni* nicht in Budapest statt, sondern hier, in der Stadt mit den drei Namen. Wir betraten die imposante katholische Michaelskirche – einen gotischen Bau, der von der Zitadelle aus riesengroß ausgesehen hatte – just in dem Augenblick, als die Gemeinde nach der Vesper ins Freie strömte; im Halbdunkel, erhellt nur von flackernden Wachsstöcken, wirkte der Innenraum noch gewaltiger, und die Schatten verliehen ihm etwas Erhabenes; ungehindert von Kapitellen glitt das Auge an den Säulenbündeln entlang bis in die Höhen des Kirchenschiffs, wo sie sich zu Spitzbögen vereinten und zu einem filigranen Geflecht aus Liernen, Kreuzgewölben und tiefen Schatten auffächerten.

Ein Hotel an der Rückseite des Marktplatzes – es trug den Namen »New York« und war ein beliebter Treffpunkt in der Wintersaison – zog meine Reisegefährten an wie ein Magnet. István sagte, der Barkeeper habe einen erstaunlichen Cocktail erfunden – nur übertroffen von einem Getränk namens »Flying«, das in der Bar des Hotels Vier Jahreszeiten in München serviert werde – und den dürfe man sich um keinen Preis entgehen lassen. Er pirschte sich vorsichtig an, und nachdem er uns von der obersten Stufe einer kleinen Treppe signalisiert hatte, daß die Luft rein war, ließen wir uns in einer verschwiegenen Ecke nieder, während der Barmann mit seinem Shaker ans Werk ging und das Teufelsgebräu mixte. Wir waren die einzigen Gäste; es war schon recht spät, und die leisen Klänge des Walzers aus der *Fledermaus* ließen ahnen, daß die anderen alle im Speisesaal waren. Wir nippten beklommen und dennoch genießerisch an unseren Gläsern, umgeben von einem klassizistisch-neoromanisch anmutenden Dekor in Creme, Ochsenblut und Gold: Korinthische Kapitelle spreizten ihre Akanthusblätter, und zwischen den Wandpfeilern prangten von Girlanden umrankte Ornamente aus Köchern, Jagdhörnern, Lyren und Violinen. Wir plauderten über Heimlichkeiten und Verkleidungen. »Ich könnte so tun, als hätte ich Zahnschmerzen«, sagte Angéla nach dem zweiten Cocktail und schlang sich das neue Tuch um den Kopf wie einen Verband; »oder«, dabei hielt sie es unter den Augen straff über das Gesicht, »mich verschleiern wie eine Orientalin. Oder mich einfach ganz vermummen.« Sie wickelte ihren Kopf in das Tuch und band es oben zu einer Schleife wie bei einem Weihnachtspudding. Der Barkeeper servierte ungerührt die dritte Runde und verschwand genau in dem Augenblick, als Angéla wieder zum Vorschein kam, ihre Haare schüttelte und die vollen Gläser entdeckte, die wie von Zauberhand vor ihr aufgetaucht waren. Ich schlug den unsichtbar machenden Helm des Perseus vor, István Siegfrieds Tarnkappe – damit wäre sie nicht nur unsichtbar, sie könne sich sogar in jemand anderen verwandeln: König Karl, Greta Garbo, Horthy, Mussolini und Groucho Marx fielen uns ein, dann der Prince of Wales, Jack Dempsey, Königin Maria und Charlie Chaplin; Laurel und Hardy vielleicht; aber nur einer von beiden, sie müsse sich schon entscheiden, doch sie bestand auf beiden.

Das brachte unsere Unterhaltung auf das Doppeltsehen; die Cocktails zeigten allmählich Wirkung. Wir gingen, behutsam und mit gebotener Vorsicht, aber dennoch beschwingten Schrittes; dann duckten wir uns in eine Kutsche mit geschlossenem Verdeck, die im Winter vermutlich zum Schlitten umfunktioniert wurde, und fuhren mit klappernden Hufen zu einem diskreten Zigeunerlokal vor der Stadt, und als wir in unser elegantes Quartier zurückkehrten, waren wir befeuert von Paprika und Geigen.

Was für ein Hochgefühl, als am nächsten Morgen die schismatischen Kirchenglocken um den Weckruf stritten und die Julisonne durch die halbgeschlossenen Läden helle Lichtstreifen auf die Bettdecke malte! Von den Wänden des Raums, in dem wir frühstückten, blickten die Magnaten mit ihren bestickten, pelzverbrämten Wämsern auf uns herab, die Hände gelassen über dem Knauf ihrer Krummsäbel gekreuzt. Wir musterten sie unsererseits und bestaunten die zahlreichen Schichten ihrer wappenverzierten Kleidung. Noch bevor er erschien, kündeten Wohlgerüche vom Herannahen eines uralten Dieners mit Friesschürze aus einem weit entfernten Teil des Hauses. Er brachte uns Kaffee und Croissants und unterhielt sich mit uns, während wir die Hörnchen butterten und eintauchten und an unseren Tassen nippten. Was er vom Vorabend berichtete, ließ für einen langen Augenblick dunkle Wolken aufziehen: Die Nazis hatten Dollfuß ermordet. Aber wie nach der Säuberungsaktion im Juni, einen Monat zuvor, hielt die düstere Stimmung auch jetzt nicht viel länger an als das Frühstück. Das Ganze schien uns so fern, so weit im Westen. Und doch waren erst fünf Monate vergangen, seit ich den kleinen Kanzler nach den Unruhen im Februar in Wien an der Spitze jener bedrückenden Prozession gesehen hatte. Damals hatte ich die Namen Cluj oder Klausenburg oder Kolozsvár noch nie gehört. Aber der Name

Transsilvanien war mir vertraut, so weit ich überhaupt zurückdenken konnte. Er war der Inbegriff des Fernen, Entlegenen, halb mythischen Fremden; und jetzt, in diesem Augenblick, kam er mir noch entlegener vor, noch verzauberter. Ganz im Banne dieses Zaubers, waren wir unempfänglich für düstere Vorzeichen, und das Unheil hätte schon sehr viel drastischer und näher sein müssen, wenn es den Hauch von Komödie, von Abenteuer und Lebenslust, der unsere Reise umwehte, hätte vertreiben wollen.

Wir waren wie berauscht. Unsere Stimmung hielt den ganzen Tag an und begleitete uns durch finstere Schluchten, vorbei an bewaldeten Abhängen und steilen Bergwiesen bis hinunter ins Tal, wo wir zum gewundenen Band aus Weiden und Pappeln, dem Lauf des Maros, zurückkehrten; und bald spürten wir, daß an diesen Städten und Dörfern etwas anders war – nicht an der Landschaft, denn die wandelte sich ohnehin unablässig, sondern an ihren Bewohnern.

In den wenigen transsilvanischen Städten, die ich bislang gesehen hatte, war sehr viel Ungarisch gesprochen worden, bei den Schwaben in Arad auch Deutsch, wogegen man in den Dörfern und auf dem Land fast nur Rumänisch hörte. Jetzt, mit einemmal, sprachen die Viehhirten, die ihre Pferde an hölzernen Trögen tränkten, die Bauern auf den Feldern, die Schäfer, die mit ihren Stöcken unter den Bäumen standen, und die Fischer, die ihre Netze auf dem Fluß auswarfen, allesamt Magyarisch. Wir waren im Land der Szekler, der transsilvanischen Ungarn, eine halbe Million oder mehr, die eine große Enklave in den östlichen und südlichen Karpaten bewohnen. Es war diese geographische Lage, isoliert in einem Meer von Rumänen, die das ethnische Problem unlösbar machte.

Manche sagen, die Szekler seien die Bevölkerungsgruppe, die am längsten in der Provinz ansässig sei; wie wir wissen, wird das von den Rumänen mit allem Nachdruck bestritten. In früheren Zeiten galten die Szekler – genau wie die Magyaren, doch weitaus später – fälschlich als Nachkommen der Hunnen. Andere spekulierten, als Karl der Große die Awaren aus der Ungarischen Tiefebene vertrieb, könnten einige von ihnen hier im Gebirge gestrandet sein. Oder man glaubte, daß sie von den kriegerischen Kabaren abstammten, einem versprengten Stamm, der sich den Magyaren zur Zeit ihres mysteriösen Aufenthalts im Reich der Chasaren angeschlossen hatte und später zur Vorhut von Arpads Heer gehörte. Soweit ich sehe, bestätigt die jüngste Theorie die magyarische Herkunft: Irgendwie wurden sie von dem Gros der magyarischen Stämme getrennt, als sie, verdrängt durch die Petschenegen, von Bessarabien nach Westen zogen; sie müssen geradewegs über die nächstgelegenen Pässe in ihr heutiges Siedlungsgebiet gelangt sein, während die anderen auf ihrem längeren Weg schließlich die Ungarische Tiefebene erreichten. In diesem Falle hätten also die Magyaren, als sie sich später ostwärts ausdehnten und nach Transsilvanien vordrangen, ihre alten Verwandten, die Szekler, dort bereits fest etabliert vorgefunden. Es gibt überzeugende Belege dafür, daß die frühen ungarischen Herrscher sie als Bollwerk gegen drohende Barbareneinfälle an der Karpatengrenze ansiedelten oder ihre Siedlungsrechte bestätigten; und diese beiden letzteren Theorien schließen sich keineswegs aus. Auf jeden Fall waren sie das gesamte Mittelalter hindurch Hüter und leichte Kavallerie der östlichen Grenzmark, und als der Hauptteil der ungarischen Reitertruppen längst in voller Rüstung in die Schlacht zog, hielten sie fest an der wendigen parthischen Kampfweise ihrer nomadischen Vorfahren. Die ungarische Krone gewährte den Ungarn, Szeklern und Sachsen weitgehende Autonomie, und Szekler wurden, selbst wenn sie Schuhe ohne Sohlen trugen und noch mit einem Daumenabdruck unterzeichneten, in großer Zahl in den Adelsstand erhoben; alle drei Nationen – genauer gesagt ihre Anführer und Aristokraten – hatte Stimmrecht in den transsilvanischen Landtagen.*

Unser Automobil bahnte sich mühsam einen Weg zwischen Pferdefuhrwerken und Vieh in der Szeklermetropole Târgu Mureş – für seine Einwohner immer noch Márosvasarhély –, und den Lauten nach zu urteilen, die an unsere Ohren drangen, hätten wir uns ebensogut in einer ungarischen Landstadt befinden können. Wieder einmal herrschte Markttagschaos. Mir kam es auf Anhieb vor, als seien die Gesichtszüge anders – irgendwie gröber und kantiger um Stirn, Wangen und Kinn –, was auch zu der veränderten Sprache paßte. Auch die Kleidung war anders, obwohl mir die Einzelheiten entfallen sind. Mit Riemen geschnürte, rohlederne Schuhe waren ebenso allgegenwärtig wie die Mützen aus Schaffell und die flachen schwarzen Filzhüte. Auf meiner ganzen bisherigen Reise bestand der Hauptunterschied zwischen der Kleidung der ungarischen und jener der rumänischen Landbewohner in den weiten, mit einem breiten Gürtel gerafften Hemden, die die Rumänen über der Hose trugen. Beide Volksgruppen kleideten sich in weißes, handgesponnenes Leinen, doch die Hemden der Ungarn waren stets am Hals hoch geknöpft; ihre Hosen fielen von der Taille an ungewöhnlich weit, bisweilen waren sie sogar in Falten gelegt, wodurch sie fast wie Röcke wirkten. István nannte sie »Gatya-Hosen«; oft traten an deren Stelle weite schwarze Kniehosen und hohe, glänzende Stiefel. Hier hingegen trugen die

* Der Begriff »Nation« trägt in diesem Zusammenhang eine besondere Bedeutung: Er bezeichnet die gesetzgebende adelige Minderheit. Ungarische Leibeigene, die dieser Gruppe nicht angehörten, waren ebensowenig vertreten wie die ähnlich gestellten Vorfahren der rumänischen Mehrheit. Was zählte, war die Stellung innerhalb der Hierarchie, nicht die »Nationalität«. Es gab rumänische Adlige, die Stimmrecht besaßen, aber sie wurden unweigerlich vom ungarischen Adel absorbiert und verschwanden.

Bauern fast ausnahmslos enge, handgewebte wollene Beinkleider, die aussahen wie aus Filz genähte Strumpfhosen. Auf der Ungarischen Tiefebene und in Transsilvanien hatten sich die Trachten der Frauen ständig verändert. Jedes Dorf und jedes Tal hatte eigene Farbkombinationen und Schnitte. Borten, Blusen, Spitzen, Bänder, Halskrausen, Schärpen, Mützen, Kopftücher, Häubchen, frei herabbaumelnde oder zu Schnecken festgesteckte Zöpfe: Eine Vielzahl von Details zeigte an, ob man eine Verlobte, eine Braut, eine verheiratete Frau, eine alte Jungfer oder eine Witwe vor sich hatte. Manchmal glichen ihre Hauben den tütenförmigen Hüllblättern des Aronstabs; bei den Sachsen sahen sie aus wie steife, scharlachrote Röhren. Es gab Mieder, weit fließende oder mit Streifen verzierte Ärmel, Stickereien, Goldmünzen an Stirn oder Hals oder an beidem, Schürzen, die vorn oder hinten gebunden wurden, eine Vielzahl von Unterröcken und Röcken, an der Hüfte weit ausladend wie Krinolinen, gelegentlich kombiniert mit farbigen Russenstiefeln. Dieser dörfliche Sonntagsstaat verlieh jeder Zusammenkunft einen festlichen Charakter, zumal die ungarischen und rumänischen Mädchen außerordentlich hübsch waren. Die Bevölkerungsgruppen blieben meist unter sich, doch je mehr sie sich überschnitten und vermischten – Magyaren, Rumänen, Serben, Slowaken, Sachsen, Schwaben und bisweilen Armenier, im Norden vielleicht sogar ein paar Ruthenen –, desto hinreißender war das Ergebnis.* Ihre Alltagskleidung war eine nüchterne Variante des Sonntagsstaats, der zu Festtagen und Hochzeiten für ein Feuerwerk an Farben sorgte. Kleidung war noch emblematisch, nicht nur unter der

* Damals hatten ungarische Mädchen offenbar die Welt des internationalen Cabarets erobert; jeder Nachtclub, an den ich mich erinnern kann, war fest in ihrer Hand. Viele suchten ihr Glück im Ausland, und aus einem russischen Roman des neunzehnten Jahrhunderts weiß ich, daß das Wort *Vengerka* – »ein ungarisches Mädchen« – einen Klang von Verstand und Geschäftstüchtigkeit hatte.

bäuerlichen Bevölkerung: Ein Experte für rumänische und ungarische Symbole, der die vorübergehenden Passanten auf einem Marktplatz beobachtet hätte – ein paar Soldaten, einen Hauptmann des Roşiori-Regiments, eine Priorin der Ursulinen, eine Barmherzige Schwester aus dem Orden der Vinzentinerinnen, eine Klarisse, einen chassidischen Rabbiner, einen armenischen Diakon, eine orthodoxe Nonne, einen uniatischen Archimandrit, einen calvinistischen Prediger, einen Augustiner-Chorherr, einen Benediktiner, einen Franziskanerbruder, einen ungarischen Adligen, einen straußenfedergeschmückten Kutscher, einen lauthals fluchenden russischen Droschkenfahrer, einen Zigeuner mit seinem Tanzbären, umringt von seinen löffelschnitzenden Stammesgenossen, einen Wollkämmer, einen Hufschmied, einen Viehtreiber, einen Schornsteinfeger, einen Fuhrmann oder Holzfäller und, vor allen Dingen, die Frauen aus einem Dutzend Dörfern und die Pflüger und Schäfer aus weit verstreuten Tälern und Hochländern –, hätte ihre Herkunft ebenso rasch bestimmen können wie ein Herold beim Anblick der Fahnen und Wappenröcke in einer Schlacht des vierzehnten Jahrhunderts.

Auf dem Marktplatz direkt neben der riesigen Kirche thronte eine Zigeunerin inmitten von einem Nest aus Körben. Angéla kaufte einen davon, und nachdem sie ihn mit Flaschen und anderen Leckereien von den umliegenden Läden und Marktständen gefüllt hatte, quälten wir uns im ersten Gang durch die Menge. Als wir die Stadt hinter uns gelassen hatten, fuhren wir ein paar Meilen bergan, bis wir den Rand einer steilen, abgemähten Wiese oberhalb des Flusses erreichten. Das Geräusch unseres Motors ließ einen Reiher auffliegen; er erhob sich über die tiefer gelegenen Bäume und flog über die Wiesen davon.

»Wie schnell sie in der Luft sind!« rief Angéla. »Ganz ohne Aufhebens, wie Schwäne.«

»Ah!« erklärte István, »das liegt an den Luftkammern in ihren Knochen«, und wir blickten dem Vogel nach, wie er in der Ferne entschwand.

Wir picknickten unter einer Eiche. Die Bergrücken nach Norden und Osten hin waren von tiefen Tälern durchzogen und dicht bewaldet: voll mit Bären, sagte István. Kronprinz Rudolf und sein Zirkel – oder war es der unersättliche Franz Ferdinand? – habe während seiner Aufenthalte in dieser Gegend sechzig Exemplare erlegt. Als wir fragten, ob denn überhaupt noch welche da seien, antwortete István: »Es wimmelt nur so davon.« Auch er war in diesen endlosen Nadelwäldern auf die Pirsch gegangen. Es gebe auch Wölfe. Um diese Zeit zögen sie ihre Jungen auf.

Als er sah, daß wir keine Zigaretten mehr hatten, schüttelte István die Trägheit nach dem Essen ab und fuhr zurück in die Stadt. Wir schlenderten derweil hinunter zum Fluß, badeten, neckten und umarmten uns und sahen zu, wie die Libellen durch die Sonnenstrahlen huschten – Strahlen, die die Weidenbäume auffingen und zu dünnen Fäden spannen, bis unsere schlaftrunkenen Wimpern sie wieder in alle Regenbogenfarben auflösten. Wir kehrten genau in dem Augenblick zur Eiche zurück, als István mit dem Wagen wieder den Berg hinaufgekeucht kam. Er berichtete, er habe einen ehemaligen Kameraden aus seinem Husarenregiment getroffen, der ihn so lange aufgehalten habe, und wir machten Witze darüber, was für ein gefragter Mann er sei. Er hätte auch gern gebadet, sagte er; und setzte leiser hinzu: »Obwohl das natürlich nur noch halb so schön wäre, jetzt wo die Ernte vorbei ist.«

Wir nahmen eine alte Frau mit, die behutsam eine zugedeckte Schüssel im Arm hielt. Ich ließ sie durch István fragen, ob sie Szeklerin sei, aber sie erwiderte: »Nein, einfach nur Ungarin.« Ihr Gesicht, halb verborgen von einer Witwenhaube und einem breitkrempigen Hut aus geflochtenem

Stroh, hatte ein messerscharfes Profil. Als Angéla sich nach dem Inhalt der Schüssel erkundigte, die sie so vorsichtig auf den Knien balancierte, sagte sie: »Fühlen Sie selbst«, und lüpfte das Tuch an einer Ecke. Angéla kniete sich auf den Sitz, drehte sich nach hinten um, und als sie die Hand in die Schüssel schob, stieß sie einen kleinen Überraschungslaut aus. Die alte Frau lachte mit zahnlosem Mund, und dann forderten mich beide auf, es ebenfalls zu probieren, also gab ich ihrem Drängen nach und faßte zu meiner Verblüffung in ein Gewimmel von warmen, flauschigen Körpern, die sich jetzt, wo das Tuch abgenommen wurde, auch akustisch bemerkbar machten. Die Schüssel war voll mit frisch geschlüpften Entenküken, und beim Aussteigen bot die alte Frau uns einige als Dank für das Mitnehmen an, doch dann eilte sie ins Haus und kehrte statt dessen mit drei Gläsern Slibowitz zurück.

Es war schon spät. Wir verließen den Fluß, wandten uns nach Süden und folgten einer holprigen Straße, die an einem anderen Fluß – der Kokel?* – stromaufwärts verlief, dann wieder südwärts über Weiden und Stoppelfelder, wo gebückte Gestalten im Licht der tiefstehenden Sonne die letzten Ähren aufsammelten. Es war ein friedlicher Anblick, wie auf einem Bild von Samuel Palmer, mit Hügeln und Wäldern, die Felder gesprenkelt mit Garben; die Pyramiden der Heuschober warfen lange, speerförmige Schatten über die Wiesen; Rinder und Schafe kehrten zu ihren Ställen zurück, in eine große Staubwolke gehüllt. Wieder einmal hatten sich Landschaft und Dörfer verändert, doch es war schwer zu sagen, was anders war. Ziegel traten an die Stelle von Strohdächern, Mauern umschlossen weite Höfe mit einem giebelgezierten Bauernhaus an einer Seite, und die flachen Torbögen waren so hoch, daß ein beladenes Fuhrwerk hindurchpaßte. Alles war auffällig adrett und ordentlich.

* Târnava? Kukullo? So steht es auf der Landkarte.

Hinter den Bergen im Norden und Osten hatten sich bedrohliche Wolken zusammengebraut, wattig und reglos zunächst, dann durchzuckt von sommerlichen Blitzen. Der Tanz der elektrischen Spannung, die sich zwischen diesen Wasserdampfmassen entlud, färbte sie blaugrün und silbern und violett, und mit einem Flackern konnten sie binnen Bruchteilen von Sekunden dick aufquellen oder durchsichtig und fadenscheinig werden wie Theaterkulissen: Bühneneffekte wie Magnesiumblitze, als treibe ein Clown oder Harlekin seine Scherze in der Atmosphäre über den Hügeln. Diese rastlosen Szenenwechsel begannen mit Einbruch der Dunkelheit; dann ließ der achte Vollmond dieser Reise den ganzen Himmel zur Fata Morgana werden und vor uns eine schwindelerregende Silhouette aus steilen Dächern, Türmen und von Zinnen gekrönten Felsen erstehen, eine Zitadelle wie aus einer Bilderbibel.

»Sieh nur!« riefen István und Angéla wie aus einem Mund. »Segesvár!« Wären sie Rumänen gewesen, hätten sie »Sighişoara!« gerufen; die Nachkommen der Erbauer dieses Ortes in luftiger Höhe aber hätten es »Schäßburg« genannt.

Wie der westliche Name »Transsilvanien« deuten auch die magyarischen und rumänischen Bezeichnungen der Provinz – Erdély und Ardeal – darauf hin, daß es sich um eine waldreiche Gegend handelt. Die Deutschen aber nennen sie »Siebenbürgen«, und jede der in diesem Wort beschworenen sieben Festungen trägt drei verschiedene Namen; ich will es dem Leser ersparen, hier alle einundzwanzig aufzuzählen.

Der Hintergrund ist folgender: Als die frühen Könige von Ungarn, allen voran Géza II., im zwölften Jahrhundert diese Region verlassen fanden – so die ungarischen Chroniken –, holten sie »sächsische« Siedler vom Mittel- und Niederrhein nach Transsilvanien, einige auch aus Flandern, andere, wie es heißt, von der Mosel, sogar ein paar Wallonen waren dabei. Diese Siedler bestellten das Land und bauten ihre Städte, oft – so wie hier – an der Stelle alter dakischer Siedlungen. Das sind die Burgen, von denen der Name »Siebenbürgen« kündet, und im Laufe der Zeit durchdrangen sie mit ihren Höfen und Dörfern auch die Gebiete der Szekler und Ungarn und Rumänen. Ein Jahrhundert später rief Andreas II. den aus den Kreuzzügen hervorgegangenen Deutschen Ritterorden zu Hilfe gegen die nach Westen vordringenden Kumanen. Er schenkte den Rittern ein Stück Land in der Gegend von Kronstadt, doch als diese nach Unabhängigkeit strebten und ihr Gebiet dem Papst überantworten wollten, wurden sie wieder vertrieben. Sie zogen weiter nach Norden und ließen sich an der Weichsel nieder, wo sie einen kriegerischen Staat gründeten, den Vorläufer des späteren Ostpreußen; wenig später brachen sie ihre Lanzen an den Masurischen Seen und bekämpften die Litauer an der vereisten Ostsee.

Währenddessen erging es ihren friedfertigen »sächsischen« Vorgängern blendend. Sie blieben, wo sie waren, mehr als zweihunderttausend an der Zahl, und waren schon bald die am besten gedeihende Volksgruppe in ganz Transsilvanien. Sie bestellten das Land rings um ihre befestigten Bauernhöfe, und ihre vielfältigen Kenntnisse und Fertigkeiten bescherten ihnen beträchtlichen Wohlstand. Sie bauten gotische Kirchen mit hoch aufstrebenden Türmen, trieben Kellergewölbe in den Fels und umgaben ihre Städte mit Mauern und Zinnen. Ihre Sprache entfernte sich von der ihrer Landsleute im Westen, doch nur so weit, wie es bei Dialekten üblich ist; und später, als die Reformation die Karpaten erreichte, schlossen sie sich aus Solidarität zu ihren Stammesgenossen dem lutherischen Bekenntnis an. (Dies war nicht zuletzt eine Reaktion auf die Lehre der Sozinianer, die damals bei den ungarischen Calvinisten Fuß zu fassen begann.) Bemerkenswerterweise entwickelten sich diese

Siedlungen nach dem gleichen Muster wie die deutschen Städte und Dörfer im Westen: Hier wie dort bestimmten Bürger und Handwerker das Bild, und ihr Leben hatte nichts von dem überbordenden Elan der Ungarn, der selbstgenügsamen Starrköpfigkeit der Szekler oder der beharrlichen Gewissenhaftigkeit der rumänischen Bauern. Anscheinend entwickelte sich im Einklang mit der Nüchternheit und dem Bienenfleiß der Bewohner dieser Provinz eine solide, bisweilen prachtvolle Barockarchitektur, und sie brachten auch bedeutende Theologen und Lehrer hervor. Ich frage mich, ob ich recht hatte, als ich sie (bei späteren Besuchen) mit den puritanischen Siedlern der Neuen Welt verglich. Wie auch immer, die blauen Augen, die flachsblonden Haare und die deutschen Laute, die mir in diesen Arkaden und auf diesen Marktplätzen begegneten, hätte man ebensogut tausend Meilen weiter westlich finden können. Niemand hat sie je mit den späteren deutschstämmigen Siedlern im zurückeroberten Ungarn verwechselt – den Schwaben von Arad beispielsweise. Wie durch ein Wunder haben sie und ihre Städte und Dörfer, ihre Fertigkeiten und ihre Sprache acht bewegte Jahrhunderte lang nahezu unbeschadet überdauert. Man nennt sie »Siebenbürger Sachsen« – »Sassen« im Dialekt. Keiner weiß genau, warum das so ist, denn mit den Sachsen hatten sie nichts zu tun. War es irgendwann im Mittelalter eine ungenaue Bezeichnung für »Deutsche« im allgemeinen, in der Zeit der sächsischen Kaiser vielleicht – der Zeit von Heinrich dem Vogler, den Ottonen oder Heinrich dem Heiligen? Oder später, in der Zeit von Heinrich dem Löwen, dem Schwager von Richard Löwenherz?

Der Name der Region war mir von Kind auf vertraut, weil man mir schon in frühen Jahren die Geschichte vom Rattenfänger vorgelesen hatte, die davon berichtet, wie die Kinder von Hameln von einem Pfeifer in eine Felsspalte gelockt wurden, um später in den fernen Karpaten wieder ans Tageslicht zu kommen:

In Transylvania there's a tribe
Of alien people who ascribe
The outlandish ways and dress
On which their neighbours lay such stress,
To their fathers and mothers having risen
Out of some subterranean prison
Into which they had been trepanned
Long time ago, in a mighty band
Out of Hamelin town in Brunswick land,
But how or why, they don't understand.

Und hörte ich einmal von seltsamen Leuten,
Die ferne in Siebenbürgen leben;
Die ihre Gewohnheiten rückwärts deuten
Auf, was sich in ihrer Kindheit begeben:
Sie kamen einmal aus Nacht und Graus
Zusammen aus dunkler Erde heraus,
In die sie auf längere Zeit verbannt
Aus Hameln, der Stadt im Braunschweiger Land
Doch wie und weshalb, das hat keiner gekannt.

Den Felsspalt, aus dem sie angeblich wieder hervorkamen, die Höhle von Almasch, kann man heute noch besichtigen. Es ist eine von Fledermäusen bevölkerte Grotte im Osten von Schäßburg, etwa vierzig Meilen Luftlinie entfernt. Wenn die Kinder, wie es die Sage berichtet, wirklich aus dem Braunschweiger Land stammten, waren sie in der Tat Sachsen.*

* Ein Freund aus Kronstadt-Braşov-Brassó hat mir erzählt, daß es vor Ort keine Tradition gibt, die sich auf die Sage vom Rattenfänger beruft. Vielleicht hat Browning die Idee von den Brüdern Grimm übernommen, die die Geschichte ihrerseits womöglich von einem phantasievollen sächsischen Studenten aus Siebenbürgen gehört hatten. Diese Besucher erfanden mit Begeisterung phantastische Geschichten über ihre ferne Heimat: Den Menschen in Bonn oder Jena oder Heidelberg muß sie genauso exotisch und abgelegen vorgekommen sein wie die Tartarei. Vielleicht wird die Sage im Westen auch irrtümlich mit dem Kinderkreuz-

Wir hatten uns jetzt so weit von Angélas und Istváns üblichem Revier entfernt, daß die Gefahr, einen Bekannten zu treffen, gebannt schien, und so schlenderten wir unbeschwert durch die Straßen der luftigen Zitadelle, statt heimlich und verstohlen um die Ecken zu schleichen. Wir blickten hinab auf die Landschaft im Mondlicht und die metallverzierten Schindeldächer der Türme und beobachteten die Zeiger einer alten Uhr über einem Torbogen, wo eine mechanische Figur mit ruckhaften Bewegungen aus dem Uhrkasten hervorkam und die Stunde schlug. Der Mond tauchte die Stadt in gleißend helles Licht, doch hinter den schimmernden Bergketten in der Ferne zuckte noch immer das Wetterleuchten. Wir nahmen Quartier in einem Gasthof mit Giebeln und Butzenscheiben an einem Platz hoch über den Dächern und dem dreifachen Mauerring der Stadt und aßen an einem schweren Eichentisch im Gastzimmer. In unseren Gläsern funkelte kühler einheimischer Wein, und wir spülten damit eine erst am Nachmittag gefangene Forelle hinunter. Jedes Bild, jeder Klang – die Stimmen, die Weingläser, die Steinkrüge und die blankpolierten, zweihundert Jahre alten Möbel – weckte neue Erinnerungen an die Weinstuben an Rhein oder Neckar. Später zog István sich zurück, und Angéla und ich blieben in dem großen, verräucherten Raum zurück und hielten uns bei der Hand, im Bewußtsein, daß dies der vorletzte Abend unserer Reise war. Es gibt Zeiten, da sind Stunden kostbarer als Diamanten. Von den Giebelfenstern im Obergeschoß blickte man auf eine beinahe unwirkliche Szenerie. Der Mond hatte über das stumme Feuerwerk im Osten und Norden gesiegt, und alles war wie

zug in Verbindung gebracht. Neben dem eigentlichen Kreuzzugsheer aus Vendôme gab es auch zwei kleinere Kontingente, die sich von Deutschland aus in Bewegung setzten; die Kinder kamen allesamt ums Leben oder wurden in die Sklaverei verkauft. In Hameln selbst wird man auf Schritt und Tritt an den Rattenfänger erinnert.

verwandelt. Wir lehnten am Fenster, und als Angéla den Kopf wandte, schien ihr Gesicht einen Augenblick lang zweigeteilt: eine Hälfte silbern vom Mondlicht, die andere golden vom Schein der Lampe im Zimmer.

»Irgendwo da in den Feldern ist Petöfi gefallen«, sagte István. Zar Nikolaus I. hatte dem achtzehnjährigen Franz Joseph eine Armee zu Hilfe geschickt, als die Ungarn sich unter Kossuth erhoben, um ihre Unabhängigkeit zu erkämpfen, und den Sieg nur knapp verfehlten. Der Aufstand breitete sich auch nach Transsilvanien aus. Eine der letzten Schlachten des Feldzugs fand in der Nähe von Segesvár statt. Petöfi, ein glühender Verehrer von Shakespeare und Byron, war ein attraktiver, leidenschaftlicher Bohemien, und viele sehen in ihm den bedeutendsten ungarischen Dichter. Er starb im Alter von sechsundzwanzig Jahren, ein kühner, unerschrockener Kämpfer.

Aber in den rumänischen Annalen des fünfzehnten Jahrhunderts ist Sighişoara gleichbedeutend mit einer anderen denkwürdigen Gestalt, und wäre da nicht eine bestimmte Vorliebe gewesen, so wäre dieser Mann als Held in die Geschichte eingegangen. Der walachische Fürst Vlad III. entstammte einem bedeutenden Herrschergeschlecht aus Bessarabien; er war der Urenkel von Radu dem Schwarzen, sein Großvater war der kriegerische Mircea der Alte und sein Vater Vlad der Drache – den Beinamen, heißt es, trug er, weil sein Lehnsherr, Verbündeter und Feind Kaiser Sigismund ihn mit dem Drachenorden ausgezeichnet hatte. In seiner Kindheit lebte Vlad als Geisel am Hofe des Sultans, später bestieg er den walachischen Thron und kämpfte entschlossen und erfolgreich gegen die Türken. Sultan Mehmet II., der Eroberer von Konstantinopel, zog aus, ihn für seine Erfolge zu bestrafen. Doch ein unbeschreiblicher Anblick brachte seinen Rachefeldzug jäh zum Stillstand: ein weites Tal, darin Tausende von aufgespießten türkischen und bulgarischen Toten aus dem Vorjahr, ein Wald von Pfählen mit verwesenden Leichen, auf dem höchsten davon des Sultans General in vollem Ornat. Dem Sultan, dessen Adlerprofil und schneeweißen Kugelturban wir von Bellinis Gemälde und Pisanellos Radierung her kennen, war der Anblick von Blut von Kind an so vertraut wie einem Jagdfalken: Trotzdem wich er voller Entsetzen zurück – manche sagen, aus Hochachtung vor der Skrupellosigkeit seines unbotmäßigen Vasallen – und brach in Tränen aus. Denn Vlads lebenslange Vorliebe war das Pfählen. Viele zeitgenössische Holzschnitte zeigen den Fürsten beim üppigen Festmahl in den Tälern der Karpaten, umgeben von einem Wald aus aufgespießten Feinden.

In Rumänien kennt man ihn seit je nur unter dem Namen Vlad Tepes – der Pfähler –, doch für Ausländer, die seinen Vater Vlad den Drachen (»Vlad Dracul«) im Sinn hatten, war er »der Sohn des Drachen«. (Das rumänische Wort für »Drache« ist *Dracu*, und das auslautende »l« entspricht dem bestimmten Artikel. Dies ist die Wurzel der Bezeichnungen »Drakola« oder »Drakule« und dergleichen, Wörter, die einem Rumänen niemals über die Lippen kämen, denn im Grunde sind es falsche Ableitungen, basierend auf dem allenfalls denkbaren Wort »Draculea«, das soviel heißt wie »Drachensohn«.)

Es war das fremdartige, irgendwie nach Drachen klingende dreisilbige Wort, gepaart mit einer vage blutrünstigen Aura, das Bram Stoker zu seinem »Graf Dracula« inspirierte, einem Vampirwesen, das mit Frack und weißer Krawatte durch die Nacht fliegt und seine Zähne in die Kehle unschuldiger Opfer schlägt; in jüngster Zeit übertrifft nur Tarzan seine Beliebtheit als Filmgestalt. Doch gerade der Umstand, daß Transsilvanien tatsächlich reich an Burgen, Wäldern, Grafen und blutsaugenden Fledermäusen ist und daß mancherlei wirre Stränge der regionalen Geschichte in das Lokalkolorit des Romans eingeflossen sind, hat ihn (für mich) ungenießbar gemacht. Menschen, die es eigentlich besser wissen sollten, schlagen Kapital aus der Vermischung der beiden Figuren, und wenn eine Horde von Touristen durch »Draculas Schloß« geführt wird, würde ich vermuten, daß vor ihrem inneren Auge nicht die historische Gestalt erscheint – der Fürst mit der federgeschmückten Kopfbedekkung: der durchdringende Blick, der gewaltige Schnurrbart, der Bärenpelz und die Schnallen und Sterne, das lange Haar und die massige Streitkeule und die Palisade aus gespickten Pfählen –, sondern ein eleganter Graf in Zylinder und satingefüttertem Cape, mit seltsam geformten Schneidezähnen; jemand, der ebensogut Reklame für Rasierwasser machen könnte, als Tangolehrer arbeiten oder in einer Varietévorstellung eine Dame in einer hölzernen Kiste zersägen.

Zurück nach Sighişoara! Zurück nach Segesvár! Vor allem aber zurück nach Schäßburg!

Als ich viele Jahre später die herrliche überdachte Treppe zur ersten Plattform der Shwe-Dagon-Pagode in Rangun erklomm, hielt ich auf halber Höhe inne und überlegte, woran mich dieser steile Aufstieg erinnerte; von einer Minute zur nächsten fühlte ich mich um Jahrzehnte zurückversetzt und sah wieder genau vor mir, wie ich einst in Transsilvanien unter den Balken und Schindeln eines steilen hölzernen Daches eine zugige Treppe emporgestiegen war. Über diese sächsische Treppe gelangten wir zu dem grasbewachsenen höchsten Punkt der Stadt mit seinen umgestürzten Grabsteinen, hohen Bäumen und einer alten gotischen Kirche, umgeben von hohen Festungsmauern. Das Kirchendach, die halbrunden Ziegel mit hellen Flechten bewachsen, war steil wie das einer Scheune und krönte die fleckigen Mauern; den luftigen Innenraum überspannte ein mittelalterliches Fächergewölbe. Auch hier gab es spitze Lanzettbögen, Dreipässe und steinerne Nasen, und im Altarraum zeigten Reste eines alten Freskos, zu drei Vierteln abgeblättert, eine Kreuzigungsszene, vielleicht auch eine Verklärung Christi – so genau kann ich mich nicht mehr erinnern. Wappengeschmückte Grabsteine türmten sich ohne erkennbare Ordnung zu Füßen der Glockenseile; die Orgel war offenbar defekt, denn auf der Empore übte jemand auf einem ächzenden Harmonium. Das Thema des Altarbildes von einem Künstler der Donauschule ist mir auch nur noch vage in Erinnerung. »Eine eindrucksvolle Mischung«, so mein Tagebuch, »aus Naturstein, ausgebleichten Ziegeln und Stuck; reich verzierte Türbögen, ein über Jahrhunderte gewachsenes Stilgemisch, alles großartig und alles umweht von dem Hauch angestaubter Unberührtheit, den ich so liebe.« Anfangs dachte ich, es sei eine katholische Kirche, doch die Tatsache daß es weder ein Ewiges Licht noch die Stationen des Kreuzwegs gab, belehrte mich eines Besseren. Es war eine lutherische Kirche, längst nicht so kahl und nüchtern wie die Gotteshäuser der Calvinisten und Unitarier. Und das waren nicht die einzigen Anhaltspunkte. Die Bankreihen, die hier die Stühle ersetzten, schienen mir ein untrügliches Zeichen für den Geist der Reformation.

Wir ließen uns auf einer dieser Bänke nieder, und Angéla nahm beiläufig ein Gebetbuch von der Ablage und schlug es auf. »Sieh nur!« Die zerfledderten Seiten öffneten sich an einer Stelle, wo ein getrocknetes Blattgerippe als Lesezeichen eingelegt war und wo in verblaßter schwarzer Schrift eine Fürbitte für »unseren wohlbeliebten Kaiser Franz Joseph« zu lesen war. Seine schöne Ehefrau Elisabeth, Kaiserin von Österreich und Königin von Ungarn, wurde mit keinem Wort erwähnt. Das Gebet war also wohl nach ihrer Ermordung auf der Uferpromenade in Genf entstanden; auch der gemeinsame Sohn Kronprinz Rudolf, der sich in Mayerling nach der Bärenjagd in den Bergen, die wir durch die rautenförmigen Fenster nur schemenhaft erkennen konnten, mit der letzten verbleibenden Kugel das Leben genommen hatte, blieb ungenannt. In dem Gebetbuch stand kein Datum, nur der Name des Besitzers in blasser Tintenschrift. Dann fragten wir uns, ob es womöglich aus der Zeit nach der Ermordung des nächsten Thronerben, des Ungarnhassers Erzherzog Franz Ferdinand, in Sarajewo stammte. (1889, 1898 und 1914 – drei wahrhaft unheilschwangere Jahre.) Vergeblich suchten wir auch nach dem Namen von Franz Josephs Nachfolger Erzherzog Karl, dem letzten österreichischen Kaiser. Dies allein sprach gegen die Annahme, daß das Gebetbuch in der Zeit unmittelbar vor dem einsamen Tod des Kaisers im Jahr 1916 entstanden sein mußte, zu einer Zeit, als der gänzlich unprotokollarische Geschützdonner auf einem halben Dutzend Schlachtfeldern die Requien und Salutschüsse und das Glockengeläut übertönte: ein Kugelregen, der zwei Jahre später das Diadem der Cäsaren und die apostolische Krone von Ungarn sowie die Szepter und Kronen von Böhmen und Mähren – ja eines ganzen Weltreichs – in einem Meer aus Schutt und Asche untergehen ließ. »Armer alter Mann«, sagte Angéla und legte das Gebetbuch zurück an seinen Platz.

Draußen vor der Kirche zog sich hinter den Grabsteinen die höchste der drei Stadtmauern im weiten Bogen bergab, immer wieder von trutzigen Wehrtürmen unterbrochen, die nun zum Teil den Störchen als Nistplatz dienten. Die Blütendolden des Holunders quollen dick über die Zinnen; wir blickten hinab und sahen zu, wie die Schwalben in Lücken im Mauerwerk verschwanden. Die Grasfläche vor dem Westportal der Kirche senkte sich in sanften grünen Wellen talwärts, teils baumbestanden, teils Friedhof, wo Generationen von Grabsteinen die in altdeutscher Schrift eingemeißelten Namen von Webern, Brauern, Winzern, Tischlern, Kaufleuten und Pastoren trugen – einige noch mit der lateinischen Endung »us«, wie man es von den Humanisten des sechzehnten Jahrhunderts kennt. Hier oben, unter hastig dahinfliegenden Wolken, hoch über Feldern und Hügeln und einem gewundenen Flußbett, auf einem der schönsten Friedhöfe der Welt, hielten lebendige Tradition und Vergessen einander die Waage.

Der Organist war von der Empore herabgestiegen, um uns näher in Augenschein zu nehmen. Er zeigte auf einen massigen Turm im Tal. »Sehen Sie den da?« fragte er, polierte seine Nickelbrille und setzte sie wieder auf die Nase. »Vor dreihundert Jahren zog eine türkische Armee durch dieses Tal und wollte die Stadt plündern. An ihrer Spitze stand ein brutaler General namens Ali Pascha, ein schrecklicher Mann! Einige Schäßburger hatten sich in diesem Turm verschanzt, einer von ihnen schoß mit einer Arkebuse auf ihn, und – zack! – ging er zu Boden.« Zur Illustration dieses jähen Falls beschrieb sein Zeigefinger eine schwungvolle Parabel. »Er ritt auf einem Elefanten.«

»?«

»Jawohl.« Seine Brillengläser blitzten wie Fensterscheiben. »Auf einem Elefanten. Die Bürger stürzten sich auf die Angreifer, die Türken ergriffen die Flucht, und die Stadt war gerettet.«

Kaum hatte er diesen Satz beendet, da erfaßte ein Windstoß den bewaldeten Hügel. Zuerst war es nur ein warnendes Rauschen und Rascheln. Dann peitschten Sturmböen die Äste, bis sie wie Boxer aufeinander einschlugen und Staub und Blütenpollen in einer gelben Wolke emporwirbelten. Zitternde Grashalme wurden flach an den Boden gedrückt und bildeten wirre Schneisen, die Pappeln im Talgrund erschauderten von den Wurzeln bis zur Spitze, sie bogen sich wie ein malayischer Kris, und der Wind verwandelte die locker aufgeschichteten Heuschober in wirbelnde Tornados aus losen Halmen. Eine Sturmbö jagte Schalen,

Spreu, Stroh, Blütenblätter, junge Zweige, das welke Laub aus dem Vorjahr und den in Marmeladengläsern steckenden Blumenschmuck der Gräber bergan und schleuderte die zerzausten Vögel taumelnd durch die Lüfte. Die Wolken hatten sich verfinstert, ein heftiger Schauer ging nieder, und gemeinsam mit dem Organisten suchten wir Schutz unter einer Gruppe von Kastanien. Dann hörte der Regen ebenso unvermittelt auf, und die Sonne kam wieder zum Vorschein; ein Regenbogen erschien am Himmel und löste sich wieder auf, und wie durch ein Vergrößerungsglas blickten wir hinab auf eine Welt aus Hügeln und Wiesen, das blitzende Band eines Flusses und trotzig aufragende Bergketten in der Ferne. Aus den Baumkronen erklang empörtes Krächzen und Zwitschern, und die Luft duftete nach Blütenpollen, Rosen, Heu und nassem Erdreich.

Wir fuhren durch Weinberge und Hopfenfelder weiter gen Süden, und schon bald verschwand die hoch aufragende Festung hinter bewaldeten Hügeln und steilen Abhängen. Die Landschaft hatte etwas Feierliches, Erhabenes mit ihren schmucken Dörfchen am Flußufer, rings umgeben von schützenden Wäldern. Wenn wir uns erkundigten, wie sie hießen, nannten die Einwohner stets nur sächsische Namen – Schaas, Trappold, Henndorf, Niederhausen. (Der Fachmann erkennt die Übereinstimmungen zwischen dem Grundriß dieser Siedlungen und mittelalterlichen Dörfern in Franken, aus der Zeit, als diese Region noch bis weit in den Westen und Norden von Deutschland reichte; und die Verwandtschaft zwischen dem transsilvanischen Sächsisch und dem moselfränkischen Dialekt scheint diese Vermutung zu bestätigen.) Die Architektur war bäuerlich-rustikal, mit niedrigen Toreinfahrten und schindelgedeckten Friedhofstoren, die Häuser hatten Walmdächer und Giebelreihen auf der Straßenseite. Das Mauerwerk war solide und dauerhaft, hie und da verziert mit einfachen, doch durchaus koketten Barockornamenten. Den Mittelpunkt jedes Dorfes bildete eine massige, gedrungene Kirche, die viereckigen Kirchtürme trutzig und wehrhaft. Wir hielten auf dem kleinen Marktplatz von Agnetheln in der Nähe einer Kirche, massiv wie eine kleine Bastille. Nur von Schießscharten durchbrochen, stiegen die glatten Mauern steil auf bis zu einer Reihe vorspringender Pechnasen; die pyramidenförmigen Turmhelme ruhten auf Galerien aus kurzen, kompakten Säulen. Sie wirkten entschlossen, wie Teile einer Rüstung, und die Pfosten zwischen Mauerkappe und Turmaufsatz verliehen den dreieckigen Dächern das Aussehen von Helmen mit Nasenstücken und Augenschlitzen. Alle Kirchen waren in gleicher Weise behelmt.

Wir betrachteten die vor uns liegende von unserer Bank vor einem Gasthof. Am Nebentisch saß ein Stellmacher, der, die sandfarbenen Augenbrauen voll mit Hobelspänen und Sägemehl, nur kurz seine Werkstatt verlassen hatte, um hier etwas zu trinken. Er hatte den Arm um eine flachsblonde Tochter gelegt, die zwischen seinen Knien stand und uns schweigend aus hellblauen Augen musterte. »Was halten Sie davon?« frage er uns auf deutsch.

»Ein feste Burg«, erwiderte István treffend.

»Wie könnte es anders sein«, antwortete der Stellmacher, und ich fragte mich, was er wohl damit meinte. Seit ich die Grenzen von Ungarn und Rumänien überschritten hatte, waren mir nirgendwo derart grimmige, wehrhafte Kirchen begegnet; aber sie waren auch alle nicht so alt gewesen. Und doch hatte es in dieser Gegend niemals so heftige Glaubenskämpfe gegeben wie in Frankreich, Irland, Nordeuropa oder dem Kaiserreich im Dreißigjährigen Krieg. Hatte man sie zum Schutz gegen die Türken so gebaut? Der Stellmacher zuckte mit den Schultern. Ja, wegen der Türken; aber die waren längst nicht die Schlimmsten.

»Wer denn?«

Wie aus einem Mund antworteten István und er:

»Die Tataren!«

Ich verstand oder glaubte es zumindest: Die Wehrkirchen mußten nach dem Ansturm der Tataren des Batu Khan entstanden sein, jener mongolischen Horden, die das Königreich verwüsteten, Kirchen und Burgen niederbrannten, viele Tausende abschlachteten und ganze Völker verschleppten. Die Verwüstungen des Batu Khan und seine plötzliche Rückkehr nach Karakorum, als nach dem Tod von Kublai Khans Erben die Nachfolge im Mongolenreich ungeklärt war, ereigneten sich im Jahr 1241. Welch ein Segen, daß sie nie mehr zurückkehrten!

»Nie mehr zurückkehrten?« Das Weinglas unseres Tischnachbarn machte auf halbem Weg zum Munde Halt und landete wieder auf der eichenen Tischplatte; und als ich ihm und István lauschte, ging mir auf, wie lückenhaft mein in den letzten drei Monaten in den Bibliotheken meiner adligen Gastgeber erworbenes Wissen war. Bei ihrem letzten Eindringen kamen die Turktataren zwar nicht so weit wie die meisten ihrer Vorgänger, aber dieser Vorstoß ereignete sich erst im Jahre 1788; in der langen Zeitspanne zwischen 1241 und 1788 war es immer wieder zu kleineren Übergriffen der Tataren und anderer plündernder Reiterhorden gekommen. Die meisten von ihnen stammten aus dem tatarischen Siedlungsgebiet in der Budschaksteppe im südlichen Bessarabien. (Dabei muß es sich um versprengte Nachkommen der Nogaier- oder Krimtataren gehandelt haben. Nachdem Tamerlan – Timur – die Herrschaft der Goldenen Horde zerschlagen hatte, hatte der Rest unter den von Girai abstammenden Nachkommen des Dschingis Khan – mittlerweile wahrscheinlich mehr Türken als Mongolen – ein unabhängiges Khanat auf der Krim gegründet und ein weiteres in Kazan.) Diese Eindringlinge zogen in regelmäßigen Abständen durch Moldawien, überquerten den Buzau-Paß in den südöstlichen Karpaten – den »Tatarenpaß«, wie er im Volksmund hieß – und überfielen das wohlhabende Burzenland; (diese Region unweit der alten sächsischen Stadt Kronstadt* war das einstige Lehnsgebiet der Ritter des Deutschen Ordens).

Doch die massiven Wehrkirchen boten keinen Schutz vor wirklich entschlossenen Angreifern. Wenn ein Überfall drohte, flüchteten die Dorfbewohner in die Wälder und trieben ihre Pferde und ihr Vieh in die Höhlen der Karpaten. Der ganze Gebirgszug ist durchzogen von einem Labyrinth aus riesigen Tropfsteinhöhlen. Dort verkrochen sie sich und kamen erst wieder hervor, wenn die Gefahr gebannt war und sie den Schaden begutachten konnten. Dann, rund hundert Jahre nach dem Bau der Kirchen, griff man zu ernsteren Gegenmaßnahmen: Man errichtete mächtige Befestigungsmauern rings um die Dörfer, und sie stehen bis heute – eindrucksvolle steinerne Mauerringe mit mehrstöckigen, nur über Leitern zu erreichenden hölzernen Unterständen an der Innenseite, wie Logen in einem grob gezimmerten Opernhaus. Jeder dieser Fluchträume diente einer Familie als Unterschlupf, und in Zeiten der Gefahr lagerte man dort Pökelfleisch, Schinken und Käse für den Fall einer plötzlichen Belagerung. Diese Mauerringe sind erstaunlich, selbst für eine Grenzregion, die von Burgen und Festungen nur so strotzt. Ansonsten haben die Überfälle nur wenige Spuren hinterlassen, wenn man von den genetischen einmal absieht: Das mongolische Äußere mancher Dorfbewohner in der Region dürfte den zahlreichen Vergewaltigungen zuzuschreiben sein. Eine andere Theorie nimmt an, es sei ein Erbe der Kumanen, die hier hindurchzogen, bevor sie sich auf der Ungarischen Tiefebene niederließen und dort verschwanden.

* Braşov oder Brassó und in jüngster Zeit – wenn auch heute nicht mehr (und mehr als unpassend für diese alte gotische Stadt) – Stalin. Die Zeiten ändern sich.

István warf einen Blick auf die Uhr und sprang auf. Auf eine geflüsterte Aufforderung seines Vaters eilte das kleine Mädchen in den Hof hinter der Werkstatt, und als wir schon wieder im Auto saßen, lehnte sie sich atemlos zum Fenster herein und legte Angéla einen Strauß Rosen und Tigerlilien in den Schoß.

Kein anderes motorisiertes Fahrzeug störte die Ruhe dieser stillen Landstraßen. Meilenweit trafen wir nichts als Rinder und dann und wann ein vereinzeltes Fuhrwerk, gezogen von einem der stämmigen einheimischen Pferde. Ein weiteres Dorf mit einer wehrhaften Kirche tauchte auf und verschwand wieder aus dem Blickfeld. Vor uns ragte wie eine gewaltige Woge der massige Gebirgszug der Karpaten in den Himmel. Es waren die höchsten Gipfel der Transsilvanischen Alpen, nur übertroffen von den fernen Spitzen der Hohen Tatra im Süden von Krakau, an der Grenze zwischen Polen und der Slowakei; mehr als dreihundert Meilen Luftlinie nordwestlich, ein weiter Weg für einen Adler, der zur Abwechslung einmal andere Berge sehen wollte. Man kennt sie auch unter dem Namen Fagaraş-Gebirge; dieses in alten Chroniken erwähnte undurchdringliche Waldgebiet der Walachen und Petschenegen zählte lange Zeit zum Krongut der walachischen Fürsten; wie die Berge, die wir im Nordosten des Szeklerlandes gesehen hatten, waren sie reich an Bären und Wölfen, und die alte Festungsstadt, deren Namen sie tragen, lag an ihrem Fuße. Ich hatte eine ehrfurchtgebietende, hoch aufragende Festung erwartet, aber abgesehen von dem Verlies im Inneren entpuppte sie sich als massives, ockerfarbenes und ziegelrotes Mauergeviert, fast eine Viertelmeile im Quadrat, durchbrochen von Schießscharten und mit einer kreisrunden Bastion an jeder Ecke. Medaillons mit verwitterten, kaum noch zu erkennenden Wappen zierten ein großes Tor. Es war ein gutes Beispiel für eine Festungsanlage im Stil von Vauban, ein ideales Motiv für den Mittelgrund auf einem üppigen Schlachtengemälde. Ich sah es genau vor mir: den Wald von Belagerungszelten, die qualmenden Kanonen, das Dickicht der gen Himmel gereckten Lanzen, im Vordergrund ein sich verzweifelt aufbäumendes geschecktes Streitroß, im Sattel ein Feldherr aus dem siebzehnten Jahrhundert im Küraß, wild entschlossen, mit Schnurrbart und federgeschmücktem Hut, den Kommandostab an der mit einer Schärpe gegürteten Hüfte. Ihre endgültige Gestalt verdankte die Festung keinem Geringeren als dem berühmte Gabriel Bethlen, und die bekanntesten Belagerer waren die Janitscharen des Achmet Balibeg, gegen die eine fünfhundertköpfige Truppe von Magyaren und Szeklern verzweifelt Widerstand leistete. Ich habe das sichere Gefühl (auch wenn ich keinerlei Beleg dafür finden kann), daß der Ali Pascha, der die Stadt im Jahr 1661 belagerte, derselbe war, der vor Segesvár von seinem Elefanten stürzte.

Just in dem Augenblick, als wir nach diesen stillen Landstraßen durch das Sachsenland wieder auf die Hauptstraße einbogen, fuhren wir über einen Nagel und mußten ein Rad wechseln. In Fagaraş – oder Fogaras, wie István und Angéla es nannten – angelangt, warteten wir in einem Gartenrestaurant unweit der Festung, während es repariert wurde, und Angéla ging telefonieren. István war unentschlossen. Durch all die gemächlichen Vormittage und späten Aufbrüche – die Schuld daran trugen Angéla und ich – waren wir hinter unseren Zeitplan zurückgefallen. Eigentlich hatte er ostwärts bis zur bedeutenden alten Sachsenstadt Kronstadt in der Nähe des Tatarenpasses fahren und dort nach einem ausgiebigen Mahl und der Besichtigung der Schwarzen Kirche übernachten wollen. Aber die Zeit wurde knapp; wir mußten allmählich wieder nach Westen. Dann kehrte Angéla mit besorgter Miene von ihrem Telefonat zurück. All die Ausflüchte und Ausreden, mit denen sie unsere Reise erst möglich gemacht hatte, ließen sich nicht mehr länger halten; sie mußte zurück nach Westen, mit dem Zug und noch am selben Tag; sie müsse zu ihrer Familie, und dahin könnten wir sie ohnehin nicht begleiten. István überlegte. Die Stadt lag zwar an einer Bahnlinie, aber bei der Fahrt auf der Nebenstrecke müsse sie zweimal umsteigen und hätte lange Wartezeiten. Der Gedanke an soviel Leerlauf und die Aussicht, daß unser Ausflug zu dritt mit einem solchen Tiefpunkt enden sollte, betrübte uns. Wir blieben unschlüssig, bis der Mechaniker, ein Zigeuner, den geflickten Reifen wieder in seiner Mulde hinten im vorderen Kotflügel festzurrte. Bei dem Anblick hellte sich Istváns Miene auf, als hätte er eine plötzliche Eingebung. »Wir bleiben bei unserem alten Plan«, sagte er, »wir ziehen ihn nur einen Tag vor.« Angéla fragte, ob dafür denn die Zeit reichen werde. »Wart's nur ab«, sagte István und leerte sein Glas. »Auf die Pferde!«

Wir stiegen ins Auto und fuhren los. István drückte auf den knallroten Ballon, und mit der üblichen Verzögerung ertönte das melancholische Muhen aus der Messinghupe. »Nicht gerade schicklich für das dritte Regiment der Honved-Husaren!« meinte Angéla. Wir ließen Fagaraş-Fogaras-Fogarasch hinter uns wie eine Schlange ihre abgestreifte Haut und donnerten wenig später die Straße entlang, auf der wir gekommen waren; als wir die Abzweigung nach Agnetheln passiert hatten, betraten wir Neuland.

Die vom Regen blankgewaschene Landschaft und die rasch dahinziehenden Schäfchenwolken am Himmel hatten uns dazu verführt, das Verdeck zu öffnen. Zu unserer Linken erhob sich das gewaltige Gebirgsmassiv in einer Folge steiler Grate. Baumreiche Schluchten bohrten sich tief in die Vorgebirge, um die höher gelegenen Abhänge legten sich dunkle Waldstreifen wie Schals, aus denen oben der blanke Fels herausragte, ein Gewirr aus schroffen Buckeln und Spitzen. Wir wußten, dort oben spiegelte sich der Himmel in Dutzenden von kleinen Seen und Bergweihern, und bisweilen war uns, als sähen wir das Glitzern vereinzelter Schneefleckchen, aber dafür war es zu spät im Jahr; wahrscheinlich waren es nur zufällige Verfärbungen des Gesteins. Zu unserer Rechten kamen die Bäume, die den Lauf des Flusses Olt* säumten, bald näher heran, bald traten sie weiter zurück und begleiteten so unseren Weg, bis sich der Fluß gen Süden wandte und seinen gewundenen Lauf durch den engen Einschnitt nahm, der zum Roten-Turm-Paß führte. (Jenseits dieses gewaltigen Durchbruchs durchströmte er das Regat – das alte rumänische Königreich aus Vorkriegszeiten – und begann seine hundertfünfzig Meilen weite Reise durch die südlichen Gebirgsausläufer und über die Walachische Ebene; er durchströmte die nach ihm benannte Provinz Oltenien, ehe er – wie alle Flüsse in diesem riesigen Kessel der Karpaten – schließlich in die Donau mündete.) Einige Meilen bevor wir den Flußlauf verließen, zeigte István uns am anderen Ufer die Ruinen eines Zisterzienserklosters aus dem dreizehnten Jahrhundert, das älteste gotische Bauwerk in Transsilvanien. »König Matthias hat es aufheben lassen«, erklärte er uns, »wegen des unmoralischen Lebenswandels der Mönche.«

»Oh?« kam es von Angéla und mir wie aus einem Munde. »Was haben sie denn gemacht?«

»Weiß ich auch nicht so genau«, antwortete István und setzte verschmitzt hinzu: »alles vermutlich«; dann ließen wir die überwucherten Reste dieses Sündenpfuhls, dieses transsilvanischen Sodom oder Agapemone, hinter uns zurück.

Es folgte ein weiterer bedeutungsvoller Ort: das Schlachtfeld, wo der walachische Fürst Michael der Tapfere die Armee des transsilvanischen Herrschers Kardinal Andreas Báthory geschlagen hatte. Letzterer war ein Vetter jenes

* Lateinisch Aluta, deutsch Alt, ungarisch Olt – ausnahmsweise genau wie im Rumänischen.

Sigismund Báthory, der nach seinen Siegen über die Türken schließlich abdankte und im Wahnsinn endete. Nach der Schlacht überreichten einige Überläufer aus dem Lager der Szekler Fürst Michael das verstümmelte Haupt des Kardinals: ein trauriges Ende für das bedeutende Haus Báthory. Ihr Onkel Stephan – Fürst von Transsilvanien und später König von Polen – hatte die besetzten litauischen Städte aus den Händen der Armeen Iwans des Schrecklichen befreit und diesen ins Großfürstentum Moskau zurückgeschlagen.

Im sanften Hügelland, das sich nach Norden hin erstreckte, gab es überall vereinzelte sächsische Siedlungen; dann hörte man in sämtlichen Dörfern wieder nur noch rumänische Laute. István war ein geschickter, schneller Fahrer; wenn es sein mußte, bremste er rechtzeitig und ließ wütend zischelnde Gänse die Dorfstraße überqueren; danach trat er wieder aufs Gas. Die Straße führte teils bergauf und bergab wie eine Achterbahn, sie tauchte in Senken und erklomm gleich darauf die nächste Anhöhe, wo sich uns immer neue Ausblicke eröffneten; Angéla zündete Zigaretten für uns alle an und reichte sie nach links und rechts.

Am Stadtrand von Hermannstadt-Sibiu-Nagy-Szeben (der letzte Name ist natürlich der, den er selbst verwendete) stöhnte István laut auf. Tags zuvor, in der Haupstadt des Szeklerlands, hatten wir völlig vergessen, die Teleki-Bibliothek zu besuchen; hier nun, in dieser altehrwürdigen sächsischen Stadt, blieb uns keine Zeit mehr für Besichtigungen. Dabei lockten zahllose Kirchen und herrliche alte Gebäude; vor allen Dingen aber gab es das Brukenthal-Palais mit einer Bibliothek voller Manuskripte und Inkunabeln; nicht zu vergessen die Gemäldegalerie mit Werken niederländischer, flämischer und italienischer Meister. Um uns zu ärgern, ließ István diese Schätze vor uns Revue passieren: »Memling, Frans Hals, Rubens …« sagte er, nahm dabei die Hände vom Steuer und machte eine weit ausholende Geste.

Angéla sagte: »Das hast du auch nur aus Büchern.«

»… Tizian, Magnasco, Lorenzo Lotto …«, fuhr er fort; dann beschrieb er die wunderbaren Gasthäuser, die herrliche sächsische Küche, die köstlichen Spanferkel, Enten und Forellen, seufzte: »Keine Zeit! Keine Zeit!« und steuerte den Wagen durch kopfsteingepflasterte Gassen, über Märkte und weite, mit Steinplatten belegte Plätze. Wir hätten ebensogut in Österreich oder Bayern sein können. Wieder waren die Namen an den Geschäften samt und sonders sächsisch. An niedrigen, schattigen Laubengängen lockten Wirtshausschilder mit Tieren und Wappen, und keine bäuerliche Zurückhaltung hemmte hier die barocke Pracht der Gebäude. Hohe Flügelfenster reckten sich zwischen Lamellenläden mit kunstvoll geschmiedeten Scharnieren; es gab spitze und halbrunde Ziergiebel, Häuser in Gelb, Ocker, Safran, Grün, Blaßorange und Violett, und an beiden Enden der Dachfirste krönten elliptische Stuckornamente die Giebelsteine; die Giebelwände zierten Lünetten, umgeben von Schnörkeln und Voluten, und senkrechte Giebelfenster durchbrachen in dichter Reihe die steile, rosenfarbene Schräge der Ziegeldächer. Es war das perfekte städtische Gegenstück zu der bodenständig-bäuerlichen Architektur der Dörfer. Fachwerkhäuser tauchten auf, wehrhafte Türme mit querlaufenden Simsen und vergoldeten Zahlen auf den Zifferblättern der Turmuhren trugen zwiebelförmige Hauben aus Ziegeln oder schwefliggrünem Kupfer, gekrönt von Wetterhähnen. Die oberen Stockwerke der Häuser schwebten wie auf einer Wolke über den Wipfeln der ungestutzten Maulbeer- und Kastanienbäume. Auch Angéla war zum erstenmal hier, und unsere Begeisterung wie unsere Enttäuschung war groß; und als der Wagen sich einen Weg durch ein Labyrinth aus Marktständen und Pferdefuhrwerken bahnte, ging mir eines auf: Was mich und meine Reise betraf, waren diese Häuser und Straßen und Türme die letzten Außenposten einer architektonischen Welt, der ich nun bald für immer den Rükken kehren würde.

Der Leser mag hier den Eindruck gewinnen, daß ich mich allzu lange mit diesen Seiten aufhalte. Ich bin mir dessen sehr wohl bewußt, und ich kenne auch den Grund: Wenn wir in ein bis zwei Stunden an unserem Ziel ankamen, würden wir einen Schlußpunkt erreichen. Ich würde mich nicht nur von einer architektonischen Welt verabschieden, sondern diese ganze Abfolge von verzauberten Monaten in Transsilvanien hinter mir lassen. Ich würde mich gen Süden wenden, fort von all meinen Freunden, und nie wieder den daktylischen Rhythmus der ungarischen Sprache vernehmen. Und dann war da noch István; ich würde ihn bitter vermissen; und der Verlust von Angéla – die auf diesen Seiten nicht viel mehr ist als eine flüchtige, strahlende Erscheinung – bedeutete einen Einschnitt, an den ich kaum zu denken wagte. Deshalb kann ich nicht anders, ich muß diesen Augenblick noch ein, zwei Absätze hinauszögern.

Mir bleibt ohnehin keine Wahl. Nachdem wir den Versuchungen von Sibiu-Szeben-Hermannstadt so wacker widerstanden hatten, wurden wir übermütig und wiegten uns in dem Glauben, wir hätten noch etwas Zeit zur Verfügung. Wir hielten an, vertraten uns die Beine, lagen im Gras und rauchten ein paar Zigaretten, und ich brachte meine Reisegefährten zum Lachen, indem ich munter die Anekdote von Sir Francis Drake und seiner Boccia-Partie zum Besten gab. Doch kaum fuhren wir wieder auf der alten Landstraße am Ufer des Maros – ein paar Meilen südlich der Abzweigung nach Apulon-Apulum-Balgrad-Weißenburg-Karlsburg-Gyulaf éhervár-Alba Iulia –, da war es mit einem Mal, als hätte sich das Schicksal gegen uns verschworen. Ein unverhoffter Bautrupp mit Dampfwalze und roten Fahnen, der, als wir zwei Tage zuvor an dieser Stelle vorbeifuhren, noch nicht dagewesen war, hatte Absperrungen um Schlaglöcher errichtet, um die sich jahrelang kein Mensch gekümmert hatte. In seiner Verzweiflung machte István schließlich einen weiten Bogen um die Baustelle, quer über ein Stoppelfeld. Auf einem Straßenabschnitt, der auf der einen Seite von Wald begrenzt wurde, auf der anderen von einem steilen Abhang und einer darunter liegenden sumpfigen Wiese, taten sich eine Herde schlafwandelnder Büffel und eine riesige, im Schneckentempo dahinkriechende Dreschmaschine zusammen und hinderten uns gemeinsam am Vorankommen. Etwa eine Meile entfernt vom letzten Bahnhof vor unserem Ziel hatten wir schließlich eine Reifenpanne, die zweite an diesem Tag, vermutlich verursacht durch eine zerbrochene Flasche, die ein schnarchender Bauer nach der Ernte auf dem Stoppelfeld vergessen hatte. Mit fieberhafter Eile gingen wir ans Werk, und gerade als wir die letzten Schrauben des frisch geflickten Reserverads anzogen, hörten wir hinter uns das Signal der herannahenden Lokomotive. Dann sahen wir die vertraute Dampfwolke das Tal heraufkommen und hörten das Schnaufen und Rattern; und gerade als wir das defekte Rad hinten ins Auto warfen, fuhr der Zug an uns vorbei und verschwand gemächlich hinter einer Biegung. Flink wie Feuerwehrmänner sprangen wir in den Wagen, und István packte das Steuer.

In rasender Fahrt passierten wir Ziehbrunnen, Mais- und Tabakfelder, umhüllt von einer gewaltigen Staubwolke. Die Windschutzscheibe war von der altmodischen, über die ganze Breite unterteilten Sorte, und als István an einer gerändelten Messingschraube drehte, schob sich die untere Kante der oberen Hälfte nach außen, und der Fahrtwind zischte uns in den Ohren. Im nächsten Moment schossen wir an Tausenden und Abertausenden von Sonnenblumen vorbei; dann kam in der Ferne das Bremserabteil des Zuges in Sicht. Der Zug verlangsamte sein Tempo und hielt in Simeria, dem letzten Bahnhof vor unserem Ziel; just in dem

Augenblick, wo er sich wieder in Bewegung setzte, holten wir ihn ein. Als er wieder an Tempo gewann, fuhren wir Kopf an Kopf; die Fahrgäste beobachteten das Schauspiel voller Erstaunen, und wir kamen uns vor wie Indianer vom Stamm der Cherokee oder Assiniboin, die mit ihrem Kopfschmuck aus Federn und Büffelhörnern auf der Prärie einen Zug verfolgen: Eigentlich hätten wir mit gefiederten Pfeilen auf sie schießen sollen, während sie ihre Winchester-Flinten auf uns anlegten. István beugte sich tief über das Lenkrad, die Ärmel hochgekrempelt, und grinste wildentschlossen wie ein glutäugiger Dämon der Geschwindigkeit, mit gerippten Flügeln aus schwarzem Öltuch; als sich unser Vorsprung vergrößerte, stieß er ein freudiges Johlen aus; wir stimmten mit ein, und das Tuten des Zuges klang wie ein Zeichen der Kapitulation. Angéla kauerte auf dem Sitz, die Arme um sich geschlungen, den Mund vor Aufregung offen, und ihre Haare flatterten im Fahrtwind. Manchmal, wenn wir über eine Bodenwelle sprangen, fühlten wir uns, als wollten wir fliegen; eine weitere Reifenpanne hätte unser Schicksal besiegelt. Der Zug fiel weiter zurück, und wir gelangten wieder in vertrautes Terrain. Der steile Hügel von Deva, gekrönt von der Burgruine, wo noch immer das Gespenst des eingemauerten Opfers aus der alten Sage umging, tauchte vor uns auf, dahinter die Berge von Hátszeg, wo Vajdahunyád lag. Von Pappeln gesäumt, schlängelte sich der Maros talwärts nach Gurasada, vorbei an dem namenlosen Dorf von Safta und Ileana, vorbei an Xenias Zám, weiter nach Kápolnás und von da nach Soborsin zu Graf Jenö und Tinka, zu Konopy und nach Maria Radna, nach Arad, der Heimat von Iza, und nördlich davon lagen, verstreut zwischen Tälern und Hügeln, die Häuser von Georgina und Jaš, von Clara und Tibor und Ria.

Als wir den Bahnhof von Deva erreichten, kam der Zug gerade wieder ins Blickfeld. Wir schnappten uns Angélas Tasche und stürmten quer über die Gleise. Der Bahnhofsvorsteher winkte und wollte uns aufhalten, doch als er István erkannte, hob er ehrfürchtig die Hand zum Gruß. Als der Zug einfuhr, warteten wir lässig unter den Akazien, die ebenso zum festen Inventar eines rumänischen Bahnsteigs gehören wie die drei goldenen Ringe auf der scharlachroten Mütze des Stationsvorstehers. Sie beugte sich aus dem Abteilfenster zu uns hinab und schob uns aus ihrem Strauß Rosen und Tigerlilien rote Blumen ins Knopfloch. Wir hatten Abschied genommen, und ich spüre noch heute den Staub auf ihrer glatten Wange. Fahne und Trillerpfeife gaben das Signal zur Abfahrt, der Zug setzte sich in Bewegung, sie winkte unermüdlich, schließlich löste sie das Tuch, das sie um den Hals geknotet hatte, und schwenkte es zum Abschied, und wir gestikulierten wie wild dazu. Mit zunehmender Geschwindigkeit flatterte der lange Schal schließlich waagerecht in der Luft, bis der Zug, winzig klein vor den bewaldeten Abhängen, in der Ferne verschwand; dann hing nur noch eine kleine Dampfwolke in den Bäumen am Ufer des Maros. Angéla würde an all den Orten vorbeikommen, die uns so vertraut geworden waren, all den Etappen meiner eigenen Reise – ein halbes Leben schien mir seither vergangen –, und bei Curtici und Lökösháza die Grenze überqueren. Danach ginge es durch die Große Tiefebene – die Strecke, die Malek und ich zurückgelegt hatten, nur in umgekehrter Richtung –, und eine Stunde vor Mitternacht würde sie am Budapester Ostbahnhof aus dem Zug steigen.

7
Im Hochland der Karpaten

Lapuşnic! Endlich habe ich den vergessenen Namen wiedergefunden, hastig mit Bleistift auf eine der hinteren Seiten meines Tagebuchs gekritzelt; und da ist er, ein winziger, verblaßter Schriftzug inmitten von einem Tausendfüßlernest aus Konturlinien und Schraffuren, noch unleserlicher durch einen der Falze meiner zerfledderten Landkarte von Transsilvanien aus dem Jahr 1902. Es liegt etwa zwanzig Meilen von Deva, an einem schmalen Nebenfluß, der zwischen bewaldeten Steilhängen dem Südufer des Maros zustrebt. Letzte Sicherheit gewann ich noch vor kurzem durch einen Briefwechsel mit István (der heute in Budapest lebt). Dies war der Ort, wo wir das Automobil seinem Besitzer zurückgaben, und der wiedergefundene Name liefert mir einen Orientierungs- und Ausgangspunkt. In diesen Wochen seligen Müßiggangs hatte ich kaum etwas in meinem Tagebuch notiert, und auch nachdem ich meine Wanderung wiederaufgenommen hatte, ließ ich es einige entscheidende Tage lang weiter ruhen; zum Glück sind mir klare Bilder im Gedächtnis geblieben, die die wenigen hastig hingekritzelten oder erinnerten Namen ergänzen, so daß ich mit ihrer und der Landkarte Hilfe die nächsten Stationen meiner Reise rekonstruieren kann, auch wenn ein oder zwei dieser Reminiszenzen wie unbeschriftete Dias, die lose in einer Schachtel liegen, vielleicht durcheinandergeraten sind.

Lázár, der Besitzer von Haus und Auto, war ein Freund von Graf Jenö und von István; der Graf hatte in zahlreichen amüsanten Geschichten von seinen Abenteuern berichtet: Er war als Cowboy in Amerika gewesen und als Gaucho in Argentinien, war, wenn er Geld benötigte, in Rodeos aufgetreten, und mit seinem Backenbart, dem durchdringenden Blick und dem ebenmäßigen, wettergegerbten Gesicht schien er die Idealbesetzung für diese Rolle. Sein Anwesen lag nur ein Dutzend Meilen südlich von Istváns Haus, und István Horváth, der vierte Gast, den alle wegen seiner naiven Treuherzigkeit gutmütig belächelten, kam ebenfalls aus der Nachbarschaft, aus Maros Illye. Das Abendessen im Schatten einer Linde war eine reine Junggesellenpartie, doch die Anwesenheit der Köchin und Haushälterin unseres Gastgebers, einer hübschen Schwäbin, die eher an eine Opernsoubrette erinnerte und sich häufig und unbekümmert in unsere Gespräche einmischte und dabei die Schüsseln herumreichte, ließ ahnen, daß man es in diesem Hause mit der Enthaltsamkeit offenbar nicht ganz so ernst nahm. Ich erinnere mich an die Gesichter im Lampenlicht und den Klang des Klaviers, als István nach dem Essen in die Tasten griff. Wir blieben noch einen Tag an diesem Ort, ich schrieb an Angéla, und schließlich nahmen István und ich Abschied und machten uns, leicht verkatert, in entgegengesetzte Richtungen auf den Weg – und ich war wieder allein.

Eine Zeitlang versinkt alles im Dunkel des Vergessens; dann sehe ich den Weg wieder klar und in allen Einzelheiten vor mir. Er schlängelte sich an gewundenen Bachläufen durch eine steile, schattige Schlucht bergaufwärts, gesäumt von tropfnassen Felsen, auf denen dicke Moospolster und Farnkraut sprossen. Wie Pilzkolonien kauerten modrige Dörfchen mit struppigen Strohdächern an den zerfurchten Hängen. Büffel und Ochsen trotteten mißmutig bergan unter hölzernen Jochen, die mit einem Stahlbolzen an der Deichsel befestigt waren, und man hörte das rhythmische Klappern von Wasserrädern, lange bevor die efeuüberwucherten Mühlen in Sicht kamen; die Tiere hielten dort inne und tranken, während die Kutscher ihre Säcke abluden. Bis auf ein paar Minuten täglich drang nie ein Sonnenstrahl in diese Tiefen. Viele der bleich und ungesund aussehenden Dörfler hatten einen Kropf, und diese ländlichen Leiden erinnerten mich an die zahlreichen ungarischen Warnungen vor Geschlechtskrankheiten östlich der Grenze; es hatte fast geklungen, als lauere die Syphilis in Felsen und Hecken, um sich wie der Blitz auf den nichtsahnenden Reisenden zu stürzen.* István hatte gelacht, als ich ihm davon erzählte. Das sei hier auch nicht dramatischer als anderswo, sagte er: In Rumänien spreche man von »den weltlichen Übeln« – *boale lumeşti*. (Ein uneheliches Kind sei ein »Kind der Blumen« – *un copil din flori* –, eine freundlichere Bezeichnung als bei uns.) In Gedanken immer noch bei diesen Warnungen, hielt ich jäh inne. Wo war die unselige automatische Pistole geblieben? Ich hatte sie in einer Schlafzimmerschublade in Istváns Haus vergessen. Nach einem kurzen Schrecken war ich erleichtert. Sie hätte mir nichts als Unannehmlichkeiten beschert – vielleicht sogar Gefahren, wenn man sie in der Wildnis Bulgariens oder der Türkei bei mir gefunden hätte. Und dennoch – der Perlmuttgriff, das blitzende Metall, das elegante Lederetui! Ich würde István bitten, sie in Ehren zu halten.

Die massigen Bergrücken der Karpaten zu meiner Linken zwangen mich zu einer Wendung nach Süden. Das Tal durch das Gebirgsvorland weitete sich, doch als ich bei Einbruch der Dunkelheit Tomeşti erreichte, verdeckten noch immer hohe Gipfel den Himmel; dort erwartete mich ein weiterer vorab vereinbarter Aufenthalt, diesmal unter dem Dach von Robert v. Winckler. Mein Gastgeber war ein hagerer, hochgewachsener, gebildeter Herr, der mit seinen Büchern und Gewehren allein am steilen Waldrand lebte. Er

* In der Szene im Bordell von Mytilene aus Shakespeares *Perikles* sieht es anders aus:
Kuppler: »Der arme Ungar ist tot, der bei der kleinen Hure schlief.«
Riegel: »Ja, sie hatte ihn bald ausgepumpt.«

und seine Bibliothek waren ein unerschöpflicher Quell des Wissens, und als ich zu Bett ging, führte mein Weg nach oben durch ein Dickicht aus Gehörnen, Geweihen, Schrotflinten und Wolfsfallen. Es gab zwei riesige Wolfsfelle auf dem Treppenabsatz, einen ausgestopften Luchs an der Wand, eine Reihe von Eberhauern, schließlich ein Bärenfell auf dem Boden meines Schlafzimmers. Das letzte, woran ich mich erinnere, bevor ich die Kerze löschte, ist das doppelte Spiegelbild des Dochts in gläsernen Bärenaugen. Die Tiefe der schrägen Fensterleibungen zeigte die Dicke der Mauern, und die bis unter die Decke gestapelten Holzscheite neben dem massiven Kachelofen ließen ahnen, wie kalt es hier im Winter sein mußte. Im sommerlichen Mondlicht fiel es mir schwer, mir auszumalen, mit welcher Macht die Winde durch diese Täler pfiffen und wie Fallgitter aus Eiszapfen und die lautlosen, alles bedeckenden Schneeflocken über all diese Gebäude den Belagerungszustand verhängten.

Transsilvanien, das Banat von Temesvár, die Ungarische Tiefebene, die Berge der Hohen Tatra, die Bukowina, Galizien, Podolien, Lodomerien, Mähren, Böhmen, die Walachei, Moldawien, Bessarabien und, allen voran, die Karpaten selbst – wie nah die Geographie Österreich-Ungarns und seiner Nachbarn und die Phantasiewelt früherer Generationen doch beieinander liegen! Wer denkt hier nicht an Graustark, Ruritanien, Bordurien, Syldavien und Dutzende von weiteren Phantasiekönigreichen, beherrscht von tyrannischen Usurpatoren und zerrissen von Thronstreitigkeiten: Verschwörung, Verrat, gefangene Erben und Palastintrigen in Hülle und Fülle, dazu diabolische, monokeltragende Duellanten, Königinnen in einsamen Türmen, hohe Berge, finstere Wälder, weite Ebenen voller halbwilder Pferde, umherziehende Zigeuner, die Kinder aus Schlössern rauben und ihre Haut mit Walnußsaft dunkel färben oder zu Füßen der Burgmauer herumstreichen und mit dem Klang ihrer Geige das Herz der Schloßherrin betören. Es gibt wahnsinnige Edelleute und aufrührerische Bauern; auch Räuber – halb Schurke und halb Robin Hood –, die dem Wanderer auflauern mit furchterregenden, stachelbewehrten Keulen. Aus Büchern kannte ich die Betyaren des Alföld; jetzt betraten Heiducken und Panduren die Bühne. Pelzmützen auf dem Kopf und mit Perlenschnüren behangen, erschienen die Großbojaren der rumänischen Fürstentümer jenseits des Bergkamms; die Fresken auf den Mauern wehrhafter Klöster zeigten Prozessionen von gespenstischen Hospadaren mit hohen, filigranen Kronen samt ihren fast schon legendären Prinzessinnen. Nördlich davon lagen vereiste Flüsse und Steppen und Sümpfe, wo Rentierherden gemächlich dahinzogen, einst auch der mächtige Auerochse, den man heute nur noch auf Wappenschilden sieht; nordostwärts breitete sich Ödland, das unstete Kosakenhorden für sich beanspruchten und wo brennende und mordende Tataren hausten; und jenseits davon ein Königreich schlittenfahrender Polacken, verborgen in tiefen Schatten; dann kam eine schneereiche Gegend, wo die Ritter des Deutschen Ordens die heidnischen Litauer auf der zugefrorenen Ostsee in Stücke hackten, eine Welt, die in den Duellnarben und Pickelhauben Ostpreußens bis heute fortlebt; und noch weiter östlich das Großherzogtum Moskau und all die anderen russischen Gebiete. Im Süden jedoch – nicht so fern wie all das und mit jedem Schritt etwas näher rückend – lagen die Täler und Wälder der Donau, Schauplatz schwerer Schlachten zwischen Christen und Muslimen: Während die Soldaten des Sultans mit ihren absurd großen Turbanen dem grünen Banner stromaufwärts folgten, zogen Könige, Woiwoden und Kardinäle (deren Schläge mit dem Krummstab nicht als Blutvergießen galten) sowie sämtliche Paladine des Westens frohen Mutes stromabwärts ihrem Verhängnis entgegen – wie auf Uccellos *Schlacht von San Romano* umgeben von ihrer Hundemeute, und die Goldornamente unter den Straußenfedern, die Spiralen und Streifen auf den Lanzen blitzten in der Sonne.

Ich war ein großer Freund der Bücher von Saki und hatte seine Erzählungen kurz vor dem Aufbruch noch einmal gelesen. Viele Seiten darin sind durchdrungen von der Atmosphäre »jener geheimnisvollen Gegenden zwischen Wienerwald und Schwarzem Meer«, und nun steckte ich selbst bis über beide Ohren in diesem Labyrinth aus Wäldern und Schluchten. Die bewaldeten Berghänge vor dem Fenster, die Gedanken an den Schnee und die Wintersonnenwende riefen mir diese Geschichten lebhaft ins Gedächtnis, ganz besonders jene über Wölfe, die Schurken und dämonischen Herrscher des osteuropäischen Winters. Ihr angsteinflößender Auftritt im letzten, nur aus dem Wort *wolves* bestehenden Absatz der Erzählung »The Interlopers« hätte leicht nur wenige Meilen von hier spielen können; in einer anderen Erzählung mit dem Titel »The Wolves of Cernogratz« beschwor das heulende Crescendo der schrecklichen Bestien tausend Burgen im Norden und Westen. Ich war immer wieder tief berührt von dem vereinsamten Reisenden in »The Unbearable Bassington«, »einem Mann, den die Wölfe beschnüffelt hatten«. István war so ein Mann, mein Gastgeber ebenfalls, und auch Gróf K. zählte zu dieser Kategorie; Transsilvanien war voll von solchen Menschen. Jede Burg hatte ihr Gespenst, und nach Einbruch der Dunkelheit gesellten sich einsame Werwölfe zu den irdischen Wolfsrudeln; Vampire suchten nach Opfern, Hexen rührten ihr Gebräu und erhoben sich in die Lüfte; die Legenden und Märchen von einem Dutzend Völkern vermischten sich, und die Gegend war überreich an dem, was Goethe an der Neuen Welt so gar nicht vermißte: »Unnützes Erinnern und vergeblicher Streit … Ritter-, Räuber- und Gespenstergeschichten …« Ich blieb schließlich drei Nächte, lauschte den Geschichten über Wölfe und Wälder, schmökerte in der Bibliothek, und einiges davon muß mir in Fleisch und Blut übergegangen sein. Monsieur Herriot hat eine tröstliche Botschaft für Fälle wie diesen: »La culture, c'est ce qui reste quand on a tout oublié.«

Nach einem Marsch in südwestlicher Richtung, durch Täler und Gebirgsausläufer abseits der Straße nach Lugoj, und einer Nacht zu Füßen einer Eiche gelangte ich am zweiten Tag hundemüde und lange nach Einbruch der Dunkelheit zu einem Ziegelofen an der Straße nach Caransebeş, wo ich mich niederlegte und vor dem Einschlafen gerade noch sah, wie der Mond aufging.

Reisen wie diese erzeugen ein solches Hochgefühl, daß sie die Seele zum Schwingen bringen, und gepaart mit der Freude, wieder unterwegs zu sein, half mir dies, meine Einsamkeit nach der Trennung von István und dem Ende der verzauberten Tage mit Angéla zu überwinden. Ich hatte befürchtet, ich sei träge geworden, doch die Ängste waren unbegründet, und meine Ausrüstung schien in ebenso guter Verfassung wie am ersten Tag in Holland. Die Nägel an den Militärstiefeln von Millets waren nur leicht abgewetzt und würden mir noch für unzählige Meilen gute Dienste tun. Die alten Kniehosen waren vom vielen Tragen und Waschen weich geworden, die Nähte bestens intakt; nur die grauen Gamaschen hatten ein wenig gelitten, doch nachdem ich die von Schnee und Regen ausgefransten Ränder abgeschnitten hatte, waren die Schäden nicht mehr zu sehen. Ein graues Hemd mit hochgerollten Ärmeln vervollständigte meine Wanderkleidung. (Mittlerweile war meine Haut dunkel wie Teakholz, die Haare waren von der Sonne ausgebleicht.) Ein gütiges Schicksal hatte dafür gesorgt, daß mir mein erster Rucksack mit seinem komplizierten Tragegestell und der Vielzahl von Riemen samt dem schweren, wasserdichten Schlafsack und allerlei überflüssigen Ausrüstungsgegenständen, mit denen ich mir vorgekommen war wie der Weiße Ritter aus *Alice im Wunderland*, in München gestohlen worden war; der Ersatz, ein Geschenk meiner russischen Freunde aus dem Baltikum, war kleiner, enthielt aber alles, was ich brauchte: eine Hose aus dunklem Flanell und eine weitere aus hellem Segeltuch, ein durchaus vorzeigbares dünnes Tweedjackett, diverse Hemden, zwei Krawatten, Turnschuhe, jede Menge Socken und Pullover, Schlafanzug, das Stück bunte Borte, das Angéla mir geschenkt hatte; ein Dutzend neue Taschentücher (wie wir wissen), meinen Waschbeutel, einen Kompaß, ein Taschenmesser, zwei Kerzen, Streichhölzer, eine Pfeife – in jüngster Zeit kaum noch benutzt –, Tabak, Zigaretten und – eine neue Errungenschaft – Zigarettenpapier sowie eine Flasche mit – je nach Land – Whisky, Bols, Schnaps, Barack, Tzuica, Slibowitz, Arrak oder Tziporo. In einer Seitentasche steckte eine Ingersoll-Armbanduhr für fünf Shilling, die die Zeit exakt anzeigte, wenn ich daran dachte, sie herauszunehmen und aufzuziehen. Der einzige sperrige Gegenstand war der Armeemantel; ich hatte ihn seit Monaten nicht mehr getragen, zögerte aber, ihn zurückzulassen. (Zum Glück. Er war ideal zum Übernachten im Freien, und wenn ich ihn fest zusammenrollte und am Rucksack festschnallte, fiel er kaum auf.) Ich hatte noch immer den ungarischen Wanderstock, kunstvoll geschnitzt wie ein mittelalterlicher Bischofsstab, der zweite Ersatz für den ursprünglichen Eschenholzstock, den ich für neun Pence im Tabakladen am Sloane Square erstanden hatte. Schließlich hatte ich außer meinem Skizzenblock und einigen zerfledderten Landkarten noch mein Notizbuch und meinen Paß im Gepäck. (Eselsohrig und ausgebleicht, liegen beide in diesem Augenblick vor mir, die einzigen Überlebenden meiner Reise.) Da waren Lehrbücher für Ungarisch und Rumänisch (geringe Fortschritte in der einen, erste Gehversuche in der anderen Sprache); Aldous Huxleys *Antic Hay*, das ich immer wieder las; schließlich der in Köln gekaufte *Hamlet* in der Übersetzung von Schlegel und Tieck sowie – ebenfalls ein Geschenk meiner Gönner, die mir den Rucksack verehrt hatten – eine immer gut eingewickelte, wunderschöne Horazausgabe im Duodezformat, gedruckt im siebzehnten Jahrhundert in Amsterdam. Das Buch war in kräftiges, grasgrünes Leder gebunden; der Text hatte lange S, Mezzotinto-Vignetten zeigten Tibur, Lucretilis und die Bandusische Quelle, es gab ein scharlachrotes, seidenes Lesebändchen und das Exlibris des Schenkers sowie ein getrocknetes Blatt aus seinen estnischen Wäldern.*

Es wäre schwer gewesen, an diesem Morgen nicht mit dem ersten Hahnenschrei aufzubrechen, denn der fragliche Vogel hatte sich unter Flügelschlagen auf einem nur zehn Meter entfernten Faß postiert; also spritzte ich mir ein wenig Wasser ins Gesicht und machte mich auf den Weg. Der Tag versprach heiß zu werden.

In der »Pisica Veselă«, der »Fröhlichen Katze« – der Viehtreiberschenke, wo ich rastete und aus einem schmalen hohen Glas einen Tzuica trank –, wimmelte es von Fliegen; auf dem Boden aus gestampftem Lehm verspeiste eine riesige mahagoni-orangefarbene Hornisse ein Stück Fleisch, und draußen im Tal herrschte eine Gluthitze. Als ich später am Tag einen gastlicheren Ort erreichte, eine Mischung aus Café, Bar und Lebensmittelladen, glich ich einer wandelnden Säule aus Staub und Schweiß. »Wer nicht liebt Wein,

* Sechs Jahre später ging dies Büchlein im Krieg verloren, als unser Kaik auf der Flucht vor der Ostküste des Peloponnes von einem Lufttorpedo getroffen wurde. Die Ausrüstung sank so tief, daß wir nicht nach ihr tauchen konnten. Wahrscheinlich haben sich die Fische in der kleinen Bucht von Leonidon eine Zeitlang darum versammelt, ratlos an den Seiten geknabbert und es schließlich seinem Schicksal in der Ägäis überlassen.

Weib und Gesang«, stand in verschnörkelten deutschen Lettern an der Wand, »Der bleibt ein Narr sein Leben lang!« Ich erzählte dem Wirt von meiner ersten Begegnung mit diesem Vers in Goch, kurz nachdem ich die deutsche Grenze überquert hatte. Er war ein humorvoller *Schwob* aus Arad und fragte mich lachend, ob ich den Verfasser dieser Verse kenne. »Nein? Das war Martin Luther.«* Ich war wirklich überrascht. (Im Gegensatz zu den lutherischen Sachsen waren die Schwaben allesamt Katholiken.)

Er steckte voller nützlicher Informationen; bei einem Krug kalten Biers sprudelte er nur so vor Wissenswertem, und ich faßte einen spontanen Entschluß. Er half mir meinen Proviant aufzustocken: eine in zwei Hälften geteilte Salami, die ich diesmal besser vor der Sonne schützen wollte; etwas gebratenes Schweinefleisch, ein Päckchen Pumpernickel, Schokolade, Käse, einige Äpfel und zwei Laib Brot, auf deren Kruste merkwürdige kleine Märkchen klebten. (»Es ist eine amtliche Steuer«, sagte er und zog sie ab. »Das Märkchen ist der Beleg, daß sie bezahlt ist.«) Er begleitete mich zur Tür, wies mir den Weg und winkte zum Abschied Lebewohl.

Die Berge des Banat auf der rechten Seite der Straße waren bewaldet und schon für sich genommen eindrucksvoll; im Osten aber erhoben sich die steilen, mit Bäumen bestandenen Hänge der Karpaten, in der Ferne überragt durch die – von meinem Weg aus unsichtbaren – spektakulären kahlen Gipfel einiger der höchsten Gebirgszüge der transsilvanischen Alpen. Ich beschloß spontan, mich nach links zu wenden, um so der Hitze und dem Staub dieses schönen, doch glühend heißen Tals zu entfliehen; wenn möglich wollte ich am kühlen Waldrand entlang weiter in südöstlicher Richtung wandern. Ich hielt mit eiligen Schritten darauf zu und erreichte schon bald die ersten Bäume. Ein schmaler, ge-

* Der Wirt hatte vollkommen recht. Ich habe es nachgeprüft.

wundener Pfad führte zwischen den Stämmen steil bergauf, und ich tauchte ein in den Schatten.*

Mir war, als beträte ich einen geschlossenen Raum. Sobald ich im Schutz der Bäume bergauf wanderte, schien das Tal in weite Ferne zu rücken, und der Wald wirkte anfangs still, dann gewöhnte sich das Ohr an den Gesang der Vögel.

Nach einstündigem Aufstieg stand ich am Rand eines geneigten Feldes, auf dem eine Reihe von Schnittern ihre – hier im Hochland späte – Ernte einbrachten. Es waren biblische Gestalten: weißgekleidete Männer und Frauen mit breitkrempigen Strohhüten; einige trugen kleine Kinder auf dem Rücken wie Indianerbabies, und wenn diese beim Arbeiten im Weg waren, hängten sie sie in den Schatten der Bäume, sicher verschnürt in ihren hölzernen Kiepen. Überall lagen Körbe, Wasserkrüge, Sicheln und Rechen, ein halbes Dutzend Pferde graste, und am Waldrand standen kegelförmige Bienenstöcke fein säuberlich in Reih und Glied. Die Bauern schritten voran, mähten das Getreide und banden es zu Garben und lasen die letzten verstreuten Ähren auf, und dazu sang eine alte Frau mit hoher, zittriger Stimme ein Lied mit einer schier unendlichen Folge von Strophen zu einer ernsten, einprägsamen Melodie; die anderen stimmten bei jeder zweiten Zeile mit ein. Ich hatte das Lied schon beim Aufstieg zu der kleinen Hochfläche gehört, und es begleitete mich – zunehmend leiser – noch lange auf meinem Weg, als die Schnitter längst nicht mehr zu sehen waren, und als es bereits verhallte, erhaschte ich hin und wieder noch einen

* Diese Berge zur Linken des Straße gehörten ebenfalls zum Banat, bis hin zu den Höhenzügen am westlichen Rand des Retezat-Gebirges, die ebenfalls noch in Transsilvanien liegen. Ich bin mir nicht sicher, ob und wie weit ich bei meinem Zickzackkurs der folgenden Tage diese imaginäre Grenzlinie überschritt. Dies ist der Teil meiner Reise, bei dem mich mein Gedächtnis am meisten im Stich läßt, und ich kann nur hoffen, daß die Verwirrung sich in Grenzen hält.

flüchtigen, seltsam verkürzten Blick auf die Erntenden zwischen Garben und Heuschobern, mittlerweile nur noch winzige helle Tupfer, als blickte ich durch ein immer länger werdendes Teleskop zu ihnen hinab. Dann verschwanden sie schließlich hinter den Baumwipfeln.

Die Straße und das Tal in der Tiefe waren nicht mehr zu sehen, auf der anderen Seite, im Westen, gab es nichts als die Gebirgszüge des Banat, und auch die kamen mir längst nicht mehr so hoch vor. Später trottete ein Dutzend Kühe mit dikken Glocken um den Hals schwerfällig von einer höhergelegenen Weide talwärts. Ich wechselte ein paar freundliche Worte mit dem alten Kuhhirten und seinen Söhnen: Woher ich komme, wollten sie wissen. Anglia? Sie hatten noch nie davon gehört und zogen weiter mit ratlosen Blicken. Immer wieder sah es aus, als ende der Pfad an Felsen oder umgestürzten Baumstämmen, aber im letzten Augenblick machte er doch einen Bogen um sie oder führte darüber hinweg.

»Als beträte ich einen geschlossenen Raum« – ich hatte nicht geahnt, wie zutreffend dieser erste Eindruck war, denn plötzlich fand ich mich an einem Ort wie ein gewaltiger Saal: eine langgestreckte Lichtung, rings gesäumt von Buchen, deren Stämme wie mächtige Säulen aufragten und ein Gewölbe aus ineinander verflochtenen Ästen trugen. Die glatten, grauen Stämme lagen im Schatten, und wo Sonnenstrahlen sich einen Weg durch das dichte Laub bahnten und verschwommene Lichtpunkte auf die Rinde und das weit ausgreifende, muskulöse Wurzelwerk zeichneten, waren sie übersät mit silbrigen Flecken; auf dem unbewachsenen Waldboden waren diese verstreuten Konfetti aus Licht sogar noch spärlicher und schwächer. (Kein Wunder, daß römische Dichter stets das Adjektiv *opaca* für die *umbra* der *fagi* verwendeten!) Sie waren in der Tat undurchdringlich, *opaque*. Buchen sind eigennützige Bäume, zu ihren Füßen wächst nichts anderes – so entstehen diese lichten, weiträumigen Säulenhallen –, aber die zahllosen Schichten aus kleinen gerippten Blättern hielten nur das Sonnenlicht ab. Die Luft darunter war kühl und still; eine Stimmung fast wie unter Wasser. Der unverwüstliche Teppich aus Bucheckern zu ihren Füßen wäre für Schweine ein wahres Schlaraffenland gewesen. (Auf dem Weg ins Tal traf ich später auf schwarzbraune, borstige Rüssel, die unter den wachsamen Augen ihrer nachdenklichen Hirten den Boden ähnlicher Buchenhallen durchpflügten.) Diese mächtigen, lichten Wälder, begrenzt von Streifen aus Laubbäumen und dichtem Unterholz, zogen sich bergauf, soweit das Auge reichte, am Boden ein labyrinthisches Geflecht aus Wurzeln. Rinnsale plätscherten durch das Halbdunkel, stürzten, weithin vernehmbar, als kleine Wasserfälle von Felsvorsprüngen oder gluckerten unter trockenem Laub und Bucheckernhülsen aus dem Boden und schwollen zu Bächen an. Weiter unten im Wald waren mir zwei Wiedehopfe begegnet und in der Nähe der Lichtung mit den Schnittern einige Bienenfresser, die es vermutlich auf die Bienenstöcke abgesehen hatten; Pirole, unverkennbar mit dem schwarz-gelben Gefieder und ihrem durchdringenden, schrillen Gesang, huschten flink zwischen den Ästen hin und her. Und immer wieder versetzten mich unsichtbare Ringeltauben mit ihrem Gurren in eine so träge Stimmung, daß ich nur mit Mühe die Augen offenhalten konnte, wenn ich mich niedersetzte und eine Zigarette rauchte. Dann wieder stoben beim Geräusch meiner Schritte Hunderte von Vögeln auf und kreisten nervös im gefleckten Licht dieser Ballsäle aus Bäumen; sie erinnerten mich an die Vogelplage im »Crystal Palace«, deren der Herzog von Wellington durch den Einsatz von Falken Herr werden wollte.

Der Weg führte in eine kleine Senke, wo ein Wasserlauf aus dem Herzen der Berge herabstürzte und dann in seinem flachen Bett dem gewundenen Lauf des Tales folgte.

Ein Trupp Zigeuner hatte sich dort mit Zelten, Hunden und Pferden niedergelassen und auf ihre übliche Art selbst den Wald in Unordnung gebracht – doch ihr exotisches Aussehen ließ mich das Elend vergessen. Sie kauerten wie Inder am Ufer, und anfangs dachte ich, sie seien beim Abwasch, doch das schien mir so unerhört, daß ich noch einmal genauer hinsah. Sie hockten am unteren Ende von kleinen, notdürftig aus Brettern gezimmerten Wasserrinnen und tauchten dort hölzerne Schalen in die Strömung; sie kneteten und siebten den Schlamm und Kies, wrangen und durchsuchten zottige, nasse Schaffelle, die sie geschickt unterhalb der provisorischen Schleusen angebracht hatten, und alle starrten gebannt zu Boden, wie Raubvögel auf der Suche nach Beute. Plötzlich fiel mir wieder ein, was Herr v. Winckler erzählt hatte, und ich wußte, was sie taten. Sie erwiderten meinen Gruß mit einer gewissen Verblüffung, hatten aber nichts dagegen, daß ich mich zu ihnen setzte und zusah.

Es waren Goldwäscher. Goldadern sind in diesen Bergen keine Seltenheit, auch Silber findet man, und schon die Römer hatten deswegen Stollen in die Erde getrieben. Dünne Goldschichten durchziehen das Gestein, und im Zuge der Erosion werden winzige Bruchstücke dieses Metalls freigelegt und bröckeln ab; zu feinem Staub zermahlen, mischen sie sich unter Sand und Kies, verfangen sich im Gras und werden zusammen mit anderen Schwemmstoffen von der Strömung mitgerissen. Es sind verschwindend kleine Partikel, deshalb die Wasserrinnen und Schaffelle, die sie auffangen sollten.* Ich nahm an, daß Gold und Silber auf rumänisch *aur* und *argint* hießen, fast wie *or* und *argent* in der

* Ich glaube, manche Gelehrte sehen in dieser uralten Technik den Ursprung der Sage vom Goldenen Vlies. Transsilvanien war die älteste Goldquelle der Antike, und es ist sehr gut möglich, daß der Rohstoff für die Schätze des alten Ägypten von hier stammte. Das transsilvanische Gold war berühmt für seine warme rotgoldene Färbung.

Sprache der Heraldik, und meine Vermutung erwies sich als richtig. Der Goldwäscher, der mir am nächsten saß, der Anführer der Gruppe, erklärte, ihre Suche sei bislang ergebnislos verlaufen; doch nach ein paar von meinen selbstgedrehten Zigaretten und dem einen oder anderen freundlichen Wort – soweit dies mein dürftiger rumänischer Wortschatz zuließ – räumte er ein, daß sie tatsächlich etwas Gold gefunden hatten – nicht hier, sondern an einem Ort namens Porcurea, tief in den unzugänglichen Bergen am anderen Ufer des Maros. Ich erfuhr, daß sie sich hier an diesem Bach vergeblich abgemüht hatten und daß jemand sie falsch informiert hatte. Widerstrebend holte er einen kleinen Lederbeutel aus dem Gürtel, zog daraus ein noch kleineres Baumwollsäckchen hervor und ließ ein paar Körnchen auf seine schmale Hand gleiten. Ein oder zwei davon sahen aus wie mikroskopisch kleine Pailletten, die meisten aber waren nicht größer als glitzernde Staubkörnchen. Er bot mir das Ganze zum Kauf an und ließ die Goldkörnchen dabei wie Flitter über seine Handfläche gleiten; doch er nannte einen derart horrenden Preis, daß ich als Antwort meine Hosentaschen nach außen kehrte, was ihn zum Lachen brachte. Die Stimmung war freundschaftlich, und als ein Mädchen näherkam und wie selbstverständlich mit einem verschwörerischen und zugleich verächtlichen Flüstern zu betteln begann, sagte er etwas auf romani, und sie zog sich mit einem verlegenen Lächeln zurück. Ich bewunderte die flachen hölzernen Schalen, die sie zum Goldwaschen benutzten – einen halben Meter im Durchmesser, gefertigt aus Walnußholz, von geringem Gewicht und wunderbar poliert; in einem glücklichen Augenblick mußten die Goldkörnchen darin glitzern wie die Milchstraße am nächtlichen Himmel. Diese Zigeuner waren *Linguări*, Löffel-Leute, geschickte Blechschmiede und Holzschnitzer.

Sie waren vor einigen Tagen auf anderem Wege hierher gekommen. In der Nacht zuvor war ich in der Nähe von Caransebes in der Dunkelheit auf eine Straße und eine kleine Eisenbahnlinie gestoßen, die sich, wie ich der Landkarte entnahm, ostwärts durch das Tal des Flusses Bistra schlängeln, einige Meilen weiter nördlich von, doch mehr oder weniger parallel zu meinem eigenen, auf keiner Karte verzeichneten und sehr viel steileren Fußweg. Die Zigeuner waren in südlicher Richtung von dieser Straße abgezweigt und so zu diesem wenig ergiebigen, waldigen Golkonda gelangt. Straße und Eisenbahn aber führten hinauf zu einem Paß mit dem Namen Eisernes Tor – einer von vielen dieses Namens – und dann in Serpentinen hinunter ins Stammland der Familie Hunyadi – nach Hunedoara – und zu der kleinen Stadt Hátzeg. (Das war der Weg, den ich eigentlich hätte einschlagen sollen, aber dafür war es jetzt zu spät.)

Beflügelt durch meine erfolgreichen Versuche, Wörter zu bilden, indem ich einfach die letzte Silbe der lateinischen Vokabel wegließ, vollführte ich eine schlängelnde Handbewegung über dem fließenden Wasser und sagte »pisc?« – mit einem Zischlaut am Ende – und lag beinahe richtig (die richtige Aussprache des Wortes für »Fisch« lautet *peschti*). »Sunt foarte multi«, erwiderte der Zigeuner: »Es sind sehr viele.« Als ich – in der Hoffnung, eins der beiden sei das lateinische Wort für »Forelle« (englisch: *trout*) – mein Glück mit »trotta« und »trutta« versuchte, erntete ich nur blankes Unverständnis.* Doch von so mancher köstlichen Mahlzeit erinnerte ich mich noch, daß das ungarische Wort *pisztráng* lautete, und als er es hörte, antwortete er sogleich mit dem rumänischen

* *Fabio* ist das Wort, das Ausonius in seiner Dichtung *Mosella* verwendet. Aber von der Ostsee bis hinunter nach Mazedonien lautet das slawische Wort überall fast gleich, mit Ausnahme von Rußland, wo man den Fisch *Forel* nennt, offenkundig ein Lehnwort aus dem Deutschen, vielleicht weil es in Rußland selbst keine Bergbäche und folglich auch keine Forellen gibt Wahrscheinlich bekamen die Russen sie geräuchert aus den Karpaten, nach der Ersten Polnischen Teilung im Jahr 1772. Ansonsten hätten die nächsten Bergbäche im Ural und im Kaukasus gelegen.

păstrăv. (Beide Wörter gehen auf eine gemeinsame slawische Wurzel zurück. In den südslawischen Sprachen heißt die Forelle *pastrmka* und *pastarva* oder so ähnlich, im Griechischen wird daraus *péstrofa* und weiter nördlich, in Polen, *pstrąs:* das Häkchen unter dem a steht für ein kaum vernehmbares n. Wann und bei welcher Gelegenheit fanden diese slawischen Töne zum erstenmal Eingang in die lateinische Sprache der Rumänen? Wie lautete das dakische Wort für die Forelle? An welchem Bachufer wurde das verlorene Wort zum letztenmal gesprochen, bevor die slawischen Laute es für immer auslöschten? Ich wünschte, ich hätte eine Antwort!) Mein neuer Bekannter sprach Rumänisch und Ungarisch gleich flüssig, wenn auch beides vermutlich nicht fehlerfrei – viele komische Anekdoten kreisen um die seltsame Intonation und die sprachlichen Verirrungen der Zigeuner –, und unterhielt sich mit seinen Stammesgenossen auf romani, er war also dreisprachig. Als ich ihm einige Orte auf der Landkarte zeigen wollte, bemerkte ich, daß er nicht lesen konnte, aber deswegen war er nicht minder klug.

Doch die Zigeuner und ihr Gold lagen bald ebenso weit unter mir wie zuvor die Schnitter und ihre Garben.

Ein seltsamer Zauber liegt über bewaldeten Hügeln wie diesen: Sie ziehen den Eindringling unwillkürlich bergan und machen ihn zehn Jahre jünger (ich wurde so wieder zum neunjährigen Knaben); sie wecken eine Vielzahl von kindlichen, urtümlichen Sehnsüchten und lassen den Wanderer an Sherwood Forest denken, an schwirrende Pfeile und gespaltene Weidenäste, den Sheriff von Nottingham, Guy of Gisborne und Much, den Müllerssohn; nach dem Sprung über den Atlantik wechselt die Szene, und durch die Lücken zwischen den Ahornzweigen blitzen Wigwams, Rauchzeichen, Wildtöter, Mohikaner, Kriegsbemalung, Friedenspfeifen, Birkenrindenkanus und Bleichgesichter. Vor langer Zeit hatte ich irgendwo gelesen, daß ein Eichhörnchen in der Regierungszeit von König Johann Ohneland vom Severn bis zum Humber gelangen konnte, ohne einen einzigen Fuß auf den Boden zu setzen; und vor kurzem, daß dichte Wälder einst ganz Transsilvanien bedeckten. Der Wald muß also der natürliche Lebensraum der Daker gewesen sein. Dann kamen die Römer, schlugen Schneisen und bauten Straßen. Die Goten fühlten sich gewiß hier zu Hause, bevor sie, nachdem sie die Millionen von Nadelbäumen ihrer Heimat hinter sich gelassen hatten und für einige Generationen hier innehielten, nach Italien und Spanien weiterzogen. (Doch was hätte im dunklen Norden und unter diesen dakischen Bäumen die Wandalen auf die Seide und den Weihrauch von Karthago vorbereiten können?) Die langobardischen Waldbewohner hatten an ihrer Umwelt gewiß nichts auszusetzen, als sie den Gepiden im Unterholz den Garaus machten. Und als die Slawen sich schließlich über ganz Osteuropa ausbreiteten, bewegten sie sich in vertrauter Natur. Doch wie stand es mit den Hunnen? Den Awaren und Bulgaren, die durch die Täler gekommen waren; nicht zu vergessen den Magyaren selbst; den Petschenegen und Kumanen? Und schließlich den letzten tatarischen Eindringlingen, den grausamen mongolischen Horden des Dschingis Khan, die 1241 diese Gebiete verwüsteten? Nur wenige von diesen Eindringlingen können, sofern die Ebenen im Süden Rußlands nicht ebenso bewaldet waren, je zuvor Bäume in solcher Zahl gesehen haben; sie waren Kinder der Wüste, ihre Heimat waren Steppe und Tundra. Ich stellte mir Batu und seine Mitstreiter vor – mit ihren flachen Bogenfutteralen und Köchern, den Panzerhemden und runden Schilden, den Pferden mit kunstvollen Backenriemen und scharlachroten Haarbüscheln am Zaumzeug –, wie sie sich im Sattel umdrehten und einander aus Mongolenaugen, vielleicht verborgen hinter einer Wolfsmaske, verblüffte Blicke zuwarfen; gekleidet in vielfarbige Schuppenpanzer oder je nach den schamanistischen Totems ihrer Clans mit Schmuck aus Adlerschwingen an den Schultern, hielten sie allesamt entsetzt inne, als sie den Rand dieses Dickichts erreichten, das sich über Hunderte von Meilen erstreckte.

Wie konnten sie sich in solch einer Wildnis so wendig und mit der sprichwörtlichen Schnelligkeit bewegen, wie auf einem Drittelkontinent sämtliche Städte, Kirchen, Burgen, Paläste, Kathedralen und Klöster zerstören oder ganz dem Erdboden gleichmachen? Es war immerhin das dreizehnte Jahrhundert, die Zeit der Plantagenet und Valois, und nicht alles kann aus Material gewesen sein, das sofort in Flammen aufging. Sie hatten nur ein Jahr zum Erobern, Morden, Versklaven, Verschleppen, Zerstören und schließlich zum Abzug – nicht viel Zeit, vor allem am Ende, als der Tod von Dschingis Khans Erben in der Mongolei die Mongolenfürsten im Wettrennen um die Nachfolge überstürzt in die Heimat zurückkehren ließ: Bis nach Karakorum waren es viertausend Meilen. Gut, sie machten mit Tausenden von Gefangenen kurzen Prozeß; aber wenn sie, wie die Chroniken sagen, »ganze Völker in die Gefangenschaft führten«, muß das ihren Vormarsch verlangsamt haben, und für Zerstörung ohne Sprengstoff braucht man Zeit und mehr an Ausrüstung als Feuersteine, Stahl und eine Handvoll Brechstangen; allenfalls können es ein oder zwei ochsengezogene, steinschleudernde Belagerungsmaschinen gewesen sein. Trotzdem sollen sie alles zerstört haben, was sich irgendwie zerstören ließ; und ganz nebenbei, mit seltsam zielsicherer Gründlichkeit, jedes noch so geringe historische Zeugnis aus tausend Jahren zuvor.*

* Vor kurzem habe ich erfahren, daß sie tatsächliche eine Art Griechisches Feuer entwickelt hatten, mit dem sie Palisaden zuleibe rückten. Aber trotzdem …

Ich hatte viel Stoff zum Nachdenken. Unablässig überlegte ich, wie diese Barbaren wohl ausgesehen hatten. Ich staunte noch immer bei dem Gedanken, daß die Kleidung der Hunnen aus weißem Leinen und aneinandergenähten Mäusefellen bestanden hatte …

Als ich an einer Böschung wilde Erdbeeren entdeckte, aß ich alle, die in Reichweite waren, dann zog ich ein Stück weiter und begann von neuem. Man könnte den ganzen Sommer so verbringen und bewaffnet mit Pfanne, Sieb und Angelrute Gold waschen, Forellen fangen und Walderdbeeren sammeln, ein hedonistischer Tom Tiddler in den Karpaten.

Das Gebimmel von Schafsglocken weiter oben am Hang unterbrach diese Überlegungen. Ich hörte ein Trappeln und Hundegebell, dann wütende Verwünschungen im Namen der Drachenmutter: Es war ein gängiger rumänischer Fluch, der soviel bedeutete wie »Mutter des Teufels« – *»Mama Dracului!«*. Plötzlich verstummten die Glocken und das Hufgetrappel, und ich sah einen Widder und ein Dutzend Schafe auf dem Pfad über mir; sie standen wie angewurzelt, als sie das Hindernis sahen. Ein oder zwei steuerten nach rechts, geradewegs auf den Abgrund zu. Ich versperrte ihnen den Weg und trieb sie mit Rufen zwischen die Felsen, wobei ich auf die Zweige der umliegenden Büsche einschlug; dort drängten sie sich Hals über Kopf zusammen, doch immerhin blieben sie stehen. Mittlerweile waren zwei furchteinflößende Hunde gekommen und hielten sie und mich mit Knurren und Bellen in Schach, und der Schäfer stürmte stockschwingend und unter weiteren Flüchen durch das Unterholz. Wir kreisten die Ausreißer ein und trieben sie wieder bergauf.

Wenige Minuten später erreichten wir mit den Tieren eine weite, sanft geneigte Wiese mit etwa hundert Schafen, das Gras saftig grün wie im April, nicht welk und verdorrt wie weiter unten im Tal. Die ersten langen Schatten legten sich über eine Grasfläche, so gleichmäßig abgenagt wie ein gepflegter Rasen, und hin und wieder durchbrachen die tiefen Glocken der Leithammel das Geräusch mahlender Kiefer. Auch die weiblichen Schafe hatten kurze, gekrümmte Hörner, bei den Lämmern waren sie noch kürzer; Leithammel und Widder aber trugen schwere, gerippte Hornspiralen, die selbst die Mauern von Jericho hätten erschüttern können. Die Wälder zogen sich noch immer endlos bergauf, doch jetzt ragten spitze dunkle Nadelbäume zwischen den Laubbäumen hervor, und ihre Wurzeln verwoben sich mit denen von Eichen, Erlen und Hainbuchen. Die Gipfel der niedrigeren Berge sah man jetzt nur noch von der äußeren Kante, wo man über die Baumwipfel blicken konnte. Die nach Westen wandernde Sonne beleuchtete ein fernes Wolkenband und tauchte die Täler in tiefe Schatten. Die einige Meilen entfernt liegenden niedrigeren Bergketten des Banats waren umstrahlt von Rändern aus Licht wie halbversunkene Korallenriffe.

Radu, der Schäfer, und seine Familie begrüßten mich wie einen Verbündeten. Zwei oder drei Häuser, sorgsam gebaut und gedeckt mit silbergrau ausgeblichenen Schindeln, drängten sich am einen Ende der Lichtung, und durch ein hölzernes Tor betrat man einen kleinen, von Pfosten begrenzten Hof; in einem ovalen Schafspferch dahinter knarrten Ziehbrunnen neben Trögen aus halbierten und ausgehöhlten Baumstämmen. Mit Rufen und Pfiffen und einem halben Dutzend Hunden trieben Radu und seine beiden Brüder die Herde hinein und verschlossen den Pferch. Wurden die Tiere eingesperrt, damit sie nicht wegliefen und sich verirrten? Um mir Klarheit zu verschaffen, klopfte ich an einen der Pfosten und fragte Radu »Warum?« – »Dece?« –, und seine Antwort – »Lupii« – sagte alles.

Ein breiter Sockel verlief rund um das Haus und war ebenso wie die Wände im Inneren weiß getüncht. Es gab einen Kamin mit einem halbkegelförmigen Schornstein; goldene Maiskolben waren fein säuberlich aufgestapelt, regelmäßig wie eine Bienenwabe, und die abgestreiften Blätter, die als Brennmaterial dienten, lagen in einer Ecke. Alles war sehr sauber und gepflegt für einen Ort, der nur in dieser Jahreszeit bewohnt war, denn im Winter lag hier alles unter einer dicken Schneedecke. Der einzige Wandschmuck war ein flackerndes Öllämpchen vor einer Ikone der Jungfrau mit dem Kind, umgeben von einem Strahlenkranz aus vergoldetem Blech.

Die Brüder waren freundliche, zurückhaltende Männer mit hageren, ausgemergelten Zügen; ihre haselnußbraunen Augen waren so sehr daran gewöhnt, mit halbgeschlossenen Lidern in Sonne und Wind zu blinzeln, daß sich die Fältchen in den Augenwinkeln wie kleine weiße Fächer in die sonnengebräunten Wangen eingegraben hatten. Sie trugen Mokassins, und ihre handgesponnenen weißen Kittel fielen unterhalb der breiten Gürtel weit wie Schottenröcke. Der Vater hatte gleiche Züge und Kleidung, nur daß seine Haare weiß waren und er noch eine *cojoc* trug, die traditionelle Weste aus Schaffell, und dazu die *caciula*, die konische Mütze aus dem gleichen Material. Er saß auf dem Sockel, die gekreuzten Hände auf dem Stiel einer Axt. Das auffallend schöne Gesicht von Radus Frau wirkte abwechselnd melancholisch und fröhlich, je nachdem, ob es in Bewegung war oder nicht; sie und eine andere Frau waren, wenn sie andere Hausarbeiten machten, zugleich mit Spinnen beschäftigt. Ihre abgewetzten, reich geschnitzten Spinnrocken steckten in schwarzen, geflochtenen Schärpen. Ihre Kleidung, durchweg in gedeckten Farben, war voller schöner Details – blaßblaue Kopftücher und Schürzen über weißen, plissierten Röcken, und feine geometrische Stickereien in dem gleichen Blaßblau zierten die weiten Ärmel. Ihr Oberkörper steckte in eleganten, seitlich geschnürten Miedern aus weichem, vom vielen

Tragen glänzenden Leder. Wenn sie einen neuen Faden begann, befeuchtete Radus Frau wie ein Bankkassierer die Spitze von Daumen und Zeigefinger mit der Zunge, zupfte einige Fasern aus dem Wollbüschel und zog sie immer weiter aus, verdreht wurden sie von der rotierenden Spindel in der anderen Hand, und all das geschah so automatisch wie beim Stricken. Dabei wanderte sie über den Hof und sang leise eine *doina*; jeder Vers begann entweder mit »Foaie verde!« – »Grünes Blatt!« – oder »Frunze verde!« – »Grüner Farnwedel!«. Diese Beschwörungen des grünen Blattes kamen mir immer wie eine Art Ehrbezeugung für Buche, Esche, Eiche, Kiefer und Weißdorn vor, als ob den Bäumen und ihrem Laub eine geheimnisvolle, wohltuende Kraft innewohnte.

Außer Wasser gab es nichts zu trinken, also nahmen wir alle einen Schluck aus meiner Flasche, als wir vor dem Haus auf Hockern saßen, und ich aß zum erstenmal *mamaliga* – eine Art Polenta aus gemahlenem Mais, das Hauptnahrungsmittel der einheimischen Landbevölkerung; man hatte mich davor gewarnt, doch zu meinem Erstaunen schmeckte es mir wirklich gut. Radu zeigte auf das Gewehr an der Wand und sagte, wenn ich noch einen Tag länger bliebe, könne es zum Abendessen Hasenbraten geben. Schließlich aßen wir weichen weißen Schafskäse – auf dem Hof roch es säuerlich nach geronnener Milch und Molke, und im Schatten der Bäume hingen tropfende Baumwollsäckchen wie schneeweiße Kürbisse. Der alte Mann – die eine Hand hohl, die andere fest zusammengeballt – war mit etwas beschäftigt: Auf einen hellen, metallischen Ton folgte ein Geruch wie von versengtem Stoff, hervorgerufen durch ein Stückchen getrockneten Zunders, das er zum Glimmen gebracht hatte, indem er es vor einen Feuerstein hielt und mit einem hufeisenförmigen Stahlstück dagegen schlug; dann blies er auf die schwelende Glut und legte das Zunderstückchen auf die zerriebenen Tabakblätter im Kopf einer einfachen Pfeife aus

Schilfrohr. Es war meine erste Begegnung mit diesem steinzeitlichen Gerät, das weiter südlich den Namen *tschakmak* trägt.

Ich hätte viel über Wölfe erfahren können, wenn ich nur die Sprache besser beherrscht hätte: Zwei oder drei Pelze waren im Haus. Manchmal rissen sie Lämmer und Schafe, aber im Augenblick gebe es wenig Grund zur Besorgnis – sie seien mit ihren Jungen in der Tiefe der Wälder; die gefährliche Zeit sei der Winter, wenn Hunger und Kälte sie hinab in die Täler trieben. Hauptsächlich mit Gesten erzählte er mir, im Vorjahr habe ein Rudel einige Zigeuner angegriffen und nichts als ihre Stiefel und ein paar Knochensplitter im Schnee zurückgelassen. Wie sie sich anhörten, wollte ich wissen. Er legte den Kopf in den Nacken und stieß ein langgezogenes Heulen aus, schaurig und angsteinflößend, aber auch voller Schmerz; er ahmte auch den Brunftschrei der Hirsche nach, der in wenigen Monaten zu hören sein würde: ein dunkles, urtümliches, kehliges Röhren, das ich im Jahr darauf in einer Schlucht in den moldawischen Bergen vernahm – Laute, wie sie die alten Kreter bangen Herzens gehört haben müssen, wenn sie sich dem Eingang des Labyrinths näherten. Füchse, Luchse, Wildkatzen, wilde Eber und Braunbären waren die wichtigsten anderen Bewohner dieser Wälder.

Es wurde allmählich dunkel, und alle begannen zu gähnen, also zog ich an, was ich an Kleidung besaß, und legte mich im Freien unter einen Baum. Radu brachte mir eine schwere bestickte Decke, ein Aussteuerstück seiner Frau, und erklärte, später werde es noch kälter werden. Im Inneren des Hauses hatte sie sich im Schein des Andachtslichts mehrmals nach orthodoxer Sitte von rechts nach links bekreuzigt, Daumen, Zeige- und Mittelfinger aneinandergelegt, als Symbol für die Dreifaltigkeit, und hatte die beiden von Heiligenscheinen umgebenen Gesichter auf der Ikone zur Nacht geküßt.

Doch diese Schäfer waren nicht orthodox, obwohl ihre Riten und fast all ihre Glaubenslehren aus dem bedeutenden byzantinischen Zweig der Ostkirche hervorgegangen waren. Sie gehörten zur unierten Kirche – der griechisch-katholischen, wie man sie hier in der Gegend nannte –, die seit der Zustimmung ihrer Vorfahren zu einer Kirchenunion (daher der Name) nicht mehr dem ökumenischen Patriarchat von Konstantinopel oder dem Patriarchen von Rumänien unterstanden, sondern dem Papst. Die Rumänen treten in der Geschichte des christlichen Abendlands überall nur als Mitglieder der auch als Ostkirche bezeichneten orthodoxen Kirche in Erscheinung, doch die Transsilvanier waren ja, wie wir wissen, im Mittelalter Untertanen der ungarischen Krone. Im sechzehnten und siebzehnten Jahrhundert blieb nach den Türkenkriegen von den ungarischen Ostgebieten nur das ruhmreiche Vasallenfürstentum Transsilvanien übrig. Den Fürsten aus dem Hause Rákóczi, die einen Keil zwischen ihre orthodoxen Untertanen und deren (zur selben Glaubensrichtung zählende) Stammesverwandte auf der anderen Seite des Gebirges treiben wollten, gelang es auf verschiedenen Wegen, die slawische Meßliturgie – die die Rumänen seit der Zeit beibehalten hatten, als sie unter der spirituellen Oberherrschaft der Bulgaren standen – durch eine rumänische Version zu ersetzen, wobei ihnen die Verwendung der Volkssprache bei den Protestanten sicherlich zu Hilfe kam. Dabei ging es den Fürsten nicht darum, nationalistische Gefühle zu schüren – im Gegenteil: Sie wollten die Kluft zwischen der Liturgie ihrer rumänischen Untertanen und dem slawischen (und neuerdings griechischen) Ritus ihrer östlichen Stammesverwandten vertiefen, um sich auf diese Weise noch deutlicher von der orthodoxen Welt der Slawen und Griechen abzugrenzen. Als ein halbes Jahrhundert später, nach dem Niedergang der Türken, die Habsburger die direkte Herrschaft übernahmen, sank der Stern des Protestantismus, und der Katholizismus gewann an Einfluß; durch eine Mischung aus Zuckerbrot und Peitsche, tatkräftig unterstützt durch die Raffinesse von Kaiser Leopolds Jesuiten, feierte die Gegenreformation im Jahr 1699 ihre Triumphe im Osten: Sie erlangte die kirchliche Oberherrschaft über ein Großteil der Rumänisch-Orthodoxen in Transsilvanien. Mit der Union mußten die Neophyten (oder Apostaten) vier Punkte akzeptieren: das *Filioque* im Glaubensbekenntnis, Hostien anstelle von Brot beim Abendmahl, die Lehre vom Fegefeuer (das, genau wie die Vorhölle, im Osten unbekannt ist) und vor allen Dingen den Primat des Papstes. Alle übrigen Unterschiede – die Priesterehe, die bärtigen Geistlichen, die Ikonenverehrung, unterschiedliche Meßgewänder, Rituale und Bräuche – blieben unverändert. Diese Union kappte alle offiziellen Verbindungen zwischen dem transsilvanischen Adel und den tonangebenden Schichten in der Walachei und Moldawien; doch das Mißtrauen in den niederen Rängen der Unierten hielt sich hartnäckig, und fast ein Jahrhundert lang empfingen viele Dorfgeistliche insgeheim die Priesterweihe durch orthodoxe Bischöfe.

Aber schließlich bewirkten diese Veränderungen genau das Gegenteil dessen, was beabsichtigt war. Die neue Messe weckte ein jähes Interesse an der rumänischen Sprache und Literatur und an deren Ursprüngen. Die religiösen Abhandlungen in der Volkssprache, deren Veröffentlichung die transsilvanischen Fürsten unklugerweise förderten, wetteiferten mit solchen auf der anderen Seite der Berge und schmiedeten so ein intellektuelles Band. Überdies wurden begabte Söhne unierter Geistlicher zum Studium nach Rom geschickt, wo sie beim Anblick des spiralig gewundenen Reliefbands auf der Trajanssäule – römische Legionäre im Kampf gegen dakische Krieger, deren Kleidung stark an die heutiger rumänischer Bergbewohner erinnert – zu erstaunlichen Erkenntnissen über ihre gemischte, sowohl römische wie dakische Abstammung kamen, und dies bestätigte uralte, doch nie ganz verstandene Überlieferungen. Tausende von rumänischen Kindern wurden auf die Namen Trajan und Aurel getauft, nach den römischen Kaisern, die als erster und als letzter über dieses Land geherrscht hatten, und der Glaube an die dakische Herkunft war tief verwurzelt. Unter den Rumänen zu beiden Seiten des Gebirges entstand so ein Nationalgefühl und ein Verlangen nach Wiedervereinigung, und beide gewannen in den vergangenen hundert Jahren immer weiter an Boden. Die rumänische Nation verdankt der unierten Kirche sehr viel, und zum Lohn wurde sie – aus ebenso weltlichen Überlegungen wie denen, die seinerzeit für die Zustimmung zur Union gesprochen hatten – vom Staat verboten und zwangsweise mit der orthodoxen Kirche vereinigt. Religiöse Gründe spielten dabei keine Rolle.

Beim Gedanken an all das erinnerte ich mich an die glücklichen Vormittage in Graf Jenös Bibliothek, umgeben von Büchern und Mikroskopen. *Der Filioque-Streit ...!* Diese Kleinigkeit, derentwegen sich die Christenheit gespalten hatte, war genau die Art von Thema, die des Grafen Wißbegierde weckte. Wir hatten uns darüber unterhalten, daß im byzantinischen Osten der Heilige Geist nur vom Vater ausging (»Ehrlich gesagt, weiß ich nicht recht, was sie damit *meinen*«, hatte der Graf gestanden), wogegen sein Ursprung im katholischen Westen bei Vater *und* Sohn zugleich lag – ex Patre *Filioque* procedit. Wann war dieser westliche Zusatz – von dem auf den ersten sieben Konzilien (den einzigen, die im Osten anerkannt sind) nirgendwo die Rede ist – erstmals aufgetaucht? Bald lagen Stapel von Nachschlagewerken vor uns auf dem Bibliothekstisch. »Da ist es!« rief der Graf nach einer Weile und las vor, was er gefunden hatte: »Ins Glaubensbekenntnis eingefügt im Jahr 589 auf dem dritten Konzil von Toledo (nie davon gehört!), auf welchem König Reccared von Aragon sich von der arianischen Irrlehre lossagte!« Der Graf war in heller Aufregung. »Toledo! *König Reccared!* Das war ein Gote! Vielleicht hier aus dieser Gegend, seine Großeltern, meine ich – Ulfilas' Leute, die nach Westen gezogen sind!« Er blätterte weiter, las immer wieder sporadisch ein paar Worte vor: »Zusatz in Rom noch nicht übernommen, bei Handschriften des Glaubensbekenntnisses weggelassen, vermutlich durch Irrtum des Schreibers eingefügt! *Hm.* Bestätigt durch Paulinus von Aquileia auf der Synode von Friaul, 800, ja, ja, ja, aber nur bei den Franken übernommen. Da steht es! *Fränkische Mönche singen das Filioque in Jerusalem! Entsetzen und Empörung bei östlichen Mönchen!*« Er hielt inne und rieb sich die Hände. »Da wäre ich gern dabeigewesen!« Einen Augenblick lang schob er die Brille auf die Stirn und fuhr dann fort. »Papst Leo versucht, den Zusatz zu unterdrücken, entgegen dem Drängen Karls des Großen – natürlich ein Franke! –, *befürwortet* aber die dahinterstehende Lehrmeinung. Hm. Scheint, als hätte er kalte Füße gekriegt. Aber der nächste Papst nimmt den Zusatz auf, das ist schon im neunten Jahrhundert. Dann kommt Photios, der große Patriarch von Konstantinopel, und mit ihm allgemeine Empörung, gegenseitiger Bannspruch und der endgültige Bruch im Jahr 1054 …« Er blickte auf. »Das wollte ich immer schon mal wissen. I dinna ken, I dinna ken«, sagte er und schloß das Buch. »Ich wußt' es nicht. Tja. Jetzt weiß ich es.«

Beim Blättern in einem Meßbuch der unierten Kirche aus den Beständen seiner Frau stieß er auf einen Hinweis, der der Liturgie vorangestellt war: »Während der Meßfeier sind die Worte ›*und von dem Sohne*‹, die sich auf den Ursprung des Heiligen Geistes beziehen, nicht Bestandteil des gesprochenen Glaubensbekenntnisses. Auf dem Konzil von Florenz im Jahre 1439 verlangte die Kirche keineswegs diesen Zusatz von den orientalischen Kirchen, sie forderte lediglich die Zustimmung zu diesem Glaubenssatz.‹ Zustimmen, aber nicht aussprechen!« rief er aus. »*Ein Dogma, das man nicht beim Namen nennen muß!*« Das klinge nach einer ziemlich vagen Verpflichtung, fand ich. »Vergiß nicht«, erwiderte der Graf mit ernster Miene, »du sprichst vom Heiligen Geist.«

Unter den Orthodoxen haftet den Unierten immer ein leichtes Stigma der Abtrünnigkeit an, und in den Reihen der transsilvanischen Katholiken galten sie – wenn auch zu Unrecht – weder als Fisch noch Fleisch. Der Seitenwechsel war mit Sicherheit weniger eine Entscheidung aus innerer Überzeugung als eine Frage der Staatsraison: Die wahren Beweggründe waren auf der einen Seite der Siegeszug und die Überzeugungskraft der Gegenreformation, auf der anderen die Möglichkeit der Flucht von einer harten zu einer weniger harten Form der Unterdrückung. Spätere Generationen hielten mit bäuerlicher Starrköpfigkeit unerschütterlich an ihrem Glauben fest, wie sie es in der Ukraine noch heute tun, und ihre Geschichte ist geprägt von noblem Pathos.

Die ersten Unierten stammten allerdings weder aus Transsilvanien noch aus Ruthenien; es waren Herrscher aus der Spätzeit der Paläologendynastie: Michael VIII., wenn auch nur für kurze Zeit, und schließlich die beiden letzten Kaiser des Oströmischen Reiches. Versetzen wir uns zurück in die letzten Jahre von Byzanz, als mit den vordringenden Türken der letzte Akt des Dramas in greifbare Nähe rückte. Es war die Hoffnung auf westliche Hilfe, die Johannes VIII. Palaiologos samt seinem Hofstaat und Klerus im Jahre 1437 dazu bewog, die spektakuläre Reise nach Florenz zu unternehmen, die Benozzo Gozzoli auf den Wänden des Medicipalasts verewigt hat. Im Zuge der Beratungen in Santa Maria Maggiore erhielten zwei Prälaten der Ostkirche Kardinalshüte; doch zu Hause in Byzanz herrschte Unruhe, hauptsächlich ausgelöst durch die *Filioque*-Frage. Doch trotz allen Protesten der Orthodoxen sah der Kaiser sich gezwungen, die westlichen Forderungen zu akzeptieren. Gibbon beschreibt den Höhepunkt der Ereignisse, bei dem der Kaiser auf einer Seite des Duomo auf seinem Thron saß, auf der anderen der Papst. »Fast hätte ich«, schreibt er, »einen weiteren orthodoxen Kritiker vergessen, der ebenfalls lauthals protestierte: einen Lieblingsjagdhund, der für gewöhnlich ruhig auf einem Tuch zu Füßen des Kaiserthrons lag; doch als die Unionsakte verlesen wurde, brach er in wütendes Gebell aus und ließ sich weder durch gutes Zureden noch durch die Schläge des kaiserlichen Gefolges zum Schweigen bringen.« Anschließend mußte der Kaiser nach Byzanz zurückkehren und sich den Buhrufen seiner Untertanen stellen. Doch bis auf einige unerschrockene Genuesen blieb die ersehnte Hilfe aus, und Johannes' Bruder Konstantin XI., immer noch Uniat – wenn auch anscheinend eher widerstrebend –, fiel im Schlachtgetümmel, als die Türken die Stadt im Sturm einnahmen. »Der Niedergang und Fall des letzten Konstantin«, sagt Gibbon, »sind ruhmreicher als die gesamte lange Epoche des Wohlstands der byzantinischen Kaiser.«

Doch es war das erste Gibbon-Zitat, das Graf Jenö in helle Begeisterung versetzte. »Das muß man sich einmal vorstellen! Ein Hund in der Kirche! Wie er wohl hieß? Was war es für eine Rasse? Ich möchte wetten, es war einer von diesen arabischen Windhunden ...« Nach einer Pause fuhr er fort: »Das erinnert mich an einen ähnlichen Vorfall: das Vatikanische Konzil über die Unfehlbarkeit des Papstes im Jahre 1870! Endlose Sitzungen und Verhandlungen, nichts als Zank und Streit – Schwarzenberg, Dupanloup, Manning und wie sie alle heißen. Aber sie haben es schließlich durchgeboxt. Als es im Petersdom offiziell verlesen wurde, gab es ein fürchterliches Unwetter – pechschwarze Wolken! zuckende Blitze! Regen, Hagel und Donner, man konnte sein eigenes Wort nicht verstehen!« Graf Jenö, ein undogmatischer, aber dennoch gläubiger Katholik, strahlte inmitten seiner Schmetterlinge und Sammelkästen. Er liebte solche Geschichten.

»Kein einziges Wort! Viel schlimmer als der Hund des Kaisers! Und das Tollste kommt erst noch: Tags darauf brach der Deutsch-Französische Krieg aus, und die ganzen französischen und deutschen Kardinäle kehrten auf dem schnellsten Weg mit der neuen Eisenbahn nach Hause zurück – in getrennten Erste-Klasse-Abteilen, selbstverständlich –, und als sie auf dem Bahnhof von Domodossola ausstiegen, um sich die Beine zu vertreten und eine Zigarette zu rauchen, würdigten sie einander keines Blicks …«

Nun, das Ergebnis von all dem ist, daß Radu und seine Familie nach zweieinhalb Jahrhunderten unter römischem Primat nun wieder Mitglieder der orthodoxen Kirche sind, und vermutlich reichlich ratlose dazu.

Zwischen den Bäumen ragten steile Klippen und Gesteinsformationen auf, und bisweilen lichtete sich der Wald und schuf so Raum für Erdrutsche, herabgestürzte Felsbrocken und fächerförmige Geröllhalden. Es roch nach Kiefernnadeln und verrottetem Holz. Morsche Stämme waren umgestürzt, und die blaßgrünen Blätter der jungen Bäume, die jetzt ihre Stelle einnahmen, setzten schillernde Lichtakzente in der Unterwelt und ließen Hunderte von zarten Sonnenstrahlen in das Dunkel dringen. Ein kaum erkennbarer Pfad, vielleicht nur benutzt von wilden Tieren, tastete sich zögernd voran; der verfilzte Teppich aus Laub, Zapfen, Kiefernnadeln, Eicheln, Galläpfeln, Bucheckern und aufgeplatzten Kastanienhülsen mußte über einen langen Zeitraum entstanden sein. Eine hohe Kiefer war unter einem Gewirr von Schlingpflanzen zusammengebrochen, und ich kroch auf allen vieren in einem Dickicht aus Fingerhüten und Farnkraut darunter hindurch, als meine Hand sich um etwas schloß, das dort halb begraben im Laub lag. Es war eine Geweihstange mit fünf Enden: ein herrliches Exemplar, von dem faltigen Wulst an der Basis bis zu den spitz zulaufenden Sprossen, hart und glatt wie Elfenbein. Wie konnte etwas so knorrig und uralt aussehen und doch derart schnell wachsen und so kurzlebig sein? Im Frühjahr sprießen sie auf der Stirn eines Hirsches, entspringen dem Kopf wie Gedankenzwillinge, dann wachsen sie und verzweigen sich, biegsam und geschmeidig wie Pflanzen, und noch während des Wachstums versteinern sie; von Jahr zu Jahr ausladender und wehrhafter gezackt, sind sie anfangs umhüllt von einer samtigen Haut, die an Baumstämmen und Ästen abgescheuert wird, bis der so bewaffnete Hirsch bereit ist, seine Rivalen aus dem Wald zu vertreiben; und all das nur, um sie am Ende des Winters wieder abzustoßen wie ein mausernder Vogel seine Federn. Mein Fund war etwa anderthalb Fuß lang und vollkommen geformt, und als ich durch das Farnkraut stapfte, fühlte ich mich wie Herne, der Jäger aus der englischen Sage. Ich konnte das Geweih einfach nicht liegenlassen, selbst wenn ich es nicht ganz bis nach Konstantinopel mitschleppen konnte.

Wenig später stieß ich auf vier Hirschkühe mit ihren Kälbern; sie ästen auf einer Lichtung und knabberten an den Zweigen der umstehenden Bäume. Offenbar hatten sie mich nicht gewittert, denn sie blickten erst auf, als ich schon recht nahe herangekommen war. Dann aber machten sie hastig kehrt und segelten in hohen Bögen talwärts, bis ihre weißen Blumen nicht mehr zu sehen waren. Just in dem Augenblick, als sie die Flucht ergriffen, hob ein – bis dahin unsichtbarer – rotbrauner Hirsch den Kopf, gekrönt von einem ausladenden Geweih, weit mächtiger als das, das ich in der Hand hielt. Und während die Hirschkühe in wilder Panik davonstoben, drehte er den Kopf in meine Richtung, und die beiden Geweihstangen zeigten sich in ihrer ganzen Breite, als stelle jemand formvollendet ein Leuchterpaar auf. Seine schrägen Augen blickten ernst, doch seltsam leer; der Rücken des gelbbraunen Fells war mit weißen Flecken übersät, und die makellosen Hufe glänzten in der Sonne. Er wandte sich zur Seite, machte ein oder zwei stolze, gemessene Schritte, verfiel dann, immer noch hoch aufgerichteten Hauptes, in einen gemächlichen Trab und folgte schließlich in großen Sprüngen den weiblichen Tieren. Das schwere Geweih hob und senkte sich bei jedem Satz; dann sprang er durch eine Wand aus Zweigen wie ein Pferd durch einen Reifen, die Blätter schlossen sich hinter ihm, und er stürmte weiter talwärts, bis er nicht mehr zu hören war.

Ich konnte kaum glauben, daß ich das alles nur wenige Sekunden zuvor tatsächlich gesehen hatte. Hatte das gefundene Geweih vor einigen Jahren die Stirn dieses Hirschs geziert? Vielleicht hatte er noch nicht einmal seine volle Spannweite erreicht, obwohl es schon Anfang August war: Ich hatte keine Reste von Bast mehr entdeckt. Aber der Schatz in meiner Hand konnte ebensogut Hunderte von Jahren alt sein.

Nach und nach bot der blanke Felsuntergrund immer weniger Halt für höhere Bäume, und ich wanderte zwischen Krüppelkiefern über loses Geröll, bedeckt mit einem gespenstischen Gestrüpp aus Disteln. Zu meiner Rechten ragte ein kahler Felsrücken auf; eine deutlich höhere Formation erhob sich zu meiner Linken und weit dahinter eine weitere, faltig, aschgrau und schattenlos, wie eine Emanation des gleißenden Mittagslichts. Mein Weg führte durch ein ödes Tal aus hellem Fels, nur hie und da unterbrochen von trostlosen, ärmlichen Kiefern, und schließlich verschwanden auch diese letzten Spuren von Vegetation. Die Verwerfungen des Gesteins hatten mich in die Irre geleitet. Ich war nicht sicher, ob ich wirklich da war, wo ich mich vermutete, noch wo ich eigentlich sein sollte. Es war ein unwirtlicher Ort, die Felsen knochenbleich, und ein Wind, der aus der Tiefe heraufwehte, verstärkte diesen Eindruck noch weiter. Feuchter Nebel zog durch die Talsohle, anfangs nur dünne Schleier, dann immer dichtere, spürbar nassere Schwaden, bis ich nur noch wenige Meter weit sehen konnte. Offenbar befand ich mich mitten in einer jener Wolken, die man von der Ebene aus bestaunt, wenn sie sich dekorativ in den Bergen verfangen. Als der Nebel zu einem feinen Nieselregen wurde, tastete ich mich behutsam an der Flanke des Höhenzugs empor, der sich fast unmerklich zwischen mich und den Abhang geschoben hatte, dessen Verlauf ich zwei Tage lang gefolgt war. Schließlich fand ich einen Einschnitt, kletterte steil hinauf aus dem Nebel, dann wieder hinunter über Felsblöcke und rutschige Geröllfelder, bahnte mir einen Weg durch die Disteln und Krüppelkiefern und versuchte, den vorherigen Aufstieg zurückzunehmen, bis ich wieder von Farn und schützenden Bäumen umgeben war. Bei meinem Abstecher in die höhergelegene Mondlandschaft hatte ich die Orientierung verloren, und als ich die schwachen Spuren eines leicht geneigten Schafpfads entdeckte – vielleicht waren es auch Hirsche, die ihn ausgetreten hatten –, folgte ich ihm in der Hoffnung auf eine Abzweigung nach links, doch ich hoffte vergebens. Spät am Nachmittag hörte ich in der Ferne schließlich Hundegebell und vereinzelte Glocken, dann erklang, unerklärlich, eine helle, wohltönende Melodie. Aber als die Bäume sich lichteten, kamen mir die sanft geneigte Grasfläche, die Schindeldächer am hinteren Ende und die weidenden Schafe seltsam vertraut vor. Es war Radus Lichtung; ich war in einem riesigen Kreis gewandert.

Der Ärger dauerte nur einen Augenblick. Ich hatte geglaubt, ich würde diesen Ort niemals wiedersehen.

Die Musik kam von Radus Bruder Mihai. Er saß auf einem grünen Felsen und spielte auf einer ellenlangen hölzernen Flöte mit sechs Löchern; sein Stock lag neben ihm unter den moosbewachsenen Ästen einer riesigen Eiche. Es war eine betörende Melodie, die hohen Töne hell und klar, die tieferen rauh und heiser. Hohe, schwebende Halb- und Achtelnoten verlangsamten sich gegen Ende jeder Phrase zu tiefen Ganznoten, um sich dann erneut aufzuschwingen. Jenseits des Tales versank die Sonne hinter den niedrigeren Gebirgsketten, und das Licht drang in langen Bahnen durch die Wolken. Sie reichten hinauf bis zu uns, berührten die Unterseite der Blätter und brachten die Felle der Schafe zum Leuchten. Die Strahlen der untergehenden Sonne malten helle Streifen auf die Äste der Eichen, die vorüberziehenden Wolken und das moosige Dunkel des Waldes. Vögel kreisten in der Luft, und ein paar Minuten lang waren die Wipfel und Stämme der Bäume in blutrotes Licht getaucht. Es hätten ebensogut die Wälder von Arkadien oder jene des Paradieses sein können, und wie Gestalten aus einer rätselhaften Parabel oder einem längst vergessenen Mythos schritten wir über das Gras, Geweih und Flöte in der Hand, begleitet von einer fünfköpfigen Hundemeute.

Die anderen, wenn auch überrascht, hießen mich herzlich willkommen. Es war wie eine Heimkehr. Radu fragte verblüfft, wieso ich ein Geweih mit mir herumschleppe? Der Hasenbraten vom Vorabend war nicht vergessen – ja es war, als hätten sie geahnt, daß ich zurückkommen würde –, denn seine Flinte lehnte an einem Baum, und über dem Hof schwebte der Duft von Zwiebeln, Knoblauch, Paprika und Lorbeerblättern.

Am nächsten Morgen machte ich zum Dank einige Porträtzeichnungen, dann brach ich wieder auf; Mihai begleitete mich ein Stück des Weges und versorgte mich mit leider nur halb verstandenen Ratschlägen.

Über der Hektik und dem Trubel der Tage vor meinem Aufbruch aus Lázars Haus in Richtung Süden hatten wir die konkrete Planung meines weiteren Reisewegs ganz aus den Augen verloren. Eigentlich hätte ich nach Verlassen des Maros einem seiner Nebenflüsse, der Cerna,* folgen müssen, wieder vorbei an Hunyadis Burg, und mich von dort in das schöne Hatzeger Land wenden. Dort hätte ich die Gastfreundschaft des exzentrischen Gróf K. genießen können – des Mannes, der seinem Reitpferd einen Sack über den Kopf gestülpt hatte. (Die Geschichte war weithin bekannt, und die Schäfer lächelten wissend, als ich seinen Namen nannte.) Dann hätte ich durch den Wald zu dem mächtigen Retezat-Massiv aufsteigen können, wo István mit mir auf die Gamsjagd gehen wollte. Als ich nach diesen Tagen im Gebirge wieder in den Schoß der Zivilisation zurückkehrte, betrübte mich der Gedanke, was mir alles entgangen war: Gemsen womöglich; stille, tiefe Täler; eine ganz besondere rosenfarbene Heidesorte, die nach Zimt duftete und den Namen des Barons Brukenthal trug; Hunderte von Bächen; Berggipfel, die, Pyramiden gleich, in den Himmel ragten und an deren Fuß tiefe Abgründe gähnten; Kaskaden von verstreut umherliegenden mächtigen Felsblöcken; Dutzende von Bergseen. Dennoch war ich sicher: Auch mir waren viele großartige Dinge begegnet. War der Berg, den ich am Vortag in der Ferne gesehen hatte, womöglich der Gipfel des Retezat? Wahrscheinlich nicht. Ich kannte die Antwort damals ebensowenig wie heute.**

Doch das labyrinthische Gewirr von Tälern barg noch weitere Wunder. Tief in ihrem Herzen lagen die Überreste von Sarmizegethusa, der alten dakischen Hauptstadt, Festung des Königs Decebalus. Nachdem er den römischen Kaiser Domitian so weit in die Knie gezwungen hatte, daß dieser den Dakern eine Art Tributzahlung leistete, waren Decebalus und sein Herrschaftsgebiet zum mächtigsten

* Zur Vorwarnung: Später gibt es noch einen weiteren dieser »schwarzen Flüsse«. Es ist verwirrend, wie viele Ortsnamen in dieser Gegend mehrfach vorkommen.

** Die einzige Lösung wäre, hinzugehen und den Berg zu besteigen.

Gegner herangewachsen, den das Römische Reich je gesehen hatte. Er war eine ehrfurchtgebietende Gestalt, und als Hadrian in seine Berge vordrang, war es fast wie ein Kampf zwischen ebenbürtigen Gegnern. Erst nach einem mühsamen und erbitterten Feldzug, in dem sie all ihr Wissen und ihre Belagerungstechnik zum Einsatz brachten – Dinge, die Decebalus immerhin offenbar im Ansatz bereits beherrschte –, gelang es den Römern, ihn zu unterwerfen. Anstatt zu kapitulieren und sich gefesselt im Triumphzug durch die Stadt zerren zu lassen, stürzte sich der König am Ende nach römischer Sitte in sein Schwert. Aus Sarmizegethusa wurde Ulpia Traiana, der Stützpunkt der Legio Tredecima Gemina, und die steinernen Zeugnisse der, wie der Name nahelegt, doppelt starken Leg. XIII Gem. waren noch immer allgegenwärtig. Ihre Legionsadler prangten dort, solange die Provinz existierte. Eindrucksvolle Mauern und die Ruinen eines Amphitheaters zeigen die Bedeutung der Stadt; überall in der Gegend findet man zerbrochene Statuen von Göttern und Kaisern, und die riesigen behauenen Quader der Tempelbauten, zerfallene Schreine künden von Isis und Mithras, und rissige Mosaike schmücken die Böden alter Speisezimmer mit mythologischen Szenen.

Das Schwierigste an meinem Vorhaben, mich immer an den westlichen Hängen dieses Höhenzugs zu orientieren, war, daß ich auf einer Höhe bleiben mußte und dem Sog, den die natürlichen Verwerfungen des Gebirges auf mich ausübten, nicht nachgeben durfte – doch Felsstürze, Gesteinsformationen, Schuttkegel und Erdrutsche machten dies nahezu unmöglich; oft hatte ich nur die Wahl, ob ich im Zickzackkurs bis zum Grund einer Schlucht hinunter- und auf der anderen Seite wieder hinaufklettern wollte oder im weiten Bogen durch das Hinterland wandern, wo ich mich fast unweigerlich verirrte. Ich tat beides; aber mit Hilfe der Sonne, meiner neu zum Leben erweckten Uhr und des

Kompasses (den ich bislang nur ein einzigesmal benutzt hatte, nämlich an meinem letzten Tag in Ungarn) blieb ich wenigstens halbwegs auf Kurs.

Den ganzen Tag über begegnete ich keiner Menschenseele; es gab jede Menge rote Eichhörnchen, einige wenige schwarze, und zahllose Vögel, die einzigen größeren Lebewesen aber waren Falken und Steinadler, die meistens paarweise träge und unerreichbar hoch um die schroff aufragenden Felsbastionen glitten. Manchmal blickte ich über eine tiefe Mulde voller Baumwipfel, bevor ich in sie eintauchte; dann wieder wanderte ich über einen grasbewachsenen Bergsattel oder kletterte über eine Fläche, die von unten betrachtet wie eine kahle Stelle am Berghang wirkte; die meiste Zeit aber folgte ich schwach erkennbaren Pfaden, von denen ich immer wieder abweichen mußte, um unwegsame, lockere Geröllfelder zu umgehen, ehe ich meine Wanderung im Schatten der Bäume fortsetzen konnte. Wie stets, wenn ich auf einsamen Wegen dahinschritt, vertrieb ich mir die Zeit mit Gedichten und Liedern, die manchmal vom Echo zurückgeworfen wurden. Ich hatte immer noch viel Proviant, es gab Dutzende von Bächen mit frischem klarem Wasser, viele davon von dichter Brunnenkresse gesäumt, und als ich mich an einer dieser Wasserstellen mit dem Gesicht nach unten zum Trinken legte, wie ein Hirsch am Ende des Tagens, war ich froh, daß ich in diesem Augenblick nicht auf dem Exerzierplatz von Sandhurst stand. Oxford wäre besser gewesen. Aber dies hier war eindeutig das Beste.

Der Felsvorsprung, auf dem ich mein Nachtlager aufschlug, war auf drei Seiten von schützenden Bäumen umgeben, auf der vierten Seite verloren sich die Wipfel der Kiefern rasch in der Tiefe. Als nach einem feuerroten Sonnenuntergang schließlich auch die Glut verlosch und der ohrenbetäubende Lärm der Vögel allmählich verstummte, wikkelte ich mich in meine Decke, zündete eine Kerze an, zog mein Buch aus der Tasche und verfolgte ein paar Seiten weit die Abenteuer von Theodore Gumbril. Die Sterne standen dicht an dicht, sobald man zum Himmel aufblickte, wurde man zum Multimillionär, und was noch besser war: Die Perseiden veranstalteten noch immer ihr Feuerwerk von Sternschnuppen. Ich war müde vom Wandern und schlief bald ein, aber mitten in der Nacht wurde ich von der Kälte wach, zog noch einen weiteren Pullover über, trank den Rest aus meiner Flasche und sah, daß der Mond, erst spät aufgegangen, viele der Sterne hatte verblassen lassen, genauso wie Sappho es beschreibt. Der Mond stand im letzten Viertel und warf schimmernde Streifen auf den Waldboden und ließ Felsen geheimnisvoll aufglimmen.

Kurz nach meinem Aufbruch am folgenden Morgen hielt ich auf einem grasbewachsenen Felsvorsprung inne, um meine Schnürsenkel zu binden. Plötzlich hörte ich ein Geräusch: halb Knarren, halb Rascheln. Als ich über die Kante blickte, sah ich auf einem ähnlichen Vorsprung, etwa fünfzehn Meter weiter unten, die hochgezogenen Schultern eines gewaltigen Vogels; mein Blick fiel genau auf die Stelle, wo die langen goldbraunen Federn in ein kürzeres Federkleid übergingen, das in hellerem Kastanienbraun seinen Kopf und Nacken ziegelförmig bedeckte. Er putzte das Gefieder an Brust und Schultern mit seinem furchteinflößend gekrümmten Schnabel. Mit einem kleinen Sprung bewegte der Vogel sich auf seinem Felsvorsprung seitwärts, und erst als er mit einem knarrenden Geräusch den linken Flügel ganz entfaltete und seine Achselhöhle inspizierte, erkannte ich, wie riesig er war. Er war so nah, daß ich jedes Detail genau erkennen konnte: die bräunlichen Federn, die wie Knickerbockerhosen drei Viertel seiner schuppigen Beine bedeckten, die gelb-schwarzen Klauen, die geraden Schwanzfedern, den gelben Streifen an der Unterseite der oberen Schnabelhälfte. Nach der Achselhöhle waren die Flügel an der Reihe, und er putzte und glättete die Federn, als seien sie von der Nacht zerzaust. Gemächlich faltete er den Flügel wieder ein, dann breitete er den anderen aus, mit einer Bewegung, die ihn scheinbar momentan aus dem Gleichgewicht brachte, und setzte seine Morgentoilette mit derselben Sorgfalt fort.

Reglos und ohne auch nur einen Wimpernschlag muß ich ihn geschlagene zwanzig Minuten beobachtet haben. Beide Flügel wieder am Körper angelegt, saß er da und blickte gebieterisch in die Runde; von Zeit zu Zeit zog er die Schultern hoch und zuckte mit den Achseln, dann öffnete er einen Flügel zur Hälfte und faltete ihn wieder zusammen, einmal riß er den Schnabel weit auf, wie zu einem Gähnen. Schließlich breitete er, ganz unvermittelt, mit einem Knarren und Schaudern beide Schwingen zu ihrer gewaltigen Spannweite, wiegte sich einen Augenblick lang hin und her, als drohe er, das Gleichgewicht zu verlieren, und erhob sich dann nach zwei oder drei weiteren Sprüngen und einem kurzen Federn der gefiederten Beine in die Lüfte, alle Schwungfedern gespreizt und an den Spitzen nach oben gerichtet, wobei er die Flügel nach oben bewegte, dann nach unten beim anschließenden Aufwärtsschwung. Nach einigen Schlägen kamen beide Flügel zum Stillstand und bildeten eine gerade Linie, alle Schwungfedern wieder nach oben gebogen, als er sich von einer unsichtbaren Luftströmung hinaus und hinab und hinweg über den gewaltigen Abgrund tragen ließ und mit kaum wahrnehmbaren Bewegungen seinen Flug korrigierte. Wenige Augenblicke später erklang hinter einer Felssäule lautes Flügelschlagen, und ein zweiter riesiger Vogel, bis dahin unsichtbar, folgte ihm nahezu lautlos. Sie wiegten sich sanft in der Luft, in weitem Abstand, wie Schiffe in einer leichten Brise. Als sie die Hypotenuse aus Schatten überquert hatten, die sich von der Silhouette der Karpaten bis zu den Bergflanken des Banat erstreckte, ließ das Morgenlicht ihre

Schwingen erstrahlen und zeigte sie in ihrer ganzen Herrlichkeit. Der Blick hinunter auf dieses majestätische Vogelpaar, das dort in luftiger Höhe seine Kreise zog, bescherte mir ein tiefes Glücksgefühl. Was für eine Vorstellung, daß die Kirgisen Steinadler zur Jagd abrichteten! Sie transportierten sie auf Pferden, ein scheinbar unmögliches Unterfangen, dann nahmen sie ihnen die Haube ab und ließen sie über der Steppe kreisen, wo sie Antilopen, Füchse und Wölfe aufspürten und aus großer Höhe auf ihre Beute herabstießen. Hier in dieser Gegend, so hatte Radu berichtet, rissen sie bisweilen ebensoviele Schafe wie die Wölfe, und später kam mir zu Ohren, daß sie auch unter den Schafen und Ziegen der nomadischen Sarakatsani im Rhodopengebirge und unter den Herden von Radus Verwandten, den Koutzo-Walachen des Pindos, beträchtlichen Schaden anrichteten. Sie kreisen über den Pferchen, wählen ihr Opfer, stoßen herab wie Speere und schleppen herzerweichend blökende Lämmer von dannen.

Ich fragte mich, ob diese beiden nur ihren Morgenflug unternahmen oder ob sich ihr Nest in der Nähe befand. Lieber nicht nachsehen! (Plötzlich erschienen vor meinem inneren Auge die sensationslüsternen Titelseiten des *Domenica del Corriere*, in Kobalt, Orange und Sepia: Ein Torwart war vor den Augen zweier Mannschaften von einer Anakonda erwürgt worden: »Offside! Un incidente in Torino«; drei Rhinozerosse jagen eine Karmeliterin quer über einen chaotischen Marktplatz in den Apenninen: »Uno Sfortunato Incontro«; oder, in diesem Falle, »Al Soccorso dei Bambini!« – ein Horst voller Adlerküken und zwei erwachsene Vögel zerfleischen einen Eindringling, der sich verzweifelt mit einem Geweih zu wehren versucht …)

Ich wanderte weiter in südlicher Richtung und sah ihnen noch lange zu, wie sie gemächlich ihre Kreise zogen und still dahinschwebten: ein solcher Anblick, keine vierundzwanzig Stunden nach der kurzen, an ein Gemälde von Altdorfer erinnernden Begegnung mit dem Hirsch – ich konnte es kaum fassen. Ich fragte mich, wie nah ich wohl an wilden Ebern vorübergekommen war oder noch vorüberkommen würde, an Wölfen und Bären. Auch sie gingen in dieser Jahreszeit, wie es hieß, den Menschen aus dem Wege. Gesehen hatte ich sie nicht – aber sie mich vielleicht, als ich an ihnen vorüberstapfte. Wie war das mit der berühmten Vorliebe der Bären für Honig und den Bienenstöcken, die ich bei den Schnittern gesehen hatte? Zu gerne hätte ich einen von ihnen beobachtet, wie er auf krummen Beinen herantrottete oder sich auf die Zehenspitzen reckte, um in einem hohlen Baum nach einer Wabe zu angeln. In der Nacht hatte ich im Geäst seltsame Laute vernommen, wie von einem Geist, der keine Ruhe finden kann; es klang größer als ein Eichhörnchen: eine Wildkatze oder ein Luchs womöglich? Vielleicht ein Baummarder.

Jeder Tag in den Bergen schien mir länger und ereignisreicher als eine Woche in den Niederungen; er begann mit der Morgendämmerung und endete bei Einbruch der Dunkelheit, nur durch eine Phase leichten Schlafes vom nächsten geschieden. Vierundzwanzig Stunden kamen mir vor wie ein ganzes Leben, und die durch die dünne Höhenluft geschärften Sinne, die Fülle an Details und das Kaleidoskop der ständig wechselnden Eindrücke machten aus meinem Aufenthalt dort oben eine ganze Ewigkeit. Ich spürte eine tiefe Verbundenheit mit diesen einsamen Höhen, war von Minute zu Minute weniger gewillt, je wieder hinabzusteigen, und wäre am liebsten für immer so weitergewandert. Ein Glück, dachte ich, als ich durch eine dunkle, mit Kiefern bewachsene Schlucht kletterte, daß das Ende noch lange nicht in Sicht ist. Doch da, plötzlich hörte ich – ganz leise und in weiter Ferne – den Schlag einer Axt; dann zwei oder drei. Auch wenn es noch sehr weit fort war, stimmte das Geräusch mich traurig, denn es kündete von Menschen aus der

Welt unten im Tal, und in den zwei Tagen Einsamkeit seit meinem Abschied von den Schäfern war in mir ein Gefühl gewachsen, als sei ich der alleinige Herr von allem, was ich rings um mich her sah und hörte.

Die Äxte hatten schwer gewütet. Einzelne Eichen, Buchen und Erlen standen verloren inmitten eines Wirrwarrs aus kahlen Baumstümpfen, kreisrunden Sägespanhäufchen und gefällten Kiefernstämmen. Sie waren von je zwei Männern mit einer Zugsäge fast ganz durchtrennt und anschließend mit Hilfe von Axt, Holzhammer und Keilen vollends zu Fall gebracht worden; noch vor meinen Augen trieben die Waldarbeiter ihre Keile in das letzte Opfer des Tages. Bis ich die Schläge hörte, holten die Holzhämmer immer schon zum nächsten Hieb aus; wenig später stürzte der Baum unter Splittern und Krachen zu Boden, und sie machten sich mit Sägen, Äxten und Hippen daran, den Stamm von Ästen und Zweigen zu befreien. Wenn genügend Stämme fertig bereitlagen, wurden sie von einem Pferdegespann mit Ketten und Haken an den Rand der Lichtung geschleppt und dort über eine steile Schneise talwärts befördert. Der Grasstreifen war übersät mit Baumstämmen, und ganz am unteren Ende wurde das Holz auf Fuhrwerke verladen. Der Anblick erinnerte mich an die Schneestreifen in den österreichischen Wäldern entlang der Donau und an die dort liegenden Kiefernstämme; sie hatten ausgesehen, als hätte jemand eine Zündholzschachtel dort ausgeleert. Und auch hier warteten die Stämme darauf, zu Brettern verarbeitet oder zu Flößen verschnürt und flußabwärts transportiert zu werden.

All dies erfuhr ich auf deutsch von einem stämmigen Mann im rotkarierten Flanellhemd und mit einem Sonnenschild aus Zelluloid, wie ihn Journalisten im Film manchmal tragen. Nachdem er sich von den Waldarbeitern verabschiedet hatte, ging er neben mir her zu einer Holzhütte mit Wellblechdach. Darin traf ich, was mich einigermaßen verblüffte, auf einen bärtigen Mann mit schwarzem Anzug und schwarzem Filzhut, die Krempe ringsum hochgeschlagen. Er saß an einem Tisch und beugte sich so tief über ein großes, zerlesenes Buch, daß seine Brille fast die Seiten berührte. In ein paar Jahren würde er aussehen wie einer der Schriftgelehrten auf Holman Hunts Darstellung des Tempels; und das war auch genau das, was er war. Zwei Söhne etwa in meinem Alter saßen, ebenso vertieft, an seiner Seite. Auch ihr Leben stand offensichtlich im Zeichen des Glaubens: Man sah es an ihren Schläfenlocken und dem dunklen Bartflaum auf den wachsbleichen Wangen. Was für ein Kontrast zu dem Mann im karierten Hemd; er war der jüngere Bruder des Rabbiners, und seine Gesichtszüge hätten das Werk eines gehässigen Karikaturisten sein können. Er war der Vorarbeiter dieses Holzfällertrupps und kam aus Satu Mare – Szatmár –, einer Stadt in dem magyarisch besiedelten Streifen im Nordwesten Transsilvaniens. Der Rabbi und seine Söhne waren für zwei Wochen bei ihm zu Gast, und die Waldarbeiter stammten aus den Bergen derselben Gegend.

Als der Vorarbeiter mich zu dem Grüppchen am Tisch führte, blickten sie besorgt, beinahe ängstlich auf. Sie boten mir einen Stuhl an, aber wir wußten alle nicht recht, was wir sagen sollten. »Was sind Sie von Beruf?« Der Vorarbeiter musterte mich mit unverhohlener Neugier. »Sind Sie ein fliegender Händler?« Ich war ein wenig pikiert über diese Frage, doch sie war durchaus berechtigt. Niemand sonst wanderte so durch die Gegend, und ich nehme an, die einzigen anderen umherziehenden Fremden in diesem Teil des Landes – sofern es sich nicht um Bettler oder ausgekochte Halunken handelte –, müssen Hausierer gewesen sein, obwohl mir nie einer begegnet war. (Aber die Anwesenheit eines Fremden an so einem Ort verlangte offenbar nach einer Erklärung. Auch die

Schäfer und Zigeuner waren mir anfangs mit gewissen Vorbehalten begegnet: Unbekannte Gestalten in der Wildnis ließen nichts Gutes ahnen. In der Vergangenheit hatten sie saumselige Bauern zu Frondiensten herangezogen; heutzutage konnte es sich nur um Steuereintreiber oder Volkszähler handeln, um Leute, die Weideabgaben kassierten oder auf der Suche waren nach Verbrechern, Deserteuren oder Rekruten, die ihren Militärdienst nicht angetreten hatten – ein ganzes Spektrum lästiger Eingriffe in die Freiheit der Waldbewohner.) Meine Gesprächspartner waren verblüfft, als ich versuchte, ihnen zu erklären, warum ich nicht zu Hause geblieben war. Wieso ich reiste, wollten sie wissen. Ob ich die Welt sehen wolle oder studieren, Sprachen lernen? Ich war mir selbst nicht ganz sicher. Ja, einiges davon treffe zu, vor allem aber, anfangs fiel mir das Wort nicht ein, und als ich es fand – »zum Vergnügen« –, klang es nicht richtig, und sie runzelten noch immer die Stirn. »Also, Sie treiben sich herum aus Vergnügen?« Der Vorarbeiter zuckte lächelnd mit den Schultern und machte eine Bemerkung auf jiddisch; alle lachten, und ich fragte, warum. »Es ist a Gojim Naches!« sagten sie. Ein »Gojim Naches«, so erklärten sie mir, ist etwas, was die Gojim mögen, während es Juden vollkommen kalt läßt; eine absonderliche, unvernünftige Vorliebe, eines Gois Glück oder eines Nichtjuden Freude. Das traf den Nagel auf den Kopf.

Die anfängliche Zurückhaltung der anderen Bergbewohner hatte nicht lang angehalten, und so war es auch hier – doch die Juden hatten andere Gründe zur Vorsicht. Die jahrhundertelangen Verfolgungen waren nicht zu Ende: Noch am Ende des vorigen Jahrhunderts hatte es in Ungarn Anklagen wegen Ritualmords gegeben, in jüngerer Zeit auch in der Ukraine; in Rumänien war es zu brutalen Übergriffen gekommen, zu Pogromen in Bessarabien und vielerorts in Rußland. Es kursierten die wildesten Verleumdungen, und die finsteren Gerüchte über die Weisen von Zion waren erst fünfzehn Jahre zuvor in Umlauf gesetzt worden. Derweil brauten sich in Deutschland düstere Vorzeichen zusammen, auch wenn keiner von uns das wahre Ausmaß des Unheils erahnte. Wir kamen darauf zu sprechen und redeten – so unglaublich das heute scheint – von Hitler und den Nazis, als seien sie nur ein unerfreuliches Kapitel in der Weltgeschichte, eine Art kurzfristige Verirrung oder ein Albtraum, der plötzlich verschwinden kann, wie eine Wolke, die sich auflöst, oder ein schlechter Traum. Dann kamen wir auf ein erfreulicheres Thema: die Juden in England (sie wußten viel mehr als ich, was kein großes Kunststück war) und auf Palästina. Immer wieder durchbrachen Seufzer und ein schicksalsergebener Humor ihre Unterhaltung.

Alles nahm eine andere Wendung, als wir auf die heiligen Schriften kamen. Das Buch, in dem der Rabbi las, war die Tora, oder ein Auszug daraus, gedruckt in dicht gedrängten, schwarzen hebräischen Lettern – unwiderstehlich für jemanden mit einer Vorliebe für Alphabete und ganz besonders für diese geheimnisumwitterten Zeichen. Unter Mühen konnte ich einige der einfacheren Wörter entziffern, wenn auch ohne die leiseste Ahnung, was sie bedeuteten, und sie freuten sich über mein Interesse. Ich zeigte ihnen einige der Wörter, die ich in Bratislava von Läden und, im Kaffeehaus, aus jüdischen Zeitungen abgeschrieben hatte, und deren längst vergessene Bedeutung brachte sie zum Lachen; diese uralten Symbole empfahlen eine Werkstatt für Regenschirmreparaturen oder »Daniel Kisch, Koschere Wurst und Salami«.* Wie klang das Lied Mirjams im Original, wie das Deborah-Lied; wie Davids Klage über den Tod des Absalom, wie die Blume in Saron und die Lilie im Tal? Sobald sie nach meinen unbeholfenen deutschen Übersetzungen erraten konnten, welche Stelle ich meinte, begann der Rabbi zu re-

* Siehe *Die Zeit der Gaben*, Seite 319.

zitieren, oftmals begleitet von seinen Söhnen. Unsere Augen leuchteten; es war wie ein wunderbares Spiel. Als nächstes kamen die Wasser zu Babel und die Harfen an den Weiden: hier sprachen sie wie aus einem Munde, und als sie zu der Stelle kamen, wo es heißt: »Vergesse ich dich, Jerusalem«, klangen ihre Stimmen ungeheuer feierlich. Auf den hinteren Seiten meines Tagebuchs finden sich einige Zeilen in hebräischer Schrift, die der Rabbi dort selbst notiert hat; da er im Kursiv schreibt, kann ich sie nicht entziffern; und darunter steht die phonetische Umschrift, die ich während seines Vortrags festgehalten habe.

Hatzvì Jissroël al bomausejcho cholol
Ejch nophlu ghibaurim! Al taghìdu v'Gath,
Al t'vassru b'chutzaus Ashk'lon;
Pen tismàchnoh b'naus P'lishtim,
Pen ta'alauznoh b'naus ho'arejlim.
Horèj va'Gilboa al-tal, v'al motòr alejchem

Dann kommt eine kleine Lücke, bevor es weitergeht mit:

Us'dèj srumaus.

Aus den wenigen Wörtern, die wie Eigennamen klingen, konnte ich schließen, um welche Stelle es sich handeln mußte: »Sagt's nicht an zu Gath, verkündet's nicht auf den Gassen zu Askalon, daß sich nicht freuen die Töchter der Philister, daß nicht frohlocken die Töchter der Unbeschnittenen.« Das nächste unvollständige Stück kann nichts anderes sein als: »Ihr Berge von Gilboa, es soll weder tauen noch regnen auf euch ...« Inzwischen glühten der Rabbi, seine Söhne und ich vor Begeisterung. Diese in England so bekannten Passagen waren für sie in zweifacher Hinsicht bedeutsam, und ihr Gefühlsüberschwang riß mich mit. Sie schienen erstaunt – ja geradezu berührt –, daß die Dichtung ihres Volkes in der Außenwelt so hohes Ansehen genoß;

von der Welt abgeschnitten, wie sie waren, war ihnen das offenbar gar nicht bewußt gewesen. Ein Gefühl großer Wärme und Freude hatte uns ergriffen, und der Rabbi polierte unablässig seine Brillengläser, nicht um besser sehen zu können, sondern aus schierer Freude und Erregung, und sein Bruder betrachtete uns mit amüsiertem Wohlwollen. Es wurde dunkel, während wir so am Tisch saßen, und als er den Glaszylinder der Petroleumlampe anhob, um sie zu entzünden, blitzten drei Paar Brillengläser auf. Wenn es Freitag gewesen wäre, meinte der Rabbi, hätten sie *mich* gebeten, das Licht zu entzünden. Er erklärte, was ein Schabbes-Goi war, ein Nichtjude, der bei wohlhabenden Juden – »nicht solchen wie uns« – angestellt war, um Feuer und Lampen zu entzünden, Knoten zu binden und zu lösen und all die Dinge zu tun, die einem Juden laut Gesetz am siebten Tag untersagt sind. Ich antwortete, da tue es mir leid, daß erst Dienstag sei (der Sabbat beginnt am Freitag bei Sonnenuntergang), sonst hätte ich mich zur Abwechslung einmal nützlich machen können. Lachend wünschten wir einander eine angenehme Nacht.

Ich streckte mich unter den verbliebenen Eichen aus, voller Erregung. Nie hätte ich gedacht, daß ich zu so unzugänglich wirkenden Männern ein so freundschaftliches Verhältnis entwickeln könnte. Schon oft hatte ich Leute wie sie betrachtet. Das letztemal war es auf jenem mondbeglänzten Bahnsteig gewesen, als ich über die rumänische Grenze kam; sie schienen in einer Welt ganz für sich zu leben, fern und unnahbar; genausogut hätte ich eine trappistische Äbtissin um Feuer für meine Zigarette bitten können.

Ich dachte an den Schabbes-Goi. Angewiesen wäre keiner auf mich gewesen, denn ein wenig abseits hatten sich die Holzfäller um ein eigenes Feuer versammelt und sangen ungarische Lieder. Irgendwie klangen sie – ich hätte nicht sagen können, woran es lag – anders als die rumänischen, doch genauso traurig und genauso schön.

Am nächsten Morgen verabschiedete ich mich, gerade als der jüngere der beiden Söhne, Kappe auf dem Kopf und einen weißen Gebetsschal mit schwarzen Enden umgelegt, zu den beiden anderen stieß, und ich machte mich auf zu den herzzerreißenden Klagelauten ihrer Gebete. Der Vormann, nicht so fromm, zeigte den Arbeitern, welche Bäume als nächste zu fällen waren.

Für einen entlegenen Höhenrücken in den Karpaten war es schon eine unerwartete Begegnung gewesen. Auf welchen Wegen waren sie aus dem fernen Kanaan, aus Jerusalem und Babylonien hierher gelangt? Einige wenige karäische Schismatiker, die sich am Asowschen und Schwarzen Meer niedergelassen hatten, waren nach Osteuropa weitergezogen, aber danach hatte man nicht mehr viel von ihnen gehört. Eine Handvoll Juden – zumindest der Religion, wenn schon nicht der Abstammung nach – war vielleicht mit den Magyaren ins Land gekommen, wenn es denn stimmt, daß die kriegerischen Kabaren zu der chasarischen Oberschicht zählten, die den jüdischen Glauben angenommen hatte: Denn bei ihrem Zug nach Westen, der auf der Ungarischen Tiefebene endete, wurden die Magyaren von drei kabarischen Stämmen begleitet; gewiß sind auch sie zum Christentum übergetreten, als alle anderen bekehrt wurden. Am wahrscheinlichsten war, daß meine Gastgeber – zumindest teils – von den Juden abstammten, die sich schon in den Anfangstagen des Römischen Reiches am Rhein niedergelassen hatten, nachdem sie, noch vor der Babylonischen Gefangenschaft, vielleicht sogar vor der Zerstörung des Tempels, Italien hinter sich gelassen hatten.

In der Frühzeit, als alle Religionen noch polytheistisch waren, konnte man Götter mit anderen teilen oder austauschen; sie wanderten von Pantheon zu Pantheon und waren überall willkommen. Die Manichäer reduzierten den zoroastrischen Götterhimmel auf zwei gleich mächtige Rivalen: eine gefährliche Tendenz, wie man an den daraus entstandenen Häresien ablesen kann. Die Juden aber neigten ihr Haupt nur vor einem einzigen Gott, der keine Rivalen neben sich duldete; er war unsichtbar, durfte nicht bildlich dargestellt, nicht einmal beim Namen genannt werden, und das sorgte von Anfang an für Auseinandersetzungen mit den Nachbarn. (Manchmal könnte man fast glauben, der Streit gehöre so untrennbar zum Monotheismus wie die Streifen zum Tiger.) Auf die Phase weltlichen Ruhms folgten harte Zeiten; und nachdem es das Christentum und den Islam hervorgebracht hatte, sah sich das Judentum in der Rolle des Königs Lear, den heimtückischen Nachstellungen seiner bösen Töchter Goneril und Regan ausgesetzt, wenn auch ohne eine tröstende Cordelia und ohne jemanden, der diese Rolle hätte übernehmen können – es sei denn, für ein oder zwei Jahrhunderte, das Reich der Chasaren. Der Siegeszug des Christentums aus den Katakomben zur westlichen Staatsreligion machte die Juden ein für allemal zu Außenseitern. Die Menschen, die Jesus gekreuzigt hatten, wurden Opfer eines erbarmungslosen Rachefeldzugs, und in den folgenden Jahrhunderten lieferten gesellschaftliche Ächtung und Demütigungen den idealen Nährboden für eine Dämonisierung und Mystifizierung, die bis heute anhält. Im Mittelalter beschuldigte man die Juden nicht nur des Gottesmordes, man machte sie verantwortlich für jegliches Unglück, das dem Westen widerfuhr, insbesondere für den Schwarzen Tod und den Einfall der Mongolen: Diese Teufel in Menschengestalt waren die zwölf Stämme Israels, die aus dem Osten hereinbrachen, um die ruchlosen Pläne ihrer jüdischen Stammesgenossen in Europa zu unterstützen. Vor allem in deutschen Landen führte die fanatische Begeisterung der Kreuzzüge zu einer Serie grausamer Massaker. Als Folge dieser Ereignisse verließen viele Juden erneut ihre Wohnorte und landeten schließlich in Polen. (Da sie so lange in Deutschland waren, wurde ein mittelalterlicher deutscher Dialekt, im wesentlichen identisch mit dem Fränkischen, zur Grundlage der jiddischen Lingua franca in Osteuropa.) Anfangs hieß das Königreich sie mit offenen Armen willkommen. Sie ließen sich nieder und vermehrten sich; aber im Laufe der Zeit veränderte sich die Lage. Der Klerus warf den Königen vor, daß sie die Juden unter ihren Schutz stellten, und an der Wende vom vierzehnten zum fünfzehnten Jahrhundert begannen die Verfolgungen: Die Dominikaner verlangten eine jährliche Tributzahlung, und die altbekannten Gerüchte von Hostienschändungen und Ritualmorden lebten wieder auf. Trotz alledem war es eine Blütezeit der jüdischen Gelehrsamkeit und Theologie. Sie waren zu zahlreich, um weiterzuziehen, als sie erneut in Bedrängnis gerieten. Am schlimmsten waren die Massaker der Kosaken im siebzehnten Jahrhundert; und nach der Teilung von Polen sorgten die Verfolgung durch die Russen und, allen voran, die Pogrome im sogenannten Pale-Distrikt dafür, daß viele Tausende sich erneut auf die Wanderschaft begaben. (Der Rabbi und sein Bruder waren nicht ganz sicher, aber sie glaubten, einige ihrer Vorfahren seien womöglich vier oder fünf Generationen zuvor aus dieser Region gekommen; das zweite wahrscheinliche Herkunftsgebiet war Galizien.) Trotz allem tiefverwurzelten ungarischen Antisemitismus hatten Juden eine tragende Rolle im Leben des Landes übernommen – es war ihnen dort besser ergangen als in Rußland oder Rumänien. Meine Freunde fühlten sich als Ungarn und waren stolz darauf: Sie unterhielten sich vorzugsweise auf ungarisch, nicht auf jiddisch, und beklagten den Verlust ihrer ungarischen Staatsbürgerschaft in der jüngsten Vergangenheit.

Auf einem Kontinent, wo zahllose Völker sich von Grund auf verändert hatten, wenn nicht gar vollkommen von der Bildfläche verschwunden waren, hatten sich die Juden, allen Verfolgungen und Schikanen zum Trotz, noch am wenigsten gewandelt. Nicht nur durch ihre Religion grenzten sie sich von ihrer Umwelt ab; gerade hier in den Bergen trugen sie – ganz im Unterschied zu den Bauern der Umgebung – den Stempel einer städtischen Bevölkerung, deren Leben vornehmlich in geschlossenen Räumen verlief. Kleidung, Ernährung, Körperhaltung, Gestik, Hautfarbe und Sprache – das unverkennbare Näseln, das ihre Kritiker so unverdrossen nachäfften – vertieften die Kluft. (Jedesmal wenn ich die beiden Jungen ansah, wünschte ich mir, sie würden ihre Korkenzieherlocken abschneiden, und hatte auf der Stelle ein schlechtes Gewissen deswegen.) Zusätzlich zu den Demütigungen, die ihnen durch die Nichtjuden zuteil wurden, gab es eine ganze Reihe von selbst zugefügten Wunden, die offenbar in erster Linie dazu dienten, abweichende ästhetische Standpunke zur Schau zu stellen und eventuelle Annäherungsversuche im Keim zu ersticken. (Es waren natürlich genau die Dinge, die jeder, der sich um Assimilation bemüht – wie ich es hätte tun sollen, dachte ich mit neuerlichen Gewissensbissen –, nur zu bereitwillig über Bord werfen würde.) Aber für die, die Vermischung als Verrat betrachteten, war es etwas vollkommen anderes. Sie hielten unbeirrbar fest am Althergebrachten; die Spuren des Ghettos waren, wenn schon nicht Embleme des Märtyrertums, so doch immerhin geheiligte Symbole der Solidarität in schweren Zeiten geworden, denn sie hätten der Verfolgung jederzeit ein Ende setzen können, indem sie ihrem Glauben abschworen; einige wenige Worte, ein paar Spritzer Wasser, und ihre Not hätte ein Ende gehabt. Aber sie hatten sich für das Schwert entschieden, für die Flucht und das Schicksal von Ausgestoßenen, statt ihren Glauben zu opfern. Wen wundert es da, daß sie, einmal sicher in ihren vier Wänden und fernab von alldem, den Kontakt mit der bösen Außenwelt mieden, und wenn die äußeren Umstände ihres Lebens fremdartig und abstoßend erschienen – um so besser; das würde auch die letzten Türen verriegeln. Handwerkliches Geschick und künstlerisches Gespür eröffneten ihnen die Chance zum Überleben, zu Wohlstand und Ansehen in einer Welt voller Widernisse; doch in einem Augenblick der Erleuchtung ging mir im abendlichen Lampenschein auf, daß diese Dinge für strenggläubige Juden wie meine Begleiter nichts als eine Illusion waren. Für den Rabbi und seine Söhne waren diese Säulen aus schwarzen Buchstaben, umgeben von Randbemerkungen, Kommentaren und Fußnoten aus zwei oder drei Jahrtausenden, der wahre Daseinszweck; etwas, das man im verborgenen und hinter verschlossenen Fensterläden liebt und ehrt: die heiligen Schriften, ihre Gedichte, ihre Philosophie und ihre Gesetze. Sie waren der Leitstern ihrer Leidenschaft, und das Meer der Qualen wich zurück, wenn sie die Geheimnisse ihrer Religion erkundeten, die Feinheiten des Gesetzes würdigten, die Bedeutung der Kabbala und des Sohar entschlüsselten oder die Lehrsätze der Chassidim gegen die Thesen des Gaon von Wilna abwogen; und über den Taten von Josua, David und den Makkabäern müssen sie die rüden Hetzsprüche draußen in den Gassen vollkommen vergessen haben.

»Ihr Berge von Gilboa, es soll weder tauen noch regnen auf euch …« Die Worte kamen mir in den folgenden Stunden immer wieder in den Sinn, besonders am nächsten Morgen, als ich trocken und wohlbehalten erwachte und mich an meine feuchte Wiederauferstehung nach der Nacht bei den Schweinehirten von Visegrád erinnerte. Am Abend zuvor waren ein, zwei Wolken aufgezogen, und ich hatte zum erstenmal seit einer Woche nicht unter freiem Himmel geschlafen. Eine Höhle, deren Eingang teils mit einer Steinmauer umgeben war, so daß eine Art Schafpferch entstand, kam mir wie gerufen und lud bei Einbruch der Dämmerung zum Verweilen; aber es wimmelte nur so von Insekten, und so tauschte ich diese Höhle gegen eine kleinere, etwa so groß wie eine Opernloge, und ich kann noch nicht lange geschlafen haben, als mich ein leises Rauschen weckte, doch anders als das Rauschen von Wasser. Zu meinen Füßen, gerade noch erkennbar im Licht der Sterne, zog eine große Schafherde vorüber, und Hunderte von kleinen, behuften Füßen trappelten durch die Nacht. Der Schäfer und seine Hunde folgten ihnen vollkommen lautlos. Es kam mir vor, als ob Diebe die Herde forttrieben; ich blickte ihnen nach, bis sie verschwunden waren, und am nächsten Tag war mir, als hätte ich das alles nur geträumt.

Es war kein Tau gefallen; aber der Morgennebel hing in den Tälern und Schluchten. Die felsigen Gipfel in der Ferne sahen aus wie Theaterkulissen; nur haarfeine Linien grenzten sie ab von den dahinter im Dunst liegenden blaßblauen Höhenzügen. Je größer die Entfernung, desto blasser wurden sie, nur die Täler, die sich bergabwärts wanden, waren dunkel von Bäumen.

Überall gab es Echos. Bei jedem kleinen Erdrutsch verbreitete sich die Kunde davon wie ein Lauffeuer, und wenn man die vier Schlüsselnoten eines Akkords laut genug sang, wurden sie im Abstand von ein oder zwei Sekunden fünf-, manchmal sechsmal zurückgeworfen, um dann, von Mal zu Mal schwächer, in den Seitentälern zu verhallen. Die Berge waren der ideale Konzertsaal für jene tibetanisch anmutenden, sechs bis zehn Fuß langen Blasinstrumente. (*Bucium*, das rumänische Wort, ist mit großer Sicherheit von der römischen *buccina* abgeleitet, dem langen, metallenen Instrument, das wir von Triumphbögen kennen, gespielt von Legionären mit geblähten Wangen inmitten von erbeuteten Tabernakeln und Kerzenleuchtern.) Jenseits des Bergkamms müssen die Fanfaren des Kaisers Trajan bei der Erstürmung von Sarmizegethusa einen wahren Höllenlärm entfacht haben. (Neben den Riesenhörnern der Rumänen erklangen in diesem Teil von Europa auch die Hörner der slawischsprechenden Huzulen, eines scheuen Bergvolks aus Ruthenien, das der unierten Kirche angehörte und in einer Welt der Legenden und Zaubersprüche lebte, etwa zweihundert Meilen nord-nordwestlich in den der Bukowina benachbarten Ausläufern der Karpaten.)

Ich traf auf einige Schafherden und einen Schäfer mit einer kleinen Knochenflöte. Bald erfuhr ich, daß dieses Instrument ebenso selbstverständlicher Begleiter für einen Schäfer ist wie Spindel und Spinnrocken für seine Frau, und ich bedauerte, daß ich nicht genauer hingesehen hatte. Knochenflöten sind die bevorzugten Instrumente der nomadischen Sarakatsani im Norden von Griechenland, mit denen ich später Bekanntschaft machte; sie fertigen sie aus den langen Flügelknochen eines Adlers. Dieses Instrument allerdings war vermutlich aus dem Schienbein eines Schafs. Eine *tibia* eben.

Noch aus einem anderen Grund wünschte ich später, ich wäre aufmerksamer gewesen. Meine Reise führte mich schließlich in den Osten von Rumänien, und im darauffolgenden Jahr kehrte ich dorthin zurück. Zwischen diesem Besuch und dem Kriegsausbruch verbrachte ich viel Zeit in einem abgelegenen moldawischen Herrenhaus unweit der heutigen russischen Grenze, das geradewegs aus dem *Grand Meaulnes* entsprungen schien. Es waren lange Tage ungetrübten Glücks: Ich vergötterte die Bewohner des Hauses, und im Laufe meiner Besuche lernte ich einigermaßen flüssig rumänisch sprechen – allerdings sind nur wenige Spuren davon geblieben.

Wie so viele andere geriet auch ich bald in den Bann des ältesten Gedichts in dieser Sprache. Es heißt *Mioritza*. Es ist –

wenn auch oft nur in Bruchstücken – seit Hunderten von Jahren in der gesamten rumänischsprechenden Welt bekannt, wurde aber erst im vergangenen Jahrhundert schriftlich aufgezeichnet und gedruckt. Es ist also eine Volksdichtung, aber diese Klassifizierung paßt nur schlecht zu den seltsamen Versen. Schon so mancher hat versucht, seine geheimnisvolle Symbolik zu entschlüsseln; einige sagen, das Gedicht zeige den tief verwurzelten Fatalismus der rumänischen Bauernschaft, andere sehen das Gegenteil und sprechen von einer Art mystischem Triumph über genau diese Schicksalsergebenheit. Vielleicht liegen die Ursprünge der Dichtung in vorchristlichen Zeiten; kein Zweifel, das Gedicht entspringt abstrusen, hochkomplexen Wurzeln. Für mich aber lag und liegt der besondere Zauber in der Verbindung aus naiver Unmittelbarkeit und großer Tragik, der Art und Weise, wie es die Isolation der Hirten einfängt, die einsame Erhabenheit, die ihre steilen Weiden und Wälder umweht, hier noch gesteigert durch den besonderen Reiz, zugleich auch die Enttäuschung, eines nur teils gelüfteten Geheimnisses. Vor allem aber beschwört mir das Gedicht die ersten flüchtigen Begegnungen mit dem Leben der Hirten auf dieser Wanderung durch die Berge; und so spielt die Geschichte denn auch zur einen Hälfte auf den Weiden der Hochkarpaten, zur anderen zwischen verstreuten Schafpferchen in den Tälern von Moldawien.

Das Gedicht besteht aus 123 fünfsilbigen Reimpaaren (gelegentlich reimen sich auch einmal drei Zeilen), vielfach erweitert durch weibliche Endungen; jede Zeile hat zwei oder drei Versfüße. Ich kann der Versuchung nicht widerstehen, hier ein paar zentrale Stellen in meiner holprigen, doch einigermaßen wörtlichen Übersetzung zu zitieren.

»Von dem Berg davor«, beginnt es, »nah dem Himmelstor / dort auf steilem Pfad / schon das Tal bald naht, / drei Herden Schafe fein / samt der Hirten drein (der Ausflug in eine halbpoetische Sprache, diktiert durch die Suche nach Reimen – unvermeidbar, wenn man den Charakter des Gedichtes wiedergeben will –, vermittelt nur eine unzureichende Vorstellung von der kargen, bodenständigen Sprache des Originals. Ich wünschte, ich könnte es angemessen nachbilden, seine fast schon runische Prägnanz. Als die drei Hirten aufeinandertreffen, der erste aus Moldawien, der zweite aus Vrancea, der dritte aus Transsilvanien, ziehen sofort düstere Wolken auf. Während die Sonne untergeht, schmieden der Transsilvanier und der Mann aus Vrancea ein Mordkomplott gegen den jungen Moldawier. Er ist tapferer als sie; seine Schafe sind kräftiger und haben längere Hörner, seine Pferde sind besser zugeritten und seine Hunde wachsamer. Doch eins wissen sie nicht: Er hat auch ein Lamm namens Mioritza – daher der Titel des Gedichts –, das über die Gabe des zweiten Gesichts verfügt. Als das Lamm die geflüsterten Mordpläne belauscht, hört es mit Fressen auf und blökt drei Tage lang ganz erbärmlich, um seinen Hirten zu warnen; und als der junge Schäfer wissen will, was ihm fehlt, beginnt es zu sprechen): »Ach, guter Schäfer mein, / laß diese Weide sein! / Unten am dunklen Hain, / Da gibt es Gras für mich, / da kühlt der Schatten dich. / Höre, o Herr, mein Flehn: / Laß deinen Hund mitgehn, / Den, der am stärksten ist, / nie seine Pflicht vergißt! / Denn schon im Abendrot / Bringen sie dir den Tod / – der aus Vrancea stammt, / der aus Transsilvanien-Land!«

Der Schäfer erwidert: »Lämmlein, du liebes Ding, / weißt was die Zukunft bringt! / Soll dies mein Ende sein / hier an dem Wegesrain, / dann sag den Mördern mein, / wo wolln die Schafe sein, / will ich begraben sein. / Unter der Hürde da / bleib ich euch ewig nah, / und wenn der Morgen graut / hör ich der Hunde Laut!« Danach gibt er dem Lamm noch weitere Anweisungen: »Dies sag noch obendrein: / Zu meinen Häupten sei / die Flöte aus Buchenholz / – sie spricht von der Liebe hold –, */ die Flöte aus weißem Bein / – spricht klagend von Einsamkeit –,* / die Flöte aus Holderschaft / – fröhlich und voller Kraft. / Wenn dann ein Windhauch geht / und durch die Flöten weht, / drängen die Schafe sich / und weinen bitterlich / Tränen aus Blut um mich!« An dieser Stelle schlägt die Stimmung um, und er fährt fort: »Doch von dem Mord / sag du kein Wort! / Sag ihnen frank und frei, / daß ich vermählt nun sei / mit einer Fürstin traut, / mit einer Himmelsbraut. / Als sie ihr Wort mir gab, / fiel hell ein Stern herab, / Ahorn und Kiefer warn / unter der Gäste Schar, / Berge die Priester warn, / Spielleut der Vögel Schwarm, / 's mochten wohl tausend sein, / Sterne der Fackelschein.«

»Aber«, so fährt er fort, »erblickst du dann / drüben am Wiesenrand / mein altes Mütterlein, / irrend im Feld allein, / wie sie weinet und klagt / und alle Welt nun fragt: / ›Sagt mir, wer weiß um ihn? / Sagt mir, wer sah ihn zieh'n? / Wer sah den jungen Mann / stattlich und gertenschlank? / Sein helles Angesicht / ist wie die Milch so frisch, / sein Bart so zart und weich, / der jungen Ähre gleich, / wie Rabenfedern gar / glänzet sein Lockenhaar, / der schönen Augen Glanz / gleicht reifen Brombeern fast.‹ / »Lämmchen, dem Mütterlein«, bittet der junge Schäfer zum Schluß,

sollst du ein Tröster sein.
Sag ihr nur frank und frei,
daß ich vermählt nun sei
mit einer stolzen Frau,
mit einer Himmelsbraut.

Aber dem Mütterlein
sag nie, o Lämmchen mein,
als sie ihr Wort mir gab,
fiel hell ein Stern herab,

Ahorn und Kiefer warn
unter der Gäste Schar,
Berge die Priester warn,
Spielleut der Vögel Schwarm,
’s mochten wohl tausend sein,
Sterne der Fackelschein.«

Aber all dies, dieser seltsame Schatten eines bis dahin unbekannten Rumänien, lag noch in ferner Zukunft. Mittlerweile war eine Veränderung zu spüren. Der Gedanke an Wölfe verlor an Bedeutung, und die Schafhürden unterhalb des Pfades waren nur noch dünne Gebilde aus Gestrüpp und Weidengeflecht. Bisweilen bildeten die Ausläufer des Bergmassivs steil abfallende Halbinseln, die sich in der unergründlichen Tiefe verloren; zur Abwechslung war das Gefälle der Berghänge hier eine Orientierungshilfe und lockte mich nicht in die Irre, und als ich die letzte dieser Landspitzen umrundet hatte, gelangte ich zu einem hohen Gebirgssattel am Rand eines atemberaubenden Tals.

Auf der einen Seite, in nordöstlicher Richtung, klaffte ein tiefer Einschnitt in dem Gebirgszug, an dessen Rand ich seit Tagen wanderte; er reichte bis tief in die Karpaten und endete am Fuß eines gewaltigen aschgrauen Gipfels. Auf der anderen Seite, in südwestlicher Richtung, stürzte die Schlucht hinab in die Tiefe, wo sie schließlich in die Ebene münden sollte und damit in die noch unsichtbare Welt des Alltags. Kein Laut war zu hören, nur das Rauschen des Wassers und das vereinzelte Echo herabfallender Steine. Doch noch während ich mich umblickte, zogen am oberen Ende der Schlucht dunkle Wolken auf, und unruhige Schatten huschten über die schroffe Felslandschaft; dann verdüsterte ein jähes Unwetter die Sonne. Der Wind blies ein paar vereinzelte Tropfen herüber, dann prasselten Regentropfen auf mich nieder. Ich suchte Schutz unter einem Felsvorsprung und sah, wie die Tropfen sich in Hagelkörner verwandelten, groß wie Mottenkugeln: Sie hüpften und kullerten millionenfach den Abhang hinunter; eine halbe Stunde später zeugten nur noch weiße Verwehungen von dem Geschehen. Die blankgewaschenen Felsen sahen aus wie neu, der Himmel war wolkenlos, und nur eine leichte, nach Farnkraut und feuchtem Erdreich duftende Brise hielt die Luft in Bewegung.

Obwohl ich in großen Sätzen von Fels zu Fels sprang und auf den feuchten Tannennadeln talwärts rutschte, dauerte der Abstieg Stunden. Geröllfelder bremsten mein Fortkommen, und Felsformationen, teils glatt wie der Metallmantel eines Heizkessels, teils schroff und gezackt wie der Rückenkamm eines Leguans, zwangen mich zu mühsamen Umwegen. Schimmernde Lichtreflexe auf den Klippen kündeten von unsichtbaren Wasserläufen; beim Näherkommen entpuppten sie sich als gewundene Rinnsale und Wasserfälle, die über den abschüssigen Waldboden talwärts plätscherten. Die Nadelbäume wurden spärlicher, und der Laubwald gewann die Oberhand. Je tiefer der Einschnitt in die Felslandschaft, desto mehr strebten die Bäume in die Höhe, und die Eichen erreichten gewaltige Ausmaße, wahre Baumriesen, mit Efeu und Misteln bewachsen, bewehrt mit Geweihen aus abgestorbenen Ästen. Lichte Buchenhallen öffneten ihre Pforten, und an die Stelle des Farnkrauts traten Schachtelhalm, Schierling und Waldreben mit ihren grauen, zerzausten Fruchtköpfen. Es war so feucht, daß alles mit Moos bewachsen war, dichte Büschel wucherten in den Astgabeln, Schlingpflanzen hingen in tiefen Bögen von den Ästen; die von Flechten gescheckte schuppige Rinde umspannte die Stämme wie von Grünspan geflecktes Metall und tauchte die abschüssige Welt zu ihren Füßen in ein dramatisches graugrünes Licht. Die Wälder hatten sich in ein unterirdisches Gewölbe voller Eicheln,

Bucheckern und schwermütig gurrender Tauben verwandelt; das Rauschen des Wassers wurde lauter, und wenig später stand ich am baumbestandenen Bett der eiskalten Cerna; das Licht, das durch die Blätter drang, tanzte auf dem Wasser, am Ufer tummelten sich Bachstelzen und Rotschwänzchen. Der geheimnisvolle Fluß teilte sich vor messerscharfen Felsblöcken und vereinte sich dahinter wieder, er glitt über Felsvorsprünge, die ihn in symmetrische Wasserfälle teilten, und schoß in reißendem Lauf zu Tal. Weiter unten erreichte ich ruhigere Gefilde. Schwärme von Bachforellen schwebten reglos unter dem Spiegelbild der Holunderblüten oder glitten zu neuen Schlupfwinkeln, tief im Schatten, wo nur die leicht gekräuselte Oberfläche die Strömung ahnen ließ und wo die schwarzen Felsen, denen der Fluß seinen düsteren slawischen Namen verdankt, in der Tiefe schimmerten.

Auf einem Uferpfad saßen ein paar Frauen mit ihren Bündeln im Kreis unter einem Nußbaum, hellwache, recht scheu wirkende Gestalten mit schön geschnittenen Gesichtern; sie waren auf dem Rückweg vom Markt. Nach der Begrüßung wies eine Alte mit einem Gesicht voller Lachfältchen auf den Platz an ihrer Seite, und ich setzte mich zu ihnen ins Gras. Abgesehen von braunen Schürzen, waren sie ebenso gekleidet wie die Frauen in der Schäferei: eine dezente Kombination aus Weiß und dunklen Blautönen, mit schwarzen geflochtenen Schärpen, kunstvollen rechteckigen Stickereien auf den Ärmeln und den merkwürdigen, seitlich geschnürten Miedern aus weichem Leder; sie trugen weiße, plissierte Röcke, schwarze Strümpfe und Mokassins, und an ihrem ganzen Leib gab es keinen einzigen Faden, der nicht von ihren Schafen stammte – von ihnen selbst geschoren, gekämmt, gesponnen, gewebt, gefärbt, zugeschnitten und genäht.

Die alte Frau ergriff das Geweih, das neben ihr im Gras lag, und stellte mir eine Frage, die ich nicht verstand. Als sie merkte, wie wenig rumänisch ich sprach, legte sie Finger und Daumen an beide Seiten ihres flachen silbernen Traurings, schob ihn hin und her und blickte mich dabei fragend an: Ob ich verheiratet sei? Nein? Sie murmelte etwas, das bei den anderen große Heiterkeit auslöste, und als die Stimmung immer ausgelassener wurde, kamen auch mir allerlei anzügliche und komische Deutungen in den Sinn. Bald darauf standen sie auf und luden sich die gestreiften gewebten Bündel wieder auf den Kopf. Die alte Frau gab mir mein Geweih zurück, wünschte mir eine gute Reise und viel Glück in der Stadt. Immer noch lachend, machten sie sich auf den Weg zu ihren höhergelegenen Schäfereien. Eine von ihnen spann beim Gehen, und wenig später wehte ein kleines Liedchen über grüne Blätter den Hügel hinauf und verhallte allmählich in der Ferne.

8
Ans Ende von Mitteleuropa

Plötzlich und ohne jede Ankündigung tauchte vor mir ein prachtvoller Kurort auf, der so gar nicht in dieses tiefe, wilde Tal zu passen schien: Herkulesbad. Der Stuck aus der Zeit der Jahrhundertwende schien wie aus Zuckerguß; es gab terrakottafarbene Balustraden, Zwergpalmen, spitzblättrige Agaven in elegant geschwungenen Urnen, eiförmige Kuppeln, bleigraue Schuppenziegel, gekrönt von zackigen Firsten, und durch gläserne Doppeltüren sah man prächtige hortensiengesäumte Treppenfluchten, die zu Kursälen emporführten, wo das heilkräftige Wasser aus Kränen und Springbrunnen sprudelte. Seine Triumphe über eine ganze Ganovengalerie von äußerlichen und innerlichen Beschwerden hatten den Ort schon in römischer Zeit berühmt gemacht; Legaten, Zenturionen und Militärtribune hatten hier die wohltuende Wirkung des Wassers genossen, im Schutze von Herkules und einem halben Dutzend minderer Gottheiten, und die aus dem neunzehnten Jahrhundert stammende Statue des muskelbepackten, in sein Löwenfell gehüllten Helden im Stadtmittelpunkt zeugte davon, daß der alte Ruhm nicht vergessen war. Das kränkelnde Bürgertum Osteuropas in Reifrock und Zylinderhut, mit Säbelhülle und Tschapka, weiten Ärmeln und flachem Strohhut ging seit mehr als einem Jahrhundert in dem wiederentdeckten Kurort ein und aus.

Auf eine provinzielle Weise hielt dieser Ort all das, was Worte wie »Kur«, »Kasino« oder »Sommerfrische« versprechen. Runde und herzförmige Blumenbete, bepflanzt mit Cannas und Begonien, prangten zwischen hellen Kieswegen wie ein Teppich frisch aus der Manufaktur; Gelb, Scharlachrot, Orange, Violett, Blaßblau und Ziegelrot – die Farbkontraste waren so intensiv, als seien die Blumen allesamt künstlich und der Rasen ein chromgrüner Webteppich. Ein gebildeterer Reisender hätte wohl einen Hauch von Offenbach oder Meyerbeer vernommen, einen Anflug von Schnitzler und der österreich-ungarischen Doppelmonarchie verspürt, hier an ihrem äußersten Rand. Erst in jüngerer Zeit waren massige weiße Stucksäulen mit alternierenden Spiralmustern hinzugekommen, üppig verzierte Torbögen und weit überstehende Dächer – Merkmale eines rumänischen Neobyzantinismus, dessen Vorbilder die Moldauklöster und die unter der Regierung des walachischen Fürsten Constantin Brancovan im siebzehnten Jahrhundert erbauten Paläste waren.

Es war die Stunde des Nachmittagsspaziergangs. In einem verschnörkelten Pavillon spielte eine Kurkapelle, und eine langsam dahinströmende Menge aus Bukarest und Craiova flanierte von der Hauptstraße durch den Park bis hin zur Cerna-Brücke und ebenso gemächlich wieder zurück, begleitet von einem leisen Gemurmel aus Klatschgeschichten, Begrüßungen und überschwenglichen Freudenausbrüchen, wenn alte Urlaubsbekannte einander wiedertrafen. Die Spaziergänger waren aufs Feinste herausgeputzt: Damen mit schwindelerregend hohen Absätzen, schweren Parfums und stark geschminkten Gesichtern wandelten in Begleitung von Herren mit pomadeglänzenden Haaren wie einst Rudolpho Valentino, samt dazu passenden Lackschuhen. Ein Grüppchen von Offizieren mit hohen Schaftstiefeln und klirrenden Sporen – aus Turnu Severin, glaube ich – vervollständigte mit seinen leuchtenden Mützenbändern und Uniformbesätzen das bunte Bild.

Staubig, abgerissen und wohl auch nach Schafstall stinkend, hätte man mich getrost zurück nach Babylon, Lampsakos oder ins Korinth des frühen fünften Jahrhunderts schicken können, und als ich mir einen Weg durch die elegante Schar der Spaziergänger bahnte, war ich nicht nur sprachlos vor Staunen, ich fühlte mich wie ein Bauerntölpel. Zum Glück steckte wenigstens die Geweihstange unsichtbar in dem zusammengerollten Mantel auf meinem Rucksack!

Ich biß die Zähne zusammen, stürmte durch die gläserne Drehtür eines Hotels und fragte den Portier, ob ich das Telefon benutzen könne. Heinz Schramm, ein Schulkamerad von István, der nur wenige Meilen entfernt wohnte, wurde an den Apparat gerufen; wir hatten schon vor meinem Aufbruch aus Lapuşnic alles Nötige telefonisch vereinbart. Der Portier sagte, ich solle in der Halle warten, und es dauerte keine Viertelstunde, da sprang Istváns rotwangiger Schulfreund frohgemut aus einem blitzenden Mercedes. Wir fuhren aus der Stadt, und sobald diese außer Sichtweite war, zeigte sich das Tal im ersten Abendlicht wieder in seiner unberührten Schönheit, mit Wäldern, aprikosenfarbenen Felsen und scharf gezeichneten Schatten. Einmal erhaschte ich einen kurzen Blick auf ein türkisches Aquädukt, dann erreichten wir, schon bei Lampenlicht, ein großes, komfortables Haus, und wenig später lag ich genüßlich in der Badewanne. Meine Sachen sahen sehr fehl am Platze aus, wie sie da verstreut in dem makellosen Badezimmer lagen, inmitten von wabernden Dampfwolken. Staubige Stiefel, verknickte Papiere, ein wildes Sammelsurium von Büchern, abgebrochenen Bleistiften, schmutziger Wäsche, Wickelgamaschen, Krümeln, verheddertem Bindfaden, einer leeren Feldflasche, einem Geweih und einem vergessenen Apfel, der am Boden meines Rucksacks vor sich hinfaulte; doch auf einem Stuhl warteten schon ein Jackett und ein paar nicht allzu zerknitterte Hosen, ein sauberes Hemd und endlich wieder Turnschuhe statt der ewigen Nagelstiefel. Mit dem Zeh drehte ich den Wasserhahn auf, ließ noch mehr heißes Wasser in die Wanne und genoß den Luxus in vollen Zügen.

Heinz Schramm hatte die Holzhandlung der Familie geerbt, und das Geschäft florierte offenbar. (Ich überlegte, ob die Holzfäller von Szatmár womöglich in seinem Auftrag schlugen, vergaß aber zu fragen.) In den Wäldern wurden Bäume gefällt, und die mächtigen Stämme sorgten für ständigen Nachschub in den Lagerhäusern und Sägemühlen des Tales. Dort wurden sie, begleitet vom Kreischen der Sägen und dem rhythmischen Poltern der herabfallenden Bretter, zerlegt von gespenstischen Gestalten, die inmitten von Sägemehlwolken ihrer mühevollen Arbeit nachgingen. Da Heinzens Familie von den im 18. Jahrhundert ins Banat eingewanderten schwäbischen Siedlern abstammte, unterhielten wir uns auf deutsch – außer mit seinem Vater, einem pensionierten Admiral der alten k.u.k. Marine, dessen fließendes, herrlich altmodisches Englisch noch antiquierter war als jenes von Graf Jenö. Er war ein hagerer Witwer mit wachen Augen, der in einer Zeit großgeworden war, als Englisch eine weltweite Lingua franca der Seefahrt war. Als Admiral Horthys Name fiel, erzählte er: »Wir haben unsere Kadettenzeit zusammen verbracht! Ein anständiger Bursche, obwohl ich, ehrlich gesagt, nie fand, daß er viel Grips im Kopf hatte.« Er erinnerte sich an Bälle in Fiume – »damals haben uns die Backfische, die in der Stadt den Sommer verbrachten, den Bunny Hug und den Cakewalk beigebracht« – und an vergnügliche Aufenthalte in Tokio und Saigon. »Es war eine bombige Zeit, und wir waren nicht erfreut, als wir den Marschbefehl bekamen.« Abends, wenn wir auf der Terrasse saßen und auf das Tal hinausblickten, schwelgte er in seligen Reminiszenzen. Er war ein großer Bewunderer der Royal Navy und hatte eine Zeitlang in einer Art halbdiplomatischer Funktion dort Dienst getan; ihm imponierte der Sinn für Stil nicht minder als die Seemannskunst, und nie hatte er den Anblick vergessen, als in den Gewässern von Pola oder Triest zum Geburtstag Edwards VII. die gesamte Flotte über die

Toppen flaggte. Besonders gern dachte er an Lord Charles Beresford zurück, den damaligen Oberkommandierenden der Mittelmeerflotte: »Die Visage konnte man sogar aus einer Meile Entfernung erkennen!« (Der Name dieses streitbaren Seefahrers fiel unweigerlich, wenn Triestiner von der Zeit vor dem Krieg erzählten. Berta, meine Gastgeberin in Budapest, hatte sich daran erinnert, wie sie als kleines Mädchen zur Amtszeit ihres Vaters als Gouverneur in Fiume auf seinem Knie gesessen hatte.)

Heinz kannte viele Anekdoten aus Istváns Schulzeit. Er war bei allen beliebt gewesen, ein Held geradezu, und das trotz, oder vielleicht gerade wegen, seiner zahllosen Eskapaden – nächtliche Streifzüge durch die Wiener Weinstuben und dergleichen mehr. Heinz nannte ihn bei dem Spitznamen, den er in der Schule getragen hatte, einer Kurzform seines Familiennamens. »Globus war ein toller Bursche!« sagte er. »Er hatte nur einen Fehler: Er war ein bißchen zu stolz auf seine fünfzackige Krone.« »Das kann ich mir gut vorstellen!« erwiderte ich gutgelaunt, und plötzlich vermißte ich ihn sehr. »Du wirst vielleicht lachen«, fuhr Heinz fort, »aber rate mal, wie viele es in meinem Jahrgang am Theresianum gab, die nicht adliger Herkunft waren? *Zwei!*« In der ungarischen Sprache wurde die Entsprechung des deutschen »von« auf eine Weise wiedergegeben, die ich nie ganz verstanden habe; aber sobald ein ungarischer Adliger auf dem Weg nach Westen die Leitha überquerte und nach Österreich kam, vertauschte er die Reihenfolge von Vor- und Zunamen – im Ungarischen steht der Familienname an erster Stelle – und fügte sofort das deutsche »von« ein, um es später, wenn er über den Rhein nach Frankreich gelangte, durch »de« zu ersetzen. Aber adlige Herkunft war sehr viel mehr als heraldischer Zierat und Anredeformen: Es bedeutete die Mitgliedschaft in einem eigenen Stand mit einer ganzen Reihe von Privilegien. Diese rechtliche Ungleichheit war vor langer

Zeit abgeschafft worden, aber es blieb dennoch eine tiefe Kluft; die Nachkommen der ländlichen Großen waren noch immer etwas Besonderes, man begegnete ihnen nach wie vor mit Ehrerbietung, und ihre Wappen waren allgegenwärtig. Aristokraten ohne Titel, wie István, hatten eine Krone mit fünf Perlen, Barone sieben und Grafen neun – mit Ausnahme der Károlys, die aus unerfindlichen Gründen elf hatten –, und Fürsten hatten prachtvolle geschlossene Kronen mit Hermelinbesatz; man sah sie in verschwenderischer Zahl auf Häusern, Kutschen, Livreen, Pferdegeschirr, Wäsche und Zigarettenetuis. Die Schrecken des Krieges, verlorene Vermögen, politische Wechsel und Verlust von Land hatten der manchmal widerwillig, manchmal liebevoll geduldeten Vorrangstellung des Adels merkwürdig wenig anhaben können, und meine an Höhen und Tiefen reiche Wanderung zwischen Himmelbett und Kuhstall spiegelte den alten Status quo recht genau wider, vor allem auf dem Land; und das galt nicht nur für Österreich, Ungarn und Transsilvanien. Ich glaube, in Böhmen, Mähren, Preußen, Polen und Rußland, und auch in Rumänien vor und nach dem Krieg, sah es nicht anders aus.

Der August bot immer einen Anlaß für ein Picknick. Wir speisten in Ruinen, auf Wiesen, in den Tropfsteinhöhlen der Banater Berge und am Rande der Wälder, die die Cerna und ihren Nebenfluß Bela – den schwarzen und den weißen Fluß – säumten, und eines Abends fuhren wir zu den Bädern des Herkules* und besuchten einen Galaabend im Kasino.

Nun, bei Nacht, kam mir die kleine Stadt ganz anders vor. Sie hatte den bezaubernden Charme einer Operette. Farbenfreude und Lebenslust prägten ihre Bewohner, und

* Bäile Herculane, Herkulesbad und Herkules Fürdö waren die örtlichen Namen.

dicht besetzte Tische, Tanzkapelle und Tänzer erfüllten den Speisesaal des Kasinos mit leidenschaftlichem Feuer, mit Schwung, wie es hier beim deutschen Wort hieß. Beflügelt von Tzuica, Wein und Tanz, nahm ich den Abend wie durch einen goldenen Schleier wahr. Eine glanzvolle, leicht theatralische Aura umwehte einen großen Nebentisch, und schon bald stellte sich heraus, warum das so war. Während einer Tanzpause hatten die Zigeuner begonnen, von Tisch zu Tisch zu ziehen; sie drängten sich dicht an die Speisenden, um ihnen, wie man sagt, »ins Ohr zu spielen«. Dies geschah eher diskret und gedämpft, doch als sie unsere Nachbarn erreichten, erhob sich mit einemmal ein schallendes Crescendo und brachte die kristallenen Lüster zum Klirren. Ein rotwangiger, gutaussehender Mann von etwa dreißig Jahren hatte Messer und Gabel beiseite gelegt und schmetterte aus voller Kehle mit einem mächtigen Bariton; alle Gespräche verstummten; dann antworteten ihm seine Tischgenossen wie auf ein Zeichen in höchst professioneller Manier, bis der ganze Saal erbebte. Heinz erklärte mir, es sei das Bukarester Opernensemble auf Sommertournee – aber der Auftritt war nicht geplant; sie hatten die Arien und Chöre aus dem *Barbier von Sevilla* aus schierem Übermut angestimmt, und für das abschließende Tutti ernteten sie Jubel, Applaus und Bravorufe. Als alle Bitten um Zugaben erfüllt waren, begann der Tanz aufs neue, und schon bald schlossen wir nähere Bekanntschaft mit unseren Tischnachbarn.

Ich tanzte – zu der Melodie von *Couchés dans le foin* und danach *Vous qui passez sans me voir* – mit einem Mädchen, das in Bukarest Englisch studierte; nicht daß man in dem allgemeinen Getümmel auf der Tanzfläche ein einziges Wort hätte verstehen können. Als wir uns wieder setzten, sagte sie: »Ich liebe englische Bücher. Wells, Galsworthy, Morgan, Warwick Deeping, Dickens. Und die Gedichte von Byron, vorausgesetzt …«, sie stockte und lächelte nachdenklich. Ich wartete und überlegte, welche Vorbehalte sie wohl haben mochte, und nach ein paar Sekunden Schweigen fragte ich vorsichtig: »Vorausgesetzt?« »Vorausgesetzt«, antwortete sie, »daß man einen klaren Kopf behält, wenn alle ringsum den ihren verlieren und einem dann Vorhaltungen deswegen machen.«

Als ich am nächsten Tag in Turnschuhen unterwegs war, trat ich in einen langen Nagel, der aus einem Brett in einem verlassenen Holzschuppen herausragte, und er bohrte sich tief in meinen Fuß. Es tat nicht sonderlich weh und blutete kaum, aber das Gehen bereitete mir Schmerzen, also ließ ich mich in einem Liegestuhl unter einem Baum nieder und las und humpelte dann mit einem Stock durch die Gegend. Drei Tage später war die Wunde verheilt, und am vierten machte ich mich wieder auf den Weg.

In den zurückliegenden Monaten hatte der Maros meinen Weg begleitet. Jetzt war die Cerna an seine Stelle getreten, und einige Tage zuvor hatte ich bei einem Ritt flußaufwärts kurz vor Tagesanbruch noch einen letzten Blick zurück geworfen. Die hohen, dichten Baumkronen reichten bis hinauf zum Bergkamm; zu ihren Füßen lag das Tal brütend und still im Halbdunkel; es war eine Wildnis aus grünem Moos und grauen Schlingpflanzen, an den Ufern verrotteten efeuüberwucherte Wassermühlen, und im Schatten plätscherte das Wasser; dann fiel das zitronengelbe Licht in breiten Bahnen durch das Laub auf die Nebelschwaden, die sich am Rande des Bachbetts kräuselten. Ich hätte ebensogut durch einen Wald wandern können, der gerade erst dem Chaos der Schöpfung entstiegen war.

Aber heute folgte ich einem tiefergelegenen Abschnitt des Flusses. Nachdem er die enge Schlucht verlassen und sich nach Süden gewandt hatte, mündete er in ein weites Tal, das, gesäumt von zwei mächtigen Bergmassiven, die sich immer weiter annäherten, in nördlicher Richtung bergauf verlief, bis die Straße schließlich den Paß erreichte; jenseits der Paßhöhe, viele Meilen entfernt, führte sie hinab in das Tal des Flusses Timiş, und wenn man ihr noch weiter folgte, gelangte man schließlich zu der Stelle, von wo aus ich zwei Wochen zuvor zu meiner ganz persönlichen Expedition in die Karpaten aufgebrochen war.

Auf meinem Weg nach Süden ging ich auf einem Schafpfad am Rande des Waldes und überlegte, was in dem Tal wohl seit römischer Zeit anders geworden war, und ich kam, den Blick zu Adlern und Hochwäldern erhoben, zu dem Schluß, daß es sich vermutlich fast gar nicht verändert hatte.

Das gewundene, von Weiden gesäumte Flußbett teilte sich das Tal mit einer Straße und einer Eisenbahnlinie, und hin und wieder lösten sich die drei Stränge des lockeren Geflechts, um sich alsbald wieder zu vereinen. Büffel wateten im Schilf, ein Windhauch kräuselte die dünnen Rauchfähnchen der Zigeunerfeuer, und ihre Pferde, die ungehindert zwischen den Schafherden umherwanderten, grasten am Waldrand. Es gab Stoppelfelder und Hunderte von Sonnenblumen mit dunklen, von leuchtend gelben Blütenblättern umstandenen Herzen; die blaßgrünen Hüllen der Maiskolben waren längst dürr und grau geworden. Lange Wagenkolonnen kehrten leer flußaufwärts zurück oder zogen ächzend, schwerbeladen, gen Süden, von wo die Baumstämme, zu Flößen vertäut, donauabwärts transportiert wurden; wenn zwei solche Karawanen einander begegneten, verschwand die Straße und alles, was sich darauf bewegte, in einer dichten Staubwolke. Der Staub legte sich auf die Obstbäume, die manchmal über Meilen die Straße begleiteten, schwer gebeugt unter dem Gewicht der blauen Pflaumen, die niemand pflückte und die als runde, von Wespen summende Teppiche am Straßenrand lagen.

Immer wieder führte der Pfad hinab zum Fluß und kreuzte ihn auf hölzernen Brücken. Das Laubwerk filterte das Sonnenlicht, das in hellen Splittern durch die Blätter fiel; hie und da wirbelten kleine Stromschnellen zwischen den roten und grünen Felsen, und Wasserpflanzen schwebten in der Strömung wie das wallende Haar einer Meerjungfrau. (Unwillkürlich müssen sich mir die Bilder aus diesem schönen Tal wie Fotografien ins Gedächtnis eingeprägt haben, denn als ich es zwanzig Jahre später erneut bereiste – diesmal mit der kleinen Eisenbahn –, kamen mir immer wieder längst vergessene Stationen in den Sinn, und schließlich erinnerte ich mich an eine Stelle mit Schwertlilien, ein Inselchen mit einer Gruppe von Weidenbäumen, ein Wäldchen, eine vom Blitz gespaltene Eiche oder eine einsame Kapelle schon ein oder zwei Minuten bevor sie tatsächlich wieder auftauchten; ganz plötzlich, nach einer wohlgesonnenen Schleife des Flußlaufs, waren sie wieder da: Verloren geglaubte Erinnerungen, zwei Dekaden alt, kamen wieder aus der Versenkung, eine lange Kette unvergessener Eindrücke.)

Ein alter Mann saß unter einem Maulbeerbaum und fragte, wohin ich wolle. Als ich antwortete »Constantinopol«, nickte er milde und stellte keine weiteren Fragen, als hätte ich den Namen des nächsten Dorfes genannt. Ein wunderschöner Vogel, den ich nie zuvor gesehen hatte, etwa so groß wie eine Krähe und mit strahlend blauem Gefieder, landete auf einen nahegelegenen Ast. »Dumbraveanca« nannte ihn der alte Mann: »der den Eichenwald liebt«. (Es war eine Blauracke.) In der Hoffnung, einen weiteren Blick auf sein herrliches Gefieder zu erhaschen, klatschte ich in die Hände, und er erhob sich in die Lüfte, wie ein Traumgebilde von Maeterlinck.

Der Alte hob eine herabgefallene Maulbeere auf, krümmte den Zeigefinger, als wolle er sie auf einen Haken spießen, und machte dann eine Geste, als werfe er eine Angelschnur aus. Wollte er damit sagen, daß sie Maulbeeren als Köder verwendeten? Doch nicht etwa für Forellen? »Nein, nein.« Er schüttelte den Kopf und nannte einen anderen Namen; seine Handbewegung ließ auf einen deutlich größeren Fisch schließen, denn seine Hände waren schließlich so weit voneinander entfernt wie die eines Akkordeonspielers bei voll ausgezogenem Instrument. Ein Sterlett, aus der Donau womöglich? Es war schließlich nicht mehr weit.

Die Donau war sogar noch näher, als ich gedacht hatte, denn ganz unvermittelt traten die Seiten des Tales zurück, und ich erblickte die Türme und Baumkronen von Orşova, dann die aufgewühlten gelben und blaugrauen Fluten der Donau, dahinter die Barriere der serbischen Berge. Der Anblick war ebenso dramatisch wie unerwartet. Der weite Bogen des Flusses betrat die Bühne im Westen durch eine Art schmalen Seiteneingang, strömte in raschem Lauf um eine baumbestandene Insel, um sich dahinter wieder zu vereinigen, und hatte schließlich ein Stück stromabwärts einen kaum weniger spektakulären Abgang.

Ich marschierte im Eilschritt in die Stadt und nahm auf dem Postamt – gerade noch in letzter Minute – ein Bündel postlagernder Briefe in Empfang. Damit setzte ich mich in ein Straßencafé an der Uferpromenade. Ein Brief stammte von meinem Vater und war voll mit geologischen Hinweisen; er hatte ihn zwei Monate zuvor in Simla geschrieben. »Alle Welt ist vor der Hitze hierher geflohen«, berichtete er. »Von meinem Fenster blicke ich auf den westlichen Teil des Himalaja und die schneebedeckten Gipfel von Tibet. Es ist eine wunderbare Abwechslung nach Kalkutta …«

Der Brief meiner Mutter war eine Antwort auf meinen – wie ich hoffte amüsanten – Bericht über das Schmarotzerdasein, das ich diesen Sommer geführt hatte. Ich erstattete ihr etwa einmal pro Woche Bericht über den Stand der Dinge, teils zu ihrer Unterhaltung, teils um später meine Tagebuchnotizen zu ergänzen.* »Ich verstehe, warum du deine Wanderung mit *Mr. Sponge's Sporting Tour* vergleichst«, schrieb sie. »Wirst du weiter der Donau folgen? Wenn ja, dann kommst du irgendwann in einen Ort namens Rustschuk – ich habe ihn gerade im Atlas nachgeschlagen«, fuhr sie fort. »Rate mal, wer da geboren ist!« Es war Michael Arlen. (Zugleich, obwohl ich den Namen damals nicht kannte, der Geburtsort von Elias Canetti.) Sie war ein unerschöpflicher Quell derartiger Informationen, oftmals nicht korrekt, aber immer interessant. Sie schnitt mit Begeisterung Meldungen aus der Zeitung aus, und schon bald bedeckte ein Wust von Zeitungsausschnitten mit Gesellschaftsnachrichten aus London meinen Tisch.

Es gab noch ein paar andere Briefe, und ein Leinenumschlag mit einer blauen Kreidemarkierung enthielt die vier Pfundnoten aus dem vergangenen Monat; wieder einmal kamen sie genau im rechten Augenblick! Doch der Brief, den ich als erstes aufriß und dem ich am meisten entgegenfieberte, war in Angélas ungestümer Hand auf französisch verfaßt, abgeschickt am Morgen nach ihrer Ankunft in Budapest. All unsere Ausflüchte und Ausreden hatten funktioniert! Der Ton des auf dickem Papier geschriebenen Briefes war liebevoll und witzig, voll von übermütigen Erinnerungen an unsere Eskapade zu dritt. Ich schob die Briefe, Zeitungsausschnitte und Bücher beiseite und antwortete ihr sofort; dann schrieb ich nach London und Simla, und als ich fertig war, war die Sonne untergegangen, und der Fluß lag blaßgrau wie Zink in der Dämmerung. Eine Stunde lang stand eine dünne Mondsichel bleich am Himmel, dann verschwand sie hinter den Hügeln am anderen Ufer.

* Sie gab mir nach meiner Rückkehr sämtliche Briefe zurück, doch sie gingen im Krieg mit dem Koffer, in dem sie steckten, verloren, und ich vermisse sie sehr.

Immer wieder las ich Angélas Brief. Unsere Gefühle waren – zumindest auf meiner Seite – intensiver gewesen, als wir uns eingestanden hatten, und in der kurzen Zeit unseres Zusammenseins hatten wir nur Augen füreinander gehabt. Wir hatten die Verliebtheit in vollen Zügen genossen; kein Wunder, daß wir uns wie auf Wolken fühlten. Unser Übermut und das Gefühl, daß es ein großes Abenteuer war, hatten allem eine unbeschwerte Note verliehen, und ich war sicher, daß Angéla, um uns späteren Kummer zu ersparen, es bewußt dabei belassen hatte. Unsere kurze gemeinsame Zeit war eine Zeit ungetrübter Freude – die Trennung war niemandes Schuld, und wir hatten keinen Grund, etwas anderes als Dankbarkeit zu spüren; vielleicht war uns gar nicht bewußt, wieviel Glück wir gehabt hatten. Aber der fröhliche Ton von Angélas Brief stürzte mich in einen Abgrund tiefer Niedergeschlagenheit.

Es gab noch einen weiteren Wermutstropfen: keine Schlösser mehr auf der anderen Seite der Donau. Seit ich die österreichische Grenze überschritten hatte, hatten sie mir immer wieder willkommene Zuflucht geboten. Ihre Bewohner erschienen mir jetzt doppelt wertvoll, und ich dachte voller Sehnsucht zurück an die Festmahle und Bibliotheken, an Stallungen und endlose Gespräche bei Lampenlicht und Kerzenschein; und all das sorgte dafür, daß ich wieder die gleiche Melancholie verspürte wie nach unserem kurzen Besuch bei den Arkaden und Giebeln von Herrmannstadt.* Es war ein letzter Außenposten westlicher Architektur gewesen. Ich überlegte, wie die Romanik, nachdem sie Spitzbögen, Kirchturmspitzen und Strebebögen hervorgebracht hatte, den Weg für diese trutzigen karpatischen Bastionen der Reformation hatte bereiten können; und später für die überschwengliche Pracht der Gegenreformation. Auch das

* Der Name Sibiu wäre unpassend an dieser Stelle.

Wirken der Jesuiten würde hier ein Ende finden, dieser schillernden Gestalten, bald Helden, bald Schurken, bald Heilige. Sie spielten eine entscheidende Rolle bei allen Konflikten und Triumphen, die ich aus meiner Lektüre kannte, waren die bösen Geister der Gegenreformation in Mitteleuropa und die Vorboten des Dreißigjährigen Krieges. Ich war nie einem von ihnen begegnet, aber selbst heute umweht sie noch etwas von ihrem düsteren Glanz: Sie waren es gewesen, so dachte ich bei mir, die die Luft mit wirbelnden Heiligen erfüllt hatten, mit gedrehten Säulen, gesprengten Giebeln und gerippten Kuppeln, und die dafür gesorgt hatten, daß Tausende den Kopf in den Nacken legten, um die Trompe-l'œil-Malereien von hundert barocken Decken zu bestaunen.

Wie tief sie der Zeit ihren Stempel aufgedrückt hatten! (Zumindest schien es mir so.) *Sint ut sunt aut non sint!* Selbst in dieser kleinen Stadt am Fluß hätte die Kirchturmuhr anders geklungen, hätten die Schnecken und Voluten und die Mauern in müdem Ocker ein wenig anders ausgesehen, wenn es diese Gesellschaft niemals gegeben hätte.*

* R. F., der Freund, der mittlerweile die Rolle meines gelehrten Mentors aus *Die Zeit der Gaben* übernommen hat, versichert mir, daß andere Orden – Piaristen, Prämonstratenser, Benediktiner und Zisterzienser – eine weitaus bedeutendere Rolle in der späteren Geschichte von Ungarn, Transsilvanien und dem Banat spielten, nicht zu vergessen die Franziskaner. Der berühmteste Vertreter dieses Ordens war der feurige Capistrano, Hunyadis Verbündeter und Waffenbruder im Kampf gegen die Türken. Es war in der ausgedehnteren mitteleuropäischen Sphäre des Heiligen Römischen Reiches, in England, Paraguay, Indien, China und Japan, wo die Gesellschaft Jesu ihren Einfluß am weitesten entfaltete. Aber selbst wenn meine allzu schematischen Bemerkungen am Ufer der Donau nicht ganz so zutreffend waren, wie ich dachte, steckt doch immerhin so viel Wahrheit darin, daß ich sie nicht einfach streichen möchte.

Aus einem längst vergessenen Grund wollte ich nicht geradewegs auf der gegenüberliegenden Seite in die jugoslawischen Berge wandern, sondern mit dem Flußdampfer zwei Donauschleifen weiter bis zu der bulgarischen Stadt Vidin fahren.

Zu meiner Überraschung war unter allen, die ich auf meiner Reise kennengelernt hatte, noch nie jemand in Bulgarien gewesen. Wenn die Ungarn nur widerstrebend durch die Karpaten ins alte Rumänien reisten, so galt dies erst recht für Bulgarien; und trotz allen früheren Verbindungen zu Konstantinopel teilten die Rumänen ihre Vorbehalte. Beide Länder blickten gen Westen, nach Wien, Berlin, London und Paris, und der finstere Balkan blieb für sie eine *terra incognita.* Alles, was sie wußten, war, daß Bulgarien bis vor sechzig Jahren eine Provinz des Osmanischen Reiches gewesen war und daß es dieses Joch erst 1911 formell und endgültig abgeschüttelt hatte. Wie wir wissen, war auch Ungarn lange Zeit türkisch besetzt gewesen, aber das lag beinahe drei Jahrhunderte zurück und hatte außer den langstieligen Pfeifen keine sichtbaren Spuren hinterlassen; Transsilvanien und die rumänischen Fürstentümer hatten unter osmanischer Oberhoheit gestanden, waren aber niemals von den Türken besetzt – die historische Kontinuität war dort nicht unterbrochen, und das allein zählte. Bulgarien hatte eine andere, eine typisch balkanische Vergangenheit; es war der erste Staat, den die Türken unterwarfen, und nahezu der letzte, der sich von ihnen befreite, nach fünf Jahrhunderten der Besetzung, und in den Augen all derer, die nördlich des Stromes lebten, war es, mit Ausnahme von Albanien, das unzivilisierteste, rückständigste und unwirtlichste Land in ganz Europa – zu Unrecht, wie ich schon bald feststellen sollte.

Ein halbes Jahrtausend lang war das Land eine nördliche Provinz eines Reiches gewesen, das sich bis tief nach Asien hinein erstreckte. Konstantinopel war seine Richtschnur und sein Leitstern – die Bulgaren nennen es noch immer »Tzarigrad«, »Stadt der Kaiser«, auch wenn der Name an die orthodoxen oströmischen Herrscher erinnert, nicht an die Sultane, die 1453 an ihre Stelle traten. Das Wort weckt auch Assoziationen an die frühere Blütezeit des bulgarischen Reiches, als diese wilden Eindringlinge aus der pontischen Steppe auf dem Balkan einfielen und ihre Herrschaft vom Schwarzen Meer bis zur Adria ausdehnten. An der Spitze des Staates standen eigene Zaren – mächtige Herrscher, die zeitweise sogar den oströmischen Kaisern die Stirn boten. Die geheimnisvolle Aura dieses Landes hatte mich seit meinem Aufbruch magisch angezogen, doch meine gedrückte Stimmung beim Gedanken an den Abschied von Mitteleuropa ließ diese Sehnsucht für einen Augenblick verblassen.

Ich starrte unglücklich auf meine alte österreichische Karte der Region, als plötzlich eine Stimme fragte: »Können wir Ihnen helfen? Est-ce qu'on peut vous aider?« Der Sprecher war ein freundlicher Landvermesser aus Bukarest. Ich erzählte ihm, daß ich am folgenden Tage, nach einem Blick auf das Eiserne Tor, die Grenze überqueren wolle. Er erwiderte: »Lassen Sie das Eiserne Tor, den Kazan müssen Sie sich ansehen. Aber da brauchen Sie mehr Zeit.« Zwei Freunde gesellten sich zu ihm, und gemeinsam rieten sie mir, meinen Aufbruch zu verschieben und am nächsten Tag den österreichischen Flußdampfer zu nehmen. Sie gehörten zu einem topographischen Vermessungsteam, das auf dem Weg zu einem Ort namens Moldova Veche war, ein Stück stromaufwärts hinter dem Nadelöhr des Kazan. Wenn ich diese großartige Gegend noch sehen wolle, könnten sie mich an einem geeigneten Ort absetzen, und dann könnte ich auf eigene Faust flußabwärts zurückkehren. Sie machten sich sogleich an die Planung und kamen mit immer neuen Vorschlägen, bis der erste Sprecher die anderen mit einem Sprichwort zum Lachen brachte, der rumänischen Entsprechung von »Zu viele Köche verderben den Brei« – »Ein Kind mit zu vielen Hebammen hängt für immer an der Nabelschnur«. *(Copilul cu mai multe moaşe ramâna cu buricul netaiat.)*

Ich übernachtete auf einem Sofa in dem Haus, in dem meine neuen Bekannten logierten. Bei unserem Aufbruch am nächsten Morgen war es noch dunkel; ich machte es mir in ihrem kleinen Lastwagen bequem, umgeben von Seilen, Ketten, Stativen, Theodoliten und den zweifarbigen, zehn Fuß langen Stangen. Im unsteten Lichtkegel der Scheinwerfer wirkte die kurvenreiche Straße oberhalb des Flußlaufs imposant und geheimnisvoll zugleich. Sie war mühevoll aus der nahezu senkrechten Bergflanke herausgehauen und schwebte bisweilen auf hohen Stützmauern oder Rundbögen hoch über den Fluten; dann wieder umrundete sie unter von Menschenhand geschaffenen Felsüberhängen schroffe Landspitzen. Durch Tunnels und Galerien schlängelte sich unser Weg meilenweit durch die Dunkelheit, wie eine Straße, die mitten ins Herz eines Alptraums führt. Düstere Felsmassive ragten zu beiden Seiten der in der Tiefe schimmernden Wasser empor, als wollten sie einander in der Mitte berühren, und es blieb nur ein schmaler Streifen vom Sternenhimmel. Dann wieder trat das gegenüberliegende Ufer nach einer Biegung jäh zurück, und der Himmel wölbte sich unversehens wie eine Sternkarte über unseren Häuptern, um sich wenig später wieder zu verengen, wenn die Steilufer einander von neuem näherten. Die eindrucksvolle Straße stammte aus den 1830er Jahren; sie war eines der bedeutendsten sichtbaren Vermächtnisse des großen István Széchenyi.* Unsichtbare Berge türmten sich in der Dunkelheit und wichen wieder zurück,

* »Stefan« oder »Stephan« Széchenyi war der Name, unter dem er im »Holland House« bekannt war, aber ich habe seinen Vornamen so oft in der ungarischen Variante gehört, daß es mir schwerfällt, ihn anders zu nennen. Er war eines der ersten Mitglieder im Travellers' Club.

kleine Dörfchen drängten sich einen Augenblick lang im Scheinwerferlicht über kaum erkennbaren Ansammlungen von Booten und waren kurz darauf wieder verschwunden, wenn Wälder und schroffe Felsen uns erneut umschlossen. Schließlich öffnete sich der Sternenhimmel ein letztesmal – die Sterne verblaßten allmählich. In einem kleinen, noch ganz schlaftrunkenen Dorf zog ein schwach beleuchteter Flußdampfer, dessen Bug flußabwärts zeigte, eben seine Planke ein. »*Mama Dracului!*« fluchte der Fahrer und drückte die Hupe, und das Echo vervielfältigte sich zu einem wahren Höllenlärm. Die Planke hing einen Moment lang in der Luft, zögerte, kehrte dann in ihre alte Richtung zurück und kam wieder auf dem Landungssteg zu liegen, und bevor sie es sich noch einmal anders überlegen konnte, hatte ich sie auch schon überquert und winkte den schattenhaften Umrissen meiner Freunde zum Abschied zu, als das Boot sich bereits zur Mitte des Stromes drehte.

Nun, wo der Dampfer auf Kurs geht, haben wir Zeit für eine kurze Bestandsaufnahme.

Ein Reisender, der die übliche Route eingeschlagen hätte, wäre der Donau südwärts gefolgt, quer durch Ungarn bis nach Jugoslawien, dann im großen Bogen nach Osten bis Belgrad und hätte am Nordufer des Flusses die südlichsten Ausläufer der Ungarischen Tiefebene durchwandert. Wenn er dort innegehalten und über die Stapel von geschnittenem Schilfrohr und die Luftspiegelungen hinweg nach Osten geblickt hätte, wären ihm am flachen östlichen Horizont Gebirgszüge aufgefallen, steil und rund wie die Rücken einer Schule von Walen.

Die nördliche Hälfte dieser Berge, die bis zum linken Donauufer reicht, ist das Ende des Karpatenbogens; die südliche Hälfte, die am rechten Ufer aufragt, wenn auch deutlich niedriger als der Höhenzug im Norden, ist der Anfang des Balkans: ein beeindruckender Anblick.* Diese beiden Bergzüge, die beim Näherkommen mit jedem Schritt höher und massiger scheinen, wirken wie ein monolithischer Block; in Wirklichkeit aber durchzieht sie ein tief eingeschnittener unsichtbarer Graben, durch den der größte Strom Europas fließt. Ich hatte mich dieser Stelle von der anderen Seite her genähert; jetzt aber war ich am westlichen Ende des Einschnitts und durchfuhr ihn in östlicher Richtung, während hinter den Windungen der düsteren Schlucht der Morgen dämmerte und die Strahlen der aufgehenden Sonne den Himmel erhellten wie auf der japanischen Kriegsflagge.

Auf der Steuerbordseite lag der Babakai-Felsen noch im tiefen Schatten; ein Pascha hatte dort einst eine untreue Ehefrau in Ketten gelegt und dem Hungertod überlassen. Dann schob sich die Sonne hoch droben über Bergspitzen und Buschwerk und erhellte die Ruine der serbischen Festung Golubac – auch sie ein Gefängnis: Hier schmachtete eine namenlose römische Kaiserin –, wo sich ein zinnenbewehrter Mauerkranz, gekrönt von zerfallenen Säulen und Quadern, bis zum Gipfel einer schroffen Landspitze emporzog. Dann wurden die Felsen ringsum wieder steiler und höher, und es herrschte erneut dämmriges Zwielicht. Wir fuhren vorbei an verstreut in den Wäldern liegenden rumänischen und serbischen Fischerdörfern; die drohenden Felswände rückten immer näher, bis der Fluß am Grund eines tiefen Korridors dahinströmte.

Der einzige andere Passagier, ein belesener rumänischer Arzt, der in Wien studiert hatte, war unterwegs nach Turnu-Severin. Als wir uns den verborgenen Stromschnellen näherten, warnte er mich, daß die Donau, die seit dem Fluß-

* Das eigentliche Balkangebirge, nicht zu verwechseln mit der Balkanhalbinsel insgesamt, beginnt erst jenseits der bulgarisch-jugoslawischen Grenze.

knie in Visegrád nirgendwo von Bergen eingeengt worden war, an dieser Stelle ihre Natur grundlegend verändert. Das schlammige Flußbett erstarrt zu einer harten Rinne, durchzogen von versunkenen Riffen aus Quarz, Granit und Schiefer, zwischen denen sich tiefe Gräben auftun.

Die Steilufer drängten sich immer weiter zusammen. Eine achthundert Fuß hohe Felssäule ragte bis in die Mitte des Stroms: Da, wo das Wasser auf ihre Flanke traf, wurde es nach Süden hin abgelenkt, bis es auf serbischer Seite gegen eine sechzehnhundert Fuß hohe senkrechte Felswand prallte, wobei das Flußbett sich auf vierhundert Fuß verengte. Die Nähe der beiden Klippen und die Wirbel und Strudel zwischen den unsichtbaren Riffen und Gräben ließen den in seinem Lauf gehemmten Strom Wellen aussenden, die bis weit hinter Belgrad zu spüren waren. Der Fluß zwängte sich wutschäumend durch den Engpaß, doch der Lotse durchfuhr ihn geschickt unter raschen Drehungen des Ruders. Wir gelangten ins Freie. Der Korridor weitete sich, der Fluß strömte wieder gleichmäßiger dahin, und wir fanden uns unvermittelt in einer Art friedlichem Amphitheater auf einer weiten, glasklaren Wasserfläche. Das war der Kazan, der »Kessel«. Von Möwen begleitet, durchfuhren wir die stille Manege, kein Lüftchen regte sich, und die Rauchwolke aus unserem Schornstein stieg kerzengerade empor zum Himmel; es war ein Anblick wie auf einer Illustration zu den Romanen von Jules Verne.

Als der Dampfer die gegenüberliegende Seite erreichte, ging es sogleich wieder zwischen die Steilufer, und die enge Klamm führte uns von Kessel zu Kessel. Durch die vielen Biegungen im Flußlauf boten sich immer neue Ausblicke, ein ständiges Wechselspiel von schräg einfallenden Sonnenstrahlen und dunklen Schatten. Stellenweise waren die Berghänge so flach, daß sich Häuser und Bäume und eine blaue oder gelbe Kirche in eine Vertiefung schmiegen konnten, und die Wiesen dahinter stiegen zwischen Berggipfeln und Geröllstrecken steil an bis zu dem dichten, dunklen Teppich der Wälder. Am linken Ufer zeigte das Tageslicht jetzt die von Széchenyi erbaute Straße in ihrer vollen Pracht; noch eindrucksvoller aber war ein nur noch teilweise erhaltener, aus dem senkrechten Felsen gehauener erhöhter Fußweg am rechten Ufer; er war gerade so breit, daß zwei Wanderer nebeneinander gehen konnten. Manchmal erkannte man seinen früheren Verlauf nur noch an Schlitzen im Fels, da, wo Balken einst eine durchgehende hölzerne Plattform getragen hatten. Die von Tiberius begonnene, von Vespasian und Domitian fortgeführte und von Trajan vollendete Straße war hoch über dem Fluß angelegt worden, um die Legionen im Feldzug gegen die Daker zu dem ein Dutzend Meilen flußabwärts gelegenen Brückenkopf zu bringen. In dem darüberliegenden Fels war eine große rechteckige Steinplatte eingelassen: Delphine, geflügelte Genien und kaiserliche Adler umrahmten eine Inschrift, die sowohl die Fertigstellung der Straße rühmte als auch den Feldzug, der sich im Jahr 103 n. Chr. daran anschloß. Die Zeit hatte sie nahezu unleserlich gemacht.*

Noch einige Windungen, dann weitete sich die Schlucht, und wir erreichten Orşova.

Meine Befürchtungen, daß die Landvermesser mich viel zu weit mitnehmen könnten, so daß ich den Rückweg nicht mehr bewältigen würde (zumindest nicht zu Fuß und am sel-

* Ich habe die Inschrift später gefunden. »Imperator Caesar divi Nervae filius«, hieß es dort, »Nerva Trajanus Augustus Germanicus – Pontifex Maximus tribunitiae potestatis quartum – Pater patriae consul quartum – montis et fluviis anfractibus – superatis viam patefacit.«(»Der Imperator Caesar – Sohn des göttlichen Nerva – Nerva Trajan Augustus Germanicus – Oberpriester und zum vierten Male Tribun – Vater des Vaterlandes und zum vierten Male Konsul – überwand die Gefahren von Berg und Fluß und erbaute diese Straße.«)

ben Tage), hatte sich sogleich als unbegründet erwiesen, als wir auf den kleinen Dampfer in Moldova Veche strießen, und so war ich am späten Vormittag wieder zurück an meinem Ausgangspunkt in Orşova. Was für ein Segen, daß ich diesen Landvermessern begegnet war! Fasziniert von dem Namen »Eisernes Tor«, hätte ich um ein Haar den viel spektakuläreren Kazan verpaßt. Es war mein letzter Tag in Mitteleuropa; ich beschloß, noch ein weiteres Risiko einzugehen: Statt in Orşova an Land zu gehen, würde ich dem Doktor bis zum nächsten Halt Gesellschaft leisten und von dort sehen, wie ich zurückkam.

Es gab fast zuviel zu sehen auf diesem Abschnitt des Flusses. Kurz nachdem wir den Anker gelichtet hatten, zeigte der Doktor auf eine Kapelle mit polygonalem Grundriß am Ende einer Baumreihe jenseits des Nordufers. Als die Österreicher im Zuge des Aufstands von 1848 die Armee der ungarischen Rebellen nach Osten trieben, raubte Kossuth die Stephanskrone aus der Krönungskirche in Buda und brachte sie mitsamt den übrigen Krönungsinsignien nach Transsilvanien, weil er verhindern wollte, daß der junge Kaiser Franz Joseph zum König von Ungarn gekrönt wurde. Nach ihrer Niederlage vergruben die Anführer des Aufstands die Krone heimlich auf einem Feld und flüchteten über die Donau ins türkische Herrschaftsgebiet. Ganz Ungarn betrauerte den Verlust, aber schließlich wurde der Schatz gefunden und wieder ausgegraben; der Kaiser wurde nun doch noch zum König von Ungarn gekrönt, und am Ort des Verstecks errichtete man diese achteckige Kapelle.* Vor

* Es müssen die am weitesten gereisten Herrschaftsinsignien der ganzen Welt sein. Nach dem Zweiten Weltkrieg lagen sie viele Jahre lang in einem Versteck in den Vereinigten Staaten und wurden erst vor wenigen Jahren zurückgegeben. Ich habe sie gesehen, als sie einige Monate nach ihrer Rückkehr im Nationalmuseum ausgestellt wurden: Die berühmte Krone, das wie ein Streitkolben geformte Szepter, der Reichsapfel, die Armreifen und das Reichsschwert. Auf der Straße vor dem

dem Vertrag von Trianon war ein Dorf am selben Ufer der südwestlichste Grenzübergang zwischen Ungarn und Rumänien gewesen. Wir ließen die baumbestandene Insel backbords liegen, und als der Doktor mir von ihrer Geschichte erzählte, nahm ein neuer Plan Gestalt an.

Mittlerweile waren die Berge zu beiden Seiten des Flusses wieder dichter zusammengerückt und verengten das Flußbett zu einer gemäßigteren Ausgabe des Kazan, und die Wellen, die plötzlich unser Schiff umspülten, ließen keinen Zweifel, daß wir tatsächlich das Eiserne Tor passierten. Hier aber spielte sich das ganze Drama unter der Wasseroberfläche ab, und die Riffe im Flußbett erzeugten gefährliche Strömungen. Über Jahrhunderte hinweg hatten Felsen so spitz wie Drachenzähne die Durchfahrt zur Gefahr für Leib und Leben gemacht, so daß sie überhaupt nur bei hohem Wasserstand möglich war. Am Ende des vergangenen Jahrhunderts hatten dann Ingenieure mit Sprengstoff und Baggern in der Nähe des serbischen Ufers eine Fahrrinne von einer Meile Länge geschaffen und durch eine Mauer unter der Wasseroberfläche gesichert. Dieses gefährliche Nadelöhr, hieß es, machte die Reise stromaufwärts langsam und beschwerlich, ganz im Unterschied zu unserer raschen und schwungvollen Fahrt in die Gegenrichtung. Schon bald erreichten wir eine ruhigere Stelle, wo die Berge allmählich zurücktraten, und als wir in Turnu-Severin anlegten, betrat ich zum erstenmal das Regat – das alte rumänische Staatsgebiet aus der Zeit vor Trianon.

Museum bildete sich eine hundert Meter lange Schlange von Wartenden, die einen kurzen Blick darauf erhaschen wollten – wegen des großen Andrangs nicht länger als ein paar Sekunden – und in stiller Ehrfurcht an dem Schatz vorüberzogen. Die Insignien standen für die gesamte ungarische Geschichte und für den Stolz des Landes während eines ganzen Jahrtausends.

Unser Ziel war die Ruine von Trajans imposanter Brücke, der größten im gesamten Römischen Reich. Ihr Baumeister, Apollodoros von Damaskus, war ein Grieche aus Syrien, und die Überreste von zweien seiner massigen, gemauerten Brückenpfeiler standen noch immer auf der rumänischen Seite; ein dritter erhob sich auf einer Wiese am serbischen Ufer. Einst hatten sie, hoch aufragend und nach oben hin schlanker werdend, eine über eine Meile lange Holzkonstruktion mit mehreren Bögen getragen: ein Bauwerk, über das die dreizehnte Legion auf dem Weg zur Belagerung des Decebalus in Sarmizegethusa mit klappernden Hufen und knarrenden Ochsenkarren gezogen war. Jetzt waren nur noch diese steinernen Zeugen erhalten, aber die Brückenweihe ist in allen Einzelheiten auf der Trajanssäule in Rom verewigt, und die Tauben auf dem Forum können, wenn sie den Säulenschaft umkreisen, auf dem spiraligen Reliefband genau diese Pfeiler bewundern: Es zeigt die hohe Brücke mit ihrem Geländer; der mit einem Umhang bekleidete General steht an der Seite seiner Legionäre, die mit gezogenen Helmen zu Füßen ihrer Adlerstandarten angetreten sind, neben ihnen der Opferstier und das brennende Altarfeuer.

Das war das Ende des großen Donaudurchbruchs. Östlich von hier ziehen sich die Karpaten im weiten Bogen nordostwärts, und der Strom, der zunächst nach Süden, dann nach Osten fließt, bildet sowohl die Grenze der walachischen Ebene als auch die Nordgrenze Bulgariens und des Balkans, bevor er sich schließlich in einem tausend Quadratmeilen großen, von raschelndem Schilf bewachsenen und von Millionen von Vögeln bevölkerten Delta ins Schwarze Meer ergießt. Als ich stromabwärts blickte, wuchs in mir das Verlangen, den Osten von Rumänien zu erkunden. Zu gern hätte ich mir ein Bild von der Heimat jener Fürsten mit den sagenhaft klingenden Namen gemacht – Stephan der Große,

Michael der Tapfere und Mircea der Ältere; und dann gab es schließlich noch Vlad den Pfähler und das uralte Fürstengeschlecht Basarab, Prinzessin Chiajna, Peter mit dem Ohrring und ein Dutzend weiterer Herrscher mit merkwürdigen Namen: Vasile der Wolf, Johann der Grausame, Alexander der Gute, Mihnea der Schlechte, Radu der Schöne bis auf einen oder zwei, wie Serban Cantacuzène, Dimitri Cantemir und Constantin Brancoveanu, wußte ich nicht mehr über sie als ihre Beinamen. Vor meinem inneren Auge erblickte ich Täler, Wälder und Steppen, Ebenen mit gewaltigen, eine halbe Meile hohen Staubwirbeln, Schluchten und bemalte Klöster, Sümpfe, in denen abstruse religiöse Fanatiker hausten, riesige Herden und Rinder- und Schafhirten mit merkwürdig geformten Musikinstrumenten; und verstreut in Feld und Wald einzelne Herrenhäuser, in denen hochgebildete Bojaren lebten und sich in die Werke von Proust und Mallarmé vertieften.

Auf dem Rückweg ging mir nach und nach auf, was für ein nahezu unvorstellbares Naturschauspiel ich seit den frühen Morgenstunden gesehen hatte. Es war der gefährlichste Abschnitt des gesamten Flusses, und sowohl die Lotsen, die ihn befuhren, als auch die Menschen, die an seinen Ufern lebten, hatten mit vielerlei Widrigkeiten zu kämpfen. Am schlimmsten waren die kosovarischen Winde, benannt nach der schicksalhaften Region Kosovo, da, wo das alte Serbien, Makedonien und Albanien aneinandergrenzen. Diese schrecklichen Stürme aus südöstlicher Richtung, die mit dem Monsun und der Erdrotation zusammenhängen, beginnen ohne jegliche Vorwarnung und wüten am Mittel- und Unterlauf der Donau. Um die Zeit der Tagundnachtgleiche im Frühjahr erreichen sie Geschwindigkeiten von fünfzig bis sechzig Meilen pro Stunde und verwandeln den Fluß in ein tosendes Inferno; Schiffsmasten brechen, Fensterscheiben zerspringen, und ganze Schleppzüge versinken in den Fluten. Im Herbst, wenn der Wasserstand niedrig ist und das ausgedorrte Land glüht wie ein Backofen, werden Windböen zu wirbelnden Staubstürmen, die den Lotsen die Sicht rauben und eine Uferseite völlig blankfegen, ja sie bisweilen so weit dem Erdboden gleichmachen, daß das Wasser über die Ufer tritt, während sich am anderen Ufer gleichzeitig mit geradezu atemberaubender Geschwindigkeit Dünen, Untiefen und Sandbänke auftürmen, die das Flußbett blockieren und jede Schiffahrt unmöglich machen: regelmäßig wiederkehrende Katastrophen, die nur durch monatelange Arbeiten an Dämmen und Fahrrinnen wieder behoben werden können. All das ließ ich mir erzählen, und immer mehr verstand ich diesen Fluß: Es gibt Hunderte von unsichtbar unter der Oberfläche verlaufenden Bächen, die den großen Strom speisen wie anonyme Spender, rollende Kieselsteine, deren Gesang an manchen Stellen durch die dämpfenden Fluten an die Oberfläche dringt, Millionen Tonnen von ewig rastlosen Schwemmstoffen, Felsen, die durch Rinnen und Vertiefungen rollen, wo die Strömung das Wasser in die Tiefe saugt und in wirbelnden Spiralen zurück an die Oberfläche schleudert, die verschlungenen Bahnen des Schlicks, die unsichtbare Wanderung von allerlei Unrat durch das lange, abschüssige Flußbett, das Gewicht und die Kraft des Stromes, der sich immer tiefer in die engen Bergtäler gräbt, gewaltige Felsbrocken aus der Verankerung löst und in seinen dunklen Fluten mitreißt, sie langsam zu Kieseln zermahlt, dann zu groben Körnchen und schließlich zu Sand. Auf der Ostseite des Engpasses, in der ebenen Region der südlichen Walachei, gibt es einen eisigen Winterwind, der aus Rußland kommt, den Buran. In Rumänien nennt man ihn Crivatz, und wenn er weht, sinkt die Temperatur weit unter Null, und der Fluß verschwindet binnen achtundvierzig Stunden unter einer Eisdecke, die im Laufe des Winters immer dicker wird. Bei den sommerlichen Temperaturen fiel es mir nicht leicht, mir all das vorzustellen – die Schlittenspuren in der grauen oder glitzernden Eis- und Schneewüste, die Treibeisfelder, die sich wie Millionen von miteinander verwachsenen Eisbergen vorwärts schieben. Wehe dem unvorsichtigen Schiff, das da hineingerät! Wenn das Wasser zu Eis wird und dabei sein Volumen ausdehnt, läßt es Schiffsrümpfe wie Walnüsse zerbersten. »Wir stellen einen Eimer Wasser auf die Brücke, und wenn die Temperatur fällt, tauchen wir regelmäßig die Hand hinein«, hatte der Lotse erklärt. »Sobald sich der erste Eiskristall bildet, bringen wir uns auf der Stelle in Sicherheit.«

Nach unserem Besuch an der Brücke von Turnu-Severin fuhr der Doktor weiter nach Craiova; ich nahm den Bus zurück nach Orşova, holte mein Gepäck, kaufte mir eine Schiffsfahrkarte für den nächsten Tag und wanderte dann wieder ein paar Meilen stromabwärts, bis ich einen Fischer fand, der mich zu der kleinen bewaldeten Insel hinüberruderte, die mich gleich zu Anfang meiner Rückkehr an die Donau fasziniert hatte.

Ich hatte in den vergangenen Wochen viel über Ada Kaleh gehört und soviel wie möglich darüber gelesen. Der Name ist türkisch und bedeutet »Inselfestung«. Die Insel war etwa eine Meile lang und hatte die Form eines Weberschiffchens; die Strömung hatte ihr eine leichte Krümmung gegeben, und sie lag etwas näher an der Karpaten- als an der Balkanseite. Man hat sie auch Erythia, Rushafa und später Continusa genannt, und laut Apollonios von Rhodos sind die Argonauten auf dem Rückweg von Kolchis hier vor Anker gegangen. Wie hat Jason die »Argo« durch das Eiserne Tor gesteuert? Und anschließend durch den Kazan? Vielleicht hat Medea das Schiff ja mit Hilfe eines Zaubers über die Riffe gehoben. Einige sagen, die »Argo« sei auf dem Landweg zur Adria gebracht worden, andere sind sicher, sie habe die Adria überquert und sei den Po hinaufgefahren, der geheimnisvollerweise in Nordafrika endete. Andere Autoren brachten die Idee auf, der erste wilde Olivenbaum, der in Attika gepflanzt wurde, sei von hier gekommen. Aber es sind spätere Ereignisse, denen die kleine Insel ihren Ruhm verdankt.

Die Bewohner waren Türken, möglicherweise Nachfahren der Soldaten eines der ersten Sultane, die auf den Balkan vordrangen, Murad I. oder Bayasid I. vielleicht. Nach dem Abzug der Türken blieb die Insel bis zum Berliner Vertrag von 1878 ein versprengter Vorposten des Osmanischen Reiches. Die Österreicher wahrten eine lockere Oberhoheit über sie, aber insgesamt scheint sie in Vergessenheit geraten zu sein, bis sie im Versailler Vertrag schließlich den Rumänen zugesprochen wurde; und die hatten die Bewohner der Insel unbehelligt gelassen. Das erste, was ich sah, nachdem ich an Land gegangen war, war ein einfaches Kaffeehaus, in dem alte Männer im Schneidersitz unter einer Weinlaube im Kreis hockten, inmitten von verstreut umherliegenden Sicheln, Äxten und Gartenmessern. Ich war hocherfreut, als sie fragten, ob ich mich zu ihnen setzen wolle, gerade als hätten sie mir einen Platz auf einem fliegenden Teppich angeboten. Breite scharlachrote Schärpen hielten die weiten, in zahlreiche Falten gelegten schwarzen und dunkelblauen Pluderhosen. Einige trugen ganz gewöhnliche Jacken, andere marineblaue Boleros mit kunstvoller schwarzer Stickerei und ausgebleichte pflaumenfarbene Fese mit locker darumgeschlungenen, zerschlissenen Turbanen. Nur der Turban des Hodscha lag in adretten schneeweißen Falten um einen flacheren, stumpferen Fes mit einer kurzen Quaste in der Mitte. Etwas an ihrer Kopfform, den Adlernasen und den abstehenden Ohren machte sie unverkennbar anders als alle Menschen, denen ich auf meiner Reise bislang begegnet war. Die vier- bis fünfhundert Inselbewohner gehörten zu einigen wenigen Familien, die seit Jahrhunderten untereinander heirateten, und ein oder zwei von ihnen hatten denn auch den unsteten, geistesabwesenden Blick und die sprunghafte Art, die sich bisweilen aus einer langjährigen Tendenz zur Inzucht ergibt. Trotz der ärmlichen, zerlumpten Kleidung zeigten ihr Auftreten und ihre Manieren keinen Mangel an Würde. Wenn sie einem Fremden begegneten, berührten sie Herz, Lippen und Stirn mit der rechten Hand und legten sie dann mit einer leichten Verbeugung und einer gemurmelten Willkommensformel auf die Brust. Es war eine außerordentlich anmutige Geste, wie die fein abgezirkelten Bewegungen eines verarmten Granden. Es war, als sei die Zeit stehengeblieben, als sei diese Insel die letzte Zuflucht einer ansonsten längst ausgestorbenen Spezies.

Einige meiner Nachbarn hielten Perlenschnüre in der Hand, jedoch ohne zu beten; sie ließen sie nur beiläufig durch die Finger gleiten, als wollten sie die unendliche Zeit des Nichtstuns damit messen; und zu meiner großen Freude rauchte ein alter Mann, ganz eingehüllt in seine private Rauchwolke, eine Wasserpfeife. Der sechs Fuß lange rote Schlauch war kunstvoll verschlungen, und als er an dem Bernsteinmundstück zog, glomm die Holzkohle auf einem feuchten Polster mit Tabakblättern aus Isfahan, und die Bläschen, die, als sie durch das Wasser blubberten, Geräusche von sich gaben wie ein Ochsenfrosch in der Paarungszeit, füllten das Glasgefäß mit Rauch. Ein Junge legte mit einer kleinen Zange frische Holzkohle nach. Währenddessen zeigte der alte Mann auf mich und flüsterte etwas; wenige Minuten später kehrte der Junge mit einem vollbeladenen Tablett zurück und setzte es auf einen niedrigen runden Tisch. Als er meine Ratlosigkeit sah, erklärte ein Nachbar mir, womit ich anfangen solle: Als erstes solle ich das kleine Glas Raki trinken; dann den Löffelvoll köstliche Rosenblättermarmelade essen, der auf einem Glasteller bereitlag, gefolgt von einem halben Glas Wasser; schließlich solle ich aus der winzigen Tasse, die in einer filigranen Halterung steckte, den dicken, glühend heißen Kaffee nippen. Zum Abschluß des Rituals sollte ich das Wasserglas leeren und den angebotenen Tabak annehmen, in diesem Falle eine der aromatischen Zigaretten, die auf der Insel in Handarbeit hergestellt wurden. Derweil hockten die alten Männer lächelnd und schweigsam im Kreis, seufzten gelegentlich und machten hin und wieder eine freundliche Bemerkung in einer Sprache, die für meine Ohren wie sehr gebrochenes Rumänisch klang; der Doktor hatte erzählt, ihre Aussprache und Redeweise sorgten am Ufer für Heiterkeit. Untereinander redeten sie Türkisch, eine Sprache, die ich noch nie gehört hatte: erstaunliche Ketten von aneinandergehängten Silben mit immer gleichen Vokalfolgen, die vage an das Ungarische erinnerten. Die Wörter sind alle anders, aber die zwei Sprachen sind entfernte Verwandte aus der Familie der ural-altaiischen Sprachen. Nach Aussage des Doktors hatte sich ihre Sprechweise entweder sehr weit von der städtischen Umgangssprache in Konstantinopel entfernt, oder sie hatte sich seit Menschengedenken nicht mehr verändert, wie bei einer lange Zeit von der Außenwelt abgeschnittenen englischsprechenden Gemeinschaft, die noch immer die Sprache Chaucers spricht.

Ich wußte nicht, wie ich mich beim Abschied verhalten sollte: Mein Versuch zu bezahlen wurde mit einem Lächeln und einer rätselhaften Rückwärtsbewegung des Kopfes unterbunden. Wie alles andere war dies meine erste Begegnung mit der für die gesamte Levante charakteristischen Gebärde des Verneinens; und wieder war da die charmante Verbeugung mit der auf der Brust liegenden Hand.

Dies also waren die letzten Nachkommen der siegreichen Nomaden von der chinesischen Grenze! Sie hatten den größten Teil Asiens und Nordafrikas bis zu den Säulen des

Herkules erobert, die Hälfte der christlichen Welt unterworfen und vor den Toren von Wien gestanden. Ihre Siege waren längst in Vergessenheit geraten, aber hie und da zeugte noch ein Minarett von den verlorenen Besitzungen, wie ein in den Boden gerammter Speer.

Häuser mit Balkonen drängten sich um die Moschee; hinzu kamen kleine Werkstätten, in denen Türkischer Honig und Zigaretten hergestellt wurden, und allenthalben die zerfallenen Überreste einer trutzigen Festung. Rebenbewachsene Spaliere und vereinzelte Sonnensegel spendeten Schatten in den gepflasterten Straßen. Stockrosen, Kletterrosen und Nelken sprossen in weißgetünchten Blechkanistern, und die Köpfe und Schultern der Frauen, die zwischen den Blumen umherhuschten, verbargen sich unter einem dunklen *feredsche* – einem Schleier, der über der Stirn gerade festgesteckt und unterhalb der Nase zusammengerafft war; sie trugen weiße Hosen mit engen Beinen, eine Tracht, die sie wie schwarz-weiße Kegel aussehen ließ. Die Kinder waren Miniaturausgaben der Erwachsenen, sie trugen die gleiche Kleidung, nur daß ihre Gesichter nicht verschleiert waren; die kleinen Mädchen hätten gut die innersten Figürchen einer russischen Babuschka-Puppe sein können. Tabakblätter hingen zum Trocknen in der Sonne wie auf Schnüre gefädelte Räucherheringe. Die Frauen balancierten Reisigbündel auf dem Kopf, fütterten die Hühner und kehrten mit Sicheln und Armen voller Schilf vom Flußufer zurück. Langohrige Kaninchen dösten in der Sonne oder hoppelten träge durch die kleinen Gärten und mümmelten die Blätter der reifenden Melonen. Entengeschwader manövrierten zwischen den Fischernetzen und Kanus, und das Heer der Frösche hatte sämtliche Störche von den Dächern gelockt.

Die ersten Verteidigungsmauern hatte bereits Hunyadi errichtet, aber die große Befestigungsanlage stammte aus der Interimszeit, nachdem Prinz Eugen Belgrad eingenommen und die Türken flußabwärts getrieben hatte; das östliche Ende der Insel sah aus, als drohe es unter der Last der Festungsmauern in den Fluten zu versinken. Die Gewölbe der Geschützstellungen und die riesigen feuchten Pulvermagazine waren eingestürzt. Tiefe Risse durchzogen die Festungswälle, große Mauerstücke waren abgebrochen, und zwischen den Ruinen wanderten Ziegen umher und zupften an den Grasbüscheln, die auf den Trümmern sprossen. Ein von Birnbäumen und Maulbeerbäumen gesäumter Pfad führte zu einem kleinen Friedhof voller windschiefer, mit Turbanen verzierter Grabsteine; in einer Ecke befand sich das Grab eines Derwischfürsten aus Buchara, der hier gestorben war, nachdem er bettelarm durch die ganze Welt gezogen war, stets auf der Suche nach dem schönsten Ort auf Erden, wo es das wenigste Leid und Unglück gab.

Es war schon spät. Als die letzten Sonnenstrahlen das Minarett verließen, tauchte wie auf ein Stichwort die schmale Sichel des zunehmenden Mondes am türkisblauen Himmel auf – nicht mehr ganz so gespenstisch dünn wie am Abend zuvor – und daneben ein Stern, so als hätte ein osmanischer Herold ihn dort oben am Himmel befestigt. Ebenso plötzlich erschien der Oberkörper des Hodscha auf dem Balkon unter der Turmspitze des Minaretts. Er reckte sich mit erhobenen Armen in die Abenddämmerung, und dann erklangen die hohen, langgezogenen Rufe des *izan*; jeder Satz versetzte die Luft in Schwingungen und breitete sich wellenförmig aus, als fielen die Silben wie Kieselsteine in einen Teich. Als der Ruf längst verhallt und der Hodscha die dunkle Wendeltreppe schon wieder halb hinabgestiegen war, lauschte ich noch immer mit angehaltenem Atem.

Umflattert von Tauben, vollzogen die Männer in aller Ruhe ihre rituellen Waschungen an dem Brunnen bei der Moschee, und schon bald gesellten sich meine Turnschuhe zu den Pantoffeln, die neben der Tür aufgereiht standen. Sobald sie im Inneren des Gebäudes waren, verteilten die Türken sich mit gesenktem Blick in einer langen Reihe auf dem riesigen Teppich. Es gab keinen Schmuck in dem Gebetsraum, nur den Mihrab, den Mimbar und die schwarzen kalligraphischen Schriftzeichen einer Koransure an der Wand. Sorgsam und ohne Hast führten die Betenden gemeinsam die rituellen Gesten der Vorbereitung aus, dann sanken sie in einer fließenden Wellenbewegung zu Boden und beugten sich vor, bis sie mit der Stirn den Teppich berührten, die Fußsohlen wehrlos entblößt. Als sie sich wieder aufrichteten, lagen ihre Hände offen im Schoß, die Handflächen nach oben gekehrt. All das geschah völlig lautlos. Von Zeit zu Zeit murmelte der Hodscha, der vor ihnen saß, mit leiser Stimme »Allah akbar!«, dann herrschte wieder eine ganze Weile Stille. In dem schmucklosen Raum klangen die vier Silben unbeschreiblich ernst und würdevoll.*

Bei meinem ersten Versuch, am Ufer der Donau zu schlafen, hatte ich die Nacht im Licht des österlichen Vollmonds unweit der Brücke von Esztergom verbracht; nun befand ich mich erneut in der Mitte des Stroms, diesmal jedoch auf halbem Weg zwischen Karpaten und Balkan. Der Mond stand jetzt tiefer am Himmel und tauchte den Fluß in ein perlmutt-

* Eine Zeitlang hatte man in der Türkei diese arabischen Worte, die die Größe Gottes preisen und die kurz zuvor vom Minarett gerufen und jetzt im Inneren der Moschee geflüstert wurden, durch das türkische »Allah büyük« ersetzt, so wie an die Stelle von Fes und Turban die Stoffmütze getreten war, von den Frommen in der Regel verkehrt herum getragen, damit der Mützenschirm sie beim Gebet nicht daran hinderte, mit der Stirn den Boden zu berühren. Wer immer auf Ada Kaleh außer dem Hodscha noch lesen und schreiben konnte, bediente sich auch weiterhin der alten arabischen Schrift, nicht des neuen lateinischen Alphabets, das jetzt in der Türkei zwangsweise eingeführt worden war. Später entdeckte ich die gleiche Abneigung gegenüber Neuerungen bei den türkischen Minderheiten, die nach den Friedensverträgen in Bulgarien und im griechischen Teil von Thrakien gestrandet waren.

farbenes Licht. Ich lag in einem Pappelwäldchen nahe der Westspitze der Insel und lauschte dem Konzert der Frösche. Hin und wieder ließ eine Sternschnuppe die übrigen Sterne verblassen. Die Nachtigallen waren schon vor Wochen verstummt, doch die Insel war voller Eulen. Die Hunde am serbischen Ufer antworteten auf das Gebell von der Insel, und auf der Uferstraße knarrten Pferdefuhrwerke. Ein Schleppzug hatte zwei Meilen flußaufwärts am Kai von Orşova festgemacht, von wo er bei Tagesanbruch zur Durchfahrt durch das Eiserne Tor aufbrechen würde. Die Lampen in dem kleinen Hafen bohrten leuchtende Korkenzieher in das Wasser, und der Klang von Instrumenten und Gesang war so deutlich zu hören, daß ich sogar die Melodien erkennen konnte. Von Zeit zu Zeit erinnerte ein Platschen an den Fischreichtum dieser Gewässer, daran, daß in der Donau siebzig Fischarten anzutreffen waren. Einige davon waren in Dnjepr und Don zu Hause, enge Verwandte der Fische aus dem Kaspischen Meer und der Wolga. Sie schwammen ungehindert von Dämmen oder Wehren Tausende von Meilen stromaufwärts bis mitten ins Herz von Europa. Ich konnte nicht einschlafen, denn mein Kopf schwirrte von Bildern und Tönen; deshalb lag ich einfach nur da, blickte hinauf zum Himmel, lauschte den Klängen der Nacht und rauchte noch eine jener aromatischen Zigaretten mit dem exotischen goldenen Halbmondstempel. Die kurze Nacht war zu schade zum Schlafen oder für grüblerische Gedanken über die Zeitlosigkeit von Flüssen und ihre unerschöpflichen Wassermassen:

> Rusticus exspectat dum defluat amnis, at ille
> Labitur et labetur in omne volubilis aevum.

Ja. Genauso war es. Es gab viel zum Nachdenken.

Zu Beginn des letzten Kapitels, als ich Überlegungen über das Verhältnis von Mythos und Geschichte in dieser Region anstellte, marschierten mit einemmal Könige, Prälaten und Ritter in einer langen Reihe stromabwärts über die Seiten. Im Grunde überschnitten sich hier die Wege von zwei separaten Feldzügen, die beide mit einer Katastrophe endeten. Die eine war die Niederlage Sigismunds von Ungarn und seiner Verbündeten in der Schlacht bei Nikopolis im Jahr 1396; die andere ereignete sich ein halbes Jahrhundert später, im Jahr 1444, als der zwanzigjährige König Wladislaw von Polen, Johann Hunyadi* und Kardinal Cesarini gemeinsam zum Schwarzen Meer vorrückten und in der Schlacht bei Warna von Sultan Murad II. vernichtend geschlagen wurden. Hunaydi überlebte und setzte den Kampf fort, der Kardinal aber fiel im Schlachtengetümmel, und das Haupt des jungen Königs endete auf einem Speer über den Toren von Bursa. Dies war der letzte Versuch des christlichen Abendlands, die Türken vor der schicksalhaften Belagerung von Konstantinopel noch einmal zurückzuschlagen. Neun Jahre später nahmen sie die Stadt ein.

Aber meine Gedanken kreisten vornehmlich um den ersten der beiden Feldzüge. Ich hatte in der Bibliothek der Telekis alles darüber gelesen und erinnerte mich jetzt daran, denn es war genau *hier*, in Orşova, wo die Armee der Kreuzfahrer den Fluß überschritten und das Herrschaftsgebiet des Sultans betreten hatte; und mehr noch: Es geschah *just zu dieser Zeit*.

Die Flußüberquerung begann Anfang August – vielleicht am 5. des Monats – und dauerte etwa acht Tage, so daß der letzte Lanzenträger oder die letzte Marketenderin das südliche Ufer vermutlich *genau an diesem Abend* erreicht hatte –

* Einige Historiker vertreten die These, Hunyadi sei Sigismunds unehelicher Sohn gewesen, andere – wahrscheinlich die Mehrheit – glauben, in seinen Adern sei sowohl ungarisches als auch rumänisches Blut geflossen. Ich habe zwar keinerlei Belege, aber ich habe doch immer gehofft, daß letzteres der Fall war, denn dann bestand immerhin die Aussicht, daß er eines Tages zum Symbol der Einheit zwischen den zwei Nationen werden konnte, nicht zum umstrittenen Zankapfel.

vor fünfhundertachtunddreißig Jahren. Die Truppen stammten aus ganz Westeuropa, und an ihrer Spitze stand eine eindrucksvolle Gruppe von Heerführern: Sigismund mit seiner ungarischen Armee und seine walachischen Vasallen unter Mircea dem Alten; der französische Connétable, der Graf von Eu; Johann Ohnefurcht, der Sohn Philipps des Kühnen von Burgund; Marschall Boucicaut, »beflügelt von wilder Kampfeslust«, Guy de la Trémoille, Jean von Vienne, Jakob de la Marche, Philipp von Bar, Pfalzgraf Ruprecht bei Rhein, und nicht zu vergessen Enguerrand VII. de Coucy, der tapfere Schwiegersohn Eduards III. von England.* In einigen Berichten ist die Rede von tausend schwerbewaffneten englischen Reitern unter der Führung des Earl of Huntingdon, des Stiefsohns des Schwarzen Prinzen (und Halbbruders von Richard II.).** Auf dem Weg flußabwärts belagerten sie die türkische Festung von Nikopolis.

Doch als die Kunde von der Invasion und Belagerung zu ihm drang, eilte Sultan Bayasid über den Balkan und machte dabei seinem Beinahmen »der Blitz« alle Ehre. Durch eine unüberlegte, tollkühne Attacke gleich zum Auftakt der

* Barbara Tuchmans Buch *Der ferne Spiegel* zeichnet ein faszinierendes Bild von diesen bewegten Zeiten.

** Huntingdons Mutter war Johanna von Kent, die »Fair Maid of Kent«. Einige Fachleute bezweifeln nicht nur die Zahlenangaben, sondern sehen es nicht einmal als erwiesen an, daß Huntingdon und seine Männer tatsächlich vor Ort waren. Sie gehen davon aus, daß sich lediglich eine Handvoll englischer Ritter unter den Angehörigen des Johanniterordens befanden, die sich von Rhodos aus eingeschifft hatten. Sie segelten mit einer Flotte von vierundvierzig venezianischen Schiffen donauaufwärts, um die Belagerer vor Nikopolis zu unterstützen. Als Anführer auswärtiger Kontingente werden auch Bolingbroke selbst und John Beaufort, der Sohn des altehrwürdigen Herzogs von Lancaster, genannt. Aber sie haben beide ein Alibi, das ihre Anwesenheit ausschließt; vielleicht gilt das auch für Huntingdon. In Frankreich und Burgund gibt es ein Dutzend zeitgenössischer Balladen, die an den traurigen Ausgang des Kreuzzugs erinnern, in England hingegen sucht man vergebens nach einem einzigen Klagelied.

Schlacht besiegelten die hochmütigen Franzosen die Niederlage. Dank der Flotte des Johanniterordens gelang es Sigismund zu fliehen, und er wurde später zum Kaiser gekrönt; Johann Ohnefurcht von Burgund geriet in Gefangenschaft und wurde freigekauft, nur um ein paar Jahre später auf der Brücke von Montereau von seinen Rivalen aus dem Hause Orléans in Stücke gehauen zu werden; Bouciaut kam ebenfalls gegen ein Lösegeld frei, wurde aber in Agincourt gefangengenommen und starb in der Gefangenschaft in Yorkshire; Coucy starb trotz der Lösegeldzahlung in Bursa, noch bevor er die Heimreise antreten konnte. Einige von denen, die dem Gemetzel entkamen, wurden von Einheimischen getötet; andere wurden vom Gewicht ihrer Rüstungen in die Fluten der Donau gerissen und ertranken; der Pfalzgraf kehrte in Lumpen nach Hause zurück und starb dort an den Folgen der Strapazen; und die übrigen großen Heerführer wurden als Vergeltung für den Tod der türkischen Garnisonen, die sie auf ihrem Weg stromabwärts massakriert hatten, mitsamt ihrem Gefolge enthauptet; das Blutbad währte vom Morgengrauen bis zum frühen Abend. Drei Jahre später erlitt der siegreiche Sultan eine Niederlage bei Ankara und wurde von Tamerlan gefangengenommen: in einen Käfig gesperrt, starb er vor Kummer und Scham in mongolischer Gefangenschaft. Huntingdon – so er denn wirklich bei der Schlacht zugegen war – kehrte unversehrt zurück. Aber vier Jahre später, nach der Absetzung und Ermordung seines Halbbruders Richard, wurde er verurteilt, weil er sich gegen Bolingbroke erhoben hatte; man schlug ihm den Kopf ab und stellte ihn auf einem Marktplatz in Essex zur Schau. Nur wenige von seinen Soldaten, *wenn sie denn dort waren*, können je wieder in Hereford Bogenschießen geübt oder im Wye geangelt haben.

Müßige Gedanken zu dem unglückseligen Kreuzzug gingen mir durch den Kopf – nicht in dieser Klarheit, denn die

Details sind Früchte eines Ausflugs an mein Bücherregal –, ich dachte an die Gefolgsleute Johanns von Burgund mit ihren neuen grünen Livreen und den vierundzwanzig Wagenladungen aus grünen Satinzelten. Die Kontingente des Kreuzritterheers wetteiferten miteinander, was Fahnen, Waffen, Rüstungen und Zaumzeug betraf. Ich überlegte schläfrig, welchen Weg sie wohl von ihrem Sammelpunkt in Buda aus eingeschlagen hatten. Bei der Route waren sich alle Chronisten einig; ich dämmerte ein, ein Zustand, der in Bildgeschichten gewöhnlich durch einen Schwarm von Zs angedeutet wird, die wie ein Bienenschwarm über den Köpfen schlafender Landstreicher kreisen: *»Sie folgten dem linken Ufer der Donau bis nach Orşova …«*

Blitzartig verschwanden die Zs, und ich war wieder hellwach. *Das war unmöglich!* Wie hätten sie sich da fortbewegen können? »Denkt, wenn wir Pferde nennen, daß ihr sie / Den stolzen Huf seht in die Erde prägen.« In die Erde? Trajans Straße war seit mehr als tausend Jahren nicht mehr begehbar, und vor dem Bau von Széchenyis Route – fünf Jahrhunderte nach dem Kreuzzug – fiel der größte Teil des linken wie des rechten Flußufers senkrecht zum Wasser hin ab, wie die Seitenwände eines Fjords, und das über viele Meilen. Obwohl ich es damals noch nicht wußte, sind die Nachschlagewerke alle einhellig derselben Meinung: Vor dem Bau von Széchenyis Straße in den 1830er Jahren war dieser Teil des Flußlaufs an beiden Ufern vollkommen unpassierbar. Tausende von Pferden und Wagen, beladen mit bunten Zelten und Tausenden von Mehlsäcken, mit Heu und Fässern voller Burgunder, die Herolde in ihren schmucken neuen Röcken, der grellbunte Troß von Mitläufern, von denen die Geschichtsschreiber so voller Mißbilligung berichten – sie alle hätten einen zweihundert Meilen weiten Bogen nach Norden machen müssen, bis fast hinauf zum Maros, dann durch Lugoş und Caransebeş und von dort aus durch das Tal des Timiş und über Mehadia zur letzten Etappe meiner eigenen Wanderung an die Cernamündung. Ein solcher Umweg hätte viele Wochen gekostet und wäre von den Chronisten sicher nicht unbemerkt geblieben. Aber er wird nirgendwo erwähnt, ebensowenig wie der etwas gangbarere Weg über die Klippen am rechten Ufer. Niemand schien diesen unlösbaren Widerspruch zwischen Geschichte und Geographie bemerkt zu haben.

Wie aber hatten sie es geschafft? Es gab keine Medea, die sie in die Lüfte erheben konnte wie einst Jason und die Argonauten. Schon im Halbschlaf sah ich vor meinem inneren Auge eine Vision langsam Gestalt annehmen: den langen, gewundenen Zug der Kreuzfahrer und zu ihren Häupten die Fahnen mit den ungarischen Kreuzen und Querbalken und dem schwarzen walachischen Raben, dann ein Heer von ein- und zweiköpfigen Adlern und aufsteigenden Löwen in verschiedenen Farben; die pfalzgräflichen Rauten und, allen voran, die französischen und burgundischen Lilien; und vielleicht (leider nur vielleicht) die gleichen Lilien, im Geviert mit den Leoparden der Plantagenet: Sie alle zogen durch die enge Schlucht und schwebten wie von Zauberhand getragen knapp über den schäumenden Wellen. *Es gab keinen anderen Weg.*

Lautes Vogelgezwitscher und die Hahnenschreie auf der Insel weckten mich gerade rechtzeitig für den Ruf des Muezzin. Die Blätter der Pappeln flirrten im Licht, und die Strahlen der aufgehenden Sonne warfen den langen Schatten der Insel weit stromaufwärts. Das Wasser war so verlockend, daß ich nicht widerstehen konnte; doch als ich von einer grasbewachsenen Erhebung hineingetaucht war, fand ich die Strömung schon nach ein paar Schwimmstößen so stark, daß ich rasch wieder ans Ufer kletterte, ehe ich von ihr fortgerissen wurde.

In dem Kaffeehaus hockten die alten Männer bereits an ihren Plätzen, und bald nippte auch ich an einer winzigen Tasse und aß weißen Ziegenkäse mit Fladenbrot; der alte Pfeifenraucher vom Vorabend ließ bereits die ersten Bläschen durch das Wasser aufsteigen und paffte in regelmäßigen Abständen Rauchwölkchen in die Luft, wie die Rauchsignale eines Huronen. Wir hörten ein knarrendes Geräusch, dann huschte ein Schatten über unsere Köpfe, und wir spürten einen leichten Luftzug: ein Storch, der seinen einbeinigen Beobachtungsposten auf dem Dach aufgegeben hatte, glitt hinunter zum Schilf; er faltete die weißen Flügel mit den schwarzen Senatorenstreifen übereinander und gesellte sich zu drei Artgenossen, die wachsam auf ihren dünnen, scharlachroten Beinen umherstolzierten; Eltern und Jungvögel waren jetzt nicht mehr zu unterscheiden. Einer der alten Männer machte eine Bewegung wie Flügelschlagen, dann wies er mit dem Zeigefinger ungefähr in südöstliche Richtung und sagte »Afrik! Afrik!« Sie würden bald aufbrechen. Wann? In ein, zwei Wochen; bald schon. Ich hatte die Ankunft der Störche an dem Abend beobachtet, an dem ich über den Fluß nach Ungarn einzog, und jetzt waren sie wieder da, bereit zum Abflug, nach Werbung, Nestbau, Brut und Aufzucht.

Die tschechoslowakischen Lastkähne, beladen mit Ziegeln und Holz, glitten stromabwärts vorüber, als ich am Kai von Orşova eintraf. Ich gesellte mich zu einem österreichischen Lotsen, den ich tags zuvor kennengelernt hatte. Auch er spürte die Anzeichen von Ruhelosigkeit unter den Störchen. Würden sie sich allein auf den Weg machen? Nein, nein, erwiderte er; sie würden sich einem der großen Wanderzüge aus dem Nordwesten anschließen, wahrscheinlich aus Polen. Einige Dorfmädchen schlenderten vorüber und banden Sträuße aus Rosen, Zinnien, Stockrosen, Tigerlilien und Ringelblumen, nicht für eine Hochzeit, sondern als Altarschmuck. Die orthodoxe Kirche feiere am nächsten Tag das Fest der Entschlafung Mariae, erklärte der Lotse, und die Katholiken Mariae Himmelfahrt: zwei Sichtweisen ein- und desselben Ereignisses; und zur Illustration seiner eigenen These beschrieb der Lotse mit dem Zeigefinger eine aufsteigende Spirale, die den Weg nachzeichnete, auf dem die sternengekrönte Gestalt himmelwärts entschwinden würde. Mein Paß, der bald seinen siebten Grenzstempel erhalten sollte (Orşova, 13. August 1934), lag auf dem Tisch, daneben auf einem Stuhl Stock und Rucksack. Aber etwas fehlte, ich wußte nur nicht, was. Das Hirschgeweih! Ich mußte es im Gras zwischen den Brombeersträuchern auf der Insel vergessen haben, als ich meinen Mantel zusammenrollte. Die Enttäuschung wich bald einem Gefühl der Erleichterung; die Trophäe war doch auch ein wenig hinderlich gewesen; wie auch immer, ich hatte keine Zeit zurückzukehren. Und vielleicht würde dereinst ein Paläontologe damit belegen, daß die Insel einmal reich an Wild war.

In vielem erinnerte diese Stunde an das Gefühl von Ende und Neuanfang, das ich sechshundert Meilen flußaufwärts auf jener Brücke über denselben Fluß empfunden hatte: die Rastlosigkeit der Störche, die Mädchen mit Blumenschmuck für ein großes Fest, die Ansammlung von Menschen am Kai, sogar ein Reiher, der so tief über die Wasseroberfläche strich, daß die Spitzen seiner Schwungfedern kleine Wellenkreise hinterließen. Flußabwärts zitterte das Spiegelbild der Insel mit ihrem Schilfsaum, den Baumwipfeln und dem schlanken Minarett in der Strömung. Einer der Inselbewohner, ein bärtiger Sindbad mit zerbeultem Fes und fleckigem Turban, bot auf eine Schnur aufgezogene Fische zum Verkauf; ein anderer trug einen Korb voller Eier und verhandelte mit einem Melonenzüchter, der bis zu den Oberschenkeln in einer Wagenladung riesiger grüner Wassermelonen stand, und während die beiden feilschten, warf der Bauer einem Helfer in regelmäßigen Abständen seine Früchte zu – es sah aus wie zwei Männer beim Fußballtraining –, und ein dritter stapelte sie auf den Steinplatten zu einer einladenden Pyramide auf. Ein Zigeuner, gebückt unter der Last eines auf den Rücken geschnallten, vier Fuß langen, sperrigen, aber eben noch tragbaren versilberten Gefäßes, das wie ein langgestrecktes Taj Mahal aussah, schlug zwei Metallbecher aneinander, um Kundschaft anzulocken. Hin und wieder füllte er einen Becher mit einem orientalischen Getränk namens Braga, das vor allem bei der Landbevölkerung beliebt war. Einige Frauen in der typischen Tracht des Cerna-Tals saßen schwatzend neben Körben voller Geflügel auf der Kaimauer und ließen die Füße, die in Mokassins steckten, über dem Wasser baumeln. Gerade als die Kirchturmglocken zehn schlugen, erklang das Echo einer Sirene vom Eingang der Schlucht weiter flußaufwärts. »Ziemlich pünktlich«, sagte der Lotse. »Sie legen um zwanzig nach zehn an.«

Als das Schiff die Engstelle passierte, drehte es bei und hielt geradewegs auf uns zu; von vorn gesehen, bildeten Mast, Schornstein, Bugspriet und Kiel eine einzige schmale Linie. Eingehüllt in eine Konfettiwolke aus Möwen, die es den ganzen weiten Weg vom Anleger der Donaudampfschiffahrtsgesellschaft in Wien bis hierher begleitet hatten, nahm es Kurs auf das belebte Ufer, wo eine fröhliche Menschenmenge seine Ankunft erwartete; dabei wurde es rasch größer und zog eine pfeilförmige Welle hinter sich her. »Es ist die *Saturnus*«, sagte der Lotse. Grammophonmusik wehte zu uns herüber: *Geschichten aus dem Wienerwald*. Der Lotse lachte: »Warten Sie mal ab! Beim Ablegen spielen sie *Die schöne blaue Donau*.« Alle rafften ihr Gepäck zusammen, ein Helfer ging in Position neben dem Poller, Hafenbeamte setzten ihre mit goldenen Litzen verzierten Mützen auf, und als das Schiff längsseits kam, setzte es zurück, das Wasser schäumte auf, und es drehte sich wieder ins Profil. Ein Matrose lehnte sich über die Reling, und einen Augenblick später segelte sein Tau wie ein Lasso zwischen den Möwen hindurch.

LETZTER TEIL FOLGT

Epilog
Gedanken an einem Kaffeehaustisch zwischen Kazan und Eisernem Tor

Mittlerweile hat der Fortschritt diese ganze Landschaft in den Fluten versinken lassen. Ein Reisender, der heute an meinem damaligen Tisch am Ufer von Orşova säße, müßte die ganze Szenerie durch eine dicke, in Messing gefaßte Glasscheibe betrachten; und er sähe nur eine trübe, schleimige Brühe, denn er trüge Schuhe mit bleiernen Sohlen und würde durch das Visier eines Taucherhelms blicken, der über einen hundert Fuß langen Atemschlauch mit einem Boot verbunden wäre, das hoch oben über seinem Kopf schwebte. Ein paar Meilen flußabwärts würde er sich einen Weg über die untergegangene Insel zwischen den versunkenen türkischen Häusern hindurch bahnen. Oder er würde, weiter flußaufwärts, über die Schlingpflanzen und den Unrat tappen, die sich auf der Straße des Grafen Széchenyi angesammelt haben; jenseits des gähnenden Abgrunds würde er die Überreste von Trajans Straße erblicken. Und rings um ihn her, über und unter ihm, wäre nichts als Finsternis, und das steinerne Nadelöhr, durch das einst eine reißende Strömung schoß, wo die Ufer von Stromschnellen erschüttert und Echos von Felswand zu Felswand geschleudert wurden, läge versunken in der lautlosen Unterwasserwelt. Vielleicht würde ein verirrter Sonnenstrahl das gescheiterte Wrack eines Dorfes beleuchten; dann noch eins und noch eins, samt und sonders erstickt unter Massen von Schlamm.

Er könnte seine mühsame Wanderung durch diese freudlosen Unterwassergefilde viele Tage lang fortsetzen, denn Rumänien und Jugoslawien haben am Eisernen Tor für ein

Wasserkraftwerk einen der größten Stahlbeton-Staudämme der Welt errichtet. Dadurch wurden mehr als einhundertdreißig Meilen der Donau in einen gewaltigen Stausee verwandelt, der den Flußlauf bis zur Unkenntlichkeit verändert hat. Er hat Schluchten verschwinden lassen, schroff aufragende Felsen in harmlose Hügel verwandelt und das herrliche Tal der Cerna bis fast zu den Bädern des Herkules überflutet. Viele tausend Einwohner von Orşova und den umliegenden Dörfern am Flußufer wurden entwurzelt und an andere Orte verpflanzt. Die Bewohner der Insel Ada Kaleh mußten auf eine andere Insel weiter stromabwärts ziehen, und ihre alte Heimat ist unter der eintönigen Wasserfläche verschwunden, als hätte es sie niemals gegeben. Wir können nur hoffen, daß die Elektrizität, die durch den Damm erzeugt wird, auf beiden Seiten des Flusses das Los der Bevölkerung verbessert und dafür gesorgt hat, daß rumänische und jugoslawische Städte in hellerem Licht erstrahlen als je zuvor, denn abgesehen von dem wirtschaftlichen Vorteil ist der Schaden nicht wiedergutzumachen. Vielleicht werden die Menschen im Laufe der Zeit, wenn die Erinnerungen nach und nach verblassen, vergessen, was sie verloren haben.

Andere haben Ähnliches oder gar noch Schlimmeres angerichtet; aber nirgendwo sonst auf der Welt ist man derart rücksichtslos mit historischen Schauplätzen, Naturschönheiten und der heimischen Tierwelt umgegangen. Meine Gedanken wandern zurück zu meinem gelehrten österreichischen Freund und seinen Überlegungen zu den Fischen, die damals noch ungehindert Tausende von Meilen von der Krim bis zum Schwarzwald und wieder zurück schwimmen konnten. Wie bitter beklagte er im Jahr 1934 das geplante Wasserkraftwerk im oberösterreichischen Persenbeug: »Alles geht zugrunde! Der wildeste Fluß Europas wird zahm sein wie das städtische Wasserwerk. All die Fische aus dem Osten – sie kämen nie zurück! Niemals, niemals, niemals!«

Der neugeschaffene See hat alle Gefahren für die Schifffahrt beseitigt, und an der Stelle, wo einst die Moschee stand, würde der Mann im Taucheranzug nur noch ein paar leere Grundmauern finden: Das Gebäude wurde Stück für Stück abgetragen und an dem neuen Wohnort der Türken wiederaufgebaut, und ich glaube, bei der Hauptkirche des Ortes ist man ebenso verfahren. Diese rührenden Bemühungen, die Folgen des gewaltigen Zerstörungswerks zu lindern, haben dem geplagten Fluß das letzte Geheimnis genommen. Kein noch so phantasievoller oder romantischer Reisender wird jemals auf die Idee kommen, er habe aus der Tiefe den Ruf des Muezzin vernommen, und er hört auch nicht das Läuten versunkener Glocken, wie jener von Ys, der *cathédrale engloutie* vor der bretonischen Küste, oder jener der sagenumwitterten Stadt Kitesch an der mittleren Wolga, unweit von Nischni Nowgorod. Dichter und Geschichtenerzähler berichten, sie sei bei der Invasion des Batu Khan von der Erde verschluckt worden. Später verschwand sie in einem See, und von Zeit zu Zeit hören Auserwählte das Geläut der versunkenen Glocken.

Nicht so hier: Mythen, verhallte Stimmen, Geschichte und Legende sind allesamt ausgelöscht; was bleibt, ist nur dieses Tal der Schatten. Goethes Rat »Bewahre dich vor Ritter-, Räuber- und Gespenstergeschichten« hat man hier gar zu sehr beherzigt, und aller Zauber ist für immer fort.

Anhang

Register

Zum Buch

Zu Fuß nach Konstantinopel, die Feder im Gepäck

Zwischen Wäldern und Wasser erzählt den zweiten Teil von Patrick Leigh Fermors Wanderung im Jahr 1934 durch das alte Europa, von Hoek van Holland nach Konstantinopel. Hier treffen wir ihn wieder auf der Donaubrücke, wo wir ihn am Ende der *Zeit der Gaben* verlassen haben, und folgen ihm über Budapest, die Große Ungarische Tiefebene in die transsilvanischen Marschen, später ins Hochland der Karpaten bis zum Eisernen Tor, dem Ende Mitteleuropas, in eine Landschaft, die heute in den Fluten eines Stausees versunken ist.

»Patrick Leigh Fermor ist berühmt für seine Reiseberichte, für die man ein anderes Wort finden müßte, weil Bericht wie trockenes Brot klingt, während er Delikatessen serviert.«
Gabriele von Arnim, Tages-Anzeiger

Zum Autor und zu seinen Übersetzern

Patrick Leigh Fermor, geboren am 11. Februar 1915, gilt als einer der großen Stilisten der englischen Sprache.

Kaum zu glauben vor dem Hintergrund, daß Paddy Fermor, wie ihn seine Freunde liebevoll nennen, mit achtzehn Jahren von sämtlichen Schulen geflogen war und in dieser ausweglosen Situation beschloß, an einem trüben Dezembertag im Jahr 1933 zu einer Wanderung nach Konstantinopel aufzubrechen. Sein Hauptwerk, *Die Zeit der Gaben* und der vorliegende Band *Zwischen Wäldern und Wasser,* erzählt von dieser berühmten Wanderung. Die beiden Bände sprühen vor Unbeschwertheit, Abenteuer- und Lebenslust. Der dritte unvollendete Band der Wanderung fand sich im Nachlass und ist posthum 2013 unter dem Titel *Die unterbrochene Reise* erschienen.

Während des Zweiten Weltkriegs gehörte Fermor einer Einheit an, die ihrer humanistischen Bildung wegen im besetzten Kreta zum Einsatz kam. Man ging davon aus, daß jemand, der Platon im Original liest, sich auch mit griechischen Hirten unterhalten könne. Fermor lebte im Untergrund, organisierte den Widerstand gegen die deutschen Besatzer und landete einen spektakulären Coup: die Gefangennahme des deutschen Generalmajors Heinrich Kreipe. Er wurde dafür mit zwei Orden ausgezeichnet und zum Ehrenbürger Heraklions ernannt. Diese Begebenheit wurde mit Dirk Bogarde in der Rolle Fermors unter dem Titel *Ill Met by Moonlight* verfilmt.

Patrick Leigh Fermor verstarb am 10. Juni 2011 in England.

Manfred Allié kam in Nordhessen zur Welt und übersetzt seit vielen Jahren Literatur, neben Patrick Leigh Fermor u.a. Edith Wharton, Scott Bradfield, Ralph Ellison, Richard Powers, Yann Martel, Joseph O'Connor und Louis de Bernières – viele davon zusammen mit seiner Frau Gabriele Kempf-Allié. Die beiden leben in der Eifel und in Köln.

Patrick Leigh Fermor
in der Übersetzung von Manfred Allié und Gabriele Kempf-Allié

Die Zeit der Gaben
Zu Fuß nach Konstantinopel
Der Reise erster Teil
2011. 416 Seiten. Gebunden. Leseband
ISBN 978-3-908777-71-7
Erfolgsausgabe

Zwischen Wäldern und Wasser
Zu Fuß nach Konstantinopel
Der Reise zweiter Teil
2019. 368 Seiten. Leinen. Leseband
ISBN 978-3-908777-00-7
Erfolgsausgabe

Die unterbrochene Reise
Zu Fuß nach Konstantinopel
Der Reise dritter Teil
2013. 464 Seiten. Leinen. Leseband
ISBN 978-3-908777-95-3

Die Violinen von Saint-Jacques
Roman
2013. 192 Seiten. Gebunden. Leseband
ISBN 978-3-908777-97-7
Jubiläumsausgabe

Die Entführung des Generals
Die Entführung des Generals
2015. 304 Seiten. Leinen. Leseband
ISBN 978-3-03820-017-8

Drei Briefe aus den Anden
2007. 160 Seiten. Leinen. Leseband
ISBN 978-3-908777-29-8

Mani
Reisen auf der südlichen Peloponnes
2011. 480 Seiten. Gebunden. Leseband
ISBN 978-3-908777-73-1
Erfolgsausgabe

Rumeli
Reisen im Norden Griechenlands
2012. 384 Seiten. Leinen. Leseband
ISBN 978-3-908777-72-4

Der Baum des Reisenden
Eine Fahrt durch die Karibik
2009. 640 Seiten. Leinen. Leseband
ISBN 978-3-908777-45-8

In Vorbereitung:

Ein Leben in Briefen
Etwa 700 Seiten. Leinen. Leseband
ISBN 978-3-03820-071-0
Erscheint im Frühjahr 2020

TSCHECHOSLOWAKEI
Novy Zamky
Esztergom
Szob
JAZYGIEN
Visegrád
Szentendre
PILIS
Budapest
Jászberény
Theiß
HORTOBÁGY
Debrecen
Alberti Irsa
GROSSE
Cegléd
Szolnok
Körösladány
Mezötur
Gyoma
Vésztö
TIEFEBENE
PLATTENSEE
Donau
Doboz
BIHOR
UNGARN
KLEIN-
KUMANIEN
Békéscsaba
O'Kigyos
Lököshaza
Ineu
Mocrea
APUSENI
Szeged
Curtici
Pâncota
Savarsin
Pécs
Mures
Arad
Konop
Alba
Julia
Mohács
Maria-Radna
Gurasada
Capalnas
Lapusnic
VOIVODINA
Lugoj
Theiß
Timisoară
Timis
Tomesti
Deva
Drava
BANAT
Hatzeg
Caransebes
Donau
Sava
Cerna
Belgrad
Mehadia
Orsova
Eisernes Tor
Moldova
Veche
Drina
BOSNIEN
Kazan
Craiova
Ada Kaleh
OLTENIEN
Sarajevo
JUGOSLAWIEN
HERZEGOWINA